Loel Zwecker

Vom Anfang bis heute

Eine kleine Geschichte der Welt

PENGUIN VERLAG

Verlagsgruppe Random House FSC® N001967

1. Auflage 2017
Copyright © 2017 Penguin Verlag, München,
in der Verlagsgruppe Random House GmbH,
Neumarkter Straße 28, 81673 München
Umschlag und Umschlagmotiv: bürosüd, München
Redaktion: Andreas Rode, München
Satz: Uhl + Massopust, Aalen
Druck und Bindung: CPI books GmbH, Leck
Printed in Germany
ISBN 978-3-328-10006-5
www.penguin-verlag.de

Dieses Buch ist auch als E-Book erhältlich.

Für Suzette

Inhalt

Sport, Philosophie und beim Diskutieren und Streiten geleistet. Dabei haben sie wichtige Grundlagen unserer Kultur geschaffen.

VORWORT
Was ist Geschichte? Wozu von früher erzählen?

Vor ein paar Jahren fragte mich ein Freund, was das früheste Erlebnis aus meiner Kindheit sei, an das ich mich erinnern könne. Die Frage fand ich gar nicht so leicht zu beantworten. Manchmal meinen wir, etwas schon lange im Gedächtnis gespeichert zu haben, aber in Wahrheit haben wir nur kürzlich ein Foto davon gesehen, zum Beispiel von uns als Kleinkind beim Spielen mit einem Ball oder beim Buddeln mit einer Plastikschaufel am Strand. Oder unsere Eltern haben uns etwas erzählt, und wir halten das dann für unsere eigene Erinnerung. Auf die Frage meines Freundes fielen mir letztlich jedoch zwei Ereignisse aus meiner frühen Kindheit ein.

Das eine ist die Geschichte mit dem Birnenjoghurt. Als ich klein war, mochte ich besonders gern eine bestimmte Sorte Birnenjoghurt mit Obststücken drin. Einmal kam ich mit meiner Mutter vom Einkaufen heim. Ich freute mich so auf den Joghurt, dass ich ihn aus der Einkaufstasche nahm und damit in Richtung Küche rannte, um einen Löffel zu holen. Vor lauter Ungeduld riss ich den Deckel schon beim Laufen auf. Etwas Joghurt schwappte raus und tropfte auf den Steinboden. Ich rutschte darauf aus und knallte mit der Stirn genau auf die Holzstufe vor der Küche. Die Wunde blutete so stark, dass ich zum Arzt musste, um genäht zu werden.

Ich weiß nicht mehr, ob ich das Detail, dass ich auf dem Joghurt ausgerutscht bin, dazuerfunden habe, denn es klingt ein bisschen wie aus einem Zeichentrickfilm. Der Rest der Geschichte stimmt jedenfalls. Ich lief noch einige Zeit danach mit einem Verband um den Kopf herum, der so ähnlich aussah wie der Kopfschutz, den Boxer oft tragen.

Die andere frühe Erinnerung hat mit dem Hund Schnuffel zu tun, den meine Familie hatte, als ich ungefähr vier Jahre alt war. Es war ein Vizsla, ein ungarischer Jagdhund mit kurzem ockerfarbenem Haar. Einmal waren wir an einem Baggersee baden. Schnuffel schwamm sehr gern. Es gelang mir, mich an ihm festzuhalten, und er zog mich durch den ganzen See. Er war voller Energie, und ich war eigentlich nur ein lästiger Ballast für ihn; dennoch paddelte er behutsam und vorsichtig, damit er mich nicht verlor.

Meine beiden frühesten Erinnerungen haben mich zwar nicht tief greifend verändert, aber seit dem Sturz habe ich eine Narbe auf der Stirn, und vielleicht bin ich seither in der Nähe von kantigen Stufen etwas vorsichtiger mit Joghurts. Was die zweite Erinnerung betrifft, kann ich immerhin sagen, dass ich mich noch heute, über vierzig Jahre später, freue, wenn ich einen Vizsla auf der Straße sehe. Auch wegen des Erlebnisses im Baggersee sind Vizslas meine Lieblingshunde. Hätten meine Eltern damals einen Dackel gehabt, würden mir womöglich diese Hunde am besten gefallen.

Wir alle haben im Lauf unseres Lebens bestimmte Erfahrungen gemacht. Manche sind angenehm, andere weniger angenehm. Manche haben Narben hinterlassen, einige haben uns darin geprägt, wen oder was wir besonders schön oder sympathisch finden. Deshalb spielen solche Erinnerungen aus der Vergangenheit eine Rolle in unserer Gegenwart. Wir sind auch deshalb zu dem geworden, was wir sind, weil wir ganz spezielle Erfahrungen gemacht haben, an die wir uns erinnern. Erinnerungen sind sehr wichtig. Dank ihrer können wir aktuelle Situationen mit früheren vergleichen und besser einschätzen. Man stelle sich vor, wir hätten keinerlei Erinnerungen, etwa an unsere Zeit im Kindergarten, in der Grundschule oder an frühere Wohnorte. Dann wüssten wir nicht, wo wir herkommen und wer wir sind. Natürlich hat jeder unterschiedliche Erinnerungen. Außerdem reagieren Menschen auf ähnliche oder gleiche Erfahrungen jeweils anders. Aber beeinflusst werden wir alle durch sie.

Wir erinnern uns nicht immer genau an alles, aber viele von uns wissen noch, wer und wie ihre erste Liebe war, die erste Lehrerin oder das erste Popkonzert. Uns fällt eine besonders gefährliche oder schwierige Situation ein, in die wir geraten sind, und auch, wie wir wieder rausgekommen sind. Natürlich profitieren wir außerdem von den Erinnerungen anderer Leute, die uns ihre Geschichten erzählen. Sie helfen uns dabei, uns zu orientieren. Unsere Freunde und Eltern teilen ihre Erfahrungen mit uns. Da unsere Eltern älter sind als wir, können sie aus einem größeren Erfahrungsschatz schöpfen. Sie können zudem meist auf das Wissen ihrer Eltern zurückgreifen, also unserer Großeltern. Die haben ihnen schon von ihren Erlebnissen erzählt, bevor wir überhaupt auf der Welt waren. Die Kette der Erinnerungen reicht teils über Urgroßeltern und Ururgroßeltern bis zurück zu Vorfahren, die wir nicht mehr kennen. Zu Leuten, die vor hundert, zweihundert, dreihundert oder tausend Jahren lebten. So haben uns viele Dinge aus der Vergangenheit mit geformt. Sie sind Teil unserer Geschichte.

Für manche Menschen sind ihre frühesten Erinnerungen allerdings mit schlimmen Ereignissen verbunden. Sie denken vielleicht an Schreie, Explosionen, Splitter, Blut, Tote und Verletzte, die vor ihnen auf der Straße liegen. Sie erinnern sich an einen Bombenangriff auf die Stadt, in der sie im Alter von vier Jahren lebten. Oder an die lebensgefährliche Flucht auf einem kleinen Boot über das Meer aus ihrer Heimat, in der Hunger, Armut oder Bürgerkrieg herrschten. Für diese Menschen sind ihre persönlichen Erinnerungen mit solchen verbunden, die historische Bedeutung haben. Das heißt, die erinnerten Ereignisse betreffen gleichzeitig auf dieselbe oder ähnliche Weise *zahlreiche* Menschen. Sie haben viele Menschen in Gefahr gebracht oder ihr Leben verändert. Das sind historische Ereignisse. Das ist *die* Geschichte.

Manche historischen Ereignisse liegen nur ein paar Monate,

Wochen oder sogar Stunden zurück. Mit den meisten haben wir nicht direkt zu tun, weil sie beispielsweise an einem anderen Ort stattfinden. Es gibt natürlich auch solche, die so dramatisch sind, dass wir uns ihnen trotz räumlicher Entfernung nicht ganz entziehen können. Dazu zählen Terroranschläge, Bürgerkriege und Flüchtlingskrisen. Diese Ereignisse konnten oder können wir über die Fernsehnachrichten, Zeitungen oder das Internet verfolgen. Ihretwegen haben wir vielleicht mehr Angst als früher, müssen am Flughafen länger vor der Sicherheitskontrolle warten. Wir sind traurig, weil anderen so etwas Schlimmes passiert, und würden gern helfen. Manche der Ereignisse haben vor Kurzem stattgefunden oder dauern noch an. Andere liegen Jahrzehnte, Jahrhunderte oder Jahrtausende zurück. Über sie berichten uns unsere Eltern oder Großeltern – oder Geschichtsbücher.

Wenn wir an Geschichte denken, fallen uns oft Kriege ein, etwa der Zweite Weltkrieg. In ihm starben Millionen von Menschen, litten furchtbar, verloren ihre Familie oder ihr Zuhause. Sie mussten ihr Leben ganz neu ordnen. Manche von uns würden heute vielleicht woanders leben, wenn der Zweite Weltkrieg nicht stattgefunden hätte. Warum? Weil die Großeltern oder Eltern damals wegen des Krieges aus ihrer Heimat fliehen mussten und an einen anderen Ort zogen. Doch selbst historische Ereignisse, die schon Jahrhunderte her sind, spielen eine Rolle in unserem Leben. Seit den Zeiten der Französischen Revolution von 1789 hat sich beispielsweise nach und nach eine wichtige Erkenntnis durchgesetzt: nämlich dass alle Menschen gleich viel wert sind und die gleichen Rechte haben, und zwar unabhängig davon, ob sie arm oder reich sind, Bettler oder Milliardäre, Bauern oder Barone. In den Jahrhunderten davor war das anders. Die überwältigende Mehrheit der Bevölkerung war sehr arm und ohne Macht. Die meisten Menschen mussten ihr Leben lang Befehle von Fürsten, Bischöfen und Königen befolgen. Sie lebten in Angst vor ungerechten Strafen. Das hat sich erst vor etwas über 200 Jahren geändert, und die Rechte, die wir heute genießen, haben damals viele mutige Menschen gemeinsam hart erkämpft.

Es gibt sogar noch viel ältere Entwicklungen, die sich bis heute auswirken. So hörten die Menschen vor rund 12 000 Jahren nach und nach auf, ständig durch die Gegend zu ziehen und in Höhlen oder Zelten zu übernachten, also Jäger und Sammler zu sein; stattdessen begannen sie, sich an einem Ort niederzulassen und Häuser zu bauen. Als die Menschen damals sesshaft wurden, steckten sie den Rahmen für unseren aktuellen Lebensstil ab.

Unser Leben und Verhalten und das von Milliarden von Menschen wird durch Ereignisse aus der Vergangenheit mitbestimmt. Manche Ereignisse sind nur Teil unserer jeweils persönlichen Lebensgeschichte. Andere sind von historischer Bedeutung und prägen uns alle auf die eine oder andere Art und Weise. Von diesen Ereignissen werde ich in den folgenden Kapiteln berichten. Dabei werde ich gelegentlich die Geschehnisse von historischer Bedeutung mit den persönlichen Erfahrungen verschiedener Menschen verbinden.

Zur Geschichte zählen nicht nur Ereignisse wie Revolutionen und Kriege. Im Lauf der Jahrtausende wurden auch philosophische Ideen entwickelt, Religionen gegründet und Kunstwerke geschaffen, die den Alltag der Menschen bis heute durchdringen. Außerdem wurden wichtige Erfindungen gemacht. Etwa die des Faustkeils, des Lagerfeuers, der Schrift, der Pyramide, der Schminke, des Sports, der Ritterlichkeit, der Eisenbahn, der Vollnarkose, der Glühbirne, der Mode, der Popmusik und des Internets. Die meisten dieser Dinge haben bis heute Einfluss darauf, wie wir leben und denken und was wir schön finden. Sie wirken sich sogar darauf aus, welche Wünsche, Träume und Vorstellungen vom Glück wir haben.

Deshalb ist es hilfreich und spannend, mehr darüber zu erfahren, wie es zu alldem gekommen ist. Bei vielen Erfindungen und Entwicklungen von historischer Bedeutung weiß man nicht mehr so genau, wer dafür verantwortlich ist. Meist waren mehrere Menschen beteiligt. Das sind sehr oft Leute, die heute keiner oder kaum jemand mehr kennt. Manchmal haben allerdings auch einzelne Personen Berühmtheit erlangt. Das können Erfinder sein, Feldherren oder Staatsoberhäupter, Präsidenten, Könige und Kaiser wie Julius Caesar, Kleopatra, Napoleon oder Barack Obama. Es können Revolutionäre sein, Freiheitskämpfer, Entdecker, Forscher, Wissenschaftler, Philosophen, Schriftsteller, Künstler oder Filmstars.

Während ich dieses Buch schrieb, fragte ich ein paar junge Leute, die ich kenne, welche historische Persönlichkeit sie besonders interessant finden und warum. Unter den Befragten waren mein dreizehnjähriges Patenkind Malina und mein zehnjähriger Neffe Jakob. Als historische Persönlichkeiten nannten die Kinder und Jugendlichen sehr unterschiedliche Leute: den mächtigen Eroberer König Alexander den Großen, den vielseitigen Künstler und Erfinder Leonardo da Vinci, die diät- und fitnesssüchtige Kaiserin Sisi. Aus der jüngeren Geschichte war es eines der schlimmsten Staatsoberhäupter der Weltgeschichte, Adolf Hitler. Aber auch der indische Freiheitskämpfer und Friedensaktivist Mahatma Gandhi fiel ihnen ein. Auf diese und andere einflussreiche Personen und die sehr unterschiedlichen Gründe, sich für sie zu interessieren, werde ich eingehen.

Auf den folgenden Seiten tauchen prominente Persönlichkeiten auf, aber auch Menschen wie du und ich. Wir werden sogar etwas über die Generation unserer Eltern oder Großeltern hören: darüber, warum sie in den Sechzigerjahren mit Popmusik, gewagter Mode und langen Haaren gegen die Art, wie ihre Eltern lebten, rebellierten und was sie dabei auch für unser heutiges Leben taten. Wir werden einen Einblick in den Alltag von Kindern bekommen, die vor 200 oder 1000 Jahren merkwürdige und oft gefährliche Berufe hatten, wie wir sie uns kaum noch vorstellen können.

Aus der Geschichte können wir einiges darüber lernen, wie sich Menschen in verschiedenen, teils extremen Situationen verhalten. Wer über die Geschichte Bescheid weiß, lässt sich nicht mehr so leicht mit alten Tricks überlisten. Man durchschaut sie schneller – und lernt selbst neue dazu. Wenn wir die Vergangenheit kennen, verstehen wir die Gegenwart besser. Auch deshalb lohnt es sich, etwas über frühere Zeiten zu erfahren. Sind wir mit der Vergangenheit vertraut, können wir auch die Zukunft besser gestalten. Denn die Geschichte passiert ja nicht einfach nur so. Wir alle können daran mitwirken. Sei es, wenn wir uns an unserer Schule gegen Rassismus einsetzen oder wenn wir, sobald wir volljährig sind, wählen gehen. Wir können für oder gegen etwas demonstrieren, unsere Erfahrungen mit anderen teilen und über etwas diskutieren.

In den Kapiteln dieses Buches erzähle ich die Weltgeschichte von der Entstehung unseres Planeten vor rund 4,6 Milliarden Jahren bis ins 21. Jahrhundert. Auf dieser Zeitreise kommen wir durch das Altertum, das Mittelalter und die Neuzeit, die bis in die Gegenwart reicht. Manches, was mir besonders wichtig erscheint, schildere ich etwas eingehender. Einiges muss ich zusammenfassen. Aber so hoffe ich, auch größere Zusammenhänge verständlich machen zu können.

KAPITEL EINS
Es war einmal ... eine Zelle

Von der Entstehung der Erde über den Tyrannosaurus Rex zum
Menschen: die ersten 4,6 Milliarden Jahre Weltgeschichte im Zeitraffer.

Welches ist das erfolgreichste Lebewesen auf dem Planeten
Erde? Das lässt sich natürlich kaum sagen. Was heißt schon erfolgreich? Es kommt darauf an, was man wichtig findet. Eine
der Tierarten, die bisher am *längsten* überlebt hat, ist jedenfalls das Nashorn. Das Nashorn ist seit rund fünfzig Millionen
Jahren auf unserem Planeten zu Hause. Zum Vergleich: Den
Homo sapiens, das heißt den Menschen in seiner heutigen Art
und Gestalt, gibt es erst seit etwa 200 000 Jahren. Das Nashorn
hat also fast fünfzig Millionen Jahre länger auf der Erde zuge-
bracht als der Mensch.

Wie lässt sich der Erfolg eines Lebewesens messen, abgesehen von der Frage, wie langlebig es ist? Vielleicht daran, wie
glücklich es ist? Oder wie glücklich es andere macht? Es ist
schwer zu ermitteln, wie viel Freude Nashörner einander in
den Savannen Afrikas und Asiens bereiten. Man weiß nicht,
wie glücklich die wuchtigen Dickhäuter im Vergleich zu Menschen sind. Ein paar Dinge kann man jedoch mit Sicherheit
sagen: Nashörner sehen mit ihrer Panzerung und ihren Hör-
nern zwar etwas kriegerisch aus, sie sind jedoch eher zurück-
haltend und scheu. Sie streiten deutlich weniger miteinander,
als Menschen dies tun. Nashörner gehen sorgsamer mit ihrer
Umwelt um. Sie tun keiner Fliege was zuleide. Sie ernähren
sich nämlich rein vegetarisch.

Die Bilanz des Nashorns ist beeindruckend. Dabei hält es

nicht einmal den Weltrekord in Langlebigkeit. Was ist also das älteste Tier? Bereits vor rund 400 Millionen Jahren gab es Fische, und darunter Arten, die an Haie erinnern. Aber sie sahen recht anders aus als heutige Haie; sie hatten beispielsweise eine andere Haut. So ist das Tier, das als Art seit seinem ersten Auftreten bis heute am längsten von allen überlebt und sich dabei am wenigsten verändert hat, wohl jenes mit dem schönen Namen Feenkrebs. Diese niedlichen Tierchen mit ihrem extrem filigranen länglichen Körper und dem geschwungenen Schwänzlein sind meist nur etwa anderthalb bis drei Zentimeter groß. Sie leben in kleinen Gewässern wie Tümpeln. Die Art der Feenkrebse, auch Urzeitkrebse genannt, gibt es schon seit ungefähr 220 Millionen Jahren. Sie kam ungefähr zur gleichen Zeit auf wie jene der Dinosaurier.

Die Dinosaurier waren natürlich ungleich stärker als die Feenkrebse. Sie starben allerdings viel früher aus. Die letzten Dinosaurier verschwanden vor rund sechzig Millionen Jahren. Das heißt aber, dass sich die Art davor doch immerhin 160 Millionen Jahre lang hielt. In dieser Zeit waren die Dinosaurier die mächtigsten Tiere auf der Erde. Daher hat der berühmt-berüchtigte Tyrannosaurus Rex seinen Namen; der Name besteht aus den lateinischen Wörtern für »Tyrann«, also Gewaltherrscher, und für »König«. Dem Tyrannosaurus Rex und anderen großen Dinosauriern konnte kein anderes Lebewesen etwas anhaben. Manche der Riesen wurden über zehn Meter groß und zwanzig Meter lang. Dass sie dann doch ausstarben, ist nicht ihre Schuld. Wahrscheinlich schlug damals, vor sechzig Millionen Jahren, ein Meteorit auf der Erde ein, also einer der gigantischen Steinbrocken, die im Universum herumfliegen. Er löste Druckwellen und Flächenbrände aus. Vielleicht kam es zu Vulkanausbrüchen. Das Ganze richtete Verwüstungen an. Das Klima veränderte sich; bald herrschten Dürren. Die Nahrung für die Dinos mit ihren Riesenmägen wurde knapp. Schließlich starben die Dinosaurier aus. Nur kleinere Tiere überlebten, Tiere wie die Feenkrebse.

Die Feenkrebse waren bescheiden und geschickt genug, um diese harten Zeiten zu überbrücken. Ihr Erfolg beruht auch darauf, dass sie sich von Algen und Bakterien ernähren. Denn die findet man fast überall. Und damit sind wir bei einem weiteren Anwärter auf den Preis dafür, das erfolgreichste Lebewesen der Welt zu sein: bei der Bakterie. Genauer gesagt bei der Cyanobakterie. Diese Bakterienart ist wirklich das älteste Lebewesen der Welt. Cyanobakterien gibt es seit rund 3,5 Milliarden Jahren. Die Bakterien bestehen aus ähnlichen Zellen wie wir Menschen: Zellen aus Aminosäuren und Proteinen, also Eiweiß. Sie haben allerdings viel weniger Zellen, manchmal sogar nur eine. Die Bakterien treten in Gruppen auf. Sie sind heute in Form eines grünlichen Films bekannt, der sich in Gewässern ansammelt oder an den Wänden von Aquarien. Manchmal sind es bläulich gefärbte Ablagerungen auf Steinen. Deshalb wurden die Cyanobakterien früher Blaualgen genannt.

Cyanobakterien sind sehr zäh. Sie leben im arktischen Eis und in heißen Quellen. Sie sind auch deshalb die ältesten Erdbewohner, weil sie unter den härtesten Bedingungen klarkommen. Sogar ohne Sauerstoff. Die Bakterien waren schon auf der Welt, als die Sauerstoffkonzentration in der Erdatmosphäre noch nicht für Tiere und Menschen ausgereicht hätte. Denn über lange Zeit war die Erde von einer Mischung aus anderen Gasen umgeben, etwa Wasserstoff, Helium und Stickstoff. Ganz genau wissen wir das alles nicht. Es war ja keiner da, der es beobachten und aufschreiben hätte können. All die Informationen über die früheste Erdgeschichte beruhen auf Überlegungen und Theorien. Solche Theorien stellen Wissenschaftler auf, Geologen, Chemiker, Physiker und Astronomen. Dabei stützen sie sich zwar auf Messungen, Experimente und Berechnungen, aber auch auf Vermutungen.

Auch wie die Erde selbst entstanden ist, mussten sich die Spezialisten mithilfe von Theorien zusammenreimen. Soweit wir heute wissen, war das vor rund 4,6 Milliarden Jahren. Also gar nicht so lange nach unserer Sonne und unter deren Einfluss. Die Sonne hat sich aus Gaswolken und Staubpartikeln zusammengemischt. Solche Teile flogen nach dem Urknall, einer gigantischen Explosion, die im All vor ungefähr 13,8 Milliarden Jahren stattfand, durch das Universum. Bei der Geburt der Sonne reagierten verschiedene Stoffe und Elemente so miteinander, dass es zu vielen kleineren Explosionen kam. Diese Kernreaktionen, die Spaltung von Atomen, setzten wiederum mehr Energie und Hitze frei. Kernreaktionen machen bis heute die ungeheure Leuchtkraft des gelben Gasballs Sonne aus.

Die Erde formte sich im Prinzip auf ähnliche Weise wie die Sonne, aber mit einem völlig anderen Ergebnis. Auch bei der Erde fanden Gaswolken und Staubteilchen, die durch das Universum flogen, zusammen. Doch es kam nicht zu Explosionen und Kernreaktionen. Vielmehr bewegten sich die Teilchen im Kreis. Sie verklumpten sich zu Brocken. Weitere Brocken wurden durch die Schwerkraft angezogen und knallten auf die entstehende Erde. Da extreme Hitze herrschte, schmolzen die Metallelemente in den Brocken zusammen. Anfangs war die Erde siedend heiß; dann kühlte sie langsam ab. Erst mit der Zeit nahm sie die Form an, die sie heute hat, also die einer etwas gedellten Kugel.

Auf der neu geborenen Erde waren die Temperaturen in den ersten Milliarden Jahren sehr unterschiedlich. Mal war es heiß, dann kalt. Mal war es schrecklich trocken, dann regnete es auch mal jahrtausendelang durch. Dabei entstanden Ozeane. Erst nach einer Milliarde Jahren konnten sich die Cyanobakterien als erste Lebewesen entwickeln. Und erst ein paar Milliarden Jahre später entstanden andere Formen des Lebens.

Von der Flosse zum Bein – Geschichte in Zeitlupe: die Evolution

Die Geschichte der Erde von ihrer Entstehung bis zur Geburt des Menschen ist unvorstellbar lang. Die Phase ist durch wichtige Stationen gekennzeichnet, die man sich wie in einem Zeitraffer vor Augen führen kann. Die Etappen sind folgende: Entstehung des Planeten Erde vor rund 4,6 Milliarden Jahren; erstes Leben in Form von Mikroorganismen, den Cyanobakterien, vor 3,5 Milliarden Jahren; erste Pflanzen vor 700 Millionen Jahren; erste Tiere, und zwar wirbellose Wasserwesen, vor 500 Millionen Jahren; Fische vor 400 Millionen Jahren; Dinosaurier und Feenkrebse vor 220 Millionen Jahren; Vögel vor hundert Millionen Jahren; sogenannte Primaten, zunächst in Gestalt von Affen, vor neunzig bis 55 Millionen Jahren; Urmenschen vor fünf Millionen Jahren; aufrecht gehende Menschen vor zwei Millionen Jahren; *Homo sapiens*, der heutige Mensch, vor rund 200 000 Jahren.

Der Mensch steht also am Ende einer ungeheuer langen Entwicklung anderer Lebewesen und Tiere. Er hat bisher nur einen winzigen Teil der Erdgeschichte miterlebt. Wenn wir uns die bisherige Geschichte des Planeten als einen Tag vorstellen würden, wäre der Mensch in seiner heutigen Gestalt erst ein paar Minuten alt.

Die Lebewesen, die die Erde bewohnen, haben sehr lange gebraucht, um zu dem zu werden, was sie heute sind. Den Vorgang nennt man Evolution. Sie ist fast so etwas wie eine Geschichte in Zeitlupe. Das Wort Evolution kommt vom lateinischen *evolvere*; es bedeutet so viel wie Entwicklung. Mit der Evolution sind Prozesse gemeint, die sich über viele Generationen hinziehen. Teilweise dauerten sie Tausende oder sogar Millionen von Jahren. Die Evolution ist weder geplant noch gesteuert. Sie beruht im Wesentlichen auf zwei Dingen: der Mutation und der natürlichen Selektion. Die Mutation ist eine zufällige Veränderung von Erbinformationen. Es geht also um Gene, die sich in Molekülen befinden und die sich auf Gestalt, Größe und Verhaltensweise von Lebewesen auswirken. Es ist, als ob die Natur würfelt und dann schaut, was herauskommt. So können Tiere über Jahrtausende und Jahrmillionen ihre Gestalt verändern. Sie können größer werden, Lungen statt Kiemen entwickeln und Beine statt Flossen.

Natürliche Selektion bedeutet natürliche Auswahl. Sie entscheidet mit darüber, ob sich die erwähnten spontanen Veränderungen, die Mutationen, langfristig durchsetzen können. Als einfaches Beispiel für die Evolution kann eine Mottenart dienen, deren Mitglieder jeweils unterschiedliche Muster auf ihren Flügeln haben. Manche Exemplare der Mottenart haben vielleicht auffällige helle Muster auf den ansonsten graugrünen Flügeln; andere sind fast ohne Muster. Die Falter mit den weniger auffälligen Musterungen werden in einer bestimmten Umgebung von ihren Fressfeinden, etwa Vögeln, weniger gut erkannt; denn ihre graugrünen Flügel ähneln stark dem Laub der Bäume, auf dem sie sitzen. Sie sind eine gute Tarnung. So werden diese Motten weniger oft von Vögeln gefressen als die auffällig gemusterten. Von den wenig gemusterten Motten überleben mehr, und so können sich auch mehr davon fortpflanzen. Deshalb bleiben nach einigen Generationen zumindest in dieser Umgebung nur unauffällig gemusterte Motten übrig. Die auffälligen können schließlich sogar aussterben.

In diesem Fall besteht die Evolution darin, dass sich die weniger gemusterten, also besser getarnten Exemplare der Mottenart bei der natürlichen Selektion durchgesetzt haben. Das Ganze geschieht allerdings, ohne dass die einzelnen Tiere die Evolution bemerkt hätten, geschweige denn durch eigene Leistung oder Anstrengung etwas dazu beigetragen hätten. Bei den unterschiedlich gemusterten Motten geht es nur um eine *sehr kleine* evolutionäre Veränderung. Wenn wir uns die-

ses Beispiel anschauen, können wir uns vorstellen, wie unglaublich viel Zeit für größere Veränderungen nötig war. Etwa für die Entwicklung von Flossen zu Armen, die Entwicklung vom Fisch zum Urmenschen: Sie dauerte ungefähr 400 Millionen Jahre.

Es hat dann noch einmal sehr lange gebraucht, bis der Urmensch zum heutigen Menschen wurde. Die Primaten, zu denen Affen und der später geborene Mensch gehören, gab es schon vor zig Millionen Jahren. Der Urmensch kam aber erst vor fünf Millionen Jahren auf. Der frühe Urmensch hatte einen kleinen Kopf, einen hervorstehenden Unterkiefer und ein sehr starkes Gebiss. Er lief auf allen vieren. Wie kam es dazu, dass sich vor rund zwei Millionen Jahren immer mehr Menschen auf die Hinterbeine stellten, um aufrecht zu laufen, und schließlich sogar alle?

Dazu gibt es einige Theorien. Forscher meinen, in manchen Gegenden hätten diejenigen Urmenschen, die aufrecht liefen, evolutionäre Vorteile gehabt. Sie streckten den Kopf über die hohen Gräser in der Savanne und verschafften sich einen Überblick. So konnten die aufrecht stehenden Urmenschen ihre Feinde oder Jagdbeute, Raubkatzen oder Antilopen, womöglich leichter erkennen als diejenigen Urmenschen, die auf allen vieren gingen. Sie wurden wohl weniger oft zur Beute. Außerdem hatte der Urmensch, wenn er aufrecht lief, die Hände frei, um Werkzeuge und Waffen zu tragen. Mit den Waffen konnte er sich gegen Wildkatzen wehren.

Damit sind wir bei einem weiteren wesentlichen Schritt, der in der Evolution zum heutigen Menschen führte. Er bestand darin, dass der Urmensch nach und nach die Größe seines Gehirns verdoppelte. Damit wurde er schlau genug, um immer mehr Waffen und Werkzeuge zu verwenden. Die Entwicklung führte schließlich um 200 000 v. Chr. zum bereits erwähnten *Homo sapiens*; der Name ist lateinisch und bedeutet »weiser, kluger Mensch«. Er hatte einfach mehr im Kopf als frühere und andere Menschen. Während sich der Homo sapiens weiter ausbreitete, starben seine Verwandten aus, darunter ungefähr um 30 000 v. Chr. der Neandertaler.

Die frühen Menschen lebten in relativ kleinen Gruppen zusammen. Sie übernachteten in Höhlen oder bauten sich zeltartige Konstruktionen aus Ästen oder Mammutknochen, über die sie Felle legten. Sie machten Werkzeuge und Waffen aus Stein, also Speerspitzen, Faustkeile und Messer. Sie waren Jäger und Sammler. Das heißt, sie pflügten keinen Acker, bauten nichts an, kein Gemüse, kein Getreide; und sie hielten kein Vieh. Sie lebten vielmehr von Antilopen, Hirschen und Hasen, die sie erlegten, und von wild wachsendem Obst und von Beeren, die sie von Sträuchern und Bäumen pflückten. Viele zogen umher, je nachdem wie das Wetter oder der Wildbestand waren. Schon deshalb hatten sie kaum Besitz bei sich, sondern nur das Nötigste, das sie zum Überleben brauchten: ein paar Felle gegen die Kälte und einige Speere und Steinwerkzeuge.

Im Winter froren die Jäger und Sammler oft. Umso wichtiger war der Schritt, als die Urmenschen lernten, Feuer zu machen. Dank der Erfindung des Lagerfeuers war ihnen weniger kalt, und sie blieben abends wohl länger wach. Sie saßen noch zusammen, statt sich nach Einbruch der Dunkelheit sofort unter ihr Fell zu kuscheln und bald einzuschlafen. Wir können uns vorstellen, wie der Homo sapiens in die Flammen blickte, vor sich hin sinnierte und irgendwann Lust auf Ablenkung bekam.

So spielte der Mensch mit Erde oder Holzkohle herum und merkte, dass er, wenn er sie zerrieb, farbige Krümel oder Pulver an den Fingern kleben hatte. Vielleicht versuchte er, das Ganze mit Spucke wieder wegzukriegen. Dabei wurde ihm wohl klar, dass er aus den Pigmenten, indem er sie mit Speichel, Wasser oder Fetten vermischte, Farben herstellen konnte. Mit ihnen schuf er Fels- und Höhlenmalereien. Es sind oft Bilder von der Jagd auf Rehe und Mammuts, manchmal auch auf Fantasiewesen. Das war vor ungefähr 40 000 Jahren, und es war die Geburtsstunde der Kunst. Vielleicht dienten die Bilder den Menschen anfangs vor allem dazu, göttliche Wesen anzubeten. Womöglich waren sie Teil eines magischen Zaubers: Die frühen Maler dachten, sie könnten Wild, das sie demnächst erlegen wollten, vorher schon mal magisch auf dem Bild bannen. Oder sie wollten einfach nur zeigen, was sie Aufregendes auf der Jagd erlebt hatten, und sich für die Nachwelt verewigen.

Manche Jäger und Sammler stellten auch Schmuck her, andere Musikinstrumente. Die ersten Instrumente waren Flöten aus Knochen und das sogenannte Schwirrholz. Das ist ein meist ovales flaches Holzstück, das die Urmusiker an einer Schnur befestigten und durch die Luft kreisen ließen. Je nachdem wie schnell es schwirrte, machte es unterschiedlich hohe Geräusche. So konnten sich die Homo sapiens, das Schwirrholz schwingend, im Kreis drehen, tanzen und sich an dem Klang erfreuen, bis ihnen schwindelig wurde.

Wenn das Holz sang, war oft Party angesagt. Über ernste Themen verständigten sich die Menschen anfangs eher durch Brummen und Fauchen. Doch im Lauf der Zeit lernten sie, sich etwas genauer auszudrücken, ja zu sprechen. Das war ein immens wichtiger Schritt. Da der Mensch mithilfe seiner Sprache viele Informationen austauschte, konnte er schnell lernen. Er hatte durch die hoch entwickelte Sprache die Möglichkeit, Dinge zu analysieren, entsprechend auf Probleme zu reagieren und sein zukünftiges Verhalten zu planen. So konnte er sich und sein Verhalten schneller verändern, als Tiere dies im Lauf der Evolution tun.

Die erste Weltrevolution: als der Mensch sesshaft wurde

Eine der größten Veränderungen bestand darin, dass die Menschen aufhörten, als Jäger und Sammler umherzuziehen. Sie wurden sesshaft und begannen, Häuser zu bauen. Das geschah um 10 000 v. Chr., und es war ein sehr großer Schritt in der Menschheitsgeschichte. Wie kam es dazu? Irgendwann merkten die Menschen wohl, dass Getreide wächst, wenn seine Samen auf die Erde fallen. Sie legten Gärten und Felder an und zimmerten Hütten. Außerdem sammelten und lagerten sie Vorräte für den Winter oder für schwere Zeiten.

Die sesshafte Lebensweise des Menschen wirkte sich auch auf die Tiere aus. Die neuen Hausbesitzer hielten Wölfe, fütterten sie und machten sie nach und nach zu Wachhunden. Sie züchteten Hausschweine, die dicker waren und mehr Fleisch lieferten als Wildschweine. Ziegen und Kühe produzierten verlässlich Milch. Nun, da es Hütten gab, hatten die Menschen die geeigneten Räume, um in einem langwierigen Prozess aus Milch Käse zu machen. Sie ließen Getreide zu Bier vergären, Honig zu Met und Trauben zu Wein. Jetzt konnte sich der Mensch erstmals in seiner Geschichte so richtig betrinken.

Nicht nur die Nahrungs- und Rauschmittel wurden immer aufwendiger hergestellt, sondern auch Geräte und Werkzeuge. Der Mensch entdeckte das Metall. Vielleicht war es ein Zufall. Womöglich machte jemand Feuer in der Nähe eines kupferhaltigen Felsens, und durch die Hitze schmolz das rötliche Kupfer; es floss aus dem Stein heraus und blieb dann, wenn es erkaltet war, als merkwürdige Form liegen wie das Blei, das wir an Silvester gießen. Jedenfalls wurde bald klar, dass das Metall, wenn man es ins Feuer hielt, weich wurde und sich Schmuck und Geräte daraus formen ließen.

Das Kupfer hatte allerdings einen Nachteil. Es blieb, auch nachdem es erkaltet war, zu weich für Waffen und Werkzeuge. Kupferschwerter erwiesen sich als nutzlos, denn gleich nach dem ersten Hieb waren sie ... verbogen. So fingen ein paar findige Schmiede an zu experimentieren. Irgendwann fügte einer Zinn zum Kupfer hinzu und merkte, dass die Mischung härter war. Das war die Bronze, die ab dem 3. Jahrtausend v. Chr. Verwendung fand. Aus ihr ließen sich Messer und Schwerter herstellen. Davor hatten die Menschen ihre Waffen und Werkzeuge über zwei Millionen Jahre lang aus Holz und aus Stein gemacht. Deshalb heißt die Epoche Steinzeit. Mit der neuen Mischung der Metalle begann im 3. Jahrtausend v. Chr. die Epoche der Bronzezeit.

Da der sesshafte Mensch technische Erfindungen machte und Vorräte anlegte, war er im Winter, wenn die Büsche keine Beeren tragen, weniger von Nahrungsmittelknappheit bedroht. Größere Siedlungen und Gemeinschaften entstanden. In die Hütten passte einiges an Eigentum, das die Leute nicht mehr wie früher mühsam mit sich herumschleppen mussten: Werkzeuge, Geschirr, Schmuck, verschiedene Kleidung, Spielsachen, Tische, Stühle und Schränke. So richtete sich der Homo sapiens seine Heime gemütlich ein. Die Erfindung der Inneneinrichtung war ein großer Schritt in der Geschichte der Menschheit. In den Jahrtausenden davor hatten Jäger und Sammler in unmöblierten Zelten oder kargen Höhlen auf dem Boden, auf unbequemen Felsbrocken oder Baumstämmen gesessen.

Die Leute in den Siedlungen spezialisierten sich. Einer konnte gut Tiere züchten, der Nächste ein Dach mit Strohbündeln decken. Wieder ein anderer stellte das Werkzeug her, das Handwerker brauchten. So entwickelte sich der Handel.

Es kam allerdings auch zu neuartigen Konflikten. Da immer mehr Leute auf engerem Raum zusammenlebten, stritten sie sich darum, wem welches Stück Land gehörte, wo der Nachbar sein Vieh weiden lassen durfte, wie hoch sein Zaun sein sollte und ob sein Hund nachts nicht zu laut bellte. Umso wichtiger wurde es, die Gemeinschaften gut zu organisieren, zu verwalten und irgendwie zusammenzuhalten. Hilfreich waren Gesetze, die Eigentumsverhältnisse regelten, aber auch ein gemeinsamer Glaube: Wenn mehrere Menschen den gleichen Gott in Gestalt einer Statue anbeteten und gemeinsame Begräbnisrituale hatten, fühlten sie sich zusammengehörig. Und zwar selbst dann, wenn sie einander gar nicht persönlich kannten.

All das wurde ab ungefähr 3000 v. Chr. im großen Stil eingeführt. Eine besonders wichtige Neuerung bestand darin, dass der Mensch lesen und schreiben lernte. Mithilfe der neu erfundenen Schrift konnte er sich besser organisieren, Gesetze festhalten und Wissen austauschen, etwa über Tierzüchtung, Anbaumethoden und Glaubensfragen. Nun wurden auch die ersten Geschichten darüber aufgeschrieben, was alles genau passierte und was die Menschen bewegte. All das geschah besonders früh auf einem Gebiet, das wir inzwischen den Nahen Osten nennen. Es erstreckt sich über Länder wie das heutige Syrien, Israel, den Irak und Ägypten. Um die innovativen Entwicklungen, die dort stattfanden, geht es in den nächsten Kapiteln.

KAPITEL ZWEI
Pyramiden und Parfüm

Wie die alten Ägypter vor 5000 Jahren die Großbaustelle und
das Luxusleben erfunden haben.

Im 3. Jahrtausend v. Chr. machte ein Insekt aus der Familie der
Mistkäfer in Ägypten eine erstaunliche Verwandlung durch.
Der Käfer hat die Angewohnheit, eine Kugel aus dem Kot anderer Tiere zu formen. Er rollt die Dungkugel tags über den
Boden und nimmt sie abends mit in ein Erdloch. Der Käfer
ernährt sich von dem gerollten Kot, legt aber auch seine Eier
hinein. Aus der Kugel schlüpfen dann irgendwann kleine Käfer
und krabbeln an die Erdoberfläche.

Dieser Vorgang fiel irgendwann ein paar Ägyptern auf, die
gerade auf dem Feld arbeiteten. Sie sahen die kleinen Käfer
reihenweise aus der Erde schlüpfen und staunten. Sie konnten
es sich nicht erklären, wie die vielen Tierchen, die da plötzlich aus der Erde kamen, zuvor hineingelangt waren. Irgendwann kam jemandem eine Idee: Im Käfer und seiner Kugel
musste eine spezielle göttliche Kraft wirksam sein. Aber welche? Vielleicht konnte ja, so dachte man, das Verhalten des
Käfers etwas darüber verraten.

Und tatsächlich: Nach einer Weile bemerkte jemand, dass
der Käfer seine Kugel auf ähnliche Weise durch die Gegend
schob, wie der Sonnengott dies laut uralten Überlieferungen
mit seiner Sonnenscheibe tat. Er rollte die Scheibe von Sonnenaufgang bis Sonnenuntergang auf ihrer Himmelsbahn dahin. Die Gemeinsamkeiten zwischen Gott und Käfer reichten
noch weiter. Wenn der Käfer mit seiner Dungkugel abends im

Boden verschwand, glich dies dem Verhalten des Gottes: Auch er schien am Ende des Tages mit der Sonnenscheibe am fernen Horizont in die Erde abzutauchen. Am nächsten Morgen wurde die Sonne auf ebenso wundersame Weise neu aus der Erde geboren wie die kleinen Käfer. Manchmal trafen die Sonnenstrahlen auf den glatten Panzer der Käfer und wurden reflektiert. Dann funkelten die kleinen Tierchen sogar selbst ein bisschen wie die Morgensonne.

Aus diesem Schauspiel schlossen die alten Ägypter, dass der Käfer eine Erscheinung des Gottes Chepre sei. Chepre wurde als Gott der Morgensonne, der Schöpfung und der Erneuerung verehrt. Von nun an galt ausgerechnet der kleine Mistkäfer als Verkörperung des großen Sonnengotts. Um ihm zu huldigen, wurden Amulette aus Gold und bunten Steinen angefertigt, die die Form eines Käfers hatten. Diesen Schmuck konnte man als Glücksbringer um den Hals tragen. Er wurde nach dem Insekt benannt: Skarabäus.

So konnte der göttliche Käfer seine magischen Fähigkeiten entfalten. Wenn er das konnte, dann sollte das, dachten die Ägypter, den Menschen doch auch möglich sein. Künstler überlegten, wie das aussehen könnte. Sie begannen, den Sonnengott Chepre auf Wandmalereien ähnlich wie einen Menschen darzustellen. Dann hatte Chepre auf den Bildern den Körper eines Menschen, aber sein Kopf war wie ein Käfer geformt.

Im alten Ägypten waren viele Götter fantastische Mischwesen aus Mensch und Tier. Jeder konnte aus zahlreichen Göttern, die verschiedene Eigenschaften und Stärken hatten, einen Lieblingsgott auswählen. Die Wahl hing davon ab, welche Vorlieben die Menschen hatten oder in welcher Situation sie sich gerade befanden. Schwangere Frauen fühlten sich zu Taweret hingezogen. Taweret war die Schutzgöttin der Schwangeren. Sie wurde in Bildern und Statuen als Nilpferd mit dickem Bauch dargestellt. Taweret steht auf zwei Beinen wie ein Mensch. Vielleicht mussten die Ägypter damals wie wir heute schmunzeln, wenn sie die Göttin der Schwangeren als Nilpferd mit üppigen runden Formen präsentiert sahen. Womöglich waren sie aber ernst und voller Ehrfurcht. Jedenfalls gab das Bild des starken Tieres den Frauen Kraft und machte ihnen Mut.

Doch nicht nur das Nilpferd, auch der Nil selbst war göttlich. Der Fluss durchzieht ganz Ägypten der Länge nach von Süden nach Norden. Da die Wüste schon wenige Kilometer vom Nil entfernt begann, lebten fast alle Ägypter in der Nähe des Flusses. Ihm verdankten sie ihr Leben.

Ab etwa 5000 v. Chr. hatten sich immer mehr Menschen in den feuchteren fruchtbaren Gebieten am Nil angesiedelt. Dort hatten sich Gemeinschaften gebildet, erst Dörfer, dann Städte. Man baute Gerste, Linsen, Kichererbsen und Zwiebeln an, züchtete Rinder, Esel, Ziegen, Schafe und Schweine. Ein sehr wichtiges Ereignis war die jährliche Überschwemmung des Nils. Denn wenn die Fluten über die Ufer traten, verteilten sie mineralstoffreichen Schlamm auf den Feldern, der wie Dünger wirkte: War das Wasser versickert, gediehen die Pflanzen prächtig. Deshalb galt der Nil als Geschenk der Götter.

Im alten Ägypten fühlten sich die Menschen im Alltag eng mit der Götterwelt verbunden, die Teil der Natur war. Allerdings hatten die Ägypter mit ihrer Religion dasselbe Problem wie fast alle Völker: Irgendwie sehnte man sich danach, dass auch der Mensch ein bisschen göttlich sein sollte, nicht nur spezielle Tiere und Naturgewalten. Man wollte gerne einen menschlichen Stellvertreter Gottes auf Erden haben. Bei den Christen sollte das Jahrtausende später Jesus werden, von dessen Wundertaten wir noch hören werden. Für die Ägypter waren schlicht ihre Könige göttlich. Entsprechend wurden sie verehrt.

Wie der Glaube Berge versetzen kann

Das Problem war, dass die Pharaonen irgendwann einmal starben. So überzeugten sie nicht ganz als göttliche Wesen; denn die sollen ja eigentlich ewig leben. Nicht einmal die berühmtesten Könige wie Pharao Narmer konnten als unzweifelhaft göttlich durchgehen. Narmer vereinte wohl um 3000 v. Chr. Unter- und Oberägypten, also den Norden und den Süden des Landes. Er schuf das ägyptische Großreich. Mit dem vereinten Ägypten beginnt offiziell die erste Dynastie der Pharaonen, das heißt die lange Reihe verschiedener Herrscherfamilien. Das alte Ägypten und seine Kultur sollten insgesamt rund 3000 Jahre Bestand haben, länger als die meisten anderen Kulturen und Reiche. Aber die Könige selbst wurden natürlich alt und gebrechlich und starben.

Was tun, um den Pharaonen trotzdem irgendwie das ewige Leben zu ermöglichen? Wenn sie schon starben, sollten sie sich wenigstens nach ihrem Tod aus dem Jenseits um ihr Land und ihre Leute kümmern können. Immerhin meinten die alten Ägypter, dass die *Seele* der Menschen nach ihrem Tod weiterlebt. Allerdings dachten sie auch, dass die Seele der Verstorbenen dafür weiterhin einen Körper brauche, um darin zu wohnen. Deshalb sollte der Körper des Toten irgendwie erhalten bleiben. Es galt, den Verwesungsprozess zu bremsen, der nach dem Tod eines Menschen einsetzt. Dazu wurden die Leichen der Pharaonen einer besonderen Behandlung unterzogen. Organe wie Herz und Leber, die schnell verfault wären, wurden entnommen und getrennt in Krügen aufbewahrt. Man ließ die Leichen trocknen und umwickelte sie mit Leinentüchern, die mit Harzen und pflanzlichen Extrakten getränkt waren. So entstanden die berühmten Mumien.

Ihre Herstellung, die sogenannte Mumifizierung, war eine Kunst. Anstelle der Augen setzten Spezialisten manchmal bemalte Steine ein. Dann hatten die Mumien in ihren Gräbern fast etwas von lebensgroßen Puppen. Jedenfalls blieben sie über Jahrtausende als Hülle für die Seelen erhalten. Die Ägypter wollten sichergehen, dass die Seelen im Jenseits ein bequemes Leben führten. Zu diesem Zweck legten sie den Toten die Dinge in die Grabkammern, die sie zu ihren Lebzeiten im Alltag gebraucht hatten: Ochsen und Gänse zum Essen, Brot, Bier, Knoblauch, Kleidungsstücke, Sandalen, Möbel, Medizin und sogar Abführmittel.

Eine solche Behandlung erhielten allerdings nicht nur die Pharaonen. Auch Priester und andere Ägypter kamen in den Genuss, sofern sie sich den Totenkult leisten konnten. Die Pharaonen sollten sich aber von anderen Verstorbenen als göttlich abheben. Die Leute wollten den toten König in der Nähe haben und zugleich klarmachen, dass er über alle Maßen mächtig war und seine Seele ewig weiterleben konnte. Um 2650 v. Chr. fand ein Pharao namens Djoser oder sein Architekt Imhotep die Lösung: die Pyramide. Es ist nicht ganz klar, welche Gründe für die Form entscheidend waren. Vielleicht dachte der Architekt oder der König über die Frage des ewigen Lebens nach. Dabei fiel sein Blick auf ein paar Berge in der Wüste. Er überlegte: Berge aus Stein bleiben unverrückbar für alle Zeiten erhalten. Sie könnten also das ewige Leben in sich bewahren. Daraus entstand womöglich die Idee, der Mensch könnte seine eigenen Berge bauen, in die man hineingehen kann, um mit der Ewigkeit zu verschmelzen. Pyramiden sind wie besonders schön und gleichmäßig geformte Berge. Jedenfalls ließ Djoser in Sakkara im Norden Ägyptens die erste Pyramide erbauen. Wenn man die toten Pharaonen tief im Inneren der Pyramide beisetzte, wurden sie Teil eines Berges. Dann würde ihre Seele, die auf die Bewahrung des mumifizierten Körpers im Grab angewiesen war, wohl überdauern.

Djosers Pyramide gilt als das erste Bauwerk der Welt, das ganz aus Stein ist. Auch die gleichmäßig dreieckigen Seitenflächen sind wichtig: Die Pyramiden stehen stabil auf dem Boden und zeigen mit ihrer Spitze nach oben in den Himmel, wo die Götter wohnen. Dorthin konnte ein Teil der Seelen über Schächte hinaufsteigen. Umgekehrt symbolisiert die Form der Pyramiden die Strahlen, die die ewige und übermächtige Sonne von oben nach unten sendet. Jedenfalls wurden in den Pyramiden die Könige beigesetzt, und in ihnen lebten sie, meinten die Ägypter, bis in alle Ewigkeit.

Die größte Pyramide ist die Cheops-Pyramide, auch Große Pyramide genannt. Sie steht auf der Hochebene von Gizeh, etwa zwanzig Kilometer südlich der heutigen ägyptischen Hauptstadt Kairo und in der Nähe der damaligen Hauptstadt Memphis. Die Cheops-Pyramide ist eine der drei Gizeh-Pyramiden und das Grabmal des Pharao Cheops. Sie ist rund 140 Meter hoch. Vier Jahrtausende lang blieb sie das höchste Bauwerk der Welt; erst im Mittelalter wurden Kathedralen errichtet, die höher waren. Aber immer noch nicht breiter. In der Breite misst jede Seite der Cheops-Pyramide 230 Meter, die Länge zweier Fußballfelder. Die über zwei Millionen verbauten Steine wiegen pro Stück meist um die zwei Tonnen, 2000 Kilogramm. Bei manchen Granitsteinen, zum Beispiel in der Decke der Grabkammer des Pharaos, sind es über zwanzig Tonnen. Einige der Steine sind also so schwer wie mehrere Elefanten.

Man weiß bis heute nicht genau, wie die alten Ägypter die Pyramiden hinbekommen haben. Das Baumaterial wurde in Steinbrüchen aus dem Felsen geschlagen. Diese lagen teils viele Kilometer von der Großbaustelle entfernt. Von dort mussten Arbeiter die Steine Meter für Meter in der brütenden Hitze zum Ufer des Nils schleifen, auf Schiffe verladen und zur Baustelle transportieren. Dann galt es, die Riesensteine zu Pyramiden aufzuschichten. Es ist klar, dass die Ägypter dazu Seilwinden, Rollen, Hebel und Rampen benutzt haben. Aber wie sie es genau gemacht haben, darüber rätseln Wissenschaftler bis heute. Eine Pyramide zu bauen dauerte im Durchschnitt zehn Jahre. Bei der Cheops-Pyramide zogen sich die Arbeiten sogar mehr als zwanzig Jahre hin. Ständig schufteten mehrere Tausend Arbeiter auf der Baustelle. Dazu kamen in bestimmten Bauphasen Zigtausende weitere Arbeiter. Da es noch kein Geld gab, erhielten sie als Lohn Brot und Bier. Und das gute Gefühl, Teil eines göttlichen Projekts zu sein.

Mit ihren Pyramiden haben die Ägypter einige Weltrekorde gebrochen. Über Jahrtausende waren diese Bauwerke die größten der Menschheit. Es findet sich wohl kein anderes Bauwerk in der Weltgeschichte, das mit so viel Aufwand, Organisation und Geschicklichkeit für nur eine Person errichtet worden ist. Das Grab des Pharaos ist tief im Inneren der Pyramide versteckt; es liegt am Ende von langen Gängen und Sälen in einer relativ kleinen Kammer. Darin ruht der Verstorbene in einem Steinsarkophag. Das Volk sieht weder ihn noch die Wandmalereien oder den vielen Goldschmuck.

Uns mögen die Pyramiden als nutzlos erscheinen. Für die alten Ägypter waren sie der Beweis dafür, welche Kraft im Göttlichen liegt. Tatsächlich motivierte der Pyramidenbau die Ägypter zu künstlerischen und technischen Höchstleistungen. Der Architekt musste den Überblick und das Fachwissen haben. Etwa über Mathematik, genauer gesagt über Geometrie, wie wir sie in der Schule lernen. Er rechnete die Winkel für die Pyramide aus und zeichnete Pläne. Die Vorarbeiter mussten den Arbeitern sagen, wie und mit welcher Seilwinde sie welche Steine wohin ziehen und hieven sollten. Jeder hatte eine spezielle, genau definierte Aufgabe. Diese Arbeitsteilung ist nötig, wenn man große Bauwerke errichten oder aufwendige Produkte fertigen will.

Arbeitsteilung bringt es mit sich, dass Menschen sehr unterschiedlich für ihre Tätigkeit entlohnt werden. Die Architekten, die besonders viel wissen und berücksichtigen mussten, bekamen mehr als einfache Arbeiter. Die schwitzten zwar mehr, mussten aber am wenigsten Fachkenntnisse haben und trugen weniger Verantwortung. Wie hoch man bezahlt wird, hängt allgemein davon ab, wie wichtig die spezielle Arbeit, die man macht, und die Fertigkeiten, die man hat, eingeschätzt werden. Das verändert sich zu verschiedenen Zeiten und in verschiedenen Kulturen immer wieder. Heute sind Manager und Bankenchefs Spitzenverdiener, weil wir den geschickten und gewinnbringenden Umgang mit Geld so wichtig finden. Im alten Ägypten waren es beispielsweise Architekten und Priester.

Priester hatten schließlich die Aufgabe, den toten Pharao mit allem zu versorgen, was er im Jenseits brauchte. Sie ließen Tempel direkt an eine Seite der Pyramiden anbauen oder ganz in deren Nähe errichten. An eine Innenwand des Tempels war eine Tür gemalt. Durch diese Scheintür konnten die Seelen der Pharaonen den Tempel betreten. Dort holten sie sich die Speisen und Getränke, die die Priester täglich für sie hinstellten. Während die Priester alles herrichteten, sprachen sie ein Gebet für den toten Pharao: »O du König da, wisse, du sollst dir nehmen dieses dein Gottesopfer, damit du dich daran sättigst an jedem Tage, Tausende von Broten, Tausende von Bier, tausend Stück vom Rindfleisch, Tausende von Gänsen, Tausende von allen süßen Dingen.«

Was die Seelen der verstorbenen Pharaonen bei ihren Mahlzeiten »übrig ließen«, durften die Priester für sich behalten. Diesen Teil des Essens bekamen sie ab, auch wenn sie selbst kein Gemüse anbauten und keine Felder bestellten. Es war ein Luxus, so viel von den Opfergaben an die Götter behalten zu dürfen. Denn die Mehrheit der Bevölkerung ernährte sich vor allem von Brot. Überhaupt ging es den Priestern sehr gut. Die Pharaonen wollten schon zu Lebzeiten sicherstellen, dass sie sich nach ihrem Tod um sie kümmern würden. Deshalb spendeten sie und andere reiche Ägypter den Priestern ganze Weinberge, Bauernhöfe, Viehzuchtbetriebe, Ackerflächen, Bergwerke und Steinbrüche. Einige Tempel gehörten zu den größten Betrieben des Landes.

Ähnlich wichtig wie die Priester war der Wesir, der Stellvertreter des Pharaos. Er war zugleich Regierungschef und oberster Richter im Land – eine Art Superminister. Der Wesir musste den Überblick über die Bauprojekte und die Landwirtschaft haben. Eigentlich wurde von ihm erwartet, dass er ein bisschen was von allem verstand. Und auf jeden Fall sollte er darüber informiert sein, wann genau die jährliche Nilschwemme zu erwarten war. Schließlich wollten die Menschen auf das Hochwasser vorbereitet sein. Man hatte beobachtet, dass die Flut ungefähr alle 365 Tage in der Zeit zwischen Juni und September kam. Die Ägypter erfanden einen Kalender für ein Jahr, das 365 Tage und zwölf Monate hatte. Von kleinen Änderungen abgesehen gilt der Kalender weltweit bis heute.

Die alten Ägypter machten noch eine andere Erfindung: die Schrift. Zusammen mit den Sumerern in Mesopotamien, die wir im nächsten Kapitel kennenlernen werden, waren die Ägypter das erste Volk der Welt, das schreiben konnte. Die Schrift wurde also erst rund 200 000 Jahre, nachdem sich der Homo sapiens, der »kluge Mensch«, entwickelt hatte, erfunden. Die Schriftzeichen, die die Ägypter um 3000 v. Chr. ersannen, wurden später Hieroglyphen genannt. Das heißt »heilige Zeichen«. Weil sie Hieroglyphen hatten, konnten Beamte Anweisungen über Bewässerungsanlagen, Aussaat und Ernte verfassen. Im alten Ägypten konnte nur etwa ein Prozent der Bevölkerung schreiben, jeder Hundertste. So genossen Schreiber höchstes Ansehen. Sie wurden gut bezahlt. Anders als heute konnten damals fast nur Kinder reicher Eltern zur Schule gehen. Dort schrieben sie zur Übung Sätze wie: »Werde Schreiber, es rettet dich vor harter Arbeit und vor jeder Mühe!«

Die Hieroglyphen zu *erlernen* war allerdings mühsam. Sie sind eine komplizierte Mischung aus Bilder- und Lautschrift.

So bedeutet das Bild einer Eule zwar »Eule«, eine Schlange ist eine »Schlange« und Wellen sind »Wasser«. Aber ein Arm mit einer Waffe kann entweder »ein Arm mit einer Waffe« bedeuten oder »stark, mächtig«. Nun kommt eine dritte mögliche Bedeutung dazu. Jedes der Hieroglyphen-Bilder kann neben seinen zwei möglichen bildhaften Bedeutungen noch für einen einzelnen Buchstaben oder Laut stehen, aus denen sich Wörter formen lassen. Das Bild einer Eule kann »Eule« bedeuten oder »m«, das Bild von Wasser auch »n«. Wenn die Ägypter ihre Hieroglyphen lasen, mussten sie die Lösung wie bei einem Rätsel aus verschiedenen möglichen Bedeutungen auswählen und kombinieren.

Heute erscheinen uns die Hieroglyphen im Vergleich zu unserer Schrift umständlich. Doch damals waren sie eine riesige Neuerung, die vieles im Alltag vereinfachte. Mithilfe der Schrift konnten die Ägypter erstmals längere Informationen, Geschichten und komplizierte Baupläne festhalten und aufbewahren. Sie konnten sie außerdem über Hunderte von Kilometern übermitteln, ohne sich Sorgen machen zu müssen, ob der Bote sich die Botschaft auf seiner langen Reise richtig merkte. Die Erfindung der Schrift ist eng mit einer weiteren wichtigen Erfindung der Ägypter verbunden: mit der Erfindung des Papyrus. Der Papyrus ist der Vorläufer des Papiers, das von ihm seinen Namen hat. Es war natürlich einfacher und schneller, etwas mit einem Pinsel auf Papyrus zu schreiben, als seine Texte auf Steintafeln zu meißeln und die durch die Gegend zu schleppen.

Hergestellt wurde Papyrus aus Grasfasern. Dabei wurden die Halme der Pflanze in Streifen von rund vierzig Zentimetern Länge geschnitten und nebeneinander auf ein Tuch gelegt. Dann kam eine zweite Schicht Streifen in der anderen Richtung darüber. Das Ganze wurde von oben mit einem Tuch zusammengepresst. Der Saft der Pflanze klebte die Schichten zusammen. Trocknen, glattreiben, fertig. So kamen

Schriftrollen zustande. Die Rollen waren die Bücher und Briefe der damaligen Zeit. Im 3. Jahrtausend v. Chr. bedeutete die Erfindung des Papyrus, der leicht zu transportieren war, einen ähnlichen Durchbruch wie in unserer Zeit die Erfindung der E-Mail und SMS.

Geschminkte Pharaonen und bärtige Königinnen

Das alte Ägypten dürfte der erste Staat der Weltgeschichte mit einem klar umrissenen Gebiet und festgelegten Grenzen gewesen sein, ein sogenannter Territorialstaat. Davor hatten sich die Menschen keine Gedanken um Landesgrenzen gemacht. Dass die Grenzen Ägyptens relativ klar waren und so lange erhalten blieben, hat allerdings auch mit geografischen Umständen zu tun. Ägypten war von Wüsten umgeben, einer Art natürlichen Grenze. Das schützte das Land vor Angreifern. Der Nil diente als Hauptverkehrsader und Kommunikationsweg. Auf Booten konnte man Papyrus-Botschaften transportieren, die recht sicher verschiedene Ziele im ganzen Land erreichten.

Ägypten war zusammen mit Mesopotamien wohl das erste größere Gemeinwesen, in dem es Großstädte gab, Paläste, Gesetze, Verkehrsnetze, Kanäle, also eine Infrastruktur. Solche Staaten heißen Hochkulturen. Dazu gehören außerdem gemeinsame Vorstellungen über Götter, die Arbeitsteilung und Hierarchien in der Verwaltung. Gemäß einer Rangordnung ist genau geregelt, wer wem was befehlen darf. Natürlich existierten auch vor den alten Ägyptern Rangordnungen. Doch die waren einfacher und weniger klar festgelegt. In der Steinzeit lebten Anführer einer Gruppe, obwohl sie besonders mächtig waren, nicht sehr anders als die anderen. Sie hatten keine größeren Häuser oder Paläste, sondern höchstens dickere Muskeln. Dank ihrer Körperkraft konnten sie ihren Status als Anführer verteidigen und die anderen manchmal unterdrücken. Sie bekamen vielleicht das beste Stück Fleisch vom gemeinsam gejagten Wild. Aber sie saßen zusammen mit den anderen um dasselbe Lagerfeuer. Sie aßen keine feineren Speisen und trugen keine teurere Kleidung.

All das änderte sich mit Hochkulturen wie der ägyptischen. In Ägypten erbten Herrscher wohl erstmals in der Geschichte von ihren Eltern Macht, Reichtum und Paläste. Passend dazu bedeutete das Wort Pharao ursprünglich »großes Haus«. Auch für andere Ägypter galt: je mehr Macht, desto größer das Haus. So wurde das Luxusleben erfunden. Im Luxus lebten allerdings nur sehr wenige. Die einen hatten große Häuser aus Stein mit Dusche und Toilette, Gärten voller Palmen und Blumen, die durch Mauern von der Außenwelt abgegrenzt waren. Die anderen hausten in Holzhütten und mussten sich im Fluss waschen. Die armen Menschen aßen nicht wie die Herrscher ständig Fleisch, Fisch, Obst und feines Gebäck. Ihr Hauptnahrungsmittel war Brot. Da bei der Herstellung einiges an Wüstensand in den Teig geriet, schliff es, wenn man es kaute, die Zähne ab. So hatten viele arme Ägypter im Alter nur noch Zahnstummel im Mund.

Natürlich taten gute Pharaonen mehr, als ein »großes Haus« zu erben und Pyramiden in Auftrag zu geben. Zusammen mit ihrem Wesir mussten sie schwierige Entscheidungen treffen. Etwa darüber, wie viel Vorräte man für Dürren und Notzeiten für die Bevölkerung in Speichern anlegte, mit welchem Land man Handel treiben sollte und mit welchem Krieg führen. Unter den vielen Pharaonen ragten einige durch ihre Leistungen heraus. Der bereits erwähnte Narmer schuf um 3000 v. Chr. wohl das Großreich Ägypten. Rund 1500 Jahre später stach Königin Hatschepsut hervor.

Ihr Name bedeutet »Die Erste der vornehmen Frauen«. Rechtlich waren Frauen den Männern im alten Ägypten fast gleichgestellt. Sie konnten beispielsweise selbst Eigentum ha-

ben, erben und weitervererben. Sie durften Verträge abschlie-
ßen und vor Gericht prozessieren. Frauen konnten sich ihren
Ehemann im Prinzip selbst aussuchen. Daheim hatten Frauen
als »Herrin des Hauses« das Sagen. Sie trafen Entscheidungen
über Finanzen und Geschäfte. Warum muss man das hervor-
heben? Weil Frauen, die im alten Ägypten lebten, in vielem sogar mehr Rechte hatten, als das noch vor nur 150 Jahren in den
meisten Ländern der Welt der Fall war, auch in Europa. Doch
dass eine Ägypterin als Königin herrschte, war trotzdem sehr
ungewöhnlich. Hatschepsut konnte die Macht übernehmen,
weil ihr Halbbruder Pharao Thutmosis II. früh starb und es
keinen männlichen Nachfolger gab. So ergriff sie die Gelegen-
heit und schwang sich zum Staatsoberhaupt auf.

Die Königin förderte den Handel mit dem Ausland. Sie gab
zahlreiche Bauwerke in Auftrag und einige der größten Obelisken. Diese Pfeiler haben eine pyramidenförmige Spitze und
stellten die Strahlen des Sonnengottes Re dar. Obelisken symbolisieren die Verbindung zwischen Erde und Himmel. Hatschepsut war auch, was die Selbstdarstellung betraf, recht um-
triebig. Sie ließ sich auf Bildern und in Statuen im Lauf der
Zeit auf immer merkwürdigere Weise präsentieren. Von Statue zu Statue schrumpften ihre Brüste, ihre Schultern wurden
breiter und am Ende hatte sie sogar einen Bart. Irgendwann
hatte sie sich in den Abbildungen in einen Mann verwandelt.

Warum tat Hatschepsut das? Vielleicht wollte die Königin
sichergehen, dass keine Zweifel an ihrem Machtanspruch und
ihrer Stärke aufkamen, wenngleich sie eine Frau war. Jedenfalls ist ihre Verwandlung ein schönes Beispiel dafür, wie wichtig die Kunst für die Ägypter war. Sie beeinflusste das Bild, das
die Ägypter von sich hatten. Die Ägypter glaubten offenbar,
dass der Kunst eine Art magische Kraft innewohnt.

Vielleicht ärgerten sich deshalb so viele über den Pharao
Echnaton. Der wollte da nämlich was verändern. Er kam ungefähr 1350 v. Chr. an die Macht. Geboren wurde er als Ame-

nophis IV. Doch als er erwachsen war, ließ er sich in Echnaton umbenennen. Der Name bedeutet »Der dem Aton dient«. Aton war ein Sonnengott, der als Sonnenscheibe abgebildet wurde. Ursprünglich war Aton nur einer der vielen ägyptischen Götter, doch Echnaton stellte ihn über die anderen Götter und wollte sie durch Aton verdrängen. Darüber regten sich viele Ägypter auf. Sie liebten die anderen Götter in all ihren Gestalten, etwa den Käfer-Menschen-Gott Chepre. Oder die Sphinx mit ihrem Löwenkörper und dem Frauenkopf. Besonders verehrt wurde Amun, ein alter ägyptischer Hauptgott; er hatte einen menschlichen Körper und einen Widderkopf. Doch unter Echnaton sollte sogar der mächtige Wind- und Schöpfergott Amun weichen.

Echnaton wollte nicht nur die Götterwelt verändern, sondern auch die Kunst. Er versuchte, Einfluss darauf nehmen, wie seine Untertanen die Welt abbildeten und sahen. Die traditionellen Wandbilder der Ägypter wirken oft flach und schematisch, wie Comics heute. Dafür zeigten sie Fantasiegestalten und regten zum Träumen an. Echnaton wünschte sich aber realistischere Bilder: von seiner schönen Frau Nofretete und von sich selbst. Er ließ sich bei ganz alltäglichen Tätigkeiten darstellen, beispielsweise beim Spielen mit seinen Kindern. Das war neu. Außerdem sah man auf den Bildern, dass der Pharao ein Bäuchlein hatte. Diese Bilder unterschieden sich deutlich von jenen früherer Pharaonen. Die wurden meist schlank und rank gezeigt, egal, wie sie wirklich aussahen. Die Männer hatten grundsätzlich schmale Hüften und breite Schultern, die Frauen lange Beine. Sie wirkten ähnlich gleichförmig wie heutige Models auf Fotos, die digital nachbearbeitet werden.

Echnaton fand solche Bilder womöglich langweilig. Jedenfalls wurde er als Ungläubiger beschimpft. Nach seinem Tod kehrte schon sein Nachfolger zur alten Götterordnung und zur alten Kunst zurück. Wie zuvor Echnaton änderte dieser

Pharao seinen Namen. Er war als Tutanchaton geboren worden. Das bedeutet »lebendes Abbild von Aton«. Doch er benannte sich dann in Tutanchamun um, also »Lebendes Abbild von Amun«. Offenbar wollte er lieber wie der Gott Amun als wie Aton sein.

Die ägyptischen Könige haben das mit den Namen und dem »lebenden Abbild« sehr ernst genommen. Schließlich trugen sie, um im Alltag wie Götter zu wirken, deren Bilder und Symbole auch als Schmuck. Zum Beispiel Diademe, Kronen und Armreife mit Verzierungen, die die Form einer Kobra hatten. Die extrem gefährliche Giftschlange, die sich, wenn sie gereizt wird, bedrohlich aufrichtet und eindrucksvoll ihr Nackenschild spreizt, galt als göttlich und sollte die Pharaonen vor Feinden beschützen.

Die Pharaonen wollten den Göttern so weit wie möglich ähneln. Dafür sollten Götterstatuen wiederum lebendig wie echte Menschen wirken. Die Statuen waren oft aus Gold, »dem Fleisch der Götter«, wie man sagte. Diesen Götterstatuen zogen Priester Stoffkleidung an. Sie behandelten sie fast wie Puppen. Sie bemalten und schminkten sie sogar mit dicken schwarzen, grünen oder blauen Linien um die Augen, mit Lidstrichen. So wollten sie wohl betonen, wie gut die Götter sehen konnten, wie viel Weit- und Durchblick sie hatten.

Die Pharaonen waren wie die Götterstatuen geschminkt. Mit Kajal, Lidschatten, Lippenstift und sogar mit Rouge. Reiche Untertanen benutzten ebenfalls Schminke, Frauen wie Männer. Sie machten sich zu Ehren der Götter fein, vor allem zu Festen. Dann wurde eine große Statue des Gottes Amun aus dem Tempel geholt und durch die Stadt getragen, begleitet von Musikern und Tänzern. Bei solchen Festen berauschte man sich am Wein. Die Ägypter dachten, dass sie so die Verbindung zwischen der menschlichen und der göttlichen Welt herstellen könnten. Frauen trugen Perücken, Wickelkleider und Schmuck aus Gold, Silber und Edelsteinen. Die Männer, die im Alltag oft nur einen Schurz anhatten und mit nacktem Oberkörper herumliefen, traten bei Feiern in durchscheinenden Gewändern auf.

Die Ägypter bemalten sich ihre Gesichter, um überirdisch schön zu werden. Sie zerrieben schwarze, blaue und grüne Mineralien, mischten sie mit Fett und trugen sie wie Kajal um die Augen auf. Das machte nicht nur schön, sondern hatte offenbar auch eine medizinische Wirkung. Die Schminke wirkte entzündungshemmend und schützte vor Augenkrankheiten. Entzündete Augen waren eine verbreitete Plage, weil der Wind einem oft Wüstensand ins Gesicht blies. Die medizinische Wirkung der Schminke konnten sich die Menschen nicht erklären. Sie dachten, dass sich beim Schminken magische Kräfte entfalteten.

Die Gründe, sich zu schminken, waren also vielfältig: religiös, modisch und medizinisch. Ähnliches gilt für eine andere wichtige Zutat des ägyptischen Luxuslebens: das Parfüm. Die Ursprünge dessen, was wir heute im Drogeriemarkt kaufen, sind religiös. Man verwandte Weihrauch für kultische Handlungen und bei der Mumifizierung von Toten. Allerdings benutzten wohlhabende Ägypter Elixiere mit Weihrauchduft auch, um den Körpergeruch zu überdecken. Dazu kam Alaun, ein Salzkristall, aus dem noch heute manche Deos gemacht sind.

Bald entwickelte sich eine kleine Parfümindustrie, sogar für den Export. Die Parfüme enthielten Extrakte aus Myrrhe, Zimt, Kardamom und Wasserlilien. Sie dufteten exotisch. Das Parfüm mit dem Namen Susinum bestand wohl aus Lilie, Kalmus, Myrrhe, Krokus, Zimt und Honig. Heilige Düfte wie Kyphie waren der Allgemeinheit verboten; sie waren nur für bestimmte religiöse Rituale oder Feste erlaubt. Doch Parfüme mit Namen wie Stakte, Cyprium und eben Susinum waren das Chanel N°5 oder das Miss Dior ihrer Zeit. Für seine Parfüme war Ägypten weit über seine Landesgrenzen hinaus bekannt.

Die berühmteste ägyptische Persönlichkeit aller Zeiten dürfte Königin Kleopatra sein. Sie hatte ziemlich merkwürdige Angewohnheiten. So besagt eine Legende, sie habe teure Perlen in verdünntem Essig aufgelöst und als Cocktail getrunken. (Wissenschaftler haben inzwischen nachgewiesen, dass das tatsächlich funktioniert.) Vielleicht wollte sie zeigen, wie eigenwillig sie war und welch ungeheuren Luxus sie sich leisten konnte. Das Wort Luxus kommt aus dem Lateinischen: Luxus bedeutet ursprünglich nicht nur »üppig, prunkvoll, ausschweifend«. Es bedeutet obendrein »anders als normal«.

Kleopatra war alles andere als normal. Das musste sie wohl auch sein. Sie war die letzte Herrscherin Ägyptens, die ihr Land halbwegs eigenständig regieren konnte und den mächtigen Römern etwas entgegenzusetzen hatte, bevor Ägypten Teil des Römischen Reiches wurde.

Kleopatra kam im Jahr 51 v. Chr. an die Macht. Ägypten war ein geschwächtes Land. Aufstände und Bürgerkriege hatten es zerrüttet. Schon mehrmals war Ägypten inzwischen erobert und besetzt worden: von Libyern, Nubiern, Persern und von den Griechen unter Alexander dem Großen. Nun war man von der Supermacht Rom abhängig. Es gelang Kleopatra jedoch, nacheinander zwei römische Herrscher für sich zu gewinnen, und zwar nicht zuletzt dadurch, dass sie sie verführte: Die beiden Römer waren Caesar und Marcus Antonius. Die Königin betörte beide mit ihrer reizenden Art und ihrem ungewöhnlichen Benehmen. Sie überzeugte sie davon, sie auf dem Thron zu lassen und mit ihr zusammenzuarbeiten. Kleopatra brauchte den Schutz der Römer, um sich gegen Feinde im eigenen Land wehren zu können. Als Gegenleistung musste sie Rom ägyptisches Getreide liefern.

Kleopatra brachte die Verwaltung des Landes, die daniederlag, wieder in Ordnung. Doch es war nicht einfach für sie, die enge Zusammenarbeit mit den Römern vor ihrem Volk zu rechtfertigen. Viele Ägypter fanden selbst eine indirekte

Fremdherrschaft durch die Römer demütigend. Und dann bekam die Königin auch noch einen Sohn von Caesar, ohne mit ihm verheiratet zu sein. Sie musste ihr Image aufpolieren und dachte sich etwas aus. Kleopatra kleidete und schmückte sich zeitweise wie die beliebte Göttin Isis. Sie trat mit dem Symbol der Isis auf, einer Krone mit Kuhhörnern. In der Hand hielt sie ein Sistrum, eine Rassel, mit der man bei Feiern für Isis den Rhythmus für die Götter schlug. Warum gerade Isis?

Isis war die Göttin der Geburt, Wiedergeburt und Magie sowie die Beschützerin der Kinder. Der Legende zufolge hatte sie ihren Sohn Horus ohne dessen Vater Osiris großziehen müssen. Osiris war ermordet worden und Gott des Totenreichs geworden. Isis hatte ihr Schicksal tapfer gemeistert, und deshalb erfreute sich die alleinerziehende Mutter bei den Ägyptern großer Beliebtheit. Sie war ein Vorbild, ein Idol. Vom Glanz der Göttin sollte etwas auf Kleopatra abstrahlen, die ihren Sohn ja ebenfalls allein großzog.

Weil sie klug und charmant war, konnte sich Kleopatra über zwanzig Jahre an der Macht halten. Im Jahr 31 v. Chr. verlor ihr Geliebter Marcus Antonius jedoch die Seeschlacht von Actium vor der griechischen Küste gegen seinen römischen Konkurrenten Octavian, den späteren Kaiser Augustus. Von ihm wollte Antonius auf keinen Fall gefangen genommen werden; er wusste, dass Octavian ihn demütigen und wohl töten würde. So brachte sich Antonius lieber selbst um. Er stürzte sich in sein Schwert. Da gab auch Kleopatra auf und beging Selbstmord: Einer Legende zufolge ließ sie sich von einer Kobra beißen, dem alten giftigen Symboltier der Pharaonen.

Kleopatra hatte offenbar eine starke Wirkung auf ihre Umgebung. Dabei entsprach sie gar nicht den allgemeinen Schönheitsidealen. Nach allem, was man weiß, war sie eher klein und rundlich, hatte vielleicht eine Hakennase. Aber mit ihrem eleganten und intelligenten Auftreten, ihrer Ausstrahlung und ihrer schönen Stimme beeindruckte sie viele. Es gelang ihr, sich im Alltag zumindest vorübergehend in ein überirdisches Wesen zu verwandeln.

Ich glaube, das ist einer der Gründe, warum uns Kleopatra und die alten Ägypter so faszinieren. Zum einen haben sie viele wichtige Dinge erfunden, die uns heute noch prägen: Gebäude aus Stein, die Großbaustelle, die Arbeitsteilung, eine organisierte Religion, die Schrift, das Papier, den Kalender, Schminke und Parfüm. Darüber hinaus haben sie es geschafft, das Göttliche selbst in den unscheinbarsten Dingen und Wesen zu sehen, sogar in Mistkäfern. So haben sie sich den Alltag ein wenig verzaubert und verschönert.

KAPITEL DREI
Die ersten Superhelden und Mathe-Weltmeister

In Mesopotamien werden Großstädte gegründet, ein umfassendes
Gesetzbuch und ein spannendes literarisches Werk geschrieben.
Die Wissenschaften blühen auf.

Der Himmel über uns zählt zu den Dingen, die über die Jahrtausende unverändert geblieben sind. Trotzdem sahen die Menschen, wenn sie vor 5000 Jahren nach oben blickten, etwas anderes als wir. Leuchteten dort nachts Sternschnuppen, Meteoriten und Planeten, dachten die Leute, das seien göttliche Erscheinungen. Die Wesen, die sich am Himmel bewegten, hätten, so meinten sie, Auswirkungen darauf, wie ihr Leben unten auf der Erde verlief. Vielleicht erfüllten die funkelnden Himmelskörper Wünsche. Verdeckte eine Wolke allerdings einen Stern, hatte der Gott wohl schlechte Laune. Womöglich wandte er sich sogar von den Erdenbewohnern ab.

Immerhin konnten die Menschen die Himmelskörper genau betrachten und, so die Vermutung, aus ihrem Verhalten Vorhersagen über Dinge ableiten, die die Götter ihnen auf der Erde zustoßen ließen. Dann war man zumindest vorbereitet. Eines Nachts verband ein besonders aufmerksamer Beobachter mehrere hell strahlende Punkte am Himmel so, dass sich ein Bild ergab. Da sah eine Sternengruppe plötzlich aus wie ein Skorpion. Eine andere erinnerte an die Gestalt eines Bogenschützen. Solchen Bildern schrieben die Menschen nach und nach bestimmte Qualitäten und Verhaltensweisen zu, die sie mit Schützen oder Skorpionen in Verbindung brachten. Zeichnete sich der Skorpion mit seinem Giftstachel am

Himmel ab, mussten sie sich vielleicht in Acht nehmen. Der Schütze hingegen weckte bei den Betrachtern möglicherweise die Hoffnung, dass sie in nächster Zeit Unterstützung im Kampf gegen ihre Feinde erhalten würden.

Aus derartigen Vorstellungen entwickelten sich später unsere zwölf Sternzeichen: Skorpion, Schütze, Widder, Stier, Zwillinge, Krebs, Löwe und so weiter. Die Vorhersagen, die die Menschen mithilfe der Sternzeichen machten, wurden auf Tontafeln notiert. Im Lauf der Zeit entstand ein ganzes System der Sterndeutung. So entwickelten sich die Astrologie und die Horoskope. Und deshalb sagen wir noch heute, wenn wir im August eine fröhlich funkelnde Sternschnuppe am Himmel sehen, dass wir uns etwas wünschen dürfen.

Erfunden wurde die Astrologie von zwei Völkern: von den alten Ägyptern, um die es im letzten Kapitel ging, und von den Sumerern, die wir in diesem Kapitel kennenlernen. Außer der Astrologie hatten die beiden Völker einiges andere gemeinsam. Beide bildeten Hochkulturen und bauten Städte, in denen bis zu 50 000 Einwohner lebten. Sie hatten Priester, Tempel, Schminke, Parfüm und ausgeklügelte Verwaltungen. Der Rest der Menschheit, ob in Europa, Amerika, Afrika oder Asien, lebte vor 5000 Jahren meist noch in kleinen Stammes- und Dorfgemeinschaften oder als Jäger und Sammler.

Das Reich der Ägypter und das der Sumerer waren nicht nur die wohl ersten Hochkulturen der Welt, sondern auch Nachbarn. Die Sumerer siedelten in Mesopotamien, dem Zweistromland, das so genannt wird, weil es von den beiden großen Flüssen Euphrat und Tigris geprägt wird. Dort, also in der Gegend der heutigen Länder Syrien und Irak, gewannen ab ungefähr 3000 v. Chr. nacheinander unterschiedliche Stämme und Völker die Vormacht. Das waren vor allem die Sumerer, die Babylonier und die Assyrer.

Auch sie hatten ihre Götter. Anders als die ägyptischen Götter waren die in Mesopotamien meist von rein menschlicher

Gestalt, oft mit langen Bärten und aufwendig verzierten Gewändern. Ganz ohne Tiere ging es allerdings nicht. So hatten die sumerischen, babylonischen und assyrischen Götter auf Bildern Tiere *bei* sich. Die Tiere standen symbolisch für die Eigenschaften und die Macht, die die jeweiligen Götter hatten. Marduk, der Hauptgott der Babylonier, hatte sogar ein Fantasietier dabei, einen Drachen. Das starke Tier machte klar, wie unbesiegbar Marduk war.

Mesopotamien war ein Land der Erfindungen. Eine bestand darin, dass die Sumerer vielleicht noch vor den Ägyptern die ersten Großstädte gründeten, zum Beispiel Ur, Lagasch und Uruk. Dort gab es Paläste, Türme und Straßen, das Ganze umgeben von schützenden Mauern. Die Könige regierten die Städte und ihr Umland wie kleine Länder. Ob die Sumerer als Erste das Rad erfunden haben, wie oft behauptet wird, ist nicht sicher; vielleicht rollte es zuerst durch Europa oder Asien. Gewiss ist aber, dass die Bewohner Mesopotamiens sehr früh besonders gute Straßen bauten, auf denen Wagen mit den Rädern fahren konnten. Im 1. Jahrtausend v. Chr. waren die Straßen teils sogar aus Asphalt, einer Art Vorläufer des Teers. Asphalt ist ein Gemisch aus Steinchen und einer zähflüssigen schwarzen Masse, dem Bitumen, das wie Erdöl aus dem Boden kommt. Meist wurde Bitumen als Mörtel verwendet. So perfektionierten die Babylonier die Ziegelbauweise mit gebrannten Backsteinen, die einfach zu verarbeiten sind und zugleich härter und länger haltbar als lediglich luftgetrocknete Lehmziegel.

Nicht nur mit ihrer Bautechnik und ihren Städten ragten die Bewohner Mesopotamiens heraus, sondern auch mit der Schrift. Mit ihr waren sie womöglich etwas früher dran als die Ägypter. Die Sumerer erfanden die Keilschrift. Sie besteht aus senkrechten, waagerechten und schrägen Keilen und Strichen. Diese wurden in feuchte Tontafeln gedrückt, die man dann brannte oder in der Sonne trocknen ließ.

Weil die Tafeln so haltbar waren, wissen wir heute einiges über weitere wichtige Erfindungen der Sumerer, etwa im Bereich der Mathematik. Die Sumerer waren die frühen Mathe-Weltmeister. Sie konnten mit Brüchen und Kommastellen rechnen; sie stellten Gleichungen auf und glänzten in Geometrie. So kannten sie den Satz des Pythagoras, bevor er später nach dem griechischen Mathematiker und Philosophen Pythagoras benannt wurde. Die Gleichung, die bis heute Schüler in aller Welt lernen, lautet $a^2 + b^2 = c^2$. Mit ihr berechnet man schon seit Jahrtausenden Flächen und rechte Winkel.

Die Mathematik wurde für die Architektur genutzt und für die Astronomie, die Wissenschaft der Gestirne. Die Sumerer errechneten Umlaufbahnen und Umlaufzeiten für Planeten. Sie erstellten besonders genaue Kalender. Eine weitere Leistung in der Mathematik, die uns bis heute im Alltag betrifft, ist das Sexagesimalsystem. Der Name kommt vom Lateinischen *sexagesimus* und bedeutet »der Sechzigste«. Die Sumerer hatten als nächstgrößere Einheit mit einem eigenen Zeichen nach der Zehn nicht wie die Römer die Fünfzig und dann die Hundert, sondern die Sechzig. Da sie so gut in Geometrie waren, blieb ihr System erhalten. Noch heute hat ein Kreis 360 Grad, also 6 mal 60 Grad. Vor allem haben unsere Stunden, da die Sumerer die Zeit bereits so einteilten, sechzig Minuten.

Da es damals keine Uhren mit Zeigern gab, hatte die Einteilung der Stunden in Minuten im Alltag keine so große Bedeutung. Sie war theoretisch. Aber auch heute entsprechen sechzig Minuten weltweit einer Stunde, und nicht etwa fünfzig oder hundert Minuten. So prägt uns die 5000 Jahre alte Kultur Mesopotamiens darin, wie wir unsere Zeit wahrnehmen.

Eine der ersten großen Abenteuerstorys und ein Gesetzbuch für jedermann

Die Bewohner Mesopotamiens waren nicht nur große Mathematiker, Astrologen, Astronomen, Ingenieure und Architekten. In Mesopotamien wurde auch der wohl erste Superheld der Welt geboren: Gilgamesch aus dem *Gilgamesch-Epos*.

In der Erzählung ist Gilgamesch der König von Uruk, einem der frühen Stadtstaaten in Mesopotamien. Zusammengefasst verläuft die Geschichte folgendermaßen:

Am Anfang wird Gilgamesch als groß und stark und als »Götterheld« geschildert, zu zwei Dritteln Gott und zu einem Drittel Mensch. Der König ist allerdings überheblich und nicht gut zu seinen Untertanen. Deshalb schaffen die Götter aus Lehm Enkidu, ein menschenähnliches, aber tierisches Wesen, das wild und behaart ist. Enkidu soll Gilgamesch in seine Schranken weisen und Demut lehren. Die beiden kämpfen gegeneinander. So heißt es:

»Da packten sie sich, gingen in die Knie wie Stiere,
Zerschmetterten den Türpfosten, es erbebte die Wand! –
Gilgamesch und Enkidu –
Ja, sie packten sich, gingen in die Knie wie Stiere,
Zerschmetterten den Türpfosten, es erbebte die Wand!«

Hier wird klar, dass das Besondere an dem Epos sein Stil ist, die Art und Weise, wie es geschrieben wurde. Wenn wir die rhythmischen Verse und die Wiederholungen hören, spüren wir die Wucht des Kampfes, wie die beiden Kämpfer immer wieder gegeneinander und gegen den Türpfosten knallen.

Als der Kampf unentschieden bleibt, freunden sich Gilgamesch und Enkidu an. Gemeinsam bestehen sie viele Abenteuer und Kämpfe. Als sie aber den Himmelsstier töten, erzürnen sie damit die Götter. Die beschließen, die beiden zu bestrafen. Sie lassen Enkidu an einer Krankheit sterben. Verwirrt und traurig darüber, seinen Freund verloren zu haben, macht sich Gilgamesch auf eine Reise und gelangt in das Land der Seligen. Er findet sogar die Pflanze der ewigen Jugend. Wer sie isst, wird unsterblich. Auf dem Weg nach Hause wird ihm das Kraut allerdings von einer Schlange gestohlen. Die verjüngende Wirkung der Pflanze zeigt sich darin, dass die Schlange, nachdem sie davon gefressen hat, ihre alte Haut einfach abstreifen kann. Das ist ja bis heute so.

Schließlich kehrt Gilgamesch ohne die Pflanze nach Uruk zurück. Seine Enttäuschung ist groß, scheint er doch alles verloren zu haben. Langsam merkt er aber, dass er auch etwas gewonnen hat. Er ist klüger geworden. Der junge König sieht, dass er nicht unbedingt ein Gott sein muss, um Großes zu leisten. Gilgamesch ist bescheidener geworden. So besinnt er sich auf das, was er als Mensch machen kann, um wenigstens ein bisschen unsterblich zu werden. Auf seinen Befehl hin wird die Stadtmauer, die der Bevölkerung von Uruk Schutz bietet, fortan immer gut instand gehalten. Im Epos wird betont, dass die verwendeten Backsteine härter und haltbarer sind als getrocknete Lehmziegel.

Am letzten Teil des Epos, in dem es um die Wartung der Stadtmauer geht, ist wohl etwas Wahres dran: Denn eine gute Stadtmauer hat tatsächlich zum Aufstieg Uruks als Stadtstaat beigetragen.

Insgesamt geht es im *Gilgamesch-Epos* um die Frage, wie göttlich ein Mensch überhaupt sein kann und ob – und wenn ja, wie – er unsterblich werden kann. Gilgamesch ist der erste Superheld der Weltgeschichte, ein Vorläufer von Superman. Wie Superman hat Gilgamesch übermenschliche Kräfte; zugleich kämpft er mit menschlichen Problemen wie Überheblichkeit, Zorn, Zweifel und Trauer. Aber er packt auch mit an und hilft bei praktischen Dingen.

Wahrscheinlich gab es tatsächlich einen König namens Gilgamesch. Es ist nicht klar, wie er genau gelebt hat. Die im *Gilgamesch-Epos* erzählten Geschichten über ihn sind zum allergrößten Teil erfunden. Epen enthalten meist viel Fantasie und originelle Ideen; zugleich kann es um Fragen des Alltags gehen. Es sind lange Erzählungen, so ähnlich wie Romane. Anders als ein Roman ist ein Epos allerdings in Verse gegliedert. Das heißt, die Zeilen der Erzählung sind in der Länge beschränkt und haben einen ganz bestimmten, immer wieder ähnlichen Rhythmus. Es ist wie bei Gedichten oder beim Rap.

Vom *Gilgamesch-Epos* gibt es verschiedene Versionen; die bekannteste wurde ungefähr um 1200 v. Chr. auf zwölf Tontafeln geschrieben. Die Dichtung diente als Vorbild für viele andere Texte ihrer Art. Ähnliches gilt für die zweite weltberühmte Schrift aus Mesopotamien: den Codex Hammurabi. Er wurde im 18. Jahrhundert v. Chr. verfasst und ist einer der ältesten Gesetzestexte der Welt. Der Codex ist nach Hammurabi, dem damaligen König von Babylon, benannt. Die insgesamt 282 Paragrafen wurden auf Tontafeln geschrieben. Obendrein ließ der König sie in Stelen ritzen, also auf glattgeschliffene Pfeiler aus Stein. Die Pfeiler standen vor dem königlichen Palast. So sollte sie jeder Untertan anschauen und Recht für sich fordern können. Das war damals ganz neu. Allerdings weiß man nicht genau, ob die Gesetze im Alltag überhaupt angewendet wurden.

Auf jeden Fall war der Codex eine schöne Idee. Er enthält praktische Regelungen. Manche davon erscheinen uns heute allerdings etwas schräg. Das berühmteste Beispiel ist Paragraf 196. Darin heißt es: »Wenn ein Mann einen anderen Mann geblendet hat, soll man ihm ein Auge blenden.« Das ist der Rechtsgrundsatz »ein Auge für ein Auge, ein Zahn für einen Zahn«. Es ist die Idee, dass die Strafe genauso oder genauso schlimm wie das Verbrechen ausfallen soll.

Inzwischen weiß man, dass das kein sinnvolles Prinzip ist. Wenn ich geschlagen werde, soll ich nicht einfach zurückschlagen oder Rache nehmen. Denn so schaukelt sich die Sache hoch und erzeugt oft noch mehr Gewalt, Hass, Verbrechen und Leid für alle Beteiligten. Doch vor 4000 Jahren war das Prinzip »wie du mir, so ich dir« und die Tatsache, dass überhaupt mal klare Strafen festgelegt wurden, schon ein Fortschritt. So sollten unter anderem ausufernde Rachefeldzüge verhindert werden, die immer wieder vorkamen, weil zum Beispiel jemand Verwandte, denen Unrecht geschehen war, durch eine Gewalttat rächen wollte.

Die frühen Bewohner Mesopotamiens – Sumerer, Babylonier und Assyrer – haben ein paar wichtige Grundlagen für spätere Kulturen geschaffen. 3000 Jahre nachdem ihre Hochkultur gegründet wurde, passierte ihnen allerdings etwas Ähnliches wie den Ägyptern. Ihre Reiche wurden von anderen Völkern erobert, erst von den Persern, dann von den Römern und später von den Arabern. Doch bis heute werden Häuser mit gebrannten Ziegelsteinen gebaut, und die Stunden verlaufen weiterhin im Sechzigminutentakt.

KAPITEL VIER
Der eine Gott und seine vielen verrückten Geschichten

Im 1. Jahrtausend v. Chr. finden in Palästina Erzählungen Verbreitung, in denen es um einen völlig neuartigen Gott geht: Er ist der einzige Gott, und er ist unsichtbar. Die Geschichten bilden die Grundlage für zwei Weltreligionen: das Judentum und das Christentum.

Vor 5000 Jahren hatten die Götter in der Vorstellung der Menschen die Gestalt von funkelnden Sternen, Käfern oder mächtigen Mischwesen aus Tier und Mensch. Bei den Babyloniern waren es besonders teuer gekleidete Männer, die beispielsweise einen Furcht einflößenden Drachen mit sich führten. Man hatte einen eigenen Gott oder eine eigene Göttin für jede Angelegenheit. Erwartete man ein Kind, wandte man sich an die Göttin der Schwangeren; wünschte man sich Erfolg für seine Schreinerei, bat man den Gott des Handwerks um Hilfe. Über Jahrtausende konnten die Menschen rund um die Welt, je nachdem was für Aufgaben und Anliegen sie hatten, eine von vielen Gottheiten kontaktieren. Doch heute haben die bei Weitem meisten Leute, die religiös sind, nur *einen* Gott. Wie kam es dazu? Warum wurde die Vielfalt der Götter so krass reduziert?

Das hat mit einem kleinen Volk zu tun, das vor rund 3000 Jahren zwischen Ägypten und Mesopotamien lebte. Das Gebiet heißt Palästina und entspricht ungefähr dem heutigen Israel, Jordanien und Westjordanland. Das Volk waren die Israeliten, die später Juden genannt wurden. Sie machten eine Erfindung von globaler Bedeutung: Sie verringerten die Anzahl der Gottheiten radikal und landeten bei einem einzigen Gott. Von nun an war nur ein Gott für alles zuständig. Das war schon unerhört. Aber da gab es noch etwas: Der neue Gott war nicht nur allein, sondern auch *unsichtbar*. Umso unglaublicher ist der weltweite Siegeszug, den dieser Gott antreten sollte.

Die Startbedingungen für den einen Gott waren schwierig. Er nannte sich Jahwe. Am besten sprach man seinen Namen aber noch nicht einmal aus. Vor allem hatten die Juden im Gegensatz zu Gläubigen anderer Religionen keine fantasievollen bunten Bilder ihres Gottes. Sie schufen keine prunkvollen Statuen, die man hätte bewundern und anbeten können. Doch sie hatten Geschichten – spannende und oft verrückte Geschichten, in denen der eine Gott die tragende Rolle spielt. Die Geschichten erzählten sich die Juden, wenn sie etwa abends in ihren Häusern oder auf Reisen durch die Wüste vor ihren Zelten am Lagerfeuer zusammensaßen.

Das waren teils Fantasiegeschichten wie jene, in der Gott die Juden auf spektakuläre Weise vor dem ägyptischen Heer rettet. Die Juden werden von den übermächtigen Ägyptern an der Küste des Roten Meeres in die Enge getrieben. Sie haben keine Schiffe, um über das Wasser zu fliehen. Es scheint, als seien sie eingekesselt und dem Tode geweiht. Da geschieht ein Wunder. Ihr Gott teilt das Meer. Er lässt die gigantischen Wassermassen auseinandertreten, und die Juden können unversehrt durch das Meer hindurchziehen. Damit nicht genug: Als die Ägypter ihnen nachsetzen wollen, schlagen die Fluten über den Verfolgern zusammen, und sie ertrinken.

In den Geschichten der Juden geht es um Abenteuer und Prüfungen, die sie mit der Hilfe ihres Gottes zu bestehen haben. Die Geschichten wurden ab ungefähr 1000 v. Chr. über Jahrhunderte von mehreren Autoren verfasst, deren Namen man heute nicht mehr kennt. Die Storys handeln von Kriegen, von Mord und Totschlag, Familiendramen, Liebe, Leidenschaft und Eifersucht. Sie enthalten mal realistische Details aus dem echten Leben, dann wieder Fantastisches wie Engel, Drachen und Superhelden. Und immer hat der *eine* Gott seine Finger im Spiel.

Diese Geschichten wurden gesammelt und schließlich in extra langen Schriftrollen und Büchern aufgezeichnet. So entstand die Thora, die heilige Schrift der Juden. Als Altes Testament bildet sie auch den ersten Teil der christlichen Bibel. So wurden die Geschichten langfristig zur Grundlage für zwei große Weltreligionen: das Judentum und das Christentum.

Die Geschichten des Alten Testaments bieten quasi eine Erklärung für alles, sogar die Entstehung der Welt und der Menschen. So wird am Anfang des Alten Testaments die Geschichte der ersten Menschen Adam und Eva erzählt, wie sie das verbotene Obst essen und deshalb aus dem Paradies vertrieben werden. Es geht dann insbesondere um die Geschichte des jüdischen Volkes, seiner Stammväter und Anführer wie Abraham und Moses.

Die Storys sind meist frei erfunden und handeln zugleich von Nachbarn, Freunden und Feinden der Juden, die es wirklich gab. Ein berühmtes Beispiel dafür ist die Erzählung vom »Turmbau zu Babel«. Mit Babel ist Babylon gemeint, die Hauptstadt der Babylonier aus dem letzten Kapitel. Im Alten Testament heißt es, dass die Menschen dort mit ihrer hoch entwickelten Backsteintechnik einen Turm errichten wollen, der »bis zum Himmel« reichen soll. Das klingt aufregend und vielversprechend, doch einer hat etwas dagegen: der Gott Jahwe. Warum? Er findet, dass es übermütig und frech sei, bis hoch zu ihm in den Himmel zu bauen. Deshalb bewirkt er, dass die Leute auf der Baustelle in Babel plötzlich in unterschiedlichen Sprachen reden. So können sie einander nicht mehr verstehen. Auf der Baustelle herrscht bald ein großes Durcheinander, der Turmbau scheitert.

Der Turmbau zu Babel wurde zu einer der bekanntesten

Geschichten darüber, wie die Menschen ihre Fähigkeiten oft überschätzen und wie Gott sie für ihre Überheblichkeit bestraft, ihre Hybris. Bis heute spricht man von einer »babylonischen Sprachverwirrung« oder einfach nur von einem »Babel«, wenn Menschen einander nicht verstehen und Missverständnisse zu Problemen führen.

Doch warum kommen die Babylonier in den Geschichten der Bibel so schlecht weg? Nicht zuletzt deshalb, weil sie auch im echten Leben die Feinde der Juden waren. Der babylonische König Nebukadnezar II. eroberte 597 v. Chr. die jüdische Stadt Jerusalem und verschleppte einen Teil der Bevölkerung in sein Land. Für die Juden war das das Drama schlechthin, das sie nie vergessen haben. Deshalb kreisen so viele Geschichten der Bibel um die Erfahrung der Deportation ins Exil.

Diese Erfahrung wirkte so nachhaltig, dass noch Jahrhunderte später immer drastischere und fantasievollere Erzählungen über das babylonische Exil entstanden. Zum Beispiel das Buch Daniel. Der Held des Buches, der Prophet Daniel, gehört zu den nach Babylonien Verschleppten. Einmal bekommt er es, so heißt es, mit einem »großen Drachen« zu tun, »den die Babylonier wie einen Gott verehrten«. Daniel wendet einen Trick an. Er füttert den Drachen mit einem Kuchen aus Pech, Talg und Haaren. Gierig frisst der Drache alles auf. Plötzlich gibt es einen Knall: Es zerreißt das Ungetüm.

Mit dem Drachen, den Daniel tötet, indem er ihn überfüttert, könnte der Drache des babylonischen Gottes Marduk gemeint sein. Jedenfalls sinnt der babylonische König auf Rache. Als Strafe für den Anschlag auf den Drachen befiehlt er seinen Männern, Daniel in eine Grube mit hungrigen Löwen zu werfen, die ihn auffressen sollen. Doch Daniel erhält Hilfe von einem anderen jüdischen Propheten namens Habakuk. Der lebt zwar weit entfernt, nämlich in Judäa, der Heimat der Juden. Aber dort packt ihn, so heißt es in der Geschichte, »der Engel des Herrn am Schopf, trägt ihn an seinen Haaren fort und versetzt ihn mit der Gewalt seines Geistes nach Babylon an den Rand der Grube«. Mit Gottes Hilfe beamt der Engel den Propheten Habakuk über Hunderte von Kilometern nach Babylon. Dann wirft er Daniel, der in der Grube sitzt, eine magische Mahlzeit zu. Sie macht Daniel unverwundbar. Die Löwen können ihm nichts anhaben.

Als der König von Babylon das sieht, ist er beeindruckt. Er wird sogar zum jüdischen Glauben bekehrt. Er ruft: »Groß bist Du, Herr, Du Gott Daniels. Außer Dir gibt es keinen anderen Gott.« Letztlich erringt Daniel mit Gottes Hilfe also einen Sieg gegen die Babylonier, die übermächtig zu sein schienen. Und er kann zeigen, dass der jüdische Gott und Glauben überlegen sind.

Das Buch als Ersatzheimat

Manche Geschichten des Alten Testaments haben einen wahren Kern, vieles aber ist sozusagen gut erfunden. Es ist bis heute nicht vollständig geklärt, wie genau die jüdischen Könige David und Salomo das Reich Israel regierten und wie es später weiterging, nachdem es in zwei kleinere Reiche zerfiel, das nördliche Israel und das südliche Juda. Sicher ist, dass Völker wie die Assyrer, die Babylonier und später die Römer die jüdischen Gebiete eroberten. Besonders schlimm wurde es, als die römische Besatzungsmacht einen bewaffneten Aufstand der Juden niederschlug und in der Folge 70 n. Chr. das religiöse und kulturelle Zentrum, den Tempel in Jerusalem, zerstörte. Es folgten noch zwei weitere Aufstände, die beide mit jüdischen Niederlagen endeten. Viele Juden flohen, wanderten aus und lebten von da an auf der ganzen Welt verstreut. Das nennt man Diaspora.

Gerade weil viele Juden fern ihrer Heimat wohnten, wurden die Geschichten des Alten Testaments noch wichtiger. Man trug die Texte in Schriftrollen bei sich. Sie waren fast so etwas wie eine tragbare Ersatzheimat. Es war, wie einen schönen Roman zu lesen und ganz darin einzutauchen. Dann fühlen wir uns ein bisschen wie in eine eigene vertraute Welt versetzt, in der wir gemeinsam mit der Heldin oder dem Helden der Geschichten Abenteuer bestehen.

Die Geschichten über ihren Gott gaben den Juden das Gefühl, daheim zu sein, selbst wenn sie in fremden Ländern lebten. Sie spendeten Trost und machten Mut. Dank der Geschichten konnten sich die Juden, auch wenn sie leiden mussten, als das von Gott auserwählte Volk sehen. In einigen Geschichten werden die Juden allerdings für ihre Fehler und Sünden kritisiert. Die Geschichten waren eine Ermahnung, sich im Alltag korrekt zu verhalten. So bietet das Alte Testament neben all den Abenteuerstorys konkrete Regeln für das tägliche Leben, etwa in Form der Zehn Gebote: Moses steigt auf einen Berg in der Wüste Sinai. Es donnert furchtbar. Der unsichtbare Gott kommt in Feuer und Rauchwolken gehüllt vom Himmel herab und verkündet Moses die Gebote.

Gott schärft Moses ein: »Du sollst neben mir keine anderen Götter haben.« Das ist das erste Gebot; es folgen noch neun weitere. Sie lauten: (2) »Du sollst dir kein Gottesabbild machen...«; (3) »Du sollst den Namen des Herrn, deines Gottes, nicht missbrauchen...«; (4) »Gedenke des Sabbats...«; (5) »Ehre deinen Vater und deine Mutter...«; (6) »Du sollst nicht morden«; (7) »Du sollst nicht Ehe brechen«; (8) »Du sollst nicht stehlen«; (9)» Du sollst nicht falsch gegen deinen Nächsten aussagen...«; (10) »Du sollst nicht nach dem Haus deines Nächsten verlangen. Du sollst nicht nach der Frau deines Nächsten verlangen, nach seinem Sklaven oder seiner Sklavin, seinem Rind oder seinem Esel oder nach irgendetwas, das deinem Nächsten gehört.«

Manche der Zehn Gebote, wie das Verbot zu morden, gab es natürlich schon zuvor, und man findet es heute in den Gesetzbüchern aller Länder. Andere, wie das Gebot, den Sabbat einzuhalten, sind sehr speziell. Sie betreffen einen ganz eigenen jüdischen Lebensstil.

Die Autoren des Alten Testaments verpackten religiöse Regeln und Ideen in Geschichten, die die Leute rührten und fesselten. Die Storys wurden bald vom Hebräischen ins Griechische übersetzt, die damalige Weltsprache. Die Voraussetzung dafür, dass die Geschichten in alle Welt verbreitet werden konnten, war übrigens eine Erfindung, die ein Nachbarvolk der Juden machte: die Phönizier. Sie waren gute Seefahrer und Händler. Die Phönizier entwickelten um 1200 v. Chr. die erste Alphabetschrift der Welt: Sie schrieben nicht mehr mit komplizierten Hieroglyphen wie die Ägypter oder mit Keilzeichen wie die Sumerer, sondern mit einer relativ kleinen Menge an Buchstaben; bei den Phöniziern waren es 22. Aus ihnen ließen sich alle Wörter bilden, die man brauchte. Dieses Alphabet war die Grundlage für die meisten Schriften, darunter Griechisch und Latein.

Die Erzählungen über den unsichtbaren jüdischen Gott wurden zum Weltbestseller. Sie entfalteten eine starke Wirkung, auch ohne dass man Bilder von Gott hatte. Allerdings wurden und werden die Geschichten der Bibel oft leider zu wörtlich genommen. Das kann dazu führen, dass die Menschen ständig Angst vor Gott haben, weil er angeblich alles sieht und in der Lage ist, überall wie aus dem Nichts einzugreifen und zuzuschlagen. Etwa indem er Krankheiten als Strafe schickt. Wir dürfen nicht vergessen, dass die Ursachen für bestimmte Krankheiten oder Naturkatastrophen damals, als die Geschichten geschrieben wurden, noch unbekannt waren. Deshalb liefen Erklärungen oft darauf hinaus, dass es sich um eine Strafe oder eine Prüfung Gottes handle.

Manchmal kann etwas in der Bibel allerdings im übertragenen Sinn gemeint sein. Das heißt, dass ein Drache nicht einfach nur als Drache zu sehen ist. Er steht symbolisch für etwas anderes. Das Fantasietier verkörpert etwas Bedrohliches, schwer Fassbares, wovor man Angst hat, was man sich aber vielleicht nur einbildet. Das mag für den Drachen der Babylonier gelten, den Daniel in der erwähnten Geschichte zerbersten lässt. Vielleicht war der Drache nur ein Hirngespinst. Womöglich gelang es Daniel genau deshalb, ihn mit einem Knall in Luft aufzulösen.

Jedenfalls wurde das Alte Testament zur Grundlage für das Judentum und das Christentum. Religionen, in denen es nur einen Gott gibt, bezeichnet man als Monotheismus. Wir haben im Kapitel über die alten Ägypter gesehen, dass der Pharao Echnaton eine Vorform des Monotheismus einzuführen versuchte, als er den Gott Aton förderte, aber scheiterte. Der Monotheismus brauchte seine Zeit, um sich durchzusetzen. Heute dominieren die monotheistischen Religionen weltweit. Dazu haben die Geschichten aus dem Alten Testament einiges beigetragen.

KAPITEL FÜNF
Wettkämpfer und Denker

Die alten Griechen haben viel in den Bereichen Politik, Kunst, Sport, Philosophie und beim Diskutieren und Streiten geleistet. Dabei haben sie wichtige Grundlagen unserer Kultur geschaffen.

Es ist düster in der Höhle, und die Männer sind in ihr eingeschlossen. Seine Gefährten hatten ihn gewarnt, doch König Odysseus war mal wieder neugierig gewesen: Er wollte unbedingt wissen, wie die berüchtigten Kyklopen, die einäugigen Riesen, auf ihrer abgelegenen Insel leben. So ist er mit zwölf seiner tapfersten Krieger an Land gegangen und hat die unterirdische Behausung des Riesen Polyphem erkundet. Als der dann abends mit seinen Schafen von der Weide heimgekehrt ist, hat er den Eingang der Höhle mit einem riesigen Felsbrocken blockiert; er hat zwei von Odysseus' Männern mit seinen Pranken ergriffen, sie zerquetscht und zerfleischt.

Nun kauern die Überlebenden in einer Ecke. Sollen sie sich alle mit ihren Schwertern auf den Riesen stürzen und versuchen, ihn zu töten? Selbst wenn das gelänge, wäre es nicht schlau, denn Menschenkraft reicht nicht aus, den Fels vom Eingang wegzuschieben. Die griechischen Krieger wären für immer in der Höhle gefangen. Odysseus muss einen anderen Ausweg finden. Er unterhält sich mit Polyphem. Er bietet ihm von seinem Weinproviant an und macht ihn betrunken. Als der benebelte Riese ihn fragt, wie er eigentlich heißt, antwortet Odysseus: »*Niemand* ist mein Name.«

Nachdem der Riese eingeschlafen ist, schleichen sich die Griechen an ihn heran und stechen ihm mit einem angespitzten Stamm sein Auge aus. Polyphem brüllt vor Schmerzen. Durch den Lärm alarmiert, kommen andere Kyklopen aus der Umgebung und fragen Polyphem, was passiert sei und ob er Hilfe brauche. Der ruft ihnen zu: »Freunde! Niemand will listig, nicht gewaltsam mich morden.« Dann, antworten die Kyklopen, sei ja alles in Ordnung. Sie ziehen wieder ab.

Wenigstens Odysseus' List mit dem falschen Namen hat geklappt. Doch nun braucht er unbedingt einen Fluchtplan. Der geblendete Riese tötet noch einmal zwei Männer. Er kann die Griechen zwar nicht mehr sehen, aber damit keiner der Männer morgens, wenn er den Fels wegrollt und seine Schafe hinaus auf die Wiesen lässt, durch den Eingang entwischt, tastet er seine Tiere einzeln ab. Am Ende hat Odysseus eine Idee: Er und seine Gefährten binden immer drei Schafe aneinander und hängen sich unten an ihre Bäuche. So gelangen sie eines Morgens unbemerkt aus der Höhle und können gerade noch entkommen.

Odysseus ist der Held der *Odyssee*, die zusammen mit der *Ilias* das Hauptwerk des griechischen Dichters Homer bildet. Die beiden Epen *Ilias* und *Odyssee* stammen, wie die Geschichten des Alten Testaments, aus dem 8. Jahrhundert v. Chr. Sie hatten einen ähnlich großen Einfluss darauf, wie die Menschen damals und in späteren Jahrhunderten dachten. Die *Ilias* handelt vom Trojanischen Krieg, den die Griechen gegen die Stadt Troja führen. Die *Odyssee* schildert die Abenteuer und Irrfahrten, die Odysseus erlebt, nachdem die Griechen Troja erobert haben. Er lernt einiges auf seinen Reisen und findet oft schlaue Lösungen. Doch er braucht *zehn Jahre* für den Weg zurück in seine Heimat und zu seiner Frau Penelope. Deshalb sagen wir noch heute, wenn wir eine lange und anstrengende Fahrt hinter uns haben, unser Zug oder Flug Verspätung hatte oder wir den Weg lange nicht gefunden haben: »Puh, das war eine ziemliche Odyssee.«

In den griechischen Epen geht es um Abenteuer, aber auch

um ähnlich grundlegende Themen und Fragen wie im Alten Testament, also um Liebe, Versuchungen, Verrat und Treue. Wie die biblischen Geschichten sind jene des Homer erfunden und beziehen sich zugleich auf Zustände, wie sie tatsächlich herrschten. Das Besondere an den Epen im Vergleich zur Bibel ist unter anderem, dass zwischen all den schweren Themen und schicksalhaften Ereignissen öfter Humor aufblitzt.

Ein Beispiel dafür ist die Stelle aus der *Odyssee*, an der der inzwischen gealterte Odysseus auf einen supersportlichen jungen Mann trifft. Der Athlet fordert den griechischen König dazu heraus, seine Kräfte mit ihm zu messen. Der ist eigentlich müde von all den Kämpfen und will nur noch heim zu seiner Frau. Er erklärt dem Jugendlichen, dass der ein eitler Angeber sei. Im Leben komme es, so Odysseus, mehr auf Weisheit an als auf Muskeln. Er hat in seinem Leben gesehen, dass jugendliche Stärke und Übermut oft nur Probleme bringen. Der Held scheint altersweise geworden zu sein und deshalb nicht auf die Provokationen des Jugendlichen eingehen zu wollen. Doch dann erklärt er plötzlich:

Aufgebracht hast du in meiner Brust das Gemüt mir,
weil du unschicklich sprachst. Ich bin nicht unkundig
    der Kämpfe,
wie du faselst, sondern unter den Ersten, so denk' ich,
war ich, solang ich vertraute der Kraft der Jugend und
    Arme.
Nun aber haben Leid und Schmerzen im Griff mich,
    da vieles
Ich in den Kriegen der Männer durchlitt und auf leidvollen
    Wogen.
Gleichwohl, trotz Leiden in Fülle, will ich mich am
    Wettkampf versuchen,
biss doch ins Herz mich dein Wort, und gereizt hat mich
    deine Rede.

Gesagt, getan. Odysseus nimmt einen Diskus und schleudert ihn in den Himmel. Die Scheibe fliegt so weit, dass es dem jungen Athleten, der Odysseus herausgefordert hat, die Sprache verschlägt. Ähnlich ergeht es den Schaulustigen, die herumstehen und über Odysseus staunen. Der ist ziemlich zufrieden mit seiner Leistung. Letztlich hat er sich doch noch mal darauf eingelassen, seine Kräfte zu messen. Zu seinem Sieg verhilft ihm Athene, die Göttin der Weisheit, des Handwerks und des Kampfes, die dem tapferen und neugierigen Krieger gewogen ist.

Der Sport war bei den Griechen nicht einfach nur Sport. Er hing sehr eng mit der Religion zusammen. Das zeigt sich auch bei der berühmtesten Sportveranstaltung, den Olympischen Spielen. Offiziell fanden die Spiele, die die Vorläufer der heutigen sind, seit dem Jahr 776 v. Chr. statt. Zu den Wettkämpfen kamen Athleten aus ganz Griechenland angereist. Sie dienten der Unterhaltung der Zuschauer und waren zugleich eine kultische Veranstaltung. Der Ort Olympia, nach dem die mehrtägigen Spiele benannt sind, galt als heilig. Dort standen Tempelanlagen für Zeus, den Hauptgott der Griechen. Die Box- und Ringkämpfe, Wettläufe und anderen Disziplinen wie das erwähnte Diskuswerfen fanden zu Ehren der Götter statt. Sogar Trompeter und Dichter traten gegeneinander an.

Die Athleten konkurrierten nackt. Zuvor rieben sie sich ihren Körper mit Olivenöl ein, damit ihre Muskeln in der Sonne glänzten. So erfanden die Griechen wohl das, was wir inzwischen Körperkult nennen, also die Begeisterung für durchtrainierte Körper und ihre Zurschaustellung. Anfangs bekamen die Olympiasieger nur einen Olivenzweig. Im Lauf der Zeit wurden sie mit Preisgeldern oder einer täglichen Gratisspeisung auf Staatskosten belohnt, die sie ein Jahr lang nach ihrem Sieg erhielten.

Die Spiele waren deshalb so wichtig, weil sie das Gemeinschaftsgefühl der Griechen stärkten. Das war nötig, denn damals gab es noch lange keinen einheitlichen Staat Griechenland. Ab ungefähr 1200 v. Chr. waren Stämme wie die Dorer und Ionier aus dem Norden auf das Gebiet des heutigen Griechenland eingewandert. Dort tummelten sich zahlreiche Stadtstaaten, *poleis* genannt. Dazu zählten unter anderen Theben, Korinth, Argos, Lesbos, Sparta und Athen. Die kleinsten *poleis* waren wie Dörfer, die größten wie heutige Städte. Die *polis* Athen hatte zu ihrer Blütezeit im 5. Jahrhundert v. Chr. rund 300 000 Einwohner, also ungefähr so viele wie heute Augsburg oder Bielefeld.

Die griechischen Staaten führten häufig Kriege gegeneinander. Doch während der Olympischen Spiele war es anders. Dann herrschte ein sogenannter Olympischer Friede. Bei der Sportveranstaltung gab es zwar viel Wettstreit und teils sehr brutale, mitunter sogar tödliche Mehrkämpfe wie den Pankration, eine Mischung aus Box- und Ringkampf. Aber es war verboten, einander mit Waffen anzugreifen.

Diskussionen als Denk-Pingpong

Bei den alten Griechen war der Wettkampf extrem wichtig – nicht nur im Sport, sondern auch in vielen anderen Bereichen. Dazu zählen: Theater, Kunst, Architektur, Pädagogik, Medizin, Politik, Ökonomie und Philosophie. Die Idee vom Wettkampf trieb die Griechen an, sich in allen Bereichen ständig weiterzuentwickeln. Sie blieben neugierig wie ihr Held Odysseus; sie suchten ständig nach Innovationen und Verbesserungen. Das unterschied sie von vielen anderen Völkern. Und damit haben sie uns geprägt.

Ob beim Sport, im Krieg oder in den Künsten – immer wieder ging es darum, sich zu messen. Sogar in der Philosophie, der Suche nach der Weisheit, für die die Griechen weltberühmt wurden. Selbst sie war ein bisschen wie Sport. Das gilt etwa für die Texte des Philosophen Platon. Liest man sie, merkt man schnell, dass das keine gelehrten Abhandlungen sind. Da werden vielmehr lebhafte Diskussionen geführt, die an Wettkämpfe erinnern. Es sind oft komische Gespräche zwischen Staatsmännern und Philosophen wie Sokrates, Gorgias und Laches; sie reden wie alte Kumpel miteinander. Platon scheint die Unterhaltungen nur wiederzugeben; in Wahrheit hat er viel oder das meiste dazuerfunden. Dabei geht es um Themen wie Politik, Erziehung, den Sinn der Schönheit, die Eitelkeit der Menschen, die Liebe und die Folgen übermäßigen Trinkens. Der wichtigste Diskussionsteilnehmer ist der Philosoph Sokrates.

Er lebte im Athen des 5. Jahrhunderts v. Chr. Sokrates war ein Lehrer Platons und ein komischer Typ. Angeblich pflegte er, auf dem Marktplatz in Athen Passanten, fremde Menschen in Gespräche zu verwickeln, selbst wenn sie es gar nicht wollten. Er war gefürchtet dafür, mit seinen Fragen allen auf die Nerven zu gehen. Wenn sich der kleine Mann mit Halbglatze und zotteliger Frisur näherte, dachten viele, die ihn erkannten: Oje, der wieder mit seinen vielen Fragen und dem großen Redebedarf; jetzt wird's anstrengend. Aber irgendwie auch lustig. Und am Ende sorgte Sokrates dafür, dass die Leute etwas lernten. Er konnte zugeben, dass er wenig wusste. Er betonte, dass man sich nicht einbilden soll, alles zu wissen, sondern offen für andere Sichtweisen und neue Ideen bleiben muss.

Da sie viel Wert auf den Gedankenaustausch legten, beschäftigten sich die Griechen intensiv mit der Frage, wie man am besten über ein Thema diskutiert. Wie ließ sich das machen, ohne persönlich beleidigend zu werden oder beleidigt zu reagieren? Sie entwickelten eine Methode. Die ging so: Einer formuliert eine These, begründet diese Behauptung mit Argumenten und führt Beispiele an. Der Gesprächspartner präsentiert eine Gegenthese. Dann werden Argumente für und gegen die Thesen ausgetauscht. Es ist wie ein kleiner Wettkampf, ein Denk-Pingpong. Am Ende kommt man hoffentlich zu einer Einigung, einer »Synthese«, die neue Erkenntnisse für alle bringt. Obendrein hat jeder Gesprächspartner das Gefühl, etwas zum Ergebnis beigetragen zu haben oder zumindest mitgespielt zu haben.

Der Fachbegriff für die Methode ist Dialektik. Er geht auf das griechische Wort *dialektiké* zurück; es bedeutet eigentlich schlicht »Gesprächsführung«. Die Fähigkeit zu diskutieren war den Griechen so wichtig, dass sie sie sogar für eine Kunst hielten. Die Dialektik gehörte zu den wichtigsten Künsten der Griechen. Sie stand neben der Geometrie, der Arithmetik, dem Rechnen, der Astronomie, der Musik, der Grammatik und der Rhetorik, der Fähigkeit, überzeugende Reden zu halten.

All das Wissen, die Philosophie, das klingt sehr schön. Doch die Kultur der Griechen hatte einen großen Haken: Es gab riesige Unterschiede zwischen Arm und Reich. Nur die Reichen hatten wirklich Zeit, sich mit der Philosophie und den Künsten zu beschäftigen. Und eine Voraussetzung für den Reichtum der wenigen war, dass viele Menschen in der Sklaverei lebten.

Von den 300 000 Einwohnern im Stadtstaat Athen waren schätzungsweise 100 000 Sklaven, also jeder Dritte. Sie wurden sehr unterschiedlich behandelt. Manche wohnten mit den freien Griechen in deren Häusern zusammen. Sie arbeiteten als Bedienstete, Handwerker oder Betreuer für die Kinder wohlhabender Bürger. Sie gehörten zum *oikos*. Das war eine Mischung aus Familie und Betrieb, eine Art großer Bauernhof mit Eltern, Kindern, Knechten und Sklaven. Auf *oikos* geht das Wort Ökonomie zurück, also die Lehre davon, wie man am besten haushaltet und wirtschaftet. Fester Bestandteil der Wirtschaft war leider auch, dass Tausende von Sklaven unter schlimmsten Bedingungen schufteten. Etwa in Bergwerken, in denen sie sich in engen Schächten mit Hammer und Meißel voranarbeiten mussten. Viele starben, weil sie Unmengen von Staub einatmeten, Gasen ausgesetzt waren oder verschüttet wurden. Bergwerke, in denen zum Beispiel Silber abgebaut wurde, bildeten eine wichtige Einnahmequelle des Staates Athen. Sklave wurde man vor allem auf zwei Arten: entweder als Kriegsgefangener oder durch »Schuldknechtschaft«. Bei der Schuldknechtschaft musste sich jemand selbst als Sklave verdingen, wenn er seine Schulden nicht mehr zurückzahlen konnte. Kriegsgefangene brachte man von gewonnenen Schlachten mit. Sklavenhandel und Sklavenverleih waren ein sehr einträgliches Geschäft.

Eine besondere Form der Sklaverei wurde in Sparta betrieben, dem mächtigsten griechischen Stadtstaat neben Athen. Das Land lag auf dem Peloponnes, der großen südlichen Halbinsel. Dort herrschten die Spartiaten über die bäuerliche Bevölkerung der Heloten. Sie mussten den Spartiaten von ihrem Getreide, der Ziegenmilch, dem Fleisch und Fell der Schafe ungefähr die Hälfte abtreten. Die Heloten waren wie Sklaven. Die Spartiaten arbeiteten nicht. Besser gesagt, sie hatten eine andere Arbeit. Denn um die zahlenmäßig überlegenen Heloten unterdrücken zu können, mussten sie gute Krieger sein. So lebten schon junge Spartiaten in Kasernen, wurden gedrillt, trainiert und abgehärtet.

Um sich zu stählen, mussten Kinder bei Kälte barfuß laufen und sich mit dünner Kleidung begnügen. Selbst die Ernährung war ein Härtetest. Zu essen gab es eine Suppe aus dem Fleisch und Blut von Wildschweinen, die nur mit Salz und Essig gewürzt war: die sogenannte Schwarze Suppe. Im restlichen Griechenland machte man Witze über die Spartaner und ihr schlechtes Essen: »Wisst ihr, warum die Spartaner so gern den Heldentod sterben? Weil sie dann nicht mehr ihre Schwarze Suppe essen müssen.«

Die größte Erfindung der Griechen: die Demokratie

Die Spartaner waren so bekannt dafür, ein Leben unter harten Bedingungen zu führen, dass wir bis heute etwas, das karg und unbequem ist, »spartanisch« nennen. Es herrschten raue Sitten in Griechenland. Doch fand in Athen immerhin eine Entwicklung statt, die langfristig zu mehr Gerechtigkeit führte: jene zur Demokratie. So ersannen Griechen vor 2500 Jahren die Staatsform, in der wir heute leben. Der Begriff Demokratie kommt von den griechischen Wörtern *dēmos*, was »Staatsvolk« bedeutet, und *kratia*, »Herrschaft«; zusammen wird daraus »Volksherrschaft«. Das Volk kann wählen, wer den Staat für eine bestimmte Zeit regieren soll.

Wie kamen die Griechen auf die Demokratie? Die Volksherrschaft entstand zunächst aufgrund einer Krise. Anfang des 6. Jahrhunderts v. Chr. war das athenische Volk unzufrieden. Viele fühlten sich von den herrschenden Adeligen ausgebeutet, Aufstände drohten. Um die angespannte Situation zu entschärfen, wurde der Staatsmann und Dichter Solon von den Adeligen als Streitschlichter eingesetzt. Solon galt als klug. Tatsächlich ergriff er eine schlaue Maßnahme: Er ließ die Schuldknechtschaft aufheben. Sie hatte viele arme Bauern, die ihre Schulden nicht bezahlen konnten, zu Sklaven gemacht. Jetzt waren sie wieder frei. Sie durften sich sogar zu Volksversammlungen treffen, die auf dem Hauptplatz Athens stattfanden, der Agora. Dort beriet man, was gut für den Staat und seine Bürger wäre.

Den Durchbruch schaffte dann ein Mann namens Kleisthenes. Er unterteilte Athen und das Umland in Wahlbezirke. Die Bezirke wählten ihre Vertreter und schickten sie nach Athen. Dort bildeten sie einen Rat von 500 Männern. Das war das erste Parlament der Welt. Die Ratsmitglieder wählten neun Männer als Regierung. Hinzu kamen zehn »Strategen«. Das waren eigentlich Militärbefehlshaber, sie hatten aber auch in Friedenszeiten viel Macht.

Im alten Athen wurde die Demokratie erfunden – und mit ihr gleich der Beruf des Politikers. Unser Wort »Politik« kommt vom griechischen *polis*, dem Stadtstaat. Einen großen Beitrag dazu, dass sich die Politik als Beruf entwickelte, leistete Perikles, der wohl bekannteste Staatsmann des alten Griechenland. Er lebte im 5. Jahrhundert v. Chr., zur gleichen Zeit wie Sokrates. Perikles schuf die Einrichtung der Diäten. So nennt man bis heute den Lohn, den Politiker vom Staat für ihre Arbeit bekommen. Dank der Diäten konnten es sich nicht mehr nur reiche Männer leisten, in die Politik zu gehen, sondern auch arme.

Unter Perikles konnten in Athen alle männlichen Vollbürger, also Männer, die keine Sklaven oder Ausländer waren, an der Volksversammlung teilnehmen. Das war mehr Demokratie, als es, nachdem sie nach ihrer ersten Blüte in Athen wieder abgeschafft wurde, bis zum Anfang des 20. Jahrhunderts geben sollte. Perikles war ein Meister der Rhetorik, der Redekunst. Aber er machte sich auch die Kunst anderer zunutze, um das Volk bei Laune zu halten. Während er das Amt des Strategen innehatte, beauftragte er Bildhauer wie Phidias, Statuen zu meißeln. Unter Perikles wurde mit dem Bau der Akropolis begonnen, der Tempelanlage, die heute noch auf dem Hügel über der griechischen Hauptstadt Athen steht und ihr Wahrzeichen ist.

Die Säulenreihen der Akropolis wirken trotz ihrer Größe nicht einschüchternd wie die ägyptischen Pyramiden oder bombastisch wie später das Kolosseum in Rom oder andere Bauten, die von der griechischen Architektur inspiriert sind. Die Säulen der Akropolis sind nicht ganz gerade, sondern haben kleine Krümmungen. Das lässt sie elegant und fast ein bisschen menschlich erscheinen. Viele gleich hohe Säulen tragen das Tempeldach – und sie werden alle von ihm geschützt. So war die Akropolis ein schönes Bild für die Demokratie.

Was ist eigentlich Schönheit, und was bringt sie?

Zusätzlich zu all seinen anderen Qualitäten sah Perikles angeblich gut aus. Das Aussehen war damals in Griechenland recht wichtig. Wie nicht anders zu erwarten, wurde allerdings auch das Thema Schönheit ausgiebig dialektisch diskutiert. Philosophisch veranlagte Griechen fragten, was wahre Schönheit sei. Und: Wie wichtig ist Schönheit im Vergleich zu Weisheit und Macht? Den Stoff für solche Diskussionen fanden die Griechen in ihrem Alltag und in Mythen. Das sind alte Geschichten, in denen Menschen und Götter vorkommen. Die griechischen Götter waren in ihrem Verhalten insgesamt recht menschlich, also oft egoistisch, eifersüchtig und schadenfroh. Mythen behandeln grundlegende Probleme des menschlichen Zusammenlebens.

Das gilt auch für den Mythos »Das Urteil des Paris«. Darin geht es speziell um Schönheit und vielleicht um den ersten Schönheitswettbewerb der Welt. Der Jüngling Paris muss entscheiden, welche der drei Göttinnen Hera, Athene und Aphrodite die schönste sei. Er wählt Aphrodite, die Göttin der Liebe, weil sie ihm als Belohnung verspricht, dass sich die schönste Frau der Welt in ihn verlieben wird: Helena. Es gibt allerdings ein Problem: Helena ist schon mit dem König von Sparta verheiratet. So muss Paris sie kurzerhand entführen. Sie landen in seiner Heimatstadt Troja. Daraufhin verbünden sich die griechischen Stadtstaaten, um Helena wieder nach Sparta zu holen. Sie beginnen den Trojanischen Krieg, von dem die bereits erwähnte *Ilias* erzählt.

Das Paris-Urteil zeigt, welche Probleme es mit sich bringen kann, wenn man Schönheit so wahnsinnig wichtig findet, in diesem Fall das Aussehen einer Frau. Über die Bedeutung, die Schönheit haben kann und soll, zerbrachen sich die Philosophen den Kopf. Wenn das Verlangen nach einer hübschen Frau wie Helena Kriege auslösen konnte, war Schönheit dann wirklich so bewundernswert?

Wie konnte man nach dem Schönen streben, ohne Streitereien und Kriege anzuzetteln? Eine Möglichkeit war, sich mit schönen Kunstwerken zu umgeben. Denn die hatten logischerweise nicht die Schwächen echter Menschen aus Fleisch und Blut; an ihnen konnten sich alle erfreuen, ohne dass man um sie streiten musste. Griechische Bildhauer schufen wunderschöne Marmorstatuen. Sie zeigen Frauen mit zart geschwungenen Hüften und Männer mit athletischen Oberkörpern. Sie sehen so aus, als könnten sie sich im nächsten Moment bewegen. Das war ganz neu und anders als bei den Ägyptern und anderen Völkern. Obwohl sie so lebendig wirken, strahlen die griechischen Statuen zugleich Ruhe und Harmonie aus. Einige Griechen dachten, die Werke könnten den Betrachtern helfen, ihre Seele ins Gleichgewicht zu bringen. So würden sie selbst gelassen, gut und schön werden.

Damit war aber etwas anderes als nur ein hübsches, symmetrisches Gesicht gemeint. Das wahre Schöne hing für die Griechen eng mit dem moralisch Guten zusammen. Der Philosoph Platon misstraute allerdings der äußeren Schönheit sowohl der Menschen als auch der Kunst, also der Gemälde und Statuen. Er vermutete, dass diese Schönheit nur eine Täuschung sei. Er suchte immer nach einer tieferen Idee vom Schönen. Für ihn konnte eine Idee schöner sein als der schönste Mensch. Etwa die Idee davon, in einem guten und wohlgeordneten Staat zu leben. Von dieser Idee handelt im Übrigen Platons berühmtestes Werk *Der Staat*. Eine solche Idee bleibt, so meinte Platon, über Jahre und Jahrhunderte unveränderbar schön; sie bekommt im Alter keine Falten.

Platon war ein großer Fan von Ideen und Theorien. Er hatte noch ein paar zum Thema Schönheit. Er meinte etwa, dass die Geometrie mit ihren gleichmäßigen Körpern, mit Kreisen und Dreiecken schöner als die symmetrischsten Menschen sei. Er schrieb, dass, wenn man Geometrie betreibe, »die Idee des Guten leichter gesehen werde«. Die Mathematik als Verkörperung des Schönen und Guten, das ist schon eine lustige Idee der alten Griechen.

Mit seiner Suche nach schönen Ideen hat Platon sehr viele, ja eigentlich fast alle Philosophen in den späteren Jahrhunderten und Jahrtausenden beeinflusst. Trotz all der schönen Ideen führten die Griechen allerdings grässliche Kriege. Der brutalste war der Peloponnesische Krieg; er dauerte fast dreißig Jahre, von 431 bis 404 v. Chr. Dabei kämpften Athen und seine Verbündeten gegen Sparta und seine Bundesgenossen. Am Ende siegte Sparta.

Auch in Friedenszeiten herrschten, obwohl es die Philosophie und Demokratie gab, weiterhin große Ungerechtigkeiten. Neben den Sklaven wurde eine andere Bevölkerungsgruppe schlecht behandelt: die Frauen. Sie durften keine Abgeordneten wählen; anders als im alten Ägypten war es undenkbar, dass eine griechische Frau ein politisches Amt übernahm. Die Unterdrückung der Frauen betraf darüber hinaus ihr Privatleben. Sie ging schon in jungen Jahren los. Frauen wurden früh verheiratet, teils schon im Alter von zwölf; der Bräutigam war meist deutlich älter. Ehefrauen führten ein streng reglementiertes Leben. Sie blieben brav zu Hause in ihren Gemächern. Demgegenüber feierten die Ehemänner mit ihren Kumpel beim Symposion, einem heiteren Zusammensein mit viel Alkohol, bei dialektischen Diskussionen und Musik. Griechen hatten männliche und weibliche Geliebte. Sie gingen zu Prostituierten und zu Hetären, den bezahlten Geliebten; mit ihnen hatten sie nicht unbedingt nur Sex, sondern diskutierten auch über Literatur und Philosophie. Doch wenn Ehefrauen einen Liebhaber hatten, wurden sie in den meisten *poleis* wegen Ehebruchs bestraft.

Die Erfindung des Marathonlaufs und die Grundlagen des Gymnasiums

In der gleichen Zeit, in der sich die griechische Kultur entwickelte, wurde das benachbarte Reich der Perser mächtig. König Kyros II. hatte im 6. Jahrhundert v. Chr. vom Gebiet des heutigen Iran aus ein Großreich geschaffen. Unter seinem Nachfolger Dareios I. erstreckte es sich bis nach Ägypten und Indien. Die Perser wollten auch die Griechen unter ihre Kontrolle bringen. Deshalb verbündeten sich die *poleis* gegen die Perser.

In zwei entscheidenden Schlachten siegten die griechischen Stadtstaaten: in der Schlacht bei Marathon 490 v. Chr. und der Schlacht von Salamis 480 v. Chr. Es heißt, nach dem Sieg in der Nähe des Ortes Marathon sei ein Soldat ungefähr 42 Kilometer nach Athen gerannt, um den Triumph zu verkünden. Er habe die Botschaft überbracht und sei dann vor Erschöpfung tot umgefallen. Dass der Bote starb, stimmt nicht. Die Geschichte war aber so eingängig, dass sie immer weiter verbreitet wurde. Und der Langstreckenlauf über etwas mehr als 42 Kilometer, den heute Tausende von Menschen auf der ganzen Welt freiwillig in ihrer Freizeit machen, heißt Marathonlauf.

Der Einfluss, den die Griechen auf unsere Kultur hatten, zeigt sich in vielen Wörtern, die wir benutzen. So ist die Wurzel von unserem Wort Schule das griechische *scholé*; das bedeutet »Muße, Ruhe, Innehalten von der Arbeit«. Das klingt heute merkwürdig, da doch viele Schüler die Schule als anstrengend und stressig empfinden. Damals steckte hinter dem Begriff *scholé* aber die Idee, dass Schulen etwas waren, worauf sich die Jugend freute, zumal sie nicht jedem offenstanden. Nur Kinder wohlhabender Eltern hatten das Privileg, zur Schule zu gehen oder Unterricht von einem Privatlehrer zu bekommen. Deshalb konnte in der Antike nur etwa jeder zehnte Einwohner Griechenlands lesen und schreiben.

Der Unterricht fand meist entweder im Freien oder am *gymnasion* statt. Das *gymnasion* konnte eine Art Schule mit Säulenhallen sein; ursprünglich war es eine Sportanlage gewesen. Vom *gymnasion* kommt unser Wort Gymnasium. Die Wurzel von Gymnasium ist das griechische Wort *gymnos*; das bedeutet »nackt«. Nackt? Das wirkt heute merkwürdig. Was hat das Gymnasium mit Nacktheit zu tun? Die Verbindung geht darauf zurück, dass der Schulsport bei den alten Griechen im *gymnasion* unbekleidet betrieben wurde. Die Griechen fanden ihn im Übrigen viel wichtiger als wir heute. Zum einen weil durch den Schulsport der Wettkampfgedanke gefördert wurde; zum anderen dachten die alten Griechen, dass die Fitness und Flexibilität, die man mithilfe von Gymnastik und Leichtathletik erlangt, direkt mit geistiger Beweglichkeit zusammenhänge und diese fördere.

Der erste große Eroberer und der erste prominente Punk

Insgesamt hatten die Griechen einen immensen Einfluss auf die Kultur und Lebensweise im restlichen Europa und später in weiten Teilen der Welt. Dafür gibt es mehrere Gründe. Einer ist die griechische Kolonisierung. Das Wort Kolonie kommt vom lateinischen Verb *colere* und bedeutet »Land bebauen«. In Griechenland herrschte zeitweise eine Knappheit an Acker- und Weideland. So segelten einige Griechen auf der Suche nach einem besseren Leben über das Ägäische Meer. Sie siedelten sich an der Küste Kleinasiens an, der heutigen Türkei, aber auch in Italien und Sizilien. Dort gründeten sie »Tochterstädte« der *poleis*, aus denen sie stammten.

Ein weiterer Grund für die weite Verbreitung der griechischen Kultur sind die Eroberungen, die Alexander der Große machte. Er lebte im 4. Jahrhundert v. Chr. Alexander war eigentlich kein richtiger Grieche, sondern König von Makedonien, einem Reich am nördlichen Rand Griechenlands. Sein Vater Philipp hatte mit seinem starken Militär schon die griechischen Stadtstaaten unterworfen und herrschte über sie. Alexander gab sich jedoch nicht mit diesem Erbe zufrieden. Er wollte mehr. Er eroberte persische Gebiete in Kleinasien, dann sogar das persische Reich selbst. In der Schlacht bei Issos im Jahr 333 v. Chr. schlug er die Perser unter ihrem König Dareios III. entscheidend.

Alexander heiratete sogar die schöne persische Prinzessin Roxane, um das Volk der Griechen, auch Hellenen genannt, symbolisch mit jenem der Perser zu vereinen. Er übernahm die Besitzungen der Perser, darunter Ägypten und Babylon. Er gründete Städte und ließ sie nach sich benennen, unter anderem Alexandria in Ägypten. Die Stadt wurde für ihre riesige Bibliothek berühmt.

Alexander wollte ständig mehr Reiche erobern. Deshalb galt er schon zu seiner Zeit vielen als ein bisschen verrückt. Dazu trugen Geschichten bei, die man sich über ihn erzählte. Eine davon betrifft das berühmte Orakel von Delphi. Dort suchte er angeblich Rat darüber, welche Erfolgschancen er bei seinen Feldzügen hätte. Das war an sich nichts Ungewöhnliches. Zum Orakel reisten Menschen aus dem ganzen Mittelmeerraum, um etwas über ihre Zukunft zu erfahren. Man wollte wissen, wie ein Geschäft, eine Ehe oder eine Reise verlaufen würde. Es heißt, eine Priesterin namens Pythia habe sich die Fragen der Menschen angehört, während sie über einer Felsspalte stand. Aus der Spalte seien Gase geströmt, die Pythia in Trance versetzten. Sie war also berauscht und benommen. So meinten Besucher, dass aus der Priesterin, wenn sie benebelt vor sich hin brabbelte, Apoll spreche, der Gott des Lichts, der Dichtung, der Musik und der Weissagung. Vielleicht waren die Orakelsprüche deshalb oft unklar. Jedenfalls musste man ein wenig grübeln, um ihre Bedeutung zu erraten. Das Ganze war außerdem ein gutes Geschäft, da die Leute Gebühren bezahlen mussten, um überhaupt Opfer am Heiligtum in Delphi darbringen zu dürfen.

Das Orakel hatte nur an bestimmten Tagen des Monats geöffnet. Als Alexander der Große kam, war eigentlich geschlossen. Ungeduldig, wie er war, soll er die Priesterin des Orakels an den Haaren gepackt und sie gezwungen haben, ihm etwas zu sagen. Sie soll vor Schmerz geschrien und ausgerufen haben: »Du bist unbesiegbar!« Vielleicht fiel ihr auf die Schnelle nichts Besseres ein. Jedenfalls sagte der Satz nichts darüber aus, wie es weitergehen würde, nachdem Alexander bestimmte Gebiete erobert hätte, und wie sich sein Reich entwickeln würde. Dennoch soll er damit zufrieden gewesen sein.

Es schien tatsächlich, als sei Alexander unbesiegbar. Er stieß mit seinen Truppen bis ins heutige Afghanistan und Pakistan vor. Doch dann wurde er plötzlich krank. Er starb in jungen Jahren an einem Fieber. Nach Alexanders Tod wurde sein Riesenreich unter drei seiner Nachfolger, den Diadochen, aufgeteilt. Die kleineren Reiche verloren rasch an Bedeutung. Im 2. Jahrhundert v. Chr. eroberten die Römer die Gebiete und gliederten sie in ihr Reich ein. Die Römer waren zwar die militärischen Sieger über Alexanders Nachfolger, aber sie übernahmen sehr viel von der Kultur der Griechen und verbreiteten sie dann weiter.

Was Alexander betrifft, so hätte er vielleicht mehr Geduld haben sollen, als er zum Orakel von Delphi kam. Vielleicht hätte er etwas von den Philosophen lernen können. Immerhin war in seiner Jugend kein Geringerer als Aristoteles sein Lehrer gewesen; der wurde damals und noch Jahrhunderte später als die große Autorität in Fragen der Wissenschaft, Politik und des sittlichen Verhaltens, der Ethik, hochgeschätzt. Außerdem soll Alexander einem anderen Philosophen begegnet sein. Die Rede ist von Diogenes.

Diogenes von Sinope war ein ziemlich eigenwilliger Philosoph. Er gehörte zur Strömung der Kyniker. So hießen die Vertreter einer Philosophie, die lehrte, dass es erstrebenswert sei, sein Leben möglichst bescheiden und bedürfnislos zu führen, das aber auf durchaus eigensinnige und genussvolle Weise. Die Menschen sollten nicht einfach Regeln befolgen oder vor Autoritäten kuschen, wenn sie darin keinen Sinn sahen.

Um dies immer mal wieder in Erinnerung zu rufen, soll sich Diogenes extra nachlässig gekleidet und statt aus einem Kelch aus der hohlen Hand getrunken haben. Angeblich schlief er in einer Tonne. Um zu zeigen, wie wenig er von anderen Menschen abhängig war und dass er zur Not auch alleine Spaß haben konnte, soll er öffentlich auf dem Marktplatz onaniert haben. Das klingt für uns heute schockierend und ist im Übrigen verboten. Damals wurden die Nacktheit und der Sex allerdings insgesamt etwas öffentlicher gehandhabt. Vermutlich ist die Anekdote über Diogenes aber ohnehin erfunden. Die Story sollte wohl vor allem dazu anregen, dass die Leute darüber nachdenken, auf welch unterschiedliche Art und Weise sie Zufriedenheit erlangen konnten.

Alexander hatte viel über Diogenes gehört und war fasziniert von dessen frecher Art. So besuchte er ihn eines Tages. Der Philosoph saß wie üblich spärlich bekleidet vor seiner Tonne. Alexander fragte ihn, was er sich von ihm wünsche; er bot ihm an, dass er, der mächtige König, ihm seinen Wunsch erfüllen werde. Darauf sagte Diogenes nur: »Geh mir aus der Sonne.«

Wie reagierte Alexander, den alle wegen seiner Wutanfälle fürchteten? Er war noch mehr beeindruckt. Vielleicht war Diogenes der erste prominente Punk der Welt. Womöglich hätte Alexander selbst öfter mal die Sonne genießen sollen, statt ein Land nach dem anderen zu erobern. Die Anekdote ist wahrscheinlich erfunden, ein kleiner Mythos. Im Allgemeinen dienten bei den Griechen Mythen und Anekdoten dazu zu zeigen, welche Verhaltensweisen was für Folgen haben konnten und was im Leben wirklich zählte.

Als das Reich von Alexander dem Großen zerfiel und von anderen Völkern erobert wurde, blieben die Griechen, wenigstens was die Kultur und Philosophie betrifft, in der westlichen Welt führend. Sie machten sich wiederholt zu ganz grundlegenden Fragen Gedanken. So gründete ein gewisser Epikur die Denkschule des Epikureismus. Er betonte, dass das Wesentliche im Leben ist, glücklich zu sein, Schmerz zu vermeiden und Lust zu verspüren. Epikur nahm die Lehre des Philosophen Demokrit auf. Der hatte schon vermutet, was wir heute wissen: nämlich dass alles einschließlich uns Menschen aus unzähligen winzigen Atomen besteht, die sich frei verbinden und wieder trennen. Wie sie das machen, das konnten nach Meinung Epikurs nicht einmal die Götter beeinflussen. Der Philosoph war einer der Ersten, die die Macht der Götter deutlich einschränkten. Gab es für Epikur also gar keine Götter? Doch, aber er meinte, dass sie in ihrer eigenen Welt wohnten und deshalb die Menschen nicht ärgern oder bestrafen konnten. Laut Epikur sollten die Menschen sich ohnehin nicht auf die Götter verlassen, sondern lieber auf Greifbares bauen wie den sinnlichen Genuss. Sie sollten beispielsweise feine Speisen genauso schätzen wie ein einfaches Bohnengericht. Als etwas wirklich Solides sah der Philosoph auch gute Freundschaften an, die man entsprechend pflegen sollte. Zu Epikurs Lehre gehört weiterhin, dass wir unerschütterlich gegenüber Dingen und Schicksalsschlägen sein sollen, an denen wir nichts ändern können.

Und worauf sollte das alles hinauslaufen? Es galt, den Zustand der Unerschütterlichkeit, Ruhe und Gelassenheit zu erreichen, Ataraxie genannt. Genau das war auch das Ideal der zweiten überaus einflussreichen Philosophie, die sich in der Zeit nach Alexander dem Großen entwickelte. Es war die Stoa, die Zenon gründete. Anders als Epikur meinte er allerdings, dass wir nicht dadurch glücklich und ausgeglichen werden, dass wir uns vor allem vergnüglichen Dingen zuwenden. Vielmehr gilt es Zenon zufolge, sich auf seine Pflichten zu konzentrieren. Die sollen wir, ohne zu murren und ohne uns den Kopf darüber zu zerbrechen, erfüllen. Eine solch gelassene Haltung bezeichnen wir bis heute noch nach der Stoa als stoisch. Zenon betonte, dass der Mensch sich nicht von starken Emotionen wie Wut oder Furcht leiten lassen soll, also von Affekten, sondern von der Vernunft.

Die Griechen haben sich nicht unbedingt so klug verhalten, wie sich das ihre Philosophen wünschten. Sie erfanden zwar die Demokratie, regten sich aber über Kleinigkeiten auf und führten Kriege. Immerhin setzten sie ein paar schöne Ideen in die Welt und hatten zahlreiche Mythen und Epen wie die *Odyssee*, die durch die Jahrtausende viele Menschen inspiriert haben.

KAPITEL SECHS
Erleuchtung und vegetarisches Essen für alle

Wie die Inder und andere Asiaten zu Buddha fanden und
warum die Meditation eine echte Macht wurde.

Sollten Tiere sterben, weil wir Lust auf ein Schnitzel haben?
In Deutschland sind ungefähr fünf Prozent der Bevölkerung
Vegetarier, jedenfalls weniger als zehn Prozent. In Indien ver-
zichten dagegen manchen Umfragen zufolge rund vierzig Pro-
zent auf Fleisch, also fast die Hälfte der Bevölkerung. Sind die
Inder tierfreundlicher? Warum gibt es in Indien so viel mehr
Vegetarier als in Deutschland und dem Rest der Welt?

Das hat mit der Geschichte zu tun. Besonders wichtig sind
die drei alten Religionen Buddhismus, Jainismus und Hinduismus. In ihnen gilt das Ideal von Ahimsa, der Gewaltlosigkeit,
und zwar gegenüber jedem Lebewesen. Eine Gemeinsam-
keit der Religionen besteht weiterhin darin, dass man traditionell an Seelenwanderung glaubt, Samsara genannt. Demnach
stirbt unser Körper zwar, aber die Seele lebt weiter. Sie geht
nach unserem Tod in den Körper eines anderen Lebewesens
über, einen anderen Menschen oder ein Tier. So werden Menschen zum Beispiel als Stiere, Katzen, Ratten, Käfer, Hunde
oder Hühner wiedergeboren. Wenn man ein Geflügelcurry
isst, dann könnte es also passieren, dass man aus Versehen eine
menschliche Seele mit herunterschluckt. Auch deshalb ernähren sich besonders viele Inder fleischlos.

In Indien hat die Geschichte in vielen Bereichen noch heute
besonders starken Einfluss darauf, wie die Menschen leben.
Die alte Idee der Wiedergeburt etwa betrifft nicht nur Ernäh-

rungsgewohnheiten, sondern auch die Frage, wie man sich insgesamt benimmt. Das Lebensziel besteht in den Religionen fast aller Inder darin, dass die Seele, nachdem sie durch verschiedene Körper gewandert ist, am Ende ins Nirwana eingeht. Das ist eine Art Paradies. Im Nirwana löst sich die Seele in Wohlgefallen auf. Endlich muss sie nicht mehr von Lebewesen zu Lebewesen wandern. Die Seelenreise bietet zwar die Chance auf einen Neuanfang in anderer Gestalt, aber man weiß nie, ob sich die Mühe wirklich lohnt und das nächste Leben angenehmer sein wird. Ob es besser wird, hängt davon ab, was für ein Karma man hat. Das Wort kommt aus der altindischen Sprache Sanskrit und bedeutet ursprünglich »Tat« und »Wirken«. Mit Karma ist, etwas vereinfacht gesagt, eine Art Konto der guten und schlechten Taten gemeint. Je nachdem wie gut wir uns in unserem Leben verhalten haben, verfügen wir über ein gutes oder schlechtes Karma, also über ein Minus oder Plus auf dem Karma-Konto.

Hat ein Mensch ein ordentliches Karma, so dachten früher viele und so denken manche noch heute, wird er als mächtigeres und angeseheneres Lebewesen wiedergeboren. Also etwa als Königskobra statt als Feldmaus, als Fürst statt als Sklave, als reicher Händler statt als armer Bauer. Selbst Sklaven mit dem härtesten Leben trösteten sich mit dem Konzept der Seelenwanderung. Die Idee hatte in Indien einen besonderen Reiz, denn viele Menschen waren von Geburt an zu einem mühseligen Dasein verdammt, ohne zu ihren Lebzeiten etwas daran ändern zu können: wenn sie nämlich in eine niedrige Kaste hineingeboren wurden. Eine Kaste ist eine Gruppe von Menschen in einer Gesellschaft, die früher beispielsweise nur ganz bestimmte Berufe ausüben durfte.

Das Grundgerüst des Systems waren vier Hauptkasten, die später immer weiter untergliedert wurden. Ganz oben standen die Brahmanen. Das waren besonders gebildete Menschen, Priester, Dichter, Gelehrte und Berater von Fürsten. An zweiter Stelle kamen die Fürsten und Krieger. Unter ihnen standen als dritte große Kaste die Kaufleute und freien Bauern. Die vierte Kaste waren Handwerker, Bauern, die Land von Grundbesitzern pachteten, und Tagelöhner. Ganz unten im Kastensystem gab es aber noch eine große Bevölkerungsgruppe, denen es besonders schlecht ging: Sie wurden die »Unreinen« oder »Unberührbaren« genannt.

Die Bezeichnung Unberührbare kommt daher, dass die Mitglieder höherer Kasten den Kontakt mit ihnen vermieden. Sie meinten, wenn sie sie berührten, könnten sie sich beschmutzen. Die Unberührbaren mussten die unangenehmsten Arbeiten übernehmen. Sie waren dazu verdammt, ein Leben in Ausgrenzung und Demütigung zu führen.

Früher hießen die Unberührbaren Paria, heute werden sie Dalit genannt; das Wort kommt aus dem Sanskrit und bedeutet »niedergetreten«, »vertrieben«, »zerstört«. Schon die Bezeichnungen zeigen, wie grausam das System war. Das Kastenwesen hat das Leben von Millionen von Indern jahrhundertelang geprägt. Inzwischen ist es gesetzlich abgeschafft worden. Doch das Denken hat sich zum Teil gehalten. So werden Menschen aus niedrigen Kasten in ländlichen Gemeinden immer noch diskriminiert. Dalit-Kinder müssen ihr eigenes Geschirr zur Schule mitbringen, damit sie nicht das schuleigene benutzen, von dem auch Kinder anderer Kasten essen. Paaren verschiedener Kasten wird von ihren Familien verboten zu heiraten.

Die Wahrscheinlichkeit, nach dem Tod in einer höheren Kaste wiedergeboren zu werden, ließ sich traditionell dadurch steigern, dass man fleißig den Göttern opferte. Das kam wiederum den Brahmanen, der obersten Kaste, zugute. Denn sie waren es, die die Opfer entgegennahmen. Sie konnten Teile des Essens oder des Goldes und Silbers, das die Menschen als Gabe für die Götter vor die Altäre legten, für sich behalten. Da die Brahmanen von dem Kastensystem profitierten, trugen sie lange nichts dazu bei, es abzuschaffen.

Ein Märchenprinz und ein echter Prinz, der Wunder wirkte

Die Religion, die die Brahmanen verwalteten, hieß ursprünglich Brahmanismus; ihre heilige Schrift sind die Veden. Später wurde die Religion in Hinduismus umbenannt. Dieser Glaubensgemeinschaft gehören heute die bei Weitem meisten Inder an. Der Brahmanismus war wie seine Priesterkaste nach dem höchsten Gott der Inder benannt: Brahma. Er ist der Urgott, der alles erschafft. Ihm zur Seite steht Vishnu, der Gott, der die Ordnung bewahrt. Etwas merkwürdiger ist der dritte Hauptgott Shiva. Er gilt nämlich als großer Zerstörer. Auf Bildern trägt er oft eine Schlange um den Hals und reitet auf einem wilden Stier. Shiva zerstört zwar Dinge, doch kann dadurch Neues geschaffen werden.

Wie die Götter wirken, schildern die erwähnten Veden. Sie enthalten Hymnen und Gedichte über die vielen Götter, darunter auch solche für Wind oder Regen. Ebenfalls Teil der religiösen Schriften Indiens sind die beiden Epen *Mahabharata* und *Ramayana*. Sie stammen ungefähr aus dem 5. Jahrhundert v. Chr. Sie waren den Indern ähnlich wichtig wie etwa zur gleichen Zeit Homers Epen den Griechen oder das Alte Testament den Juden. Auch die indischen Epen bieten Abenteuergeschichten über Götter und Menschen, Fürstenfamilien, Kriege und Liebe. Die *Ramayana* heißt nach ihrem Helden Rama. Er ist ein Prinz und eine Verkörperung des Gottes Vishnu, das heißt, eine Gestalt, in der sich Vishnu den Menschen zeigt.

Einmal gewinnt Rama bei einem Bogenschießwettbewerb, den ein Fürst veranstaltet; so darf er dessen Tochter heiraten, die schöne Prinzessin Sita. Doch Sita wird von einem Dämonenkönig in sein Reich entführt. Rama macht sich auf die Suche. Er findet heraus, wo seine Liebe ist, weiß aber nicht, wie er mit seinem Heer über das Meer ins Dämonenreich gelangen soll. Da kommt ihm der Affengott Hanuman zu Hilfe, der schnell wie der Wind ist und seine Größe und Gestalt verändern kann. Er kundschaftet die Lage im Dämonenreich für Rama aus. Zusammen mit seinen Untertanen baut er dann eine riesige Steinbrücke über die Fluten, über die Rama mit seinen Kriegern in das Land des Dämons einmarschiert, um Sita zu befreien.

Geschichten über Helden, Prinzen und Prinzessinnen wie Rama und Sita und die Macht der Götter ließen Millionen von Menschen träumen. Sie änderten allerdings nichts am Kastenwesen. Die Bedeutung der Kastenordnung wurde erst durch einen Prinzen verringert, und zwar durch einen, den es im Unterschied zu Rama wirklich gegeben hat.

Er hieß Siddhartha Gautama. Seine Geschichte beginnt auch ein bisschen wie ein Märchen. Siddhartha lebte im 6. oder 5. Jahrhundert v. Chr.; genau weiß man es nicht. Er war der Sohn eines Fürsten in Nordindien. In den Berichten, die später über ihn verfasst wurden, heißt es, er wohnte in einem Palast und führte ein Luxusleben. Er hat eine Frau und ein Kind, muss sich aber um nichts kümmern. Sein Vater bezahlt alles für ihn und versucht sogar, alles Unangenehme von ihm fernzuhalten. Doch eines Tages macht Siddhartha mit der Kutsche eine Spazierfahrt durch die Umgebung seines Palasts. Da beobachtet er auf der Straße einen gebückten alten Mann, einen Greis, der sich nur mühsam fortbewegen kann. Das rührt Siddhartha sehr.

In den nächsten Tagen sieht er nacheinander einen schwer kranken Menschen auf der Straße, dann eine Leiche und schließlich einen Mönch, einen Asketen, der auf gutes Essen verzichtet und ärmlich gekleidet ist. Diese Eindrücke stimmen Siddhartha nachdenklich. Offensichtlich schützen Reichtum und Jugend die Menschen nicht davor, irgendwann schwach zu werden und zu sterben. Und offenbar gibt es Leute wie den Mönch, denen Armut nichts ausmacht. Wie kann er, Siddhartha, sich gegen das Unglück, das irgendwann kommen wird, wappnen?

Die Frage treibt ihn um, sie lässt ihm keine Ruhe. Er will selbst spüren, wie es ist, arm zu sein und körperlich zu leiden. Vielleicht könnte er sich wie der Asket daran gewöhnen und abhärten? Dann, so denkt er, werde ihm das Leid irgendwann vielleicht nichts mehr ausmachen. Deshalb führt Siddhartha einige extreme Selbstversuche durch: Er setzt sich sengender Hitze und großer Kälte aus; er läuft in Lumpen gekleidet herum. Er hungert, bis er ganz abgemagert und schwach ist. Am Ende isst Siddhartha sogar seinen eigenen Kot.

All das bringt ihm aber keine besondere Abhärtung oder Erkenntnis; es ist nur unangenehm oder eklig. Ganz verzweifelt und halb ohnmächtig vor Schwäche setzt sich Siddhartha eines Tages in den Schatten eines Feigenbaums, um zu meditieren. Da kommt ihm die Lösung: Sie heißt Mittelweg. Es gilt, den Weg zwischen zwei Extremen zu finden: Das eine Extrem besteht im oberflächlichen Luxus, der vergänglich ist und nicht vor Unglück und Krankheit schützt. Das andere Extrem ist die Askese, also der völlige Verzicht auf gutes Essen, Trinken und andere Vergnügungen.

Der Mittelweg bedeutet für Siddhartha, dass er sich nicht absichtlich quält, indem er immer auf alles verzichtet. Wichtiger ist es, sich nicht darüber zu ärgern, wenn er etwas, das er sich wünscht, nicht bekommt. Man muss nicht ständig nach Neuem und Besserem, mehr Luxus und teurerem Essen gieren, nach mehr Spielsachen oder Kleidung. Hat man von vornherein nicht so hohe Ansprüche, lässt sich einiges an Stress vermeiden. Wir sollten uns, so denkt Siddhartha, auch nicht über die Umstände und Leute ärgern, die wir nicht ändern können. Insgesamt gilt es, das Beste aus dem zu machen, was man hat, und die einfachen Dinge zu genießen. Es ist fast wie bei dem griechischen Philosophen Diogenes, dem wir im letzten Kapitel begegnet sind: Besitzen wir nur ein kleines Haus, kann das ein Anlass dafür sein, mehr nach draußen zu gehen und intensiver die warme Sonne auf der Haut zu spüren.

Siddhartha ist so begeistert von seiner Idee, die ihm unter dem Feigenbaum gekommen ist, dass er sich Buddha nennt. Buddha ist ein Wort aus dem Sanskrit und bedeutet »Erwachter«. Einmal erweckt, wandert Buddha durch das Land und erklärt den Menschen, wie sie seiner Meinung nach ebenfalls erwachen und recht einfach glücklich werden können. Seine Methode umfasst vier simple Schritte, die »Vier Edlen Wahrheiten«: Erstens müssen wir akzeptieren, dass die Welt nun einmal nicht perfekt ist und es unvermeidlicherweise Leid gibt. Zweitens sollten wir uns klarmachen, dass viel Leid von unserer Gier herrührt; wir wollen oft mehr, als wir kriegen können und brauchen. Drittens lässt sich das Leid verringern, wenn man Gier und Verlangen loslässt und erkennt, dass man nicht immer genau das erlangen muss, was man sich wünscht, sondern andere Freuden finden kann. Viertens geht das einfacher, wenn wir in den kleinen, alltäglichen Dingen auf die richtige Einstellung achten.

Hilfreich dabei ist der »Edle Achtfache Pfad«. Damit sind folgende Punkte gemeint: rechte Ansicht, rechtes Wollen, rechte Rede, rechtes Handeln, rechter Lebenserwerb, rechtes Streben, rechte Wachsamkeit und rechte Sammlung. Was heißt das? Mit »rechter Rede« ist zum Beispiel »richtiges« Reden gemeint, also etwa, dass wir nicht über andere Leute lästern. Denn beim Lästern verschlechtert sich letztlich die eigene Laune, und das führt zu einer negativen Einstellung. Was bedeutet rechte Sammlung? Wir sollten zur Ruhe kommen, uns nicht von Kleinigkeiten ablenken oder nerven lassen. Ein Mittel, um sich zu sammeln, war für Buddha die Meditation. Wenn wir meditieren, meinte er, dann wird uns ganz von selbst klar, dass wir uns über unwichtige Dinge aufgeregt oder den Kopf zerbrochen haben.

Buddha legte mehr Wert auf das Verhalten der Menschen und ihre Einstellung als auf ihre Herkunft. Dadurch verloren Äußerlichkeiten wie die Kastenzugehörigkeit an Bedeutung.

Das war einer der Gründe, warum der Buddhismus beim Volk gut ankam. Grundsätzlich konnte jeder »erwachen«; Erleuchtung ließ sich auch dann erlangen, wenn das Geld fehlte, um den Brahmanen ein Opfer zu geben. Buddhistische Mönche verlangten weder Opfer noch Bezahlung für ihren Rat. Alles, was sie erbaten, war eine Spende, ein Almosen. Sie liefen durch die Dörfer von Tür zu Tür und freuten sich, wenn die Leute ihnen etwas von ihrem Essen, etwas Reis mit Gemüse in ihre Schalen legten.

Die Buddhisten demonstrierten, wie wenig man braucht, um glücklich zu sein. Allerdings dürfen wir nicht vergessen, dass es für Buddha einfacher als für andere war, auf Reichtum zu verzichten. Denn er hatte als junger Mann ja schon Reichtum und Luxus erfahren; er hatte eine Familie und ein schönes Haus gehabt. Außerdem war Buddha natürlich nicht ständig so gut drauf, wie wir meinen, wenn wir Bilder von ihm betrachten. Die Bilder und Statuen, die ihn als ausgeglichenen, teils rundlichen, lächelnden netten Kerl zeigen, stammen nicht aus der Zeit, in der Buddha lebte. Die Bilder haben sich ein paar Leute ausgedacht, nachdem er gestorben war. Sie haben ihn nie kennengelernt; er sah womöglich ganz anders aus, als wir glauben.

Die ersten Tierschutzgesetze der Welt und gewaltfreie Eroberungen

Obwohl der Buddhismus immer mehr Einfluss erlangte, blieb der Brahmanismus in Indien erst einmal die Religion der Herrschenden. Das änderte sich schlagartig im 3. Jahrhundert v. Chr., und zwar dank eines Königs namens Ashoka. Er baute ein vereintes indisches Reich aus, das sich vom heutigen Afghanistan bis nach Südindien erstreckte. Allerdings packte

Ashoka eines Tages die Reue wegen des vielen Blutes, das er in all den Kriegen vergossen hatte, um das Reich zu erweitern. Deshalb trat er zum Buddhismus über, der als besonders friedfertiger Glaube galt.

Ashoka ließ im gesamten Reich Texte mit Anweisungen auf Felsen und Säulen meißeln, wie man ein besseres Leben führen kann. Alle sollten sie im Alltag und auf Reisen sehen können. In einer der Bekanntmachungen erklärte der König, warum er selbst Buddhist geworden war. Bei einer Schlacht gegen ein verfeindetes Fürstentum hatten seine Truppen, so Ashoka, 100 000 Menschen getötet; dieses »Gemetzel« sei furchtbar gewesen. Deshalb wolle er sich von nun an vor allem auf die Art der Eroberung konzentrieren, die als »die größte angesehen« werden könne. Und welche war das? Er meinte eine Eroberung, die durch eine vorbildlich sanftmütige und fürsorgliche Politik statt durch Waffengewalt erfolgt. Das war damals ungewöhnlich.

Ashoka betonte, wie wichtig es sei, den Mitmenschen gegenüber rücksichtsvoll zu sein. Damit nicht genug: Er erließ sogar eine Art Tierschutzgesetz. Schon in seinem ersten Erlass, einem Edikt, stand: »Früher wurden in der Küche des Königs täglich viele Hunderttausende von Tieren zur Bereitung von Fleischsoße getötet. Doch jetzt werden nur noch drei Tiere getötet: zwei Pfauen und eine Gazelle, die Gazelle aber auch nicht regelmäßig. Aber auch diese drei Tiere werden in Zukunft nicht mehr getötet werden.«

König Ashoka wollte offenbar schrittweise das Töten von Tieren abschaffen. Eine der Inschriften enthielt eine Liste von Tieren, die unter seinem Schutz standen. Dazu zählten Papageien, Wildenten, Fledermäuse, Stachelschweine, Eichhörnchen, Tauben, Fische, Stiere, Rehe, Hirsche und sogar Ameisen. Ashoka erklärte, dass »Ziegen, Mutterschafe und Säue«, obwohl sie grundsätzlich als Fleischlieferanten erlaubt waren, zumindest nicht geschlachtet werden durften, solange sie ihre

Jungen säugten. Die Jungtiere selbst mussten geschont werden, bis sie sechs Monate alt waren. Das ist länger als die heute übliche Schonzeit, die Kälber nach ihrer Geburt haben, bis sie geschlachtet werden.

Der König befahl seinen Untertanen nicht direkt, Vegetarier zu werden. Aber er war wohl der erste Herrscher der Welt, der sich um die Rechte der Tiere kümmerte. Er gründete sogar Krankenstationen für sie. Nur weil Ashoka ein tierlieber Buddhist war, heißt das allerdings nicht, dass seine Politik immer gerecht gewesen wäre. Er war Alleinherrscher. In Indien gab es keine Demokratie, wie sie die Griechen zwei Jahrhunderte zuvor erfunden hatten. Auch die Sklaverei schaffte der König nicht ab. Er forderte lediglich, dass man ein »gegen Sklaven und Diener korrektes Benehmen« an den Tag legen sollte.

Schon bald nach Ashokas Tod ging seine Maurya-Dynastie unter. Ein paar Jahrhunderte später hatte sich der Brahmanismus in Indien wieder gegen den Buddhismus durchgesetzt. Das Kastenwesen bestand noch jahrtausendelang weiter, und der Buddhismus wurde aus Indien verdrängt. Er verschwand jedoch nicht aus der Welt. Er fand in Asien Verbreitung, in den heutigen Ländern Myanmar, Bhutan, Thailand, Vietnam, China und Japan. Von dort kam er dann Jahrhunderte später nach Europa. Heute sieht man bei uns in Restaurants, Wellnesszentren, Modeläden und Einrichtungshäusern mehr Buddhafiguren als Kruzifixe. Zumindest, was die Dekoration betrifft, hat sich der lächelnde Buddha also weltweit durchgesetzt.

KAPITEL SIEBEN
Der Kaiser, der Geschichtsbücher verbrennen ließ

Der erste Kaiser von China will sein Reich von Grund auf nach
seinen Vorstellungen gestalten. Er regelt den Alltag seiner Untertanen
mit unerbittlicher Strenge bis ins kleinste Detail und unterdrückt
alte Traditionen.

Vor 2000 Jahren wohnten auf der ganzen Welt nur 150 bis
200 Millionen Menschen, also etwa halb so viele wie heute
allein in den USA und gerade mal doppelt so viele wie aktuell
in Deutschland. Inzwischen leben knapp 7,5 Milliarden Menschen auf der Erde, also vierzigmal so viele wie damals. Doch
eines ist gleich geblieben: Den größten Anteil an der Welt-
bevölkerung hatten und haben die Chinesen. Heute ist jeder
sechste Bewohner unseres Planeten chinesisch. Vor 2000 Jahren entsprachen die rund sechzig Millionen Menschen auf
dem Gebiet des heutigen China sogar einem Drittel der Welt-
bevölkerung. Um ein großes zusammenhängendes Reich und
eine einigermaßen einheitliche Kultur zu werden, mussten die
Bewohner des Gebiets, das wir heute China nennen, allerdings
erst einmal vereint werden. Das geschah in mehreren Schritten und am Ende auf brutale Weise.

Das früheste chinesische Reich, von dem wir überhaupt
Näheres wissen, ist das der Shang-Dynastie. Es wurde bereits im 2. Jahrtausend v. Chr. gegründet. Aus der Shang-Zeit
stammen die ältesten Funde chinesischer Schriftzeichen. Dieses Reich umfasste aber nur einen kleinen Teil des heutigen
China. Neben und nach dem Shang-Reich tummelten sich im
Lauf der Zeit über hundert chinesische Reiche und Fürsten-

tümer – ähnlich wie im alten Griechenland, in dem es zahlreiche Stadtstaaten gab. Sie stritten um die Vorherrschaft und führten Kriege. Das ging so lange, bis im 4. Jahrhundert v. Chr. nur sieben Reiche übrig waren. Von diesen sieben setzte sich 221 v. Chr. ein Reich gegen die anderen durch und unterwarf sie. Es war das Reich der Qin-Dynastie.

Das Kerngebiet des Qin-Reiches lag im Norden Chinas, und es herrschten dort besonders brutale Sitten: Während dies in anderen Teilen Chinas schon als barbarisch galt, waren hier noch Menschenopfer üblich. Nach dem Sieg über die anderen Reiche wurde der Qin-Herrscher zum ersten Kaiser von Gesamtchina. Allgemein versteht man unter Kaisern ja Herrscher, die noch mächtiger als Könige sind und über mehrere Länder oder Völker regieren. Der chinesische Kaiser vereinigte erstmals in der Geschichte die vielen chinesischen Staaten zu einem Großreich. Dessen Grenzen entsprechen ganz grob jenen des heutigen China. Nachdem der Kaiser die Macht übernommen hatte, nannte er sich Qin Shihuangdi. Der Name ist eine Kombination aus mehreren chinesischen Wörtern und bedeutet so viel wie »erster erhabener Gottkaiser«.

Shihuangdi führte viele Neuerungen ein und griff hart durch. Er straffte die Verwaltung und sorgte dafür, dass die Maße und die Schrift, die die Menschen benutzten, im ganzen Reich dieselben waren. Er schützte die Grenzen des Reiches mit einer großen Mauer gegen äußere Feinde, etwa gegen Nomadenvölker. Die Mauer ist einer der Vorläufer der Chinesischen Mauer, dem wohl berühmtesten Wahrzeichen des Landes. Das Bauwerk zieht sich noch heute Tausende von Kilometern wie eine überlange silbergraue Schlange über Hügel und durch Täler, durch Wälder und Steppen und ist bis zu acht Meter hoch und fünf Meter breit. Shihuangdi organisierte eine starke und disziplinierte Armee. Und er errichtete ein System der Angst. So war die Bevölkerung in Mini-Einheiten von jeweils fünf Familien eingeteilt. Jede Familie war für die anderen vier mit zuständig. Wenn jemand aus einer der fünf Familien ein Verbrechen beging oder sich auch nur ungehorsam verhielt, wurden die anderen vier dafür ebenfalls bestraft. Man war also praktisch dazu gezwungen, andere zu verraten. In einer amtlichen Verordnung hieß es: »Wer einen Schuldigen nicht denunziert, wird in zwei Teile gehackt.«

Der Gottkaiser wollte ein neues China schaffen, das genau seinen Vorstellungen entsprach, und jedes Detail regeln. Die eckigen Hüte der Qin-Beamten, die alle in Schwarz gekleidet waren, mussten genau sechs Finger hoch sein. Es war vorgegeben, wo der Haarknoten bei Soldaten zu sitzen hatte und wie ein Schnurrbart gestutzt sein musste. Es war festgelegt, wie viel Brokat (ein Seidenstoff mit eingewebten Gold- und Silberfäden) man für Schuhe verwenden durfte. Für das weitverzweigte und gut ausgebaute Verkehrsnetz im Reich galt die Vorschrift, dass am Straßenrand alle fünf *bu*, also alle knapp sieben Meter, ein Baum stehen sollte. Der Kaiser hatte über sein gesamtes Staatsgebiet verstreut 270 Paläste. Er reiste von einem Palast zum nächsten, um sein ganzes Reich im Blick zu behalten.

Warum diese ganzen Maßnahmen? Shihuangdi meinte, dass die Menschen grundsätzlich schlecht seien und dass er sein Volk immer und überall kontrollieren müsse. Sein Wille, das Reich einzig nach seinen Vorstellungen zu gestalten, nahm extreme, ja zwanghafte Formen an. Irgendwann setzte er es sich in den Kopf, alle Erinnerungen an Ideen und Formen des Zusammenlebens aus früheren Zeiten, in denen andere Herrscher an der Macht gewesen waren, einfach auszumerzen. Keine alte Tradition sollte ihm Vorgaben dazu machen, was zu tun war. So ordnete der Kaiser an, dass alle Bücher, die von früher erzählten, also jedes Geschichtsbuch und jedes Buch mit alten Gedichten oder Ähnlichem, vernichtet werden mussten. Ausgenommen waren nur Schriften, die praktische Informationen enthielten, etwa über Medizin oder Landwirtschaft. Wenn seine Untertanen nichts über frühere Zeiten wussten, konnten sie auch nicht sagen, dass dieses oder jenes früher besser gewesen sei. In diesem Sinn erklärte Shihuangdis Kanzler, Stellvertreter und Berater in einer Rede, dass Untertanen die Pflicht hätten, »alle historischen Aufzeichnungen, die nicht aus dem Reiche Qin stammen, zu verbrennen«. Und er drohte: »Diejenigen, die das alte System heranziehen, um das neue zu kritisieren, sollen mitsamt ihren Familien exekutiert werden.«

So kam es, dass der Kaiser Geschichtsbücher verbot und sogar vernichten ließ. Das war in China besonders hart, denn gerade dort wurde viel Wert auf alte Traditionen und Erinnerungen gelegt. Die Menschen ehrten zum Beispiel das Andenken der verstorbenen Vorfahren, indem sie ihnen mit aufwendigen Ritualen huldigten. Daraus bezogen sie ein Gefühl der Sicherheit. Die Vorfahren sollten als Vorbild dienen, wie man sich in der Gegenwart würdig verhielt. Damit wollte Shihuangdi Schluss machen; es sollten einzig und allein seine Worte und Ideen gelten.

An ihn selbst und seine Taten sollten künftige Generationen allerdings sehr wohl denken. So wurde unter anderem ein riesiges Grabmal gebaut. Es ähnelte dem eines ägyptischen Pharaos. Shihuangdi ließ eine rechteckige Anlage mit mehreren Mauern errichten. Darin wurde ein pyramidenförmiger Hügel aufgeschüttet, in dem der Kaiser seine letzte Ruhe fand. Um sein Grab bis in alle Ewigkeit zu schützen, ließ er eine Armee von ungefähr 8000 Soldaten aus Ton erschaffen. Sie waren lebensecht nachgebildet mit Rüstungen, Waffen und Pferden. Die Terrakotta-Armee sollte Shihuangdi sogar im Reich der Toten zur Seite stehen. Die Tonfiguren wurden im Lauf der Jahrhunderte und Jahrtausende verschüttet. Erst im Jahr 1974 stießen Landarbeiter zufällig auf sie, als sie ein Loch für einen Brunnen gruben. Ein Teil der Armee wurde dann von Archäologen freigelegt.

Shihuangdi wollte unsterblich werden. Dafür reiste er oft in die heiligen Berge, wo man den Göttern nah war. Auch mussten ihm seine Hofärzte verschiedene angebliche Wundermittel liefern. Die Arzneien enthielten unter anderem das hochgiftige Quecksilber. So verursachten ausgerechnet die Mittel, die Shihuangdi ein längeres Leben garantieren sollten, wohl seinen frühen Tod. Jedenfalls starb der »erste erhabene Gottkaiser« von China im Alter von 49 Jahren.

Mächtig wie Rom, kulturell reich wie Athen – das China der Han-Dynastie

Shihuangdi hatte all die Regeln und Gesetze aufgestellt, um sein Reich zusammenzuhalten. Trotzdem ging seine Dynastie im Jahr 207 v. Chr. unter, nur drei Jahre nachdem er gestorben war. Seine Nachfolger bekämpften sich aufs Blut. Sein Kanzler wollte an die Macht kommen und ließ deshalb den nächsten Kaiser ermorden. Dann wehrten sich Bauern und Arbeiter in Aufständen dagegen, dass die Qin-Herrscher sie so brutal behandelten. Schließlich setzte sich ein kleiner Beamter namens Liu Bang an die Spitze der Aufständischen. Mit Erfolg: 206 v. Chr. wurde er der erste Kaiser einer neu gegründeten Dynastie, der Han-Dynastie.

Die Han-Dynastie hielt viel länger als das Reich der Qin, nämlich vier Jahrhunderte, bis 220 n. Chr. Dort lebten ungefähr sechzig Millionen Menschen, also ähnlich viele wie zur gleichen Zeit im Römischen Reich.

In der Zeit der Han blühte China kulturell und wirtschaftlich auf. Es gab große technische Fortschritte, etwa in der Metallverarbeitung und bei Wasserpumpen. Das Papier wurde erfunden. Der Handel florierte. In der Zeit der Han erlangte die Seidenstraße große Bedeutung, ein Netz von Straßen und

Routen, das von China bis nach Europa und Afrika reichte. Es führte durch Zentralasien, also durch Länder wie Usbekistan mit seiner Hauptstadt Taschkent, aber auch durch Nordindien, Arabien und Nordafrika. Der Name der Route kommt daher, dass eine der wichtigsten Handelswaren, die auf ihr transportiert wurden, neben Gewürzen und Porzellan die chinesische Seide war, dieser einzigartig feine und wunderbar schimmernde Stoff. Nur die Chinesen wussten lange Zeit, wie sich Seidenfäden aus dem feinen Sekret gewinnen lassen, das die Seidenraupe über eine Drüse absondert, wenn sie sich in einen Kokon einwickelt, um daraus später als Schmetterling zu schlüpfen. Die Chinesen hüteten das Geheimnis der Seidenherstellung, verkauften den Stoff aber in alle Welt.

Über die Seidenstraße zogen schwer beladene Karawanen mit Pferden oder Kamelen. Ihre abenteuerliche Reise konnte Wochen oder Monate dauern; sie führte über hohe Gebirge und durch Wüsten, in denen es tags brüllend heiß und nachts eisig kalt war. Zudem wurden die Kaufleute oft von Banditen überfallen. Um den Angriffen Herr zu werden, ließen Han-Kaiser Truppen entlang der Straßen und Wege patrouillieren.

Die Seidenstraße ermöglichte einen Austausch verschiedener Waren, aber auch von Ideen zwischen Ost und West. Im Han-Reich herrschte eine kulturelle Vielfalt. Und anders als in den Zeiten von Shihuangdi durften sich die Menschen auch wieder mit der Kultur ihrer Vorfahren beschäftigen. Unter den alten philosophischen Büchern ragten jene von zwei Denkern heraus: die von Konfuzius und die von Laozi (Laotse). Ihre Ideen stammen aus dem 6. und 5. Jahrhundert v. Chr., also grob gesagt aus der gleichen Zeit, in der Sokrates und Platon in Griechenland und Buddha in Indien gewirkt hatten.

Laozi ist bekannt für das Buch *Tao Te King* (*Daodejing*). Man weiß gar nicht so genau, ob der Gelehrte wirklich gelebt hat oder ob die Texte in Wahrheit von anderen Autoren stammen. Weltberühmt ist jedenfalls Laozis Denkschule des Daoismus

(Taoismus). Im Zentrum dieser Philosophie steht die Idee vom Dao (Tao). Das ist das chinesische Wort für »Weg, Pfad«, im weiteren Sinn auch »Prinzip« und »rechter Weg«. Das Dao ist eine Art harmonische Urkraft, eine Energie, die allem Leben zugrunde liegt. Man kann sie nicht wirklich verstehen, sondern muss sie erahnen und spüren. Das gelingt uns am ehesten, wenn wir uns allein auf einen Berggipfel oder auf eine Waldlichtung setzen und meditieren. Dann entfaltet sich das Dao in unserer Atembewegung oder im Rauschen der Blätter im Wind.

Im Daoismus geht es teils um ähnliche Ziele wie in der griechischen Philosophie, also darum, das Schöne und Gute zu erkennen und sein seelisches Gleichgewicht zu finden. Doch Daoisten debattierten nicht so viel wie die Griechen. Sie sannen lange über einzelne Aussagen nach. So liest man im Buch *Tao Te King* zum Thema Schönheit nur einen Satz: »Wer da sagt: Schön / Schafft zugleich: Unschön.« Das klingt merkwürdig, ist aber ziemlich schlau. Der Satz bedeutet, dass wir, sobald wir versuchen, die Schönheit etwa eines Menschen mit dem Wort »schön« festzulegen, damit die anderen Menschen indirekt als unschön ausgrenzen. Wir laufen Gefahr, unseren Blick einzuengen. Im Daoismus geht es darum, eine umfassende Schönheit zu finden, die in einer anmutigen Haltung, in der Ruhe und Ausgeglichenheit liegt. Konkretere Anweisungen als im Daoismus finden sich in der zweiten großen Denkschule Chinas, dem Konfuzianismus. Er zielt stärker auf die Frage ab, wie sich die Idee des richtigen Weges im Alltag umsetzen lässt. Denn wenn wir irgendwo einsam in der Natur meditieren, meinen wir zwar oft, das Dao gefunden zu haben. Aber wenn wir dann etwa in der Schule oder bei der Arbeit wieder auf andere Menschen und Alltagsprobleme treffen, ist es oft schwierig, immer nett und ausgeglichen zu bleiben.

Das wusste Konfuzius nur zu gut. Er war kein Philosoph, der allein zu Hause saß und schrieb und ab und zu ein paar brave Schüler um sich scharte. Er arbeitete als Beamter und musste sich im Lauf seiner Karriere oft anpassen. Doch langfristig hatte er großen Einfluss darauf, wie die Menschen in China dachten. Im Konfuzianismus wurde die Gelehrsamkeit hochgehalten. Wer fleißig lernte und Prüfungen an Schulen bestand, konnte ein hoher Beamter werden und Einfluss erlangen. Selbst wenn er aus einer armen Familie stammte.

Was den Alltag betraf, galt es, Eltern, Verwandte und allgemein ältere Menschen zu ehren, indem man sich vor ihnen verbeugte. Wenn wir die Regeln der Höflichkeit befolgen, bleibt, so Konfuzius, ein Mindestmaß an Freundlichkeit erhalten, auch wenn wir schlechte Laune haben oder jemand uns nervt. Das Problem war natürlich, dass in der Praxis oft die weniger mächtigen Menschen höflicher zu den mächtigeren sein mussten als umgekehrt. Sie mussten sich unterordnen.

KAPITEL ACHT
Die erste Supermacht

Kein Volk war so lange so reich und grenzenlos mächtig wie die Römer. Mit ihrem Rechtssystem, ihrer Infrastruktur, ihrer Kriegsmaschinerie und Unterhaltungsindustrie setzten sie Maßstäbe.

»Sieh nur, von allen Seiten umdröhnt mich Lärm unterschiedlichster Art. Ich wohne nämlich direkt über einer Badeanstalt.« So beginnt der Philosoph Seneca im 1. Jahrhundert n. Chr. seine Beschreibung eines öffentlichen Schwimmbads in Rom. Er fährt fort: »Dieser Lärm lässt mich bedauern, nicht taub zu sein. Ich höre die Muskelprotze stöhnen und grunzen, wenn sie ihre Bleigewichte heben. Ich höre das Klatschen, wenn die Hand des Masseurs auf eine Schulter schlägt. Dazu kommen die Ballspieler und schreien sich die Punkte zu – mehr ist eigentlich nicht auszuhalten. Denk dir noch einen Streithammel und einen ertappten Dieb und einen, der sich im Bade selbst gern singen hört, denk dir auch die noch hinzu, die mit gewaltigem Klatschen des aufspritzenden Wassers ins Schwimmbecken springen. Stell dir aber daneben noch einen Achselhaarauszupfer vor, der beständig nach Kunden kreischt und den Mund erst hält, wenn er jemandem die Achselhaare ausreißen kann, was jenen veranlasst, sogar noch lauter zu schreien. Und dann noch die verschiedenen Getränkeanbieter, der Wurstverkäufer und die Betreiber von Garküchen, die alle auf ganz spezielle Art herumbrüllen.«

Was Seneca vor 2000 Jahren schilderte, ist das Treiben in einer römischen Badeanstalt, einer sogenannten »Therme«. Das Wort kommt von *thermae*, was Lateinisch ist und so viel wie »warm« bedeutet. Die großen Schwimmbecken und Dampfbäder wurden durch ein aufwendiges System mit warmer, durch ein Netz von Röhren geleiteter Luft beheizt. Zu den Thermen gehörte eine ganze Palette an Freizeitangeboten, darunter Schönheitssalons, Gymnastikräume und Imbisse.

Da mochten ein paar Philosophen die Nase rümpfen, doch für die Mehrheit der Römer waren die Schwimmbäder, zumal sie wenig oder keinen Eintritt kosteten, ein äußerst beliebter Treffpunkt. In den Thermen suchten die Menschen Entspannung und Ablenkung vom harten Alltag. Man tauschte Tratsch und Neuigkeiten aus und lernte Leute kennen. Und da kaum jemand ein Badezimmer zu Hause hatte, wuschen sich die Römer dort auch.

Die öffentlichen Thermen sind eine der großen Errungenschaften der Römer, die sich in leicht veränderter Form bis in spätere Zeiten erhalten haben. Sie erinnern ein wenig an unsere Spaßbäder, die Freizeitparadiese mit mehreren Becken, mit langen, teils mehrfach gewundenen bunten Rutschen, mit Saunas und Restaurants. Nicht umsonst werden diese Bäder heute auch Thermen genannt.

Eine Besonderheit des alten Rom sind nicht nur die Thermen und ihre aufwendige Technologie, sondern auch insgesamt die Versorgung mit Frischwasser. Das Wasser erhielten die Hauptstadt und andere Orte im Römischen Reich über die Aquädukte. Das sind die Leitungen und Rinnen, die sich über Hunderte von Kilometern auf Pfeilern beziehungsweise über aufwendig gemauerte Bogenreihen durch die Landschaft und über Täler zogen. Über sie wurde Wasser von Quellen in den Bergen in die Städte transportiert. Einige der Aquädukte können wir in Italien oder Frankreich noch heute bewundern.

Eine weitere eindrucksvolle Leistung der römischen Ingenieure war die Kanalisation, ein ganzes Netz unterirdischer Tunnel und Röhren, durch das Abwässer und Fäkalien aus der

Stadt geleitet wurden. Die einzelnen Röhren waren zum Teil mehrere Meter breit und hoch. So etwas hatte über Jahrtausende weltweit keine andere Großstadt, nicht einmal London oder Paris. Kanalisation und Wasserversorgung waren Teil der römischen Infrastruktur, zu der außerdem ein weitverzweigtes Straßennetz gehörte. Im weiteren Sinn bezeichnet man als Infrastruktur auch Behörden, die Alltagsangelegenheiten regeln und für Ordnung sorgen. Bei all diesen Dingen waren die Römer anderen Völkern weit voraus. Sie haben zwar wenig wirklich Neues im Bereich der Philosophie, Kunst und Literatur erfunden; auf diesem Sektor haben sie das meiste von den alten Griechen übernommen. Doch was die Infrastruktur, Ingenieurskunst und das Freizeitangebot für die Massen betrifft, waren sie top. Und damit haben sie zahlreiche andere Völker und Länder geprägt. Ähnliches gilt für ihr gut organisiertes Rechtssystem, ihre Gesetze und Gerichte.

Geradezu berüchtigt waren die Römer allerdings für ihre riesige, extrem gedrillte und leistungsstarke Armee. Wer *Asterix und Obelix* kennt, weiß, wie perfekt die Heerlager konstruiert und organisiert waren, mit denen die Römer zeitweise fast ganz Europa besetzt hielten. Die streng rechteckig angeordneten Garnisonen ähnelten kleinen Städten, umgeben von Mauern aus akkurat angespitzten Holzpfählen und geschützt durch Wachtürme.

Dank seines Militärs, seiner Organisation und seiner Infrastruktur konnte sich Rom zur ersten Supermacht der Welt aufschwingen und den Status mehrere Jahrhunderte halten. Dabei hatte man klein und wild angefangen. Gemäß einer alten Legende heißen die Gründer Roms Romulus und Remus. Ihre Mutter setzt die Zwillinge als Babys in der Natur aus. Sie haben Glück, denn eine Wölfin findet sie und nimmt sich ihrer an. Sie säugt sie mit ihrer Milch und zieht sie wie ihre eigenen Jungen groß. Vielleicht sind Romulus und Remus deshalb besonders robust. Als sie erwachsen sind, zerstreiten sie sich allerdings. Romulus erschlägt seinen Bruder, um alleiniger Gründer und Namensgeber Roms zu werden. Und die Wölfin wird zum Wappentier der Stadt. So beginnt der Legende nach die Geschichte Roms. Die Story mit den Zwillingen und der Wölfin passt zwar gut zu den extrem kriegerischen Römern. Doch in Wahrheit wissen wir wenig Genaues über die Anfänge des Reiches. Klar ist, dass Rom zunächst ein Königtum war. Es wurde offiziell im Jahr 753 v. Chr. gegründet. Zunächst regierten Könige der Etrusker, eines der Völker, die in Italien lebten. Doch die Infrastruktur, Gesetze und Regeln und die riesige Armee, die als typisch römisch gelten, wurden erst in der Zeit der Republik entwickelt.

Wie kam es dazu? Zur Republik wurde Rom um das Jahr 509 v. Chr., nachdem ein paar mutige Adelige den letzten etruskischen König Tarquinius Superbus verjagt hatten. Das Machtzentrum der Republik war nun der Senat. In ihm saßen Adelige, die man Patrizier nannte. Der Senat wählte einmal jährlich je zwei Konsuln aus seinen Reihen, die gemeinsam regierten. So dominierten die Patrizier über das restliche ärmere Volk, die Plebejer. Patrizier und Plebejer durften einander nicht heiraten. Nach und nach erkämpften sich die Plebejer allerdings einige Rechte. Sie waren in Volksversammlungen vertreten und konnten dort Gesetze beschließen. Die eigentliche Macht hatten aber weiterhin die Patrizier. Das lag daran, dass bei Wahlen reiche Römer pro Person mehr Stimmen abgeben durften als arme. Darüber wachten wiederum extra Beamte, die Zensoren. Außerdem waren die meisten Plebejer sogenannte Klienten eines reichen Patrons. Der hatte ein Netzwerk an Klienten. Sie genossen seinen Schutz und mussten dafür bestimmte Arbeiten für ihn erledigen. Wenn sich der Patron um ein politisches Amt bewarb, hatten seine Klienten für ihn zu stimmen.

Es gab in Rom also keine richtige Demokratie wie in Athen. Aber immerhin Gesetze, die zumindest für alle frei geborenen

Römer gleich galten. Um das Jahr 450 v. Chr. wurden auf dem zentralen Platz in Rom, dem Forum, große bronzene Tafeln aufgestellt. Auf ihnen waren die Zwölftafelgesetze zu lesen. Manche der Gesetze sind heute undenkbar. Beispielsweise durfte ein Vater, wenn er in Geldnot war, seinen Sohn als Sklaven verkaufen. Andere Gesetze erinnern an unsere Zeit. So waren Erbschaftsfragen geregelt, und es wurde sogar festgelegt, dass man die Pflicht hat, den Gehweg vor seinem Haus in Schuss zu halten.

Das römische Recht war so ausgefeilt und klar strukturiert, und es enthielt so viele wichtige Grundsätze, dass manches davon bis heute rund um die Welt als Vorbild dient. Etwa das Prinzip mit dem lustig klingenden lateinischen Namen *do ut des*; das bedeutet: »Ich gebe, damit du gibst«. Das heißt, man schließt Verträge ab, um für seine Leistung vom Vertragspartner eine bestimmte Gegenleistung zu bekommen. Das klingt heute selbstverständlich, aber solche Basics galt es erst einmal zu erarbeiten. Erst dann konnten sich alle, wenn sie einen Kaufvertrag machten, darauf verlassen, dass Bezahlung und Lieferung einer Ware auch wirklich erfolgten.

Grundsätzlich durfte sich jeder freie Römer an ein Gericht wenden, wenn er meinte, ihm sei Unrecht geschehen. Dann musste die Gegenseite angehört werden und sich verteidigen dürfen. Das Recht umzusetzen war allerdings nicht immer ganz einfach. Es gab in Zeiten der Republik keine Polizei, die man hätte rufen können. Hatte ein Römer dem anderen einen Mantel geklaut, musste der Bestohlene sich schon selbst helfen. Wenn er wohlhabend war und Sklaven hatte, schickte er ein paar der muskulöseren los, damit sie dem Dieb den Mantel entrissen. Die Männer holten das Kleidungsstück zurück, und man konnte die Sache vor Gericht bringen. Erschienen Angeklagte nicht zum vereinbarten Gerichtstermin, war eine merkwürdige Maßnahme üblich. Der Kläger ging zum Haus der Person oder schickte bezahlte Leute hin. Die stellten sich vor die Tür und forderten laut brüllend, dass die beschuldigte Person zur Verhandlung komme. Ungefähr so: »Livius hat Flavius einen Mantel gestohlen, Livius ist ein Dieb! Livius muss vor Gericht erscheinen!« Das konnte man notfalls tagelang wiederholen, so lange, bis die Person entnervt nachgab, weil sie Angst davor hatte, dass die Nachbarn schlecht über sie dachten. Oder weil sie wegen des Lärmes nicht schlafen konnte.

Das römische Rechtssystem hatte so seine Eigenheiten, aber zumindest existierten überhaupt klare Regeln und Bürgerrechte. So gut wie keine Rechte hatten allerdings die Sklaven. Hatte sich ein Römer legal Sklaven gekauft, durfte er sie schlagen und sogar töten! Die Sklaverei funktionierte im Prinzip wie in Griechenland. Manche Sklaven, die als Diener oder Verwalter tätig waren, konnten hoffen, dass ihr Eigentümer sie irgendwann als Lohn für ihre guten Dienste in die Freiheit entließ. Sehr viele Sklaven wurden jedoch misshandelt und schufteten sich etwa in Steinbrüchen unter schlimmsten Bedingungen zu Tode.

Die meisten Sklaven akzeptierten ihr Schicksal, als sei es ein Unglück, das einem eben zustoßen konnte. Ein paar Ausnahmen gab es natürlich. Die berühmteste war ein Mann namens Spartacus. Er stammte aus Thrakien, einem Land auf dem Balkan im Südosten Europas. Spartacus war römischer Sklave und Gladiator. Im Jahr 73 v. Chr. ertrug er die Gefangenschaft nicht länger. Unter seiner Führung brachen einige Gladiatoren aus einer Gladiatorenschule in Süditalien aus. Dann zettelte der Schwertkämpfer sogar einen Sklavenaufstand an. Nach und nach schlossen sich ihm Zehntausende entlaufener Sklaven an. Am Ende führte Spartacus mit seinen Männern einen richtigen kleinen Krieg gegen die römischen Legionen. Erst nachdem sie mehrere Schlachten geschlagen hatten, wurde seine Sklavenarmee 71. v. Chr. besiegt. Spartacus und die meisten seiner Männer fielen im Kampf. Und ungefähr 6000 seiner Anhänger erlitten ein grausames Schicksal: Die Römer kreuzigten sie entlang der Via Appia, einer Hauptstraße, die von Rom in Richtung Süden verlief. So sollten andere unzufriedene Sklaven abgeschreckt werden, und so wurde die alte Ordnung auf brutalste Weise wiederhergestellt.

Das richtige Outfit und Graffiti

Zwar herrschte in Rom eine strenge Ordnung, doch für Außenstehende, die zu Besuch in die riesige Stadt kamen, war es nicht einfach zu erkennen, wer dort wie viel Macht hatte. Das fing bei der Kleidung an. Da ging es oft um Details. So trugen die meisten Römer, ob arm oder reich, im Alltag eine Tunika, ein langes, fast bis zu den Knien reichendes Hemd mit Gürtel. Die Tunika von Senatoren zierte ein breiter purpurfarbener Streifen, jene von einfachen Adeligen ein dünnerer. Das Feiertagsgewand und Markenzeichen der Römer hieß Toga. Sie war ein merkwürdiges Kleidungsstück: eine meterlange Stoffbahn, die sich wohlhabende Römer von ihren Sklaven mehrmals um den Körper wickeln ließen. Dieses Gewand wurde nicht mit einem Gürtel befestigt, und so war es weder sonderlich stabil noch bequem; passte man nicht auf, konnte es runterrutschen. Die Toga wurde eher bei offiziellen Anlässen getragen, bei wichtigen Festessen und Zeremonien. Hatte allerdings eine Frau eine Toga an, war sie damit für Römer als Prostituierte erkennbar. Denn normalerweise trugen Frauen eine Stola, ein langes Kleid mit Gürtel.

Bei den römischen Outfits gab es also keine spektakulären, aber doch feine Unterschiede, die eine gewisse Bedeutung hatten. Und diese Unterschiede halfen dabei, für Ordnung im gesellschaftlichen Umgang zu sorgen.

Die Ordnung wurde in Rom sehr ernst genommen, und sie betraf ganz unterschiedliche Lebensbereiche. In manchen war sie allerdings kaum aufrechtzuerhalten. In den ärmeren Stadtvierteln wohnten die Menschen in engen Mietskasernen. Immer mehr von diesen billigen Wohnblöcken wurden errichtet – und immer höhere. Da die Gebäude oft billig gebaut waren, stürzten manchmal welche ein. Unter Kaiser Augustus wurde die Höhe auf zwanzig Meter beschränkt. Trotzdem ging es chaotisch zu. Einen Eindruck von den ärmeren Vierteln Roms vermittelt der Dichter und Satiriker Juvenal. Er schrieb: »Hier in Rom sterben die kranken Leute letztendlich an Schlaflosigkeit. Wagen quietschen in den engen, gewundenen Gassen, und die Flüche der Lenker würden sogar einen tauben Mann wach halten.«

Es herrschten raue Sitten. Reiche Römer wohnten zwar in Häusern und Villen mit Fußbodenheizung, Pool und Toiletten mit Wasserspülung, doch die armen in den billigen Vierteln benutzten den Nachttopf. Oder sie machten einfach an eine Straßenecke. Davon zeugen Graffiti, mit denen sich zahlreiche Römer ihren Ärger von der Seele kritzelten. So prangten an Hauswänden Warnungen wie: »Wer hier pinkelt oder kackt, über den komme der Zorn der Götter!«

Mit etwas Glück fand sich in der Nähe der eigenen Wohnung eine öffentliche Toilette, unter der Wasser hindurchfloss. In den Klos saßen die Römer nebeneinander auf einer Holzbank, die mehrere größere Löcher hatte, und unterhielten sich, während sie ihr Geschäft verrichteten. Aber Vorsicht! Ein beliebter Streich von Jugendlichen bestand darin, mit Öl getränkte Wollknäuel anzuzünden und sie unter den Toilettenbänken durchschwimmen zu lassen.

Wie es sich in Rom lebte, hatte viel damit zu tun, zu welcher Schicht man gehörte und in welchem Viertel man wohnte. Die sieben Hauptviertel waren auf die sieben Hügel verteilt. Auf dem Quirinal-Hügel im Norden hatten wohlhabende Römer ihre Häuser. Auf dem Palatin residierte der Kaiser. Von dem Hügel kommt unser Wort Palast. Auf dem Aventin und unten am Fluss Tiber lebten lange Zeit die ärmeren Römer. Das Zentrum der religiösen und politischen Macht bildete der Kapitolshügel. Dort standen eine Burg und das Capitolium, der Haupttempel der Römer. Er war drei römischen Göttern geweiht: dem Hauptgott Jupiter, Juno, der Göttin der Ehe und Fürsorge, und Minerva, der Göttin der Handwerker und Dichter. Auf dem Kapitol wurden die frisch gewählten Konsuln feierlich ins Amt eingeführt.

Das Kapitol thront über dem Forum Romanum, dem Platz, um den sich einige öffentliche Gebäude wie der Senat gruppierten. In das Forum mündeten auch die Triumphzüge des Heeres, bei denen die Römer siegreiche Schlachten mit viel Pomp und Glamour feierten. Dabei fuhren die Feldherren in ihren funkelnden Brustpanzern und mit Lorbeerkranz geschmückt auf ihrem Streitwagen durch die Stadt, begleitet von Kriegsgefangenen und Legionären mit reicher Beute. Am Straßenrand standen die Massen und jubelten ihnen zu.

Eroberungen in aller Welt und Bürgerkriege daheim

Eine merkwürdige Angewohnheit der Römer war, dass sie systematisch andere Länder überfielen, besetzten und ausbeuteten. Bis ins 1. Jahrhundert v. Chr. besiegten die Römer die Griechen, Germanen und Kelten. Sie besetzten das heutige England, Spanien und Palästina und kontrollierten Ägypten.

Der einzige ernsthafte Rivale der Supermacht Rom blieb lange Zeit Karthago. Den Stadtstaat auf dem Gebiet des heutigen Tunesien in Nordafrika hatten Phönizier, auch Punier genannt, gegründet, die aus der Gegend des heutigen Libanon und Syrien stammten. Karthago war zwar deutlich kleiner als Rom, aber dank des blühenden Handels sehr reich. Und die Punier brillierten nicht nur als gewiefte Kaufleute, sondern auch als Militärstrategen. Über ein Jahrhundert lang bekämpften sie und die Römer einander in den drei Punischen Kriegen. Berühmtheit erlangte der punische Heerführer Hannibal. Er drang mit seinen Truppen sogar tief in Italien ein. Wie schaffte er das? Er setzte einen riesigen, schwer gerüsteten Kriegszug in Bewegung. Statt von Afrika mit Schiffen nach Italien überzusetzen und dann mit seinen Truppen von Süden her gegen Rom vorzurücken, wählte er einen anderen, längeren Weg. Er segelte zunächst von Afrika nach Spanien und durchquerte mit seinen Kämpfern das heutige Spanien und Frankreich. Er marschierte dann von Norden her über die Alpen bis nach Italien. Das ist schon ein verrückt langer Weg. Und bei den damaligen Verhältnissen war so ein Zug durch das Gebirge auch nicht eben ungefährlich. Aber noch verrückter ist, was er auf seinem Zug über die Alpen mit sich führte: Kriegselefanten. Die fremdartigen, tonnenschweren Ungetüme wurden in Schlachten eingesetzt und verbreiteten unter den Römern Furcht und Schrecken. Auf dem Weg nach Italien überlebten allerdings nur wenige der Tiere die Strapazen und die eisige Kälte.

In der berühmten Schlacht von Cannae in Süditalien besiegte Hannibal am 2. August 216 v. Chr. die römischen Legionen, obwohl diese zahlenmäßig überlegen waren. Dabei wandte er eine List an. Die Karthager ließen die Römer ganz bewusst zunächst die Mitte ihrer lang gezogenen Schlachtreihen zurückdrängen, wichen aus. Die Römer fühlten sich schon wie die Sieger. Doch dann umzingelten die Karthager sie überraschend und griffen von allen Seiten an. Noch Jahrtausende später diente diese Einkesselungstaktik Feldherrn und Militärstrategen in aller Welt als Vorbild. Am Ende siegten in den Punischen Kriegen trotzdem die Römer. Die Stadt Karthago wurde dem Erdboden gleichgemacht.

Nun schien Rom unanfechtbar zu sein. Die Armee mit ihren gut gedrillten Soldaten, den Legionären, war extrem wichtig. Ihr verdankten die Römer all ihre Eroberungen und damit einiges an Reichtum. Der Name »Legionär« kommt von der Legion, der Bezeichnung für eine Truppeneinheit von bis zu rund 5000 Mann. In Zeiten der Republik bestand eine Wehrpflicht. Wenn die Legionäre ihre Gegner angriffen, marschierten sie streng aufgereiht auf die Feinde zu, wobei meterlange todbringende Speere hinter den Schilden aufragten. Bei der Angriffsformation »Schildkröte« hielten zum Beispiel 27 Legionäre in drei Reihen Schilde vor und über sich, sodass sie sich in eine Art Panzer verwandelten. Das eckige Etwas bewegte sich langsam, aber unaufhaltsam und bedrohlich auf die Feinde zu.

Insgesamt wuchs die römische Armee auf zeitweise 300 000 Mann an. Es war die größte Militärmacht der antiken Welt, sie übertraf alle anderen um ein Vielfaches. Damit die Truppen schnell von Grenze zu Grenze verschoben werden konnten, überzogen die Römer ihr Reich mit einem umfassenden Netz von Straßen, deren Breite im Zwölftafelgesetz festgelegt war.

Nach den Eroberungszügen wurden teils Zigtausende Kriegsgefangene versklavt. Die Römer machten Beute und verlangten von den eroberten Ländern hohe Steuern und Abgaben, sogenannte Tribute. Langfristig schnitten sich die Römer mit ihrer brutalen Eroberungspolitik aber ins eigene Fleisch. Zum einen erhoben sich unterdrückte Völker immer mal wieder zu Aufständen. Zum anderen vernachlässigten wehrpflichtige Bauern, während sie als Legionäre in fernen Ländern kämpften, zu Hause ihre Höfe. Die Felder blieben unbestellt. Viele verarmten und mussten ihr Land an adelige Großgrundbesitzer verkaufen. Massen ehemaliger Bauern waren also arbeitslos, nachdem sie aus dem Krieg heimkehrten. Einige zogen in die Stadt, nach Rom, um ihr Glück zu versuchen. Dort erhielten sie wenigstens Getreiderationen vom Staat, lebten aber, wenn sie arm waren, unter schwierigen, oft elenden Bedingungen.

Im Jahr 133 v. Chr. sah es kurzzeitig so aus, als könnten sich die Zustände ändern. Das war Tiberius Gracchus zu verdanken. Er war selbst adelig, aber zum Volkstribun gewählt worden, also zum Vertreter der Plebejer. Er setzte sich dafür ein, staatlichen Grund an verarmte Bauern zu verteilen. Doch er wurde von seinen politischen Gegnern ermordet. Das war der Tropfen, der das Fass zum Überlaufen brachte: Es kam zu Kämpfen und Bürgerkriegen. Diese Zeit dauerte insgesamt rund hundert Jahre.

Es ist schon verrückt: Nach außen hin war Rom eine Supermacht. Die Römer beherrschten nahezu die gesamte Welt, die sie kannten. Dazu gehörten damals fast ganz Europa, der Nahe Osten, also Länder wie Palästina und Syrien, sowie Gebiete in Nordafrika. Doch Italien selbst wurde von inneren Streitigkeiten zerrüttet. Einer der Gründe dafür war die extrem ungleiche Verteilung des Einkommens. Die reichsten Römer verprassten für ein Gastmahl oft mehr Geld, mehr Sesterze, als eine arme Familie für ein ganzes Jahr zum Leben hatte. Solche Unterschiede beim Lebensstandard gab es damals in keinem anderen Land der Welt.

Bei den Konflikten, die unter den Römern entbrannten, standen sich im 1. Jahrhundert v. Chr. offiziell zwei Parteien gegenüber: die Partei des Adels und die Volkspartei. Am Ende ging es aber nur noch darum, welcher Heerführer die Macht hatte. Da im Bürgerkrieg militärische Stärke zählte, verlagerte sich der politische Einfluss weg vom Senat hin zu jenen Heerführern, die die größten Truppen hatten. Einer von ihnen hieß Julius Caesar. Er regierte Rom eine Zeit lang zu dritt mit den zwei anderen Heerführern Pompeius und Crassus. Gemeinsam bildeten sie ein Triumvirat. Das war eines der typisch römischen Zweckbündnisse; in diesem Fall bestand es aus drei mächtigen Männern, die jeweils ein wichtiges Element beizusteuern hatten: Crassus hatte besonders viel Geld und konnte die Truppen finanzieren; Pompeius galt als einer der gewieftesten Heerführer; Caesar erfreute sich größter Beliebtheit beim Volk. Am Ende wollte Caesar aber doch allein regieren und besiegte seine Partner.

Caesar eroberte zahlreiche neue Gebiete. Er schlug Schlachten gegen das Volk der Kelten, von den Römern Gallier genannt. Viele von uns kennen sie aus den *Asterix-und-Obelix*-Heften. Die Gallier lebten vor allem auf dem Gebiet des heutigen Frankreich. Caesar schaffte es auch, die Germanen, die vorwiegend das heutige Deutschland bewohnten, niederzuringen oder in Verträgen zu Verbündeten zu machen. Obwohl sie Nachbarn waren, führten die Germanen ein völlig anderes Leben als die Römer. Sie wohnten in Hütten und Langhäusern aus Holz, die keine oder nur wenige Fenster hatten. In den Behausungen schliefen die freien Germanen und ihre Sklaven teils in einem Raum zusammen. Die Germanen hatten keine Tempel; sie beteten ihre Götter im Freien an, etwa auf einer besonders schönen Waldlichtung. Es gab auch keinen Senat wie in Rom, aber den Thing, eine Volks- und Gerichtsversammlung, bei der sich die mächtigsten Anführer berieten.

Römer und Germanen, das waren zunächst zwei Welten. Die Germanen galten den Römern als starke, einfache in Fell gehüllte Naturburschen. Sie hatten ein merkwürdiges, den Römern unbekanntes Outfit: die Hose. Die Männer in Hosen waren zwar kriegerisch und tapfer, aber nicht so straff organisiert und gedrillt wie die römischen Legionäre in ihren Röcken. So gewannen die Römer die meisten Schlachten. Wie üblich versklavten sie die Verlierer. Manchmal schlossen die beiden Volksgruppen allerdings Verträge, ohne zu kämpfen. Sie trieben Handel miteinander und heirateten einander. Langfristig übernahmen die Germanen einiges vom römischen Lebensstil. Aus der Verbindung der beiden Kulturen gingen ein paar der ältesten deutschen Städte hervor, darunter Augsburg, Mainz, Koblenz, Bonn, Trier und Köln.

Julius Caesar, der Eroberer, war beim Volk beliebt. So störte es viele Römer nicht einmal, als er sich zum Alleinherrscher, zum Diktator auf Lebenszeit ernennen ließ. Dass sich ein Herrscher *vorübergehend* zum Diktator machte, war in Rom durchaus üblich; es konnte sinnvoll sein, wenn man in Kriegs- oder Krisenzeiten schnell handeln musste und keine Zeit für lange Abstimmungen hatte. Doch dass Caesar einfach so Diktator bleiben wollte, nahmen ihm insbesondere viele Senatoren übel. Im Frühjahr 44 v. Chr. verschworen sich einige um Brutus, obwohl der eigentlich als Vertrauter des fünfzehn Jahre älteren Caesar galt.

Es geschah am 15. März. Die Verschwörer warteten im Theater des Pompeius, einem Treffpunkt von Senatsmitgliedern. Als Caesar kam, umringte ihn eine Gruppe von Senatoren. In dem Tumult zückte einer einen Dolch und rammte ihn Caesar in den Oberkörper. Dann folgten die anderen. Am Ende wurde der Diktator von mehr als zwanzig Messerstichen getroffen. Er sank nieder und verblutete auf dem steinernen Boden vor den Augen der Attentäter. Einer der letzten, die auf ihn einhieben, soll Brutus gewesen sein. Es heißt, Caesar habe, als auch Brutus auf ihn einstach, wankend ausgerufen: »Auch du, mein Sohn? Dann falle ich.«

Als Diktator regieren, ohne Diktator zu heißen: die Kaiserzeit

Nachdem Caesar getötet worden war, konkurrierten Senatoren und Heerführer um seine Nachfolge. Die mächtigsten Rivalen waren Octavian, der Großneffe und Adoptivsohn von Caesar, und Marcus Antonius, ein erfolgreicher Feldherr; sie waren anfangs verbündet, bekämpften einander dann allerdings. Einer der Vorteile Octavians war, dass er einen reichen

Ratgeber und Förderer namens Maecenas hatte, der ihm seine Truppen finanzierte. In der Seeschlacht bei Actium setzte sich Octavian durch. Er wollte zwar allein regieren wie vor ihm Caesar. Aber er wünschte nicht, vor dem Volk und den Senatoren als Diktator dazustehen. Er hatte Angst, das gleiche Schicksal wie Caesar zu erleiden. Was tun? Er wandte einen Trick an. Er bekannte sich offiziell zur Republik. Weil er jedoch mehr Macht anstrebte als ein Konsul, ließ er sich 27 v. Chr. *princeps* nennen. *Princeps* heißt »der Erste«, gemeint war so etwas wie »der erste Konsul« oder Senator. Octavian gründete die Regierungsform des Prinzipats. Das heißt, er war offiziell kein Diktator, konnte letztlich jedoch entscheiden, was zu tun war. So begann mit dem Prinzipat eigentlich die Kaiserzeit, der dritte große Abschnitt in der Geschichte Roms nach dem Königreich und der Republik.

Octavian betrieb ein merkwürdiges Spiel mit Namen. Er war als *princeps* bekannt. Da er das Erbe von Julius Caesar antrat, war »Caesar« Teil seines Namens. Daraus sollte mit der Zeit der Ehrentitel werden, den alle römischen Herrscher hatten; von »Caesar« kommt unser Wort Kaiser. Außerdem wurde Octavian *Augustus* genannt. *Augustus* ist das lateinische Wort für »erhaben«, »herausragend« und »besonders«. Octavian hatte ein Talent dafür, Dinge etwas anders und schöner darzustellen, als sie waren.

Der Erhabene war selbst schwächlich, empfindlich und verfroren, aber mit anderen gar nicht zimperlich. Er ließ wohl Todeslisten mit den Namen politischer Gegner anlegen und sorgte dann dafür, dass seine Feinde von Killern umgebracht wurden. Dabei ging ihr Vermögen teils an die Mörder, teils an den Staat. Insgesamt waren politische Morde in dieser Zeit an der Tagesordnung. Ein besonders berühmtes Anschlagsopfer war der Senator Marcus Tullius Cicero. Er gilt als einer der gewieftesten Redner Roms und beherrschte die Rhetorik, die den Römern so überaus wichtig war, dermaßen gut, dass

Schüler im Lateinunterricht noch heute seine Texte übersetzen müssen. Doch am Ende wurde ihm zum Verhängnis, dass er sich für den Erhalt der römischen Republik eingesetzt hatte.

Als Kaiser sicherte Augustus die Außengrenzen des Römischen Reiches. Zudem brachte er dem Imperium, das zuvor so lange durch Bürgerkriege zerrüttet worden war, Frieden, die *Pax Romana*. Augustus ordnete die Staatsfinanzen und führte ein neues, etwas gerechteres Steuersystem ein.

Der Kaiser wollte nicht nur das Reich auf Vordermann bringen, sondern auch sich und die Größe Roms feiern. Er gab Statuen, Denkmäler und Tempel in Auftrag, die Rom mit ihrem weißen Marmor in neuem Glanz erstrahlen ließen. Obendrein griff Augustus auf die Dienste berühmter Schriftsteller wie Ovid, Horaz und Vergil zurück. Sie schrieben Gedichte und ganze Epen wie die *Aeneis*, in denen sie Rom feierten oder es zumindest möglichst gut wegkommen ließen.

Neben der schönen Literatur und den Künsten förderte der Kaiser allerdings eine grausame Form der Massenunterhaltung: die Gladiatorenkämpfe. Eingeführt worden waren die Kämpfe schon Jahrhunderte früher. Anfangs wurden sie wahrscheinlich von Leuten abgehalten, die im kleineren Kreis mit einer Art Aufführung einen verstorbenen Verwandten ehren wollten. Im Lauf der Zeit entwickelten sich die Spiele zu Unterhaltungsveranstaltungen für die Massen. Dabei mussten Sklaven und verurteilte Verbrecher in Kämpfen auf Leben und Tod gegeneinander antreten. Sie fochten mit Speeren und mit Schwertern, die *gladius* hießen; daher der Name Gladiator. Es gab auch Gemetzel zwischen wilden Tieren zu sehen oder solche, bei denen Löwen und Bären Menschen zerfleischten.

Trotz alledem meldeten sich sogar ärmere freie Bürger, um den Job eines Gladiators zu übernehmen. Als Gladiator erhielt man freie Verpflegung. Und wenn ein geübter Kämpfer oft genug in der Arena siegte, konnte er zum Star werden. Er gab sich etwa den Kampfnamen Ferox, »der Wilde«, oder

Victor Aeternus, »der ewige Sieger«. Von den Massen bejubelt, konnte er sich wie ein Kriegsgott fühlen oder wie der Held aus einem Epos. In Arenen wie das Kolosseum passten bis zu 80 000 Zuschauer, so viele wie in heutige Fußballstadien. Am Abend vor dem Kampf boten die Veranstalter der Spiele manchmal Festmähler an, bei denen VIP-Gäste die muskelbepackten Gladiatoren persönlich kennenlernen konnten.

Augustus hielt das Volk zum einen mit den Spielen bei Laune, zum anderen damit, dass er Getreide verteilen ließ, aus dem sich die Leute ihr Brot backen konnten. Auf solche Praktiken bezieht sich der Ausdruck *panem et circenses*, »Brot und Spiele«. Er bedeutet, dass das Volk mit kleinen materiellen Geschenken und Unterhaltungsveranstaltungen von seinen Problemen abgelenkt wird. So soll verhindert werden, dass die Massen echte politische Veränderungen oder gar Revolutionen anstreben. Der Ausdruck Brot und Spiele wird noch heute verwendet; inzwischen denkt man dabei an Unterhaltungs- und Sportveranstaltungen wie Fußball-WMs und Spielshows im Fernsehen.

Im Römischen Reich boten mehrere Herrscher Spektakel, darunter einige Nachfolger von Augustus. Die aus seiner eigenen Familie erlangten teils zweifelhaften Ruhm: Caligula, Claudius und Nero. Kaiser Nero etwa war Hobbydichter und -musiker. Er zwang seine Untertanen, seinen Gesangsdarbietungen zu lauschen. Er war wie viele Kaiser berüchtigt dafür, dass er Vertraute und Verwandte ermorden ließ, sogar seine Mutter. Er war extrem grausam. Es heißt, Nero habe Gefangene in Tierhäute schnüren und als lebende Fackeln verbrennen lassen. Unter seiner Herrschaft brach 64 n. Chr. auch der große Brand Roms aus, bei dem ganze Stadtviertel von den Flammen verschlungen wurden. Gerüchten zufolge hatte Nero das Feuer selbst legen lassen, weil er von einem Hügel aus das Schauspiel der Feuersbrunst verfolgen wollte.

Jedenfalls war Rom an einem Tiefpunkt angelangt. Besser wurde es wieder im 2. Jahrhundert n. Chr., als die Kaiser Trajan, Hadrian und Mark Aurel regierten. Um den Frieden zu sichern, verzichtete Hadrian auf Gebiete, die Legionäre bereits erobert hatten, in denen es aber zu Aufständen kam. Mark Aurel war Anhänger der griechischen Philosophie der Stoa: Bei ihr geht es ja darum, dass man gelassen und ausgeglichen wird und gerecht zu allen Menschen ist.

Ein Jahrhundert später war es mit den guten Kaisern allerdings vorbei. Im 3. Jahrhundert n. Chr. regierten nämlich die Soldatenkaiser, die meist Militärs waren. Sie wurden von ihren Soldaten ins Amt gehoben – oft nur deshalb, weil sie den höchsten Sold bezahlten. Entsprechend ermordeten Mitglieder ihrer eigenen Truppen sie auch mal, wenn ein anderer Heerführer mehr Sesterze dafür bot, den Job des Kaisers machen zu dürfen. Von den Soldatenkaisern regierten viele nur sehr kurz und starben eines gewaltsamen Todes.

Anfang des 4. Jahrhunderts brachte Kaiser Diocletian wieder etwas Ruhe ins Reich. Um die Streitereien einzudämmen, teilte er es unter vier Unterkaisern auf. Sich selbst machte er allerdings zum Oberkaiser. Er ließ sich sogar wie einen Gott verehren, nämlich als Nachfahr von Jupiter. Allerdings waren die Zeiten vorbei, in denen Herrscher einfach so wie die alten Pharaonen in Ägypten behaupten konnten, sie seien göttlich. Was taten die Kaiser? Schon Diocletians Nachfolger Konstantin ließ sich etwas Schlaues einfallen.

Der Gott der Verlierer siegt: das Christentum

Die Römer gingen mit der Religion eigentlich recht pragmatisch um. Als sie merkten, wie viele spannende Mythen es über die griechischen Götter gab, übertrugen sie immer mehr von deren Eigenschaften auf ihre eigenen Götter und brachten sie mit griechischen Erzählungen in Verbindung. Am Ende ähnelte etwa der römische Hauptgott Jupiter stark dem griechischen Zeus: Beide wurden angeblich in einer Höhle geboren und als Babys von einer Ziege gesäugt; beide haben zahlreiche Geliebte, denen sie sich in verschiedene Gestalten verwandelt nähern, etwa als Stiere oder Schwäne; beide schleudern Blitze nach ihren Feinden. Neben der römischen Religion gab es noch viele andere im Reich, etwa jene, die Sklaven aus fernen Ländern mitbrachten. Eine Religion stach allerdings heraus: das Christentum.

Wie wir wissen, geht das Christentum auf Jesus von Nazareth zurück. Er kam während der Regierungszeit von Kaiser Augustus in Palästina zur Welt. Das war aus heutiger Sicht im Jahr null, denn unsere Zeitrechnung beginnt ja mit der Geburt Christi. Was wir über Jesus Christus wissen, steht in den Evangelien; das Wort hat griechische Wurzeln und bedeutet »gute Nachricht« oder »frohe Botschaft«. Die Evangelien bilden gemeinsam mit einigen anderen Schriften, vor allem den Briefen des Apostels Paulus, das Neue Testament. Sie sind inzwischen zusammen mit dem Alten Testament die Bibel der Christen. In den Evangelien schildern die Evangelisten Matthäus, Markus, Lukas und Johannes jeweils das abenteuerliche Leben und Wirken Jesu, der als Wanderprediger umherzog. Zwar wurden die Evangelien lange nach Jesu Tod verfasst; sie sind keine historisch verlässlichen Berichte. Aber die Geschichten faszinierten die Menschen, und sie wurden die Grundlage der Religion, die heute weltweit die meisten Mitglieder hat.

Jesus hat sich natürlich noch nicht als Christ verstanden; er ist Jude und will das Judentum zunächst nur erneuern und mit ein paar Missständen aufräumen. Seiner Meinung nach sollen Priester weniger Macht haben, denn sie halten zu sehr an alten Regeln fest und haben das Wesentliche aus den Augen verloren. Jesus betont, dass Gott alle Menschen gleich liebt. Die

Nächstenliebe ist ihm extrem wichtig. Seine frohe Botschaft lautet, dass Gott Sünden vergibt und alle Menschen gleich viel wert sind, ob arm oder reich, Kaiser oder Sklave.

Das war damals ein gewagtes Statement. Kein Wunder, dass die Herrschenden Jesus als Gefahr sahen. Er wurde gefangen genommen, zum Tode verurteilt und am Kreuz hingerichtet. Davon berichtet nicht nur die Bibel, sondern verschiedene nichtchristliche Geschichtsschreiber. Anders verhält es sich natürlich mit der Aussage, dass Jesus der Messias und Gottes Sohn ist, dass er von den Toten auferstanden ist und die Menschen erlöst hat. Hier muss man Fakten von Glaubensüberzeugungen unterscheiden.

Anfangs wurden die Christen im Römischen Reich teils verfolgt und manchmal sogar gekreuzigt wie Jesus selbst. Die meiste Zeit duldete die Obrigkeit sie jedoch, solange sie ihren Glauben unauffällig lebten. Die Mehrheit der Römer verstand das Christentum allerdings nicht und belächelte den friedliebenden, pazifistischen Glauben eher.

Das war die Situation, als Kaiser Konstantin im Jahr 312 etwas Überraschendes tat. Die Legende berichtet, dass er nach einer gewonnenen Schlacht erzählt habe, was er in der Nacht davor geträumt hatte. Er erklärte, ihm sei im Schlaf ein göttliches Zeichen erschienen und dazu habe er die Botschaft vernommen: »In diesem Zeichen wirst du siegen!« In welchem Zeichen? Konstantin meinte nicht etwa den Speer des römischen Kriegsgottes Mars, sondern das Kreuz des friedliebenden Jesus Christus. Er behauptete, er habe vom Symbol der Christen geträumt und deshalb einen militärischen Sieg errungen.

Was sollte das Ganze? Zunächst verstanden viele Römer nicht so recht. Schon der Heilsbringer der neuen Religion, ihr Messias, kam ihnen etwas schräg vor. Jesus Christus war kein starker Krieger und nicht einmal Römer. Als Sohn eines Schreiners war er grundsätzlich ein Plebejer. Und *der* sollte göttlich gewesen sein? Befremdlich schien vielen weiterhin, dass sich dieser angebliche Gottessohn so sehr um die Armen sorgte, um die Underdogs der Gesellschaft. Was noch schlimmer war: Jesus war selbst ein Loser. Schließlich hatte er Folter und dann den Kreuzestod erlitten, und das galt den Römern als schändlichste Art der Hinrichtung.

Das alles machte Jesus in den Augen vieler Römer zu einem Schwächling und seinen Vater zu einem Verlierergott. Nach und nach erkannten einige jedoch, welche Vorzüge der neue Gott und sein Sohn hatten, von dem die Evangelien erzählten. Zwar hatte Rom im Zeichen von Mars viele militärische Siege errungen; die hatten jedoch neue Kriege nach sich gezogen und Leid für die Römer gebracht. Sollte also die Nächstenliebe, wie Jesus sie verkörperte, neue Möglichkeiten eröffnen? Die Geschichten der Christen spendeten Hoffnung. Und wenn sie bei ihren Treffen gemeinsam beteten und Psalmen sangen, kam ein Gefühl der Wärme, der Gemeinschaft und des gegenseitigen Vertrauens auf, wie es viele Römer zuvor nicht gekannt hatten. Das zog immer mehr Menschen an.

Es ist nicht ganz klar, woran Kaiser Konstantin selbst wirklich glaubte. Aber er hat wohl erkannt, dass eine frische Religion wie das Christentum, die auch den Ärmsten und Schwächsten Hoffnung bot, dem gebeutelten Reich guttun würde. Zur Staatsreligion Roms machte das Christentum zwar erst rund siebzig Jahre später Kaiser Theodosius. Doch Konstantin tat einen großen Schritt auf dem Weg, an dessen Ende das Christentum zur Weltreligion werden sollte.

Der Umzug der Welthauptstadt und die Wanderschaft der Völker

Kaiser Konstantin machte noch einen weiteren erstaunlichen Schritt: Im Jahr 330 weihte er die Stadt Byzanz, das heutige Istanbul, als neue Hauptstadt des Römischen Reiches ein. Er taufte sie zunächst *Nova Roma*, »neues Rom«; bald hieß sie ihm zu Ehren Konstantinopel. Das war schon merkwürdig, denn die Stadt ist ja rund 1300 Kilometer von Rom entfernt. Sie liegt zur Hälfte auf einem Gebiet, das man damals Kleinasien nannte und das etwas Fremdes und Exotisches hatte. Die Stadt gehörte zu einem der vielen Gebiete, die Rom im Lauf der Jahrhunderte erobert hatte. Weshalb also die Wahl dieses Ortes? Konstantinopel war verkehrsgünstig an Handelsrouten gelegen, die Europa mit dem Nahen Osten und mit Asien verbanden. Das brachte Einnahmen. Außerdem wurde Italien im 4. Jahrhundert immer öfter von anderen Völkern angegriffen, und vor dieser Bedrohung wollte man gewissermaßen ausweichen.

Durch den Umzug der Hauptstadt nach Osten spaltete sich das Römische Reich allerdings in zwei Machtzentren auf: das im Westen mit dem alten Rom und jenes im Osten mit Konstantinopel. Das Weströmische Reich wurde von Unruhen erschüttert. Denn seit 375 n. Chr. drangen germanische Stämme nach Italien ein. Das war Teil der »Völkerwanderung«. Damit ist ein merkwürdiger Vorgang gemeint. Tausende Familien zogen mit ihren Kindern, mit Sack und Pack und Vieh zu Fuß oder in Wagen quer durch Europa. Sie siedelten sich auf fremden Gebieten an. Unter den Wanderern waren Slawen aus Osteuropa und Kelten aus Westeuropa; die meisten waren allerdings Germanen, Stämme wie die Alemannen, Angeln, Sachsen, Burgunden, Friesen, Franken, Langobarden, Vandalen und Goten. Sie stammten aus Skandinavien und aus dem Gebiet der heutigen Länder Polen, Frankreich und Deutschland.

Wie kam es zur Völkerwanderung? So ganz genau weiß man es nicht. Einer der Auslöser war die Invasion Europas durch die Hunnen, dieses geheimnisvolle Nomadenvolk. In ihm vermischten sich verschiedene Einflüsse und Kulturen, unter anderem solche aus den Steppen Asiens. Die Hunnen fielen vom Osten her in Europa ein. Sie plünderten und brandschatzten und schlugen die dortigen Bewohner in die Flucht. Die Reiterkrieger schossen im Galopp ihre Pfeile ab. Sie waren angeblich so sehr mit ihren Pferden verbunden, dass sie selbst dann, wenn sie Verhandlungen führten, häufig im Sattel blieben. Die Hunnen eroberten zahlreiche Gebiete und errichteten ein Reich mit dem heutigen Ungarn als Zentrum, das sich bis nach Frankreich und Italien erstreckte.

Ihr bekanntester Anführer hieß Attila. Er belagerte Rom und Konstantinopel. Um Plünderungen durch seine Truppen zu vermeiden, zahlten die verängstigten Bewohner ihm Tonnen an Gold als Tribut. Doch auf dem Höhepunkt seiner Macht starb Attila auf rätselhafte Weise. Manchen Gerüchten zufolge brachte ihn seine Frau in der Hochzeitsnacht in den Gemächern seines hölzernen Palastes um. Sie war eine Gotin; sie könnte von ihrem eigenen Volk zu dem Anschlag angestiftet worden sein, um die Hunnen zu schwächen. Jedenfalls brach das Hunnenreich nach Attilas Tod bald in sich zusammen. Die nomadischen Kämpfer konnten erobern, aber keine größeren Gemeinschaften verwalten.

Bis heute versuchen Historiker zu ermitteln, wer während der Völkerwanderung wie, warum und in welchem Tempo genau wohin zog. Klar ist etwa, dass das germanische Volk der Vandalen, rund 80 000 Menschen, aus Europa über Spanien nach Nordafrika auswanderte. Zwei andere germanische Gruppen, die Angeln und Sachsen aus Norddeutschland, zogen nach England. England ist ja sogar nach den Angeln benannt.

Teils raubten und plünderten die Wanderer auf ihren Wegen; teils siedelten sie sich friedlich irgendwo an und wurden Nachbarn der ortsansässigen Stämme. Da trafen Gotisch sprechende Goten auf Keltisch sprechende Kelten oder Lateinisch sprechende Römer. Man versuchte, etwas auszuhandeln, missverstand einander, beschimpfte und bekämpfte einander. Oder man verliebte sich.

Für die Geschichte des Römischen Reiches war die Völkerwanderung deshalb so wichtig, weil immer mehr Germanen über die Alpen kamen. Im Jahr 476 setzte der Germanenführer Odoakar den letzten weströmischen Kaiser Romulus Augustulus ab und erklärte sich zum König von Italien. Damit war die Zeit des einst so übermächtigen Weströmischen Reiches beendet.

Nach dem Untergang des alten Imperium Romanum stritten germanische Stämme und Herrscher jahrzehntelang um die Vormacht. Im 6. Jahrhundert gelang es dem oströmischen Kaiser Justinian, von Konstantinopel aus Gebiete in Italien zurückzuerobern. Hauptstadt dieser Gebiete wurde Ravenna an der Adriaküste. Von dieser Zeit zeugen dort heute die typisch oströmischen Mosaike, die Bilder, die aus verschiedenfarbigen Teilchen, aus grünen und blauen Halbedelsteinen, aus Glas, funkelndem Silber, Blattgold und Perlmutt zusammengefügt sind. Sie zeigen Kaiser Justinian und seine Frau Theodora, eine ehemalige Tänzerin.

Byzanz mit der Hauptstadt Konstantinopel war eine Art Nachfolgestaat von Westrom. Er sollte immerhin über tausend Jahre als Großmacht bestehen bleiben. Konstantinopel wurde erst 1453 von Muslimen erobert. Doch Italien, das Kerngebiet des alten Imperiums im Westen, gehörte ab dem 6. Jahrhundert Germanen, die dort neue Reiche gründeten. So brach ein neues Zeitalter an.

KAPITEL NEUN
Im Namen des Vaters

Im Mittelalter werden germanische Krieger und römische Kirchenmänner zu einer neuen Macht in Europa. Die Masse der Untertanen muss den Geistlichen und Adeligen bedingungslos gehorchen und ohne Bezahlung für sie arbeiten.

Im Jahr 476 ging das große Weströmische Reich also unter. Aber was heißt hier eigentlich Untergang? Rom war ja kein Schiff. Die Menschen waren noch da, das Land, die Felder, Straßen, Tempel, Aquädukte und die Kanalisation. Zwischenzeitlich regierte mit Theoderich ein Fürst aus dem germanischen Stamm der Goten. Theoderich hatte selbst lange im Römischen Reich gelebt und war im römischen Stil erzogen worden. Er bewahrte zunächst die römischen Institutionen, also Einrichtungen wie den Senat. Doch nach seinem Tod verloren die Senatoren ganz ihre Macht; es gab auch keine Volksversammlung mehr. Und da niemand für die Wartung der Straßen und Aquädukte zuständig war, verfielen diese nach und nach. Weil keine Gerichte mehr tagten, hielten sich die Menschen weniger an Verträge und Regeln als zuvor. Verschiedene Germanenführer bekämpften einander auf dem Gebiet Italiens. Sie konnten teils kaum lesen und schreiben und hatten nie eine Ausbildung in Recht oder Verwaltung erhalten. So wären sie, selbst wenn sie gewollt hätten, gar nicht in der Lage gewesen, eine so umfassende und komplexe Organisation und Verwaltung wie die des Römischen Reiches aufrechtzuerhalten.

War gar keine Institution des Römischen Reiches übrig?

Doch. Es gab noch die Vertreter des Christentums, der römischen Staatsreligion. Priester und Bischöfe leiteten die Kirchengemeinden in den Städten des ehemaligen Reiches. Da keine Beamten wie Senatoren und Zensoren mehr tätig waren, übernahmen die Kirchenmänner teilweise deren Aufgaben. Sie traten sogar als Vertreter ganzer Städte und Gemeinden auf. So vollzog sich eine merkwürdige Verwandlung. Aus Seelsorgern, die sich vor allem um Glaubensfragen kümmerten, wurden politische Anführer. Sie befehligten keine starken Truppen, konnten aber gut reden, waren rhetorisch geschult. Sie handelten manchmal Friedensvereinbarungen mit germanischen Führern aus. Etwa, dass ihre Stadt nicht geplündert wurde und dafür jährlich ein paar Wagenladungen voll Gold an die Germanen bezahlen musste.

Noch zu Zeiten des Weströmischen Reiches hatte sich der Bischof, der oberste christliche Priester von Rom, den Titel »Papst« gegeben; das kommt vom lateinischen Wort für Vater. So entstand das Papsttum. Es war schon eine merkwürdige Mischung aus Anführern, die nun das Schicksal Italiens bestimmten. Auf der einen Seite standen die germanischen Kriegsherren, die von jenseits der Alpen kamen, die militärische Macht hatten und Königreiche gründeten. Auf der anderen Seite die christlichen Priester, die Bischöfe und Päpste, die die alten Bewohner des Reiches als Autoritäten ansahen.

Einer der berühmtesten unter den frühen Päpsten war Gregor der Große, der im 6. Jahrhundert lebte. Er stammte aus einer römischen Patrizierfamilie. Zu Zeiten des Römischen Reiches hätte er wohl die Karriere eines Senators angestrebt. Doch er wurde Mönch, dann Bischof und schließlich von anderen Bischöfen zum Papst gewählt. Er tat sich dadurch hervor, dass er geschickt mit Germanen verhandelte, aber Nichtchristen, also Heiden, auch mal mit Gewalt zu seinem Glauben bekehren ließ. Außerdem pflegte er einen relativ schlichten Lebensstil für einen römischen Anführer. Und er stellte klare Regeln darüber auf, wie zum Beispiel Gottesdienste abzuhalten seien, was an welcher Stelle gesagt oder gesungen wird.

Unter den Führern der Germanen ragte Chlodwig heraus, ein fränkischer Kleinfürst aus dem Clan der Merowinger. Er eroberte im 6. Jahrhundert ein germanisches Fürstentum nach dem anderen. Chlodwigs Machtbasis war Paris, das damals nicht annähernd so groß war wie Rom. Der Franke fing klein an, doch am Ende regierte er über weite Teile des heutigen Frankreich, Deutschland und Italien.

Nun geschah Erstaunliches: Ausgerechnet die kriegerischen Germanen verbündeten sich mit den Christen aus Rom, obwohl die doch den Gott der Liebe und seinen Sohn, den friedliebenden Jesus, verehrten. Da waren auf der einen Seite also die Anhänger des menschenfreundlichen Wanderpredigers, der ein tröstendes Wort für jeden hat; auf der anderen die derben Typen aus dem rauen Norden, deren Götter Odin, Thor und Tyr mit Speer, Schwert und Hammer bewaffnet ihre Feinde niedermetzeln und ihre abgeschlagenen Köpfe als Trophäen herumtragen.

Damit nicht genug: Der Germanenführer Chlodwig trat sogar selbst zum christlichen Glauben über. Warum? Zum einen hatte sein Vater zu Zeiten des Römischen Reiches mit den Römern zusammengearbeitet, und so war Chlodwig ein wenig mit ihrer Kultur und dem Christentum vertraut. Zum anderen hatte er vielleicht ähnliche Gründe wie ein paar Jahrhunderte zuvor Kaiser Konstantin. Der christliche Glaube eignete sich ganz gut für ein neues großes Reich. Er sollte ja im Prinzip für alle Menschen gelten, nicht nur für ein bestimmtes Volk. Attraktiv machte ihn weiterhin, dass die Christen glaubten, jede Seele könne nach dem Tod in den Himmel kommen, also auch Frauen, Kinder und an Krankheiten gestorbene Menschen. Bei den Germanen waren die schönsten Plätze im Jenseits für die im Kampf gefallenen Krieger reserviert.

Außerdem hatten die christlichen Kirchenmänner einigen Einfluss auf die Menschen. Sie wussten, wie man größere Gemeinden organisiert und zusammenhält. Das alles vertrug sich gut mit Chlodwigs Wunsch, über viele Stämme und Völker zu herrschen.

Als sich die fränkischen Anführer und römischen Kirchenfürsten verbündeten, entwickelte sich eine neue Macht, nämlich das christlich geprägte Reich der Franken. Und damit begann die Zeit, die man Mittelalter nennt. Die Epoche dauerte grob gesagt tausend Jahre von 500 bis etwa 1500. Der Name kommt daher, dass man im Rückblick meinte, die Zeit sei die Epoche in der »Mitte« zwischen der Antike und der späteren Neuzeit gewesen. Die Leute, die im Mittelalter lebten, sahen ihre Epoche allerdings schlicht als das christliche Zeitalter.

Die Religion der allumfassenden Liebe und der strengen Überwachung

Die Macht hatten im Europa des Mittelalters Päpste und christliche Kaiser und Könige. Von Anfang an war es ein Geben und Nehmen zwischen Kirche und Königtum. Im 8. Jahrhundert riss der Franke Pippin aus dem Clan der Karolinger die Macht im Reich an sich. Daraufhin weihte der Papst ihn zum König. Dafür schenkte der König der Kirche wiederum Ravenna und ein paar andere Städte und Gebiete in Italien. Diese sogenannte Pippinische Schenkung bedeutete, dass die Kirche erstmals selbst Land besaß. Das war eine wichtige Voraussetzung dafür, dass das Papsttum einen eigenen Staat gründen konnte, den Kirchenstaat. Diesen Staat, auch Vatikanstaat genannt, gibt es noch heute. Inzwischen umfasst er jedoch nur noch das Gelände des Vatikans in der Innenstadt Roms.

Damals war das Gebiet des Kirchenstaats viel größer, aber

immer noch mickrig im Vergleich zu dem Territorium, das die germanischen Herrscher besaßen. Die Kirchenleute gierten nach mehr Land. Mit militärischen oder legalen Mitteln war nichts gegen die starken Germanen auszurichten. Was also tun? Die Geistlichen mussten sich etwas einfallen lassen. Und tatsächlich: Sie schüttelten einen Brief aus dem Ärmel, in dem stand, Kaiser Konstantin habe den Päpsten die Herrschaft über den Westen des Römischen Reiches zugesagt. Es funktionierte. Die Kirche erhielt mehr Autorität und Land. Die Konstantinische Schenkung wurde Jahrhunderte später allerdings als Fälschung entlarvt. Konstantin hatte nichts dergleichen geschrieben; Kirchenmänner hatten die Urkunde lange nach Konstantins Tod einfach in seinem Namen verfasst.

Die Päpste arbeiteten mit Tricks und Betrügereien. Später sollte die Kirche sogar »Himmelsbriefe« präsentieren. Das waren angeblich vom Himmel gefallene Schriftstücke. Sie bestätigten beispielsweise Eigentumsforderungen mit einem Siegel, das angeblich vom gekreuzigten Jesus stammte. Bei allem Betrug und allen Schummeleien bot die Kirche zugleich Orientierung und Trost in schwierigen Zeiten. Und sie war germanischen Führern dabei nützlich, ihren Machtansprüchen Gewicht zu verleihen.

Das gilt auch für Karl aus dem fränkischen Clan der Karolinger, Karl der Große genannt. Er ließ sich am 25. Dezember des Jahres 800 vom Papst in Rom zum Kaiser krönen. So wurde er zum Herrscher eines neu gegründeten Kaiserreichs, des römisch-deutschen. Es umfasste große Teile Europas, Gebiete des heutigen Italien, Frankreich, Deutschland und Landstriche in Osteuropa. Im Osten führte Karl jahrelang Kriege gegen heidnische Slawen und Sachsen, um sie zu Christen zu machen. Am Ende unterwarf er sie.

Karl förderte den Unterricht in lateinischer Sprache. Das war sehr wichtig, denn auf Lateinisch konnten sich alle gebildeten Europäer untereinander verständigen, so ähnlich wie das heute weltweit für Englisch gilt. Dadurch wurde der kulturelle Austausch angeregt. Obzwar Kaiser, konnte Karl selbst wie einige damalige Herrscher kaum schreiben. Seine Eltern hatten ihn zum Mann des Schwertes erziehen lassen. Doch der Kaiser wusste Bildung zu schätzen. Er unterstützte Klöster und Klosterschulen, damals die einzigen Schulen überhaupt. Die Klöster waren aus der christlichen Idee geboren worden, dass eine völlig neuartige Form des Zusammenlebens möglich sei. Wie wir gehört haben, vertraten die Christen grundsätzlich die aufsehenerregende Idee, dass jede Seele im Prinzip gleich viel wert ist. Mönch in einem Orden beziehungsweise Kloster zu sein, bot die Möglichkeit, diese Idee beispielhaft vorzuleben.

Der erste und berühmteste Klostergründer war im 6. Jahrhundert Benedikt von Nursia aus dem heutigen mittelitalienischen Norcia (Nursia). Sein Kloster lag auf dem Monte Cassino zwischen Rom und Neapel. Die Bruderschaft nannte sich die Benediktiner. Sie wurde zum Vorbild für viele andere Ordens- und Klostergründungen.

Als Mönch sollte man auf Reichtum verzichten und das Glück in den einfachen Dingen finden. Wenn da etwa der junge Hubertus, Sohn eines Adelsgeschlechts, in ein Kloster eintrat oder von seinen Eltern dorthin geschickt wurde, hieß das, dass er von diesem Moment an sein altes Leben hinter sich ließ. Um das zu unterstreichen, legte er erst einmal seine alte Kleidung ab und schlüpfte stattdessen in eine einfache schwarze Kutte. Als Mönch führte er ein sehr geregeltes Leben. Er wurde für bestimmte Tageszeiten zu Arbeiten eingeteilt. Hubertus half im Obst- und Gemüsegarten mit, im Weinberg des Ordens oder in der Schnapsbrennerei, einer Spezialität der Klöster. Ein weiterer wesentlicher Bestandteil seines Alltags war die Arbeit in der Schreibstube, dem Skriptorium. Da es damals noch keine Druckerpressen gab, kopierten Mönche handschriftlich wichtige Texte christlicher Gelehrter wie Papst Gregors des Großen, aber auch griechischer Philosophen wie Aristoteles. So saß Hubertus tagein, tagaus bei spärlichem Kerzenlicht über Manuskripte gebeugt. Er schrieb die alten Texte ab. Seite für Seite mit der Feder auf getrocknete Tierhäute, das Pergament. Dank dieser mühsamen und langwierigen Arbeit von Hubertus und anderen Mönchen wurden viele kulturell wertvolle Texte vervielfältigt und über Jahrhunderte weitergegeben.

Derartige Tätigkeiten waren sinnvoll und schön; allerdings entwickelten sich einige Klöster mit der Zeit zu regelrechten Wirtschaftsunternehmen, ähnlich wie schon die Tempel der alten Ägypter. Sie produzierten nicht nur für den Eigenbedarf, sondern verkauften ihre Schnäpse und Weine auch.

Insgesamt wurden die Klosterregeln immer strenger und das Verhalten einiger Mönche merkwürdiger. Das ging so weit, dass manche Brüder um ein Uhr aufstanden, also mitten in der Nacht. Sie mussten dann alle zwei bis drei Stunden beten, um schließlich bei Sonnenaufgang ihre Arbeit im Gemüsegarten, der Schreinerei, der Brauerei oder dem Skriptorium anzutreten. Manche Mönche bekamen nur eine einzige Mahlzeit am Tag, meist Getreidebrei und Gemüse. Es herrschte strenge Disziplin. Während des Essens las einer im Speisesaal aus der Bibel vor, die anderen hatten schweigend zuzuhören. Man durfte sich nicht unterhalten und verständigte sich mit Zeichensprache. Wer Brot gereicht bekommen wollte, formte mit den beiden Daumen und Zeigefingern einen Kreis.

Warum wurde das Klosterleben so hart? Das Christentum insgesamt veränderte sich. Sehr schnell galt nicht mehr nur, was Jesus laut der Bibel gepredigt und vorgelebt hatte, also Sanftmut und Nächstenliebe. Andere Leute bestimmten den Kurs der Kirche. Zwei der einflussreichsten, deren Texte im Mittelalter Verbreitung fanden, waren der Apostel Paulus und später der Kirchenlehrer Augustinus.

Apostel bedeutet Gesandter; Paulus sah sich als Botschafter Jesu und gründete im 1. Jahrhundert n. Chr. christliche Gemeinden. Augustinus beschrieb drei Jahrhunderte später seine Vorstellung vom Christentum. Auf die beiden geht beispielsweise die Idee von der Erbsünde zurück, die einen immensen Einfluss auf das Alltagsleben von Millionen von Menschen haben sollte. Die Idee beruht auf der Vorstellung, dass Adam und Eva laut Altem Testament im Paradiesgarten Eden vom verbotenen Obst genascht haben und dass seither angeblich alle Menschen von Geburt an sündig seien. Deshalb galt es nun laut Paulus, sich von der Erbsünde wenigstens teilweise zu reinigen und weitere Sünden zu vermeiden. Dafür mussten Gläubige, so der Apostel, zu »Sklaven Gottes« werden. Das heißt, ein guter Christ musste möglichst strenge Regeln einhalten und Buße tun. Christen mussten bei der Beichte einem Priester im Detail erzählen, was sie in den letzten Tagen angestellt hatten, vielleicht sogar, wo sie sündige *Gedanken* gehabt hatten. Besonders krasse Auswirkungen hatte das Ganze auf das Liebes- und Eheleben der Menschen. Das ging so weit, dass Gläubige meinten, die intensive Liebe zwischen Paaren sei nicht in Ordnung. Denn sie lenke von der reinen, einzig wahren Liebe ab, nämlich jener zwischen allen Menschen und Gott. Deshalb wurde im Mittelalter der Sex offiziell stark eingeschränkt. Gute Christen durften ihn im Prinzip nur in der Ehe haben, und selbst da nach Meinung der Priester nur in Maßen. Manche Geistliche schrieben sogar extra, Sex dürfe nicht zu leidenschaftlich sein. Andernfalls könnten sich die Menschen nicht mehr auf die Nächstenliebe konzentrieren, die im Sinne Jesu gerecht auf alle zu verteilen sei.

Die Geistlichen selbst durften offiziell gar keinen Sex haben. Sie mussten sich ganz auf die Liebe zu Gott und auf die wohltätige Liebe zu jedermann beschränken. Das führte später zum Zölibat, der Regel, dass katholische Geistliche, Priester, Bischöfe und Päpste keine Frau haben dürfen.

Schuld daran, dass Männer durch körperliche Leidenschaft angeblich von der Liebe zu Gott abgelenkt wurden, waren nach Meinung vieler Kirchenmänner die Frauen. Sie behaupteten oft, die Frauen würden die Lust der Männer überhaupt erst anstacheln, indem sie sich schön machten, flott geschnittene Kleider trugen und sich schminkten. Das ist natürlich Quatsch, aber so wurden viele Geistliche und Gläubige frauenfeindlich. Einige waren besessen davon, dass der Mensch ständig überwacht und kontrolliert werden musste. Nicht nur in religiösen Angelegenheiten, sondern in allen Fragen des Lebens galt es, auf Priester, Bischöfe und den Papst zu hören. Die Geistlichen hatten Einfluss darauf, was die Menschen im Alltag taten, und sogar darauf, wann sie ein gutes oder schlechtes Gewissen hatten.

Die Idee, dass man als Christ sein Gewissen befragte, war natürlich schön. Das machte einen zu einem besseren Menschen. Die Idee von der Erbsünde war allerdings nicht schön; und sie führte zu Auswüchsen. Im 13. Jahrhundert liefen Geißlerzüge durch die Gegend. Das waren Gruppen von Büßern, die sich selbst mit Peitschen auf den Rücken schlugen. Sie meinten, ihre Sünden und die Sünden der ganzen Menschheit zu sühnen.

Derartige Vorstellungen wurden besonders wichtig, als in Europa Mitte des 14. Jahrhunderts die Pest ausbrach. Bei dieser Krankheit werden tödliche Bakterien vor allem von Ratten über Flöhe auf Menschen übertragen. Die Pest raffte weite Teile der Bevölkerung weg. Überall, in Krankenstationen und sogar auf den Marktplätzen und Straßen, wanden sich Pestopfer vor Schmerzen. Sie hatten blau gefärbte Beulen am Körper, die schließlich grässlich eiterten. Das Ganze erschien den Menschen wie ein Vorgeschmack auf die Hölle. Sie waren verzweifelt. Es gab kein Mittel gegen die Seuche. Man wusste nicht einmal, woher die Pest kam. Viele dachten, sie sei die Strafe Gottes für begangene Sünden.

Ein Mädchen als Heerführerin und ein König auf Knien

Trotz allem blieb das Christentum im Mittelalter für viele eine Quelle der Hoffnung. Es gab ja immer noch die frohe Botschaft der Evangelien, und dazu kamen Legenden, Abenteuergeschichten über christliche Helden. Das waren Priester, Apostel, Missionare und Märtyrer, also Leute, die den Glauben verbreiten wollten und sogar bereit waren, dafür zu sterben. Manchmal wurden Christen, die den ungläubigen Heiden den Glauben vermitteln wollten, angegriffen und auf brutalste Weise umgebracht. Etwa der heilige Stephanus, der gesteinigt wurde, oder der heilige Sebastian, den die Pfeile der ungläubigen Römer durchbohrten.

Legenden wurden gesammelt, unter anderem in der viel gelesenen *Legenda aurea*, der »goldenen Legende«. Sie enthielt Abenteuerstorys, beliebt wie heute Actionfilme. Sie sollten den Glauben stärken und zeigen, wie Heiden am Ende bestraft und Christen belohnt werden. Manche Legenden hatten etwas Kämpferisches. Zum Beispiel jene über die heilige Katharina.

Der *Legenda aurea* zufolge wird Katharina vom heidnischen römischen Kaiser Maxentius gefangen genommen. Sie soll von ihrem Glauben abschwören. Sie bleibt standhaft und überzeugt nicht zuletzt des Kaisers fünfzig klügste Gelehrte, zu ihrem Glauben überzutreten. Der Kaiser bietet der schlauen und schönen Katharina sogar an, seine Frau zu werden. Sie lehnt ab und betont, dass sie Jungfrau bleiben wolle und dass im Himmel der beste Bräutigam überhaupt auf sie warte, nämlich Jesus Christus. Der Kaiser lässt sie foltern, von Skorpionen stechen und schließlich auf vier Räder mit Nägeln spannen. So soll sie gequält und schließlich zerrissen werden. Doch da kommt ihr plötzlich ein Engel zu Hilfe. Er zerstört die Räder, wobei Holz- und Metallsplitter so durch die Luft fliegen, dass »viertausend Heiden davon erschlagen wurden«.

Am Ende wird Katharina zwar geköpft, danach gelangt sie jedoch ins Paradies.

Derartige Legenden hatten großen Einfluss darauf, was die Menschen dachten und was sie im echten Leben für möglich hielten. So nannten sich Nonnen nach dem Vorbild Katharinas »Bräute Christi«. Sie strebten im intensiven Beten eine Art mystische, also geheimnisvoll-spirituelle Vermählung mit Jesus an. Die Wirkung der Legenden zeigt sich nicht zuletzt in einer Geschichte aus dem 15. Jahrhundert, die unglaublich erscheint, aber wahr ist. Sie handelt von einem Mädchen namens Jeanne d'Arc, auch bekannt als die Jungfrau von Orléans.

Jeanne wird als Tochter einer wohlhabenden Bauernfamilie geboren. Sie ist ein eigenwilliges, ja eigenartiges Mädchen, das uns bis heute verblüfft. Schon im Alter von dreizehn hat sie Visionen, Erscheinungen, in denen etwa Heilige und Märtyrer zu ihr sprechen. Einmal begegnet sie dabei sogar der legendären heiligen Katharina. Zu Jeannes Lebzeiten tobt der Hundertjährige Krieg zwischen Frankreich und England. Mit siebzehn lässt es Jeanne keine Ruhe mehr; sie will etwas gegen die englischen Belagerer der Stadt Orléans unternehmen. Mehrmals spricht sie bei einem Kommandanten vor, und nach dem dritten Versuch erhört er sie.

Überraschenderweise schafft es Jeanne, vom französischen Thronfolger, dem späteren König Karl VII., empfangen zu werden. Sie überzeugt ihn, dass er mit ihrer Hilfe gegen die Engländer siegen wird. Die königlichen Waffenschmiede fertigen eine extra kleine Rüstung für das Mädchen an, und sie darf einen Trupp des französischen Heeres führen. In einer Schlacht wird sie angeblich sogar von einem Pfeil getroffen, hält aber bis zum Ende der Kämpfe durch. Dadurch ermutigt, gelingt den Franzosen ein wichtiger Sieg. Doch dann gerät Jeanne in die Gefangenschaft der Burgunder, die mit den Engländern verbündet sind. Mit Duldung der Franzosen wird sie als Hexe auf dem Scheiterhaufen verbrannt. Erst Jahrhunderte später erhebt man sie zur Nationalheldin.

Auch dank Jeanne d'Arc konnten die Franzosen im Hundertjährigen Krieg die Engländer besiegen, die sich auf dem Festland breitgemacht hatten. Sie drängten sie fast vollständig zurück auf ihre Insel. Dort herrschten seit der Völkerwanderung germanische Fürsten und Könige der Angeln und Sachsen. Neben den Angelsachsen tummelten sich auf den britischen Inseln Kelten und Dänen, Nachfahren von Wikingern und Normannen. Schon im Jahr 1066 hatte der Normanne Wilhelm der Eroberer von Nordfrankreich aus über den Ärmelkanal nach England übergesetzt. Er schlug den bisherigen angelsächsischen König Harald II. in der Schlacht bei Hastings und machte sich als Wilhelm I. zum neuen König von England.

Das hatte Folgen, die wir noch heute hören, wenn wir uns mit Briten unterhalten. Wilhelm war, bevor er England eroberte, bereits Herzog der Normandie und sprach Französisch. Deshalb wurde nach seiner Machtübernahme in England in der Oberschicht, unter den Adeligen, die Wilhelm als Verwalter auf die Insel mitbrachte, Französisch geredet. Nach und nach vermischte es sich mit dem Englisch des Volkes. Deshalb finden sich im Englischen bis heute neben Wörtern mit germanischen Wurzeln wie *bread* (Brot) und *water* (Wasser) besonders viele, die aus dem Französischen kommen, wie *city* (Stadt) und *administration* (Verwaltung).

Im mittelalterlichen Europa formierten sich England und Frankreich als zwei neue Großmächte neben dem älteren römisch-deutschen Reich. Dort standen sich weiterhin der Kaiser und der Papst gegenüber. Sie unterstützten einander grundsätzlich, zankten sich aber auch um die Vormacht. Auf besonders schräge Weise kam dieser Konflikt im 11. Jahrhundert beim sogenannten Investiturstreit zum Tragen. Er ist nicht zuletzt deshalb so interessant, weil er zeigt, wie viel symbolische Macht die Kirche hatte, ohne über starke Truppen wie ein Kaiser oder König zu verfügen.

Und der Streit brachte es doch tatsächlich mit sich, dass der mächtige König und zukünftige Kaiser des römisch-deutschen Reiches, Heinrich IV., eines Tages in einem einfachen Büßergewand, schlotternd vor Kälte im verschneiten Gebirge vor dem verschlossenen Tor einer Burg kniete. Dort wartete der Herrscher angeblich sogar tagelang barfuß darauf, dass ihn Papst Gregor VII., der gerade in der Burg zu Gast war, hinein in die warme Stube ließ.

Was war passiert? Warum unterwarf sich der König dem Papst, der militärisch weit weniger aufzubieten hatte? Das Ganze hatte mit einer Meinungsverschiedenheit über die »Investitur« begonnen. Investitur kommt vom lateinischen Wort *vestire* für »bekleiden«. Bischöfe erhielten, wenn sie ihr Amt antraten, außer dem Bischofsstab und dem -ring ein schönes rotes Gewand, das sie als Würdenträger auszeichnete; bis heute sagt man deshalb, dass jemand ein Amt »bekleidet«. Im Investiturstreit zwischen Papst und König ging es um das Recht zu entscheiden, wer im römisch-deutschen Reich die Bischöfe berufen durfte. Wer seine Lieblingskandidaten ins Amt bringen konnte, gewann dadurch an Einfluss.

Der Papst wollte den zukünftigen Kaiser dazu zwingen nachzugeben. Deshalb belegte er ihn mit einem Kirchenbann. Damit schloss er seinen Gegenspieler offiziell aus der Gemeinschaft der Christen aus. Das war damals natürlich schlimm, weil fast jeder im Reich Christ war. Heinrich IV. reagierte allerdings mit einem überraschenden Schachzug: Im Dezember 1077 reiste er zu einer Burg in Canossa im norditalienischen Apennin-Gebirge, in der sich der Papst gerade aufhielt. Und vor dieser Burg harrte der König dann eben so lange aus, bis Gregor das Tor öffnen ließ. Der mächtige Kriegsherr bat auf Knien um Vergebung. Schließlich akzeptierte der Papst die Bitte und löste den Bann wieder. Endlich durfte der König in die Burg und sich am Kaminfeuer aufwärmen. Was das Recht auf die Investitur betraf, schlossen die beiden einen Kompromiss mit leichten Vorteilen für das Kirchenoberhaupt.

Dieses historische Ereignis war so bedeutend, dass man noch heute, wenn jemand mit viel Aufwand um Verzeihung bitten muss, von einem Gang nach Canossa spricht.

Geliehenes Land und der Krieg als göttliche Mission: das Lehnswesen und die Kreuzzüge

Im Mittelalter übte die Kirche, da man sie für eine moralische Autorität hielt, großen Einfluss auf die Menschen aus. Ihre Macht hatte aber auch konkrete materielle Grundlagen. Das zeigt sich unter anderem beim sogenannten Lehnswesen, einer der prägenden Erfindungen des Mittelalters. Das Lehnswesen war ein politisches und wirtschaftliches System. Es bedeutet, dass ein Lehnsherr dem Vasall ein Stück Land, ein Grundstück, ein Lehen verleiht. Vom lateinischen Wort *feudum* für Lehen kommt Feudalismus, die zweite Bezeichnung für das System.

Der Vasall durfte das Land bebauen. Dafür musste er dem Lehnsherrn etwas von dem Getreide, den Eiern und dem Fleisch abgeben, die er produzierte. Die Abgabe, eine Art Steuer, war der Zehnt. Der Name kommt daher, dass es im Prinzip zehn Prozent der landwirtschaftlichen Erträge waren. In Wirklichkeit ging es jedoch oft um viel mehr. Zusätzlich musste der Vasall dem Lehnsherrn bei Arbeiten helfen. Der Vasall hatte so gut wie keine Möglichkeit, seinem Herrn zu widersprechen. Es gab keine Volksversammlung wie im alten Rom, die die Macht der Adeligen wenigstens ein bisschen einschränkte; und schon gar keine Demokratie wie im alten Athen. Der Lehnsherr hatte eine Schutzfunktion gegenüber seinen Vasallen, durfte aber über vieles in deren Leben bestimmen. Die Untertanen mussten ihn sogar um Erlaubnis bitten, wenn sie heiraten wollten.

Auf der untersten Stufe der Feudalgesellschaft standen Bauern und Landarbeiter, die weit über neunzig Prozent der Bevölkerung ausmachten. Sie hausten meist in kleinen Hütten und schliefen auf Stroh. Die Hütten waren voller Ruß, denn als Schornstein diente ein Loch im Strohdach, durch das der Rauch, den der Herd aus Lehmziegeln machte, nur leidlich abzog. Der Acker, den man vom Lehnsherrn bekam, gab gerade genug Getreide her, dass es zum Essen reichte. Bei der Ernte musste die ganze Familie mithelfen. Die meisten Menschen waren arm und hatten kaum Möglichkeiten, ihr Leben zu verändern. Da ist es kein Wunder, dass ein Unternehmen, bei dem ab Ende des 11. Jahrhunderts grundsätzlich jeder mitmachen durfte, großen Reiz ausübte: die Kreuzzüge. Worum ging es dabei? Wie kam es dazu? Im Mittelalter wurden christliche Pilger auf ihrer Reise zu Orten wie Jerusalem, an denen Jesus gewirkt hatte, teils überfallen. Mit den Kreuzzügen wollten christliche Herrscher Palästina von den Muslimen, die sie auch Sarazenen nannten, zurückerobern. Viele Menschen aus dem römisch-deutschen Reich, aber auch aus Frankreich und England hofften, auf einem Kreuzzug zeitweise ihrem harten Alltag entfliehen zu können. Für sie war es die einzige Möglichkeit, mal die große weite Welt zu sehen. Außerdem hofften sie, Gold und andere Schätze zu erbeuten.

Wichtiger aber war noch etwas anderes: Wer bei den Kreuzzügen ins »Heilige Land« mitmachte, konnte, so die Kirche, als Belohnung von seinen Sünden erlöst werden. So glaubten die meisten Kreuzfahrer tatsächlich, im Sinne Gottes zu handeln, wenn sie gegen die »Ungläubigen« in den Krieg zogen.

Den ersten Kreuzzug rief Papst Urban II. im Jahr 1095 aus. Bereits im 7. Jahrhundert hatten die Araber, die der jungen Religion des Islam angehörten, Palästina erobert. Seitdem wurde es abwechselnd von verschiedenen Muslimen regiert, unter anderem von den Seldschuken aus der heutigen Türkei.

Während des ersten Kreuzzugs nahmen die Christen Jerusalem ein. Es war ein furchtbares Blutbad. Die Eroberer schlachteten Tausende von Muslimen und auch Juden ab, Männer, Frauen und Kinder. Die Juden galten inzwischen als Feinde der Christen, weil sie angeblich die »Mörder Christi« waren. Laut dem Neuen Testament hatten mächtige Vertreter der jüdischen Gemeinde Jesus an die Römer verraten und ihn so ans Kreuz gebracht. Über zwei Jahrhunderte lang wurden immer neue Kreuzzüge unternommen, und alle waren letztlich ein Misserfolg. Im Jahr 1187 eroberte Sultan Saladin Jerusalem von den Kreuzfahrern zurück. Der Held der Muslime war so berühmt wie in Europa der englische König und Kreuzritter Richard Löwenherz. Es heißt, Saladin habe Löwenherz, als dessen Pferd in einer Schlacht getötet wurde, aus Respekt ein neues schicken lassen, obwohl er sein Gegner war.

Die islamische Kultur war jener der Europäer im Mittelalter in vielen Belangen voraus. So brachten die Kreuzfahrer bei ihrer Rückkehr zum Teil schöne Dinge mit: etwa feine Stoffe, Samt und Seide, exotische Gewürze oder das Schachspiel. Aber auch die arabischen Ziffern, die wir heute noch benutzen, fanden so ihren Weg nach Europa, ebenso wie neuere medizinische Kenntnisse.

KAPITEL ZEHN
Im Namen Allahs

Im 7. Jahrhundert gründet Mohammed den Islam und schafft die Grundlagen für eine arabische Weltmacht. Seine Erben fördern die Wissenschaften, haben die besten Ärzte und die schönsten Paläste.

Vor ein paar Jahren habe ich eine muslimische Freundin aus Indonesien gefragt, ob sie glaube, dass sie nach dem Tod ins Paradies kommen werde. Sie sagte, ja, sie glaube daran. Weiterhin wollte ich wissen, ob das Paradies so aussehen werde, wie der Koran, die Heilige Schrift des Islam, es beschreibt. Sie erklärte, ja, es werde »der schönste Garten, den wir jemals gesehen haben«, sein, mit »riesigen Häusern aus Gold«. Sie meinte, dass man dann »alles jederzeit essen und trinken darf, selbst Sachen, die uns jetzt verboten sind wie Schweinefleisch und Alkohol«. Auch weil sie nach dem Tod ins Paradies gelangen wolle, versuche sie, eine gute Muslimin zu sein.

Die Antwort der Freundin erstaunte mich ein wenig; sie führt in vieler Hinsicht ein modernes Leben, arbeitet in einem Technikunternehmen und interessiert sich sehr für Mode. Dass sie so antwortete, war für mich verwunderlich, aber es ist durchaus nachvollziehbar. Der Islam bietet von allen Religionen die mit Abstand klarste und bunteste Vorstellung vom Paradies. Die zweitgrößte Religion der Welt hält für ihre Mitglieder die Vorstellung bereit, dass es ein Leben nach dem Tod gibt und dass dieses Leben einem Aufenthalt im Schlaraffenland gleicht.

Im Koran geht es in mehreren der 114 Suren – so werden die Kapitel genannt – um das Paradies. Da heißt es etwa: »Siehe, die Gottesfürchtigen sind an sicherem Ort, in Gärten und an Quellen, gekleidet in Seide und Brokat, einander gegenüber. So wird es sein. Als Gattinnen geben wir ihnen Mädchen – mit großen schwarzen Augen.« Sie gleichen »schönen Perlen«. Außerdem servieren »ewig junge Knaben« im Paradies Früchte sowie »Fleisch von Vögeln, wie es sie gelüstet«. Im »Paradiesesgarten« fließen »Ströme von Milch, die ihren Geschmack nicht ändert, Ströme von Wein, süß für die Trinkenden, und Ströme von ungetrübtem Honig.«

Der Koran bietet nicht nur Schilderungen vom Paradies, sondern auch von Dingen, die auf ganz praktische Weise das Leben vor dem Tod betreffen. Da steht, wann man wie viel Steuern zahlen und etwas spenden soll. Man erfährt, wie eine Scheidung abzulaufen hat und zu welchen Teilen das Erbe an welche Kinder fällt und wie das Vermögen von Waisenkindern zu schützen ist. Dass der Koran so viele Regeln für den Alltag enthält, liegt auch an der Herkunft und dem abenteuerlichen Leben Mohammeds, der den Islam gründete. Mohammed wurde um 570 in Mekka, einer Stadt im heutigen Saudi-Arabien, geboren. Er stammte aus dem verarmten Zweig einer einflussreichen Familie und wuchs als Waise bei einem Onkel auf. Nachdem er die fünfzehn Jahre ältere, wohlhabende Witwe Chadidscha geheiratet hatte, war der zukünftige Religionsstifter zunächst in ihrem Handelsunternehmen tätig. Neben seiner Arbeit beschäftigte er sich viel mit religiösen Fragen. Er kannte die Geschichten der Juden und Christen aus dem Alten und Neuen Testament.

Im Alter von vierzig Jahren hat Mohammed eine Vision: Gott offenbart ihm durch den Erzengel Gabriel, dass er selbst eine Religion stiften soll. Die Offenbarungen Gottes an Mohammed sind im Koran festgehalten. Im traditionellen islamischen Verständnis ist der Koran nicht menschengemacht, er ist das Wort Gottes selbst. Islam, der Name der Religion, kommt von dem arabischen Begriff *aslama*; er bedeutet so viel wie »völlige Hingabe an Gott«. Mohammeds Gott heißt Allah, nach dem arabischen Wort für Gott.

Ähnlich wie Jesus wurde auch Mohammed anfangs von vielen seiner Landsleute angefeindet. Schließlich hatten die Araber jahrhundertelang ihre alten Kulte und Riten gepflegt. Die Stammesführer wollten sich nicht einfach sagen lassen, wen sie auf welche Weise anzubeten hatten. Mohammed wurde bedroht. Im Jahr 622 musste er sogar aus seiner Heimatstadt Mekka nach Medina fliehen. Dieses Jahr markiert den Beginn einer eigenen islamischen Zeitrechnung. In Medina gründete Mohammed eine Gemeinschaft mit eigenen Regeln und Gesetzen. Viele dieser Regeln stehen im Koran. Nicht zuletzt deshalb sind in islamischen Ländern bis heute Staat und Religion nicht so klar voneinander getrennt wie anderswo. Nach und nach eroberte Mohammed Gebiete anderer Fürsten und Stämme. Am Ende beherrschte er große Teile Arabiens.

Auch weil der Koran in kriegerischen Zeiten aufgeschrieben wurde, enthält er brutale Stellen. So heißt es in Sure 9: »Tötet die Beigeseller [Götzendiener]«, also die Ungläubigen, »wo immer ihr sie findet«. In der Sure ging es unter anderem darum, Ungläubige zu bekämpfen, außer »wenn sie sich bekehren, das Gebet verrichten und die Armensteuer geben«. Das ist aus heutiger Sicht natürlich schlimm; im Mittelalter waren das Töten von Andersgläubigen und die Todesstrafe im Allgemeinen allerdings weiter verbreitet, bei Muslimen wie bei Christen.

Insgesamt ist der Koran die Anleitung für ein gutes islamisches Leben. Kern sind die sogenannten fünf Säulen; an ihnen hat sich jeder Moslem zu orientieren: Muslime legen erstens ein Glaubensbekenntnis ab; zweitens beten sie fünfmal am Tag; drittens gilt es, Almosen zu geben beziehungsweise eine Abgabe für die Gemeinschaft zu tätigen; viertens wird jedes Jahr im Monat Ramadan täglich von Sonnenaufgang bis Sonnenuntergang gefastet; fünftens muss ein guter Muslim, wo auch immer er auf der Welt wohnt, einmal im Leben eine Pilgerfahrt nach Mekka machen, also zum Geburtsort Mohammeds im heutigen Saudi-Arabien.

Mohammed hat im Koran unterschiedliche Elemente aus den älteren Religionen Judentum und Christentum mit einfließen lassen. Es kommen sogar Personen aus dem Alten und Neuen Testament vor, unter anderen Adam, Moses, Noah, Maria und Jesus. Der gilt im Koran zwar nicht als Gottes Sohn, aber immerhin als Prophet, also jemand, der eine göttliche Botschaft verkündet. Wie in der Bibel können im Koran manche Beschreibungen oder Ausdrücke im übertragenen Sinn gemeint sein und für etwas anderes stehen.

Es gibt viele Verbindungen zwischen Islam, Christentum und Judentum. Abraham, der Stammvater der Juden, ist auch jener der Muslime. Man kann sich darüber wundern, wie viele Gemeinsamkeiten zwischen den Religionen bestehen. Vor allem wenn man bedenkt, wie sehr sich ihre Anhänger oft gegenseitig bekämpften und dies teils heute noch tun.

Als Mohammed 632 starb, hinterließ er seinen Nachfolgern, den Kalifen, ein Reich, in dem verschiedene Stämme vereint waren. In den folgenden Jahrhunderten eroberten die Kalifen Gebiete im Nahen Osten auf dem Gebiet heutiger Länder wie Israel, Syrien und Irak, in Nordafrika und sogar im heutigen Spanien, Portugal und Frankreich. Angetrieben wurden sie von der Vorstellung, dass sie an den einen richtigen Gott glaubten. Besonders todesmutig kämpften sie, weil sie der Meinung waren, dass nach ihrem Ableben ein Paradies auf sie wartete.

Singende Goldvögel und gute Zahnärzte

Die zwei größten Städte der Muslime hießen im Mittelalter Bagdad, die heutige Hauptstadt des Irak, und Córdoba ganz im Süden von Spanien. Sie wurden zu den Hauptzentren islamischer Kultur und stehen für eine besondere Mischung aus verschiedenen Einflüssen. Dort lebten muslimische Araber, Juden und Christen teils friedlich zusammen. Die Einwohner vergnügten sich in öffentlichen Bädern, es gab große Bibliotheken und Krankenhäuser. Vieles davon war zur gleichen Zeit im christlichen Europa noch unbekannt.

Muslimische Gelehrte hatten einiges vom Wissen der alten Griechen und Römer bewahrt. Das war umso wichtiger, als in Europa selbst nach dem Zerfall des Römischen Reiches viel davon verloren gegangen war. Die muslimischen Gelehrten wurden aber auch für ihre eigenen Forschungen bewundert. Etwa dafür, dass sie die Mathematik weiterentwickelten. Mit den arabischen Ziffern konnte man viel schneller rechnen als mit den römischen; deshalb werden sie heute weltweit benutzt. Muslimische Wissenschaftler machten Versuche in den Bereichen Physik und Chemie. Sie brachten die medizinische Forschung voran, die Chirurgie und sogar die Zahnheilkunde.

Ein Beispiel dafür ist der Gelehrte und Arzt Al-Zahrawi, den die Europäer Abulcasis nannten. Er wurde im 10. Jahrhundert in der Gegend von Córdoba geboren und praktizierte auch dort. Damals wurden kariöse Zähne meist von schlecht ausgebildeten Leuten mit einer Zange herausgerissen; dabei brachen oft Teile des Zahns ab oder die Zahnwurzel blieb drin. Die Folge waren gefährliche Entzündungen. Abulcasis beschrieb, wie man es besser machen konnte. Er erklärte: »Man nimmt die Rinde hervorstehender Wurzeln, Essig und Bertram, zerreibt das Ganze und gibt es unter Sonneneinwirkung in starken Essig, bis eine honigähnliche Konsistenz erreicht ist. Damit reibt man die betreffenden Zähne in der Nähe der Wurzeln ein, und zwar zwei- bis dreimal täglich. Der schmerzende Zahn wird zweimal täglich rundherum beschabt, bis die Zahnwurzeln sich lockern und der Zahn mit der Hand bewegt werden kann. Jetzt ist es möglich, ihn schmerzlos und ohne Gefahr zu entfernen.«

Die Zähne der Menschen waren im Mittelalter grundsätzlich schlecht, denn man putzte sie sich damals noch nicht. Gegen Mundgeruch kaute man Kümmel oder Koriander, das war's. Abulcasis war nicht nur Zahnarzt. Er verfasste *Tasrif*, eine Art Handbuch der allgemeinen Medizin. Darin machte er eine sehr umfassende Aufstellung von verschiedenen Krankheiten. Er nannte unter anderen die Kategorien: »Krankheiten der Kopfhaut«, »Tumore des Gehirns«, »Schlaflosigkeit«, »Melancholie«, »Spukgeist«, »Schnupfen« und »Leidenschaftliche Liebe«.

Wir wundern uns heute, dass Abulcasis beispielsweise »Spukgeist« als Krankheit einstuft und vor allem »Leidenschaftliche Liebe«. Das gilt aber für das gesamte Mittelalter und auch für Europa. Viele dachten, die leidenschaftliche Liebe sei ein Wahn, in den man zeitweise verfällt.

Die Liste von Abulcasis zeigt, dass er sehr aufmerksam war und auf viele Details achtete. Dafür wurden muslimische Ärzte, Forscher und Gelehrte insgesamt gepriesen. Im christlichen Europa verbot die Kirche im Mittelalter viele wissenschaftliche Schriften der alten Griechen. Sie ließ sie sogar zerstören, weil sie sie als Verstoß gegen Gottes Allmacht sah. Zur gleichen Zeit übersetzten muslimische Gelehrte diese Texte ins Arabische und diskutierten sie mit ihren Kollegen. Arabisch etablierte sich in der Naturwissenschaft als die Sprache der Gelehrten. Mit ihr konnten sich Forscher aus den verschiedenen Ländern und Kulturen über physikalische, mathematische und medizinische Fragen verständigen.

Muslimische Gelehrte waren einfallsreich und kreativ. Das gilt auch für Ibn Sina, der in Europa unter dem Namen Avicenna bekannt wurde. Er kam im 10. Jahrhundert im heutigen Usbekistan zur Welt. Avicenna war sehr vielseitig gebildet. Er las den Koran und Texte über Jura, Physik, Mathematik, Astronomie, Musik und Medizin. Das Multitalent schrieb Gedichte, verfasste wissenschaftliche Abhandlungen darüber, wann und wie genau der Krebs zu operieren sei, und erforschte die Funktionsweise des Auges.

Ein Pionier war Avicenna in der Art, wie er sich psychisch Kranken zuwandte. Einmal beschrieb er, wie ein Patient unter der Wahnvorstellung litt, eine Kuh zu sein. Der Mann dachte sogar, er müsse wie eine Kuh geschlachtet werden. Avicenna brachte zur Untersuchung des Patienten ein großes Messer mit. Der Patient muhte und ließ sich ohne Gegenwehr festbinden. Dann erklärte Avicenna aber, die Kuh sei noch zu mager und müsse erst gemästet werden, bevor es sich lohne, sie zu schlachten. Der Patient wurde losgebunden. Man setzte ihm Essen vor. Der Mann verschlang es. Nach einem Monat war er geheilt.

Diese Behandlung empfiehlt sich natürlich nicht wirklich für psychisch Erkrankte. Sie zeigt jedoch, dass Avicenna versuchte, sich in die Patienten hineinzuversetzen. Er wollte sie aus ihrer Sicht verstehen und so die Grundlage dafür schaffen, ihnen helfen zu können.

Muslimische Ärzte und Gelehrte waren praktisch auf dem gesamten Gebiet des Nahen Ostens und Zentralasiens tätig. Viele Emirate und Städte unterstanden den Herrschern in Bagdad. Besucher, die damals in die Stadt kamen, staunten über den Reichtum und Luxus dort. In Bagdad wurden exotische Güter aus aller Welt gehandelt, aus China, Indien, Äthiopien und der Türkei. Im Palast des Kalifen stand ein künstlicher Baum, aus Gold und Silber geschmiedet. Auf ihm saßen goldene Vögel mit eingebauten Spieluhren und zwitscherten bezaubernde Lieder. In Bagdad blühte die Dicht- und Erzählkunst. Die berühmtesten Geschichten sind jene aus *Tausendundeiner Nacht*.

Das ist eine faszinierende Sammlung unterschiedlicher Texte, von Abenteuergeschichten, Märchen und Gedichten. All die einzelnen Storys sind in eine spannende Rahmenhandlung eingebettet: Es geht um einen grausamen König. Er wird von seiner Frau mit seinem Koch betrogen. Um in Zukunft nicht wieder hintergangen zu werden, verbringt der König von da an jede Nacht mit einer anderen Frau und lässt sie in der Früh hinrichten. Diesem grässlichen Spuk will Scheherazade, die mutige und schlaue Tochter des königlichen Wesirs, ein Ende machen. Dafür überlegt sie sich einen Trick. Sie wird die Gemahlin des Königs. Jede Nacht erzählt sie ihm eine fesselnde Geschichte. Doch wenn der Morgen graut, bricht sie die Story just an der Stelle ab, an der es gerade am spannendsten ist. Da der König wissen will, wie es weitergeht, lässt er Scheherazade nicht wie die anderen Frauen vor ihr töten.

So entwickelten Muslime im 8. Jahrhundert vielleicht die Methode des Cliffhangers, mit der heute Fernsehserien arbeiten: Am Ende einer Folge steigt noch einmal die Spannung. Jeder will wissen, was als Nächstes passiert, sodass die Zuschauer in der nächsten Woche wieder einschalten. Jedenfalls zeigt *Tausendundeine Nacht*, wie wichtig, ja lebensnotwendig inspirierende und ermutigende Erzählungen in der arabischen Kultur waren. Die heute wohl bekanntesten Geschichten aus dem Buch dürften die später hinzugefügten über Sindbad den Seefahrer und die über Aladin und die Wunderlampe sein.

Das Kalifat von Bagdad war ein Ort kultureller Innovationen – und im Mittelalter eine Zeit lang die dritte große Weltmacht neben dem römisch-deutschen Reich und dem oströmischen Reich. In Europa fand die Kultur des Islam in Spanien Verbreitung, vor allem im bereits erwähnten Córdoba. Eines der schönsten Zeugnisse der muslimischen Architektur in Europa ist die Alhambra, der im 14. Jahrhundert erbaute Palast der spanisch-arabischen Dynastie der Nasriden in der Nähe von Granada. Die Säle sind mit Arabesken überzogen, einem typischen Merkmal der islamischen Kunst: Ornamente aus Blättern, die sich ineinanderschlingen und ein gleichmäßiges, aber verspieltes Muster bilden.

Die Araber und Mauren aus Nordafrika, die zum Islam übergetreten waren, hatten seit dem 8. Jahrhundert Gebiete in Spanien erobert. Es kam immer wieder zu Schlachten mit den europäischen Christen. Nach und nach verdrängten die Europäer die Araber allerdings wieder. Selbst auf seinen Kerngebieten im Nahen Osten wurde das islamisch-arabische Reich angegriffen, und zwar von den Mongolen aus Zentralasien. Kämpfer des kriegerischen Reitervolks fielen in Bagdad und anderen muslimischen Städten und Gebieten ein. Dadurch erlitt die islamische Kultur einen großen Rückschlag.

Immerhin entwickelte sich an anderer Stelle eine neue muslimische Großmacht, und zwar vom Gebiet der heutigen Türkei aus: das Osmanische Reich. Hauptstadt dieses Imperiums war ab 1453 Konstantinopel, also das spätere Istanbul. Das Osmanische Reich sollte bis ins Jahr 1922 bestehen. Sein Gebiet erstreckte sich zeitweise bis auf den Balkan und auf Länder wie Ägypten, Syrien und Persien. Es konkurrierte mit dem römisch-deutschen Reich, Frankreich und England; später auch mit dem Russischen Reich. Es vereinigte viele Kulturen in sich. Im Bereich der Wissenschaft nahm es allerdings nicht mehr die Vorreiterrolle ein, die die älteren muslimischen Gemeinwesen lange Zeit innegehabt hatten.

KAPITEL ELF
Ritter mit Brillen, Uhren und Bankkonten

Die wichtigsten Erfindungen des europäischen Mittelalters.

Wohl kaum etwas ist typischer für das europäische Mittelalter als die Ritter, diese eindrucksvollen Gestalten, die auf riesigen Schlachtrossen thronen und glänzende Rüstungen und Kettenhemden tragen, Helme mit Visieren auf dem Kopf haben und mit Schwertern und Lanzen bewaffnet sind. Die Ritter sind eine ganz eigene, unverwechselbare Erscheinung des Mittelalters in Europa, die es vorher und nachher so nicht gab. Der Ursprung des Ritterstands sind die Reiter, die *berittenen* Krieger, von denen auch der Name kommt. Doch die Ritter waren viel mehr als schwer gepanzerte, Respekt einflößende Kämpfer zu Pferde.

Ritter wurde im Lauf der Zeit einfach allgemein die Bezeichnung für Adelige, die einen bestimmten Lebensstil hatten. Wenn sie gerade nicht kämpfen mussten, trugen sie knöchellange Gewänder mit Ärmeln, die zum Ende hin weit wurden und dekorativ herunterhingen. Über diese neuartige Kleidung schimpften damals im 12. Jahrhundert manche Leute und nannten sie »unmännlich«.

Wie vertrugen sich solch entzückende Gewänder und das Kriegerische der Ritter? Die Ritter standen für einen Lebensstil, der viele verschiedene Seiten hatte. Einiges davon gab es vor dem Mittelalter noch nicht, und manches prägt uns bis heute. Ritter sollten selbst als starke Krieger christliche Ideale verkörpern. Etwa jenes, arme und schwache Menschen zu beschützen, so wie Jesus dies auf andere Art getan hat.

Dazu zählten Menschen, die sich selbst nicht wehren konnten; und insbesondere Frauen. Wenn es außerdem adelige Damen waren, dann bestand die Aufgabe eines Ritters darin, sie höflich zu behandeln und sogar schwärmerisch zu umwerben. Ritterlich war es, vor der Dame niederzuknien und ihr mit schönen, vielleicht poetischen Worten den Hof zu machen.

Dafür eignete sich besonders die Minnedichtung, die höfische Liebesdichtung. Optimalerweise sollte die Liebe damals im christlichen Sinn »rein« sein; damit war gemeint, dass sie nicht sexueller Natur sein sollte. So wollte es die Kirche, und so entsprach es zumindest auch dem *Ideal* des Rittertums. Allerdings gab es Codes, mit denen Minnesänger indirekt sinnliche Leidenschaft zum Ausdruck bringen konnten. So zum Beispiel der wohl berühmteste von allen, Walther von der Vogelweide. In seinem Lied »Unter der Linde« reimte er:

»Unter der Linde / auf der Heide, / wo unser beider Lager war / da könnt ihr noch finden, / wie wir beide / die Blumen brachen und das Gras, / vor dem Wald in einem Tal / Tandaradei! – / sang so süß die Nachtigall.«

Der Begriff »Blumen brechen« ist eine Umschreibung dafür, miteinander zu schlafen. Die Art, wie in der Minnedichtung manche Dinge nur angedeutet werden, ist besonders. Sie ist eine wichtige Erfindung des Mittelalters und wirkt noch in heutigen Popsongs nach.

Natürlich ging es bei den Rittern im Alltag nicht immer so lieblich zu wie in der Dichtung. Vor allem waren nicht alle Ritter ritterlich. Bei den Kreuzzügen oder bei Kämpfen mit Rivalen richteten sie Blutbäder an. Leider hielt die Minne die Männer nicht davon ab, Frauen brutal zu unterdrücken. Ganz abgesehen davon war das Leben vieler Ritter im Alltag derb. Sie wohnten auf Burgen zwischen feuchten Mauern. Als Toilette diente ein Loch im Erker nach außen ins Freie, sodass die Fäkalien einfach an der Burgmauer herunterliefen. Zwar waren die Räume in den Burgen größer als in den Hütten der Bauern, aber nicht viel besser beheizt. Meist hatten nur wenige Zimmer einen Kamin. Die anderen versuchten die Burgbewohner warm zu bekommen, indem sie erhitzte Pfannen aufstellten. Kerzen aus Rinder- oder Schaffett verbreiteten einen ranzigen Geruch.

Die Kinder von Rittern hatten es oft nicht viel leichter als jene der armen Bauern. Sie mussten zwar nicht auf dem Feld schuften, doch ihre Erziehung war hart. Im Alter von sieben Jahren wurden sie Diener von Rittern auf anderen Burgen, sogenannte Pagen. Sie waren von ihren Eltern getrennt, fern ihrer Heimat. Mit vierzehn konnten sie zu Schildknappen werden. Sie mussten nun einem Ritter bei Turnieren und auf Kriegszügen den Schild tragen. Sie hielten seine Waffen in Schuss, polierten und bewachten sie. Das war eine verantwortungsvolle Aufgabe, denn ein Schwert konnte über Leben und Tod entscheiden – und kostete nach heutigem Geldwert mehrere Tausend Euro. Der Knappe half dem Ritter in die schwere Rüstung und auf sein Pferd. Manchmal brauchte er dafür sogar einen kleinen Kran. Mit ihm wurde der Ritter, der manövrierunfähig in seiner Rüstung steckte, quietschend auf sein Ross gehievt.

Das Leben eines Knappen war anstrengend, hart und mitunter gefährlich. Insgesamt mussten die Kinder der Ritter ähnlich schnell erwachsen werden wie die der Bauern. Jungen setzten sich früh den Gefahren des Kampfes aus; Mädchen wurden teils schon im Alter von zwölf Jahren verheiratet, oft an ältere Männer, die sie vorher nicht kannten.

Das Rittertum kommt uns heute in vielem verrückt vor, und es war auch widersprüchlich. Aber es darf als eine der wichtigsten Erfindungen des Mittelalters und in mancher Hinsicht sogar als modern gelten. Es hat die Lebensweise und Kultur damals und in späteren Zeiten stark beeinflusst. So sollten Ritter gute Umgangsformen haben. Es galt beispielsweise mehr und mehr als unfein, sich beim Essen einfach in die

Hand zu schnäuzen oder auf den Boden zu spucken, wie es lange Zeit üblich gewesen war.

Es heißt manchmal, im Mittelalter seien die Menschen grob, ungebildet und abergläubisch gewesen. Sie hätten unter schlimmen hygienischen Bedingungen gelebt. Deshalb wurde das Mittelalter früher manchmal das »finstere Zeitalter« genannt. Das trifft zum Teil zu, ist jedoch nur eine Seite der Medaille. Denn damals erlebte die Forschung, wie wir bereits im Kapitel über den Islam gesehen haben, eine Blüte.

Außer dem Rittertum und dem entsprechenden Lebensstil wurden im mittelalterlichen Europa noch einige andere Erfindungen gemacht. Dazu zählen das Lehnswesen und das christliche Klosterleben, die wir bereits kennengelernt haben. Außerdem gehören dazu technische Dinge wie Uhren, genauer gesagt Räderuhren, die im Unterschied zu älteren Sonnen- oder Sanduhren mechanisch waren. Um 1450 entwickelte Johannes Gutenberg den Buchdruck mit beweglichen Metallbuchstaben. Das heißt, man musste nicht mehr wie früher ganze Seiten als Druckplatten anfertigen; nun konnte man die Texte aus einzelnen, bereits vorhandenen Buchstaben zusammensetzen und schneller wieder verändern. Ebenfalls im Mittelalter erfunden wurden Institutionen, die bis heute sehr wichtig sind, etwa die Universität und Banken. Ich kann hier nicht auf alle Erfindungen des Mittelalters eingehen, will aber auf den folgenden Seiten ein paar herausgreifen, die ich besonders spannend finde und die auch für spätere Zeiten prägend waren.

Paradiesische Räume, Kreditgeschäfte und die Freiheit der Städte

Auf eine der ganz großen Erfindungen des Mittelalters stoßen wir noch heute in fast jeder europäischen Stadt, wenn wir durch ihr Zentrum schlendern: Es sind die riesigen Kathedralen und Kirchen, die im Stil der Gotik erbaut wurden. Besonders berühmte Beispiele dafür sind der Kölner Dom und Notre-Dame in Paris.

Die gotischen Kathedralen wurden erstmals im 12. Jahrhundert von findigen und mutigen Architekten entworfen. Sie sind sehr hoch und lang gestreckt. Innen haben sie schlanke Pfeiler und außen sogenanntes Strebewerk, scheinbar zahllose kleine Stützen und Verbindungen. So wirken die Kirchen nicht so kompakt und blockartig wie die älteren, die im romanischen Stil errichtet wurden; die haben manchmal ja sogar etwas von einer Festung an sich, die Schutz etwa gegen die Ungläubigen da draußen bietet. Die gotischen sind dagegen fein, filigran und elegant. Das auffälligste Kennzeichen für die Gotik ist, dass die Fenster und Portale am oberen Ende nicht abgerundet sind, sondern spitz zulaufen.

Ebenfalls einzigartig ist das Licht in den Kirchen. Die Kathedralen haben Fenster aus verschiedenfarbigem Glas, die oft weite Teile der Wand bedecken. Wenn die Sonne darauf scheint, funkeln und leuchten sie wunderbar bunt. Das ist heute noch beeindruckend und war es damals noch viel mehr. Denn die meisten Menschen lebten im Mittelalter in dunklen Hütten oder engen verwinkelten Häusern. Die Wohnräume hatten sehr wenige und kleine Fenster, die meist ohne Glas waren; wenn es kalt wurde, stopften die Leute sie einfach mit Stroh zu. Kerzen waren teuer. So saßen die Menschen oft auch tags im Dunkeln. Da bildeten die Kathedralen einen Kontrast. Zudem wirkten sie ein bisschen so, wie das Paradies in der Bibel in der Offenbarung des Johannes beschrieben wird: nämlich als eine Stadt mit golden und kristallen glitzernden Gebäuden, die vom Himmel auf die Erde herabschweben und die guten Christen in sich aufnehmen.

Von den bunten Fenstern und dem feinen Strebewerk der gotischen Kathedralen konnte im 12. Jahrhundert allerdings wenig erkennen, wer kurzsichtig war. Es gab keine Brillen. Sie wurden im 13. Jahrhundert erfunden, und zwar gemeinsam von christlichen und muslimischen Forschern. Die Vorstufe der Brille war der sogenannte Lesestein aus speziell geschliffenem Glas. Ihn legte man wie eine Lupe auf Pergamente, um sie besser entziffern zu können. Als Nächstes kamen dann Brillen mit Bügeln auf. Es dauerte noch lange, bis sie so gut geschliffen und gefasst waren, dass Menschen mit Sehschwäche damit herumlaufen konnten; geschweige denn, dass sie damit hätten kämpfen können. Kurzsichtige Ritter trugen keine Brillen. Wenn die Lanze eines Feindes auf sie zugesaust kam, konnten sie diese nur verschwommen erkennen.

Praktisch hilfreich war die Brille lange Zeit eher für Leute, die viel zu Hause saßen und Texte lasen, seien es Bücher oder Verträge. Das waren Gelehrte, Kaufleute und Händler. Der Handel erfuhr im Mittelalter einen immensen Aufschwung. Vor allem wurde die Geld- und Kreditwirtschaft ausgebaut; das Bankenwesen wurde erfunden. Zwar gab es das Münzgeld seit der Antike. Daneben dienten jedoch andere Dinge als Währung. Manche Völker hatten Getreide als Zahlungsmittel, Tierfelle, Wal- oder Delfinzähne, Kaurimuscheln, Quasten aus Haaren vom Elefantenschwanz, Kakaobohnen, gepresste Teeblätter oder sogar getrocknete Fische. Die Bauern bezahlten den Lehnsherren ihren Zehnt nicht mit Münzen, sondern zum Beispiel mit Getreide und Hühnereiern, also in Naturalien.

Doch im Lauf des Mittelalters wurde immer mehr Münzgeld verwendet, auch weil es handlicher und besser aufzubewahren war als Naturalien. Und bald fand noch etwas Praktisches weitere Verbreitung, nämlich der sogenannte Wechsel. Das war eine Art Scheck. Ein Kaufmann notierte die Summe, die er jemandem schuldete, auf ein Stück Pergament. Mit dem Schriftstück ging man in einer anderen Stadt zu einer Vertretung des besagten Kaufmanns oder zu einem anderen, der ihm traute. Er wechselte das Schriftstück in Münzgeld ein. Wechsel hatten schon die alten Römer gehabt, aber im Mittelalter wurde die Sache ausgebaut und verstärkt mit einem anderen Geschäft gekoppelt, nämlich dem Kreditgeschäft, das heute so überaus wichtig ist.

Das Wort Kredit kommt von lateinisch *credere*; das heißt »glauben« und »vertrauen«. Der Kreditgeber leiht jemandem Geld, weil er ihm vertraut und glaubt, dass er das Verliehene wiederbekommt. Da es natürlich trotzdem ein Risiko ist und er eine Zeit lang auf sein Geld verzichtet, verlangt er Zinsen. Aus den Kredit- und Wechselgeschäften entwickelten sich im 13. Jahrhundert die Banken. Die Banker verdienten ihr Geld, indem sie Zinsen und Gebühren dafür erhoben, dass sie den Zahlungsverkehr mit Wechseln und Konten regelten und Kredite vergaben. Das Wort Bank kommt vom italienischen *banco*; das war ursprünglich einfach der Tisch oder Stand, an dem die Geldwechsler auf Märkten ihre Geschäfte abwickelten.

Banken wurden von Familien wie den Medici aus Florenz und den Fuggern aus Augsburg betrieben. Diese Familien verdankten ihren Reichtum auch dem Handel von Waren, etwa Stoffen. Und sie besaßen mitunter eigene Bergwerke, die Silber abbauten. Aus dem Edelmetall ließen sie Münzen prägen. Jedenfalls hatten sie so viel Geld übrig, dass sie es verleihen konnten. Etwa an Könige und Kaiser, die Sold für ihre Soldaten brauchten.

Man verdiente gut an den Zinsen. So wurde im Mittelalter die Idee geboren, dass Banken ein ganz eigener Geschäftsbereich sind, mit dem man aus Geld mehr Geld machen kann. Heute finden wir es ganz normal, dass Banken und die Finanzwirtschaft eine solch große Bedeutung haben. Wir haben uns an den Gedanken gewöhnt, dass da oft sogar mehr Geld verdient wird als mit der sogenannten Realwirtschaft, also der Herstellung von und dem Handel mit Produkten oder Dienstleistungen wie Haareschneiden und ärztlicher Behandlung. Doch im Mittelalter war die Finanzwirtschaft eine neue und spannende Sache.

Dadurch, dass die Kreditgeschäfte und der Handel zunahmen, bekamen Kaufleute und Banker im Mittelalter im Vergleich zu Adeligen, zu Rittern und Lehnsherren, die von der Landwirtschaft lebten, immer mehr Einfluss. Sie wohnten meist in den Städten, denn dort gab es Märkte und dort lagen die Verkehrsknotenpunkte, die gut für den Handel waren. In den Städten spielten das Lehnswesen und die Leibeigenschaft keine besondere Rolle. So machten sich viele Menschen, wenn sie in die Städte zogen, Hoffnungen auf ein besseres Leben. Daher kommt der alte Spruch »Stadtluft macht frei«.

Bis zum Ende des Feudalismus und bis zur Demokratie war es zwar noch ein sehr weiter Weg. Die Kaufleute, Banker und wohlhabenden Handwerker gewannen jedoch mehr Einfluss im Verhältnis zu den Herzögen, Bischöfen und Rittern. Und immerhin tagten in europäischen Handelsstädten wie Florenz, Genua, Lübeck, Brügge und London Stadträte und Parlamente, in denen zunehmend Nichtadelige mitreden konnten.

Modebewusste Kaufleute

Dass die Händler und Kaufleute mächtiger wurden, führte zu einer weiteren Erfindung des Mittelalters: der Mode. Mode? Gab es die nicht schon früher? Es stimmt, schon die oströmische Kaiserin Theodora hatte gesagt: »Möge ich nie ohne mein purpurfarbenes Gewand sein.« Ihr prächtiges Kleid war ihr sehr wichtig, weil sie sich damit vom Volk abhob. Und wir haben am Anfang dieses Kapitels von den Rittern des 12. Jahrhunderts mit ihren neumodisch überlangen Gewändern und Ärmeln gehört. Sie wollten ihre besondere Lebensweise herausstellen. Genau zu dieser Zeit verblüffte auch eine ganz besondere Königin die Leute mit ihrem Auftreten: Eleonore von Aquitanien. Sie war eine der berühmtesten Frauen des Mittelalters. Durch Heirat wurde sie nacheinander Königin von Frankreich und von England. Sie legte nicht nur sehr viel Rouge auf, sondern trug auch die prunkvollsten Kleider überhaupt. Der einflussreiche Geistliche Bernhard von Clairvaux regte sich über sie auf. Er schimpfte darüber, dass sie und ihre Hofdamen so viele Pelzaufsätze und Armreife trugen. Bernhard lästerte, dass »ihre langen Schleppen eine Staubwolke verursachen« und »ihre Kleider nicht mit Gold, Silber und Edelsteinen *verziert*, sondern eher überladen sind«.

Aber hier prangerte der Geistliche lediglich den Glamour an. Er wünschte sich allgemein mehr Strenge und einen bescheidenen, asketischen Lebensstil im Sinne Jesu Christi. Davon abgesehen bewegte sich Eleonore mit ihrer Kleidung durchaus im Rahmen dessen, was einer Königin zustand. Erst im Spätmittelalter entwickelte sich die Mode in der Art, wie wir sie heute verstehen: als Möglichkeit für jedermann, seinen ganz individuellen Geschmack, Stil und persönliche Ambitionen auf immer wieder überraschende Weise zum Ausdruck zu bringen. Warum gerade im Spätmittelalter?

Dahinter stand nicht zuletzt der Wunsch *nicht* adeliger Kaufleute und Banker, auch mal jemand Besonderes zu sein. Gerade weil sie nicht adelig waren und deshalb wenig politische Macht hatten, reizte es sie zu zeigen, was in ihnen steckte. Sie wollten demonstrieren, dass sie es aus eigener Kraft und auf ihre Art zu etwas gebracht hatten und die Ritter finanziell übertrumpfen konnten. Dafür benutzten sie die Mode, konkret: besonders prächtige und eigenwillige Kleidung. Und um zu beweisen, wie zackig und innovativ sie waren, wechselten sie die Mode öfter aus und präsentierten einen neuen Stil.

All das war im Mittelalter besonders gewagt, denn damals herrschten eigentlich feste Regeln darüber, wer welche Kleidung tragen oder nicht tragen durfte. Die Faustregel lautete: Je höher der Stand und das Ansehen in der Gesellschaft, desto bunter die Kleidung. Bauern hätten sich bunt gefärbte Gewänder nicht nur nicht leisten können; sie waren ihnen auch schlicht verboten. Kleiderordnungen legten für jeden Stand fest, welche Farbe, welcher Stoff und Schnitt erlaubt waren. In einer englischen Ordnung von 1337 heißt es zum Beispiel, Gewänder aus Seide, also einem exklusiven Stoff, seien nur der königlichen Familie gestattet. Bestimmte Stoffe und Muster durften nur Adelige tragen. Geregelt konnte sogar sein, wie lang eine Schleppe am Kleid bei adeligen und nicht adeligen Frauen zu sein hatte. Die adeligen durften Schleppen tragen, die ein paar Zentimeter länger waren als jene der Händler- und Handwerkerfrauen.

Doch genau über derartige Kleiderordnungen setzten sich neureiche Händler und Handwerker immer öfter hinweg. Ihre Frauen rauschten in provozierend langen Kleidern durch die Gegend. Die Männer ließen sich extra bunte Mäntel mit vielen Knöpfen und mit Pelzkragen schneidern. Indem sie Stoffe trugen, die eigentlich nur Fürsten zustanden, adelten sie sich sozusagen selbst.

Das verunsicherte manche Leute. Sie dachten, wenn die Menschen gegen die Kleiderordnung verstießen, würde bald insgesamt Chaos im Land herrschen. Das können wir uns heute kaum mehr vorstellen. Aber genau darüber schrieb im Spätmittelalter der Autor Sebastian Brant in seinem äußerst populären Buch *Das Narrenschiff*. In dem Abschnitt »Von neuen Moden« klagt er darüber, wie schnell eine Mode neuerdings der anderen folge und wie wenig sich die Leute mit ihrem Outfit noch an die guten alten Kleiderordnungen hielten. Brant betont, wie anmaßend selbst Bauern inzwischen seien: »Alle Tag wolln sie neue Moden im Haus, / Keine Schlichtheit ist mehr in der Welt; / Die Bauern stecken ganz voll Geld.« Auch andere Schichten kritisiert Brant: Was »sonst Bürger und Kaufmann war, / Will adlig sein und Ritter gar«.

Übrigens trifft das, was Brant schreibt, genau auf den beliebtesten Volkshelden des Mittelalters zu: Robin Hood. Bei diesem Legendenhelden spielte Mode eine herausragende Rolle. In *A Gest of Robin Hood*, der bekanntesten und längsten der vielen Geschichten über den Helden, ist er nicht einfach nur der gute Räuber, als den wir ihn heute kennen. Er nimmt nicht einfach nur Geld von den Reichen, um es den Armen zu geben. Robin ist der reichste Händler Englands! Genau genommen ist er ein Stoffhändler, der gerne adlig wäre und der unbedingt gesellschaftlich aufsteigen will. Einmal beliefert er sogar den König von England exklusiv mit seinen speziellen grünen Textilien. Langfristig wurde Robin Hood jedenfalls zum ersten Helden der Weltgeschichte, der sofort an seiner Mode erkennbar ist: grünes Outfit mit Kappe.

KAPITEL ZWÖLF
Totems, Traumpfade und staatliche Renten

Das Mittelalter in Afrika, Amerika, Asien und Australien.

Wenn wir heute ans andere Ende der Welt reisen, nach Mexiko, Australien oder Neuguinea, in die Sahara oder nach Alaska, ist das spannend und oft ein bisschen exotisch. Aber wir wissen, was uns erwartet; umgekehrt sind die Menschen dort keineswegs überrascht über unser Aussehen oder unser Verhalten. Selbst in den ärmsten Ländern der Welt sind Autos, Flugzeuge und Computer bekannt. Die moderne Architektur in London und Berlin unterscheidet sich nicht grundsätzlich von jener in Peking, Jakarta oder Abu Dhabi. Die Menschen sind überall ähnlich gekleidet, nämlich in Jeans und Hemden oder T-Shirts. Wo das in entlegenen Weltgegenden noch anders ist, weil die Leute etwa einen Umhang und Turban tragen, wissen sie zumindest über die anderen Bescheid. Jeder ist informiert, wie die Bewohner fremder Länder und Kontinente aussehen und leben. Man ist entweder schon gereist oder hat Fotos gesehen, Videos im Fernsehen oder Internet.

Vor tausend Jahren war das ganz anders. Damals hatte man keine oder nur eine sehr vage Ahnung und oft falsche Vorstellungen davon, wie die Menschen am anderen Ende der Welt aussahen. Ein Indianer in Nordamerika, der selbst luftig-leichte Lederkleidung trug, wusste nicht, dass in Europa Ritter mit knirschenden, dicken Metallplatten und zwickenden Kettenhemden am Körper herumritten. Der Ritter hatte wiederum keinen Schimmer davon, dass in Afrika oder Australien Eingeborene quasi nackt auf die Jagd gingen und dass ihre Körper bemalt oder sogar gepierct waren. Vor tausend Jahren waren die Unterschiede zwischen den Ländern und Völkern ausgeprägter als später und heute. Das heißt, dass weltweit eine sehr große Vielfalt an Kleidungs- und Kunststilen herrschte, an Kommunikations- und Ernährungsgewohnheiten, Regierungsformen, Religionen und Weltanschauungen. Deshalb ist es besonders spannend, wenn wir uns anschauen, wie es vor tausend Jahren an verschiedenen Orten der Welt zuging. Denn wir reden von den Zeiten vor der Globalisierung, vor dem verstärkten weltweiten Austausch von Waren und Informationen.

Ich kann in diesem Kapitel natürlich nicht alle Kulturen des Mittelalters schildern. Aber ich will zumindest versuchen, anhand von Beispielen etwas von der Vielfalt zu vermitteln. Dabei können wir uns die Weltkarte mit den fünf Kontinenten Australien, Asien, Afrika, Europa und Amerika vornehmen oder vorstellen. Ich schlage vor, dass wir mit unserer kleinen Reise, die wir durch die Kulturen des Mittelalters machen, links oben in Nordamerika beginnen und rechts unten in Australien enden.

Der Geist des Wals und die Macht der Clanmütter

Ganz im Nordwesten der Welt befinden sich die Gebiete des heutigen Alaska und Kanada. Dort lebten im Mittelalter bereits die Eskimos, genauer gesagt das Volk der Inuit. Sie konnten weder lesen noch schreiben. Sie fischten und jagten Robben und Wale. Die Inuit schliefen in Iglus oder in einer Art Zelten, die sie aus Walknochen und Tierhäuten bauten. Wenn sie mit ihren Harpunen einen Wal erlegten, dann opferten sie danach dem Wal-Geist etwas. So zeigten die Inuit, wie dankbar sie für die Beute waren. Und sie verhinderten, dass der Wal-Geist sich an ihnen rächte.

Das Opferritual hat mit ihrer Religion zu tun, dem Animismus. Das Wort Animismus kommt vom lateinischen *anima*; es bedeutet »Hauch«, »Atem«, »Seele« oder »Lebenskraft«. Menschen aus animistischen Kulturen meinen, dass in jedem Lebewesen und jedem Ding eine Seele, eine besondere Kraft oder ein Geist wohnt.

Der Animismus war auch die Religion der Indianer, der Ureinwohner, die südlich von den Inuit auf den Gebieten des heutigen Kanada und der heutigen USA lebten. Allerdings gab es rund 500 bis 1000 Indianerstämme, die sich oft stark voneinander unterschieden. Manche waren noch Jäger und Sammler wie vor Zigtausenden von Jahren. Sie lebten in Zelten, den Tipis. Andere errichteten Lehmhäuser und pflanzten Mais an, waren also Bauern wie die meisten Menschen im damaligen Europa. Die Pueblos im Süden Nordamerikas, in Arizona und New Mexico, hatten sogar kleine Städte. Sie bauten Wohnanlagen mit Hunderten von Zimmern direkt an Felswände. Es waren sozusagen Apartmenthäuser, die man in Europa so nicht kannte.

Einer der größten Indianerstämme waren die Irokesen. Sie organisierten sich ab dem späten Mittelalter in den »Fünf Nationen«. Die Irokesen tätowierten ihre Körper und Gesichter mit Mustern, ihre Ohren und Nasen waren durchstochen und mit Ringen geschmückt. Sie hatten keine Schrift, aber Wampume; das waren Gürtel oder Ketten, deren Perlen symbolische Bedeutungen hatten. In Wampumen wurden Gesetze festgehalten, etwa das »Gesetz des Friedens«; es verbot, dass Irokesen gegeneinander kämpften. Was die Regierung betraf, waren sie im Mittelalter eine weltweite Besonderheit: Denn der »Große Rat«, eine Versammlung aus fünfzig Häuptlingen, wurde von älteren Clanmüttern ernannt. Die Frauen hatten also einige politische Macht.

Indianer verstanden sich als eine Gemeinschaft von Familienverbänden, den Clans. Jeder Clan wurde durch ein Tier symbolisiert, etwa Bär, Wolf, Biber, Schildkröte, Hirsch, Schlange oder Adler. Von diesen Tieren fertigten die Indianer Holzfiguren an, um ihre Kraft immer spüren zu können. Es waren Totems. Indianer aus dem Clan des Bären riefen sich, wenn Gefahr drohte, die Eigenschaften und Stärken ebendieses Tieres in Erinnerung. So wollten sie sich Mut machen; womöglich lieferte ihnen ihr Totemtier sogar eine Idee dafür, wie sich die brenzlige Situation meistern ließ: War es ein Adler oder eine Schlange, galt es beispielsweise, blitzartig und unerwartet zuzuschlagen, um den Feind zu überraschen. Bei der Schildkröte ging es eher darum, sich bei Gefahr zu schützen. Das Reptil mit dem Panzer, das bei Gefahr Kopf und Füße einzieht, diente als Ermahnung, sich gut gegen Attacken abzusichern und geduldig auszuharren, bis die Angreifer aufgaben.

Die Gesellschaften der Indianerstämme waren meistens nicht wie in Europa und Asien in Stände eingeteilt, in Adelige, Nichtadelige und Leibeigene. Sie kannten keine strenge hierarchische Kleiderordnung. Bei den Indianern trugen alle ähnlich gemachte Mokassins und Kleidung aus Leder, die jeder individuell mit Perlen verzierte. Das klingt alles recht freundlich, aber die Kultur der Irokesen hatte auch schlimme Seiten. So wurden gefangene Feinde oft in einer Art religiösen Opferzeremonie auf grausamste Weise zu Tode gefoltert.

Die Kultur des Menschenopfers und ein Kontinent voller Träumer

Bewegen wir uns auf der Weltkarte von Nordamerika weiter nach rechts, nach Osten. Wir können das mittelalterliche Europa und den Nahen Osten überspringen, weil wir sie bereits kennengelernt haben. Dann landen wir in Asien, dem so-genannten Fernen Osten. In Japan entwickelte sich im Mittel-alter ein ähnliches Feudalsystem wie in Europa. Dabei dienten Schwertkämpfer, die Samurais, ein bisschen wie die europä-ischen Ritter ihren Feudalherren. Shogune waren eine Art Her-zöge und erlangten immer mehr Macht. Eine Zeit lang regier-ten sie selbst statt des japanischen Kaisers, des Tennos.

Japan vermochte als einziges Land ganz im Nordosten, die Angriffe der gefürchteten Mongolen abzuwehren, des noma-dischen Reitervolks. Die Mongolen waren berüchtigt für ihre Kampfkraft und Geschicklichkeit, etwa dafür, mit dem Bogen vom Rücken ihrer Pferde in vollem Galopp Pfeile in alle Him-melsrichtungen abzuschießen. Es heißt, sie hätten, wenn sie keine andere Verpflegung hatten, ihre eigenen Pferde mit dem Messer angeritzt. Sie hätten dann ihre Lippen an die Wunde im Fell gelegt und direkt von dem frisch heraussprudelnden warmen Blut getrunken. Unter ihrem Anführer Dschingis Khan errichteten die Mongolen ein Weltreich, das China so-wie Teile Indiens, Persiens, des heutigen Russland und Ost-europas umfasste.

Welche Geschichten, die wir über die Mongolen hören, stimmen und welche nicht, ist oft schwer zu sagen. Ähnli-ches gilt für die Berichte über die Völker, auf die wir stoßen, wenn wir jetzt auf der Weltkarte wieder ganz nach links ge-hen, etwas runterrutschen und dort im Südwesten mit unse-rem Kurztrip durch die Kontinente fortfahren. Die Rede ist von Mittel- und Südamerika. Dort entwickelten sich die drei großen Kulturen der Inka, der Azteken und der Maya. Die der Maya war die bei Weitem älteste dieser Kulturen. Sie siedel-ten schon im Altertum auf den Gebieten der heutigen Staa-ten Mexiko, Guatemala, Belize, El Salvador und Honduras. Bei ihnen herrschte die Sitte, den Göttern Opfer zu bringen, teilweise Menschenopfer. Nur so ließen sich, so glaubten die Maya, die Götter besänftigen.

Ähnlich wie bei den Maya, aber wohl noch grausamer ging es bei den Azteken zu, die auf Gebieten des heutigen Mexiko lebten. Ihre Kultur entwickelte sich im 14. Jahrhundert, also im Spätmittelalter. Sie verehrten rund 200 Götter. Wie die Maya mussten auch die Azteken für das Leben, das sie bekommen hatten, bezahlen, und zwar mit Blut und Schmerzen. Was heißt hier bezahlen? Die aztekischen Priester schnitten sich in die Ohren und die Zunge; sie verletzten sich selbst, um Blut für die Götter zu spenden und deren Durst zu stillen. Besonders berüchtigt sind die Azteken für die Menschenopfer, die sie den Göttern darbrachten. Man weiß nicht genau, ob die Opferungen wirklich so abliefen, wie es Europäer, die später nach Amerika segelten, in ihren Berichten ausschmückten. Wahrscheinlich töteten Priester vor allem Kriegsgefangene. Die Opfer wurden auf einen Altar gelegt, der oben auf einer der stufenförmigen Pyramiden stand. Die Priester schnitten den Opfern das Herz heraus. Manchmal wurden Teile des Körpers gegessen. Die Azteken dachten, dass die Kraft derer, die sie verspeisten, auf sie übergehen würde.

Der Alltag der Azteken war streng geregelt. Es herrschte generelles Alkoholverbot, außer für die Alten; sie durften Pulque trinken, einen berauschenden Saft aus vergorenen Agaven. Allen anderen drohte bei Alkoholkonsum die Todesstrafe. Erlaubt war Kakao, den man in Europa damals nicht kannte. Kakao spielte eine wichtige Rolle; die Bohnen dienten den Azteken sogar als Geld. Es kam allerdings zu Fälschungen. Findige Betrüger erhitzten die Kakaobohnen, sodass sie größer wurden und wertvoller erschienen.

Die größte der drei bekannten Hochkulturen Südamerikas und aus heutiger Sicht die innovativste war die der Inka. Die Inka unterwarfen zahlreiche andere Völker und herrschten auf den Gebieten des heutigen Kolumbien, Ecuador, Peru und Chile zeitweise über mehrere Millionen Menschen. Sie hatten eine einzigartige Schrift, nämlich eine aus verschiedenartigen

Knoten, die an Schnüren aufgereiht waren. Wie die Maya und Azteken befolgten die Inka viele strenge Rituale. So mussten beim Fest der Sonne alle von Mitternacht bis zur Morgendämmerung baden, um den Körper von schlechten Geistern zu reinigen.

Der Herrscher des Inkavolkes war *der* Inka. Dem König wurde wie einem Gott gehuldigt. Bei den Inka lag alles in der Hand des Staates; ihm gehörte der gesamte Grund. Das Land war in drei Drittel aufgeteilt. Auf allen drei arbeiteten Bauern, aber die Erträge wurden unterschiedlich verteilt. Die Ernten des ersten Drittels kamen direkt dem königlichen Hof zugute. Das zweite ernährte Priester und Künstler, die religiöse Werke schufen, zum Beispiel Götterfiguren aus Gold und Silber. Die Erträge des dritten Drittels durften die Bauern für sich behalten.

Das Inkareich dürfte im Mittelalter der am straffsten organisierte Staat der Welt gewesen sein. Ein ganzes Heer an Beamten reiste durch das Land und überwachte die Menschen in ihrem Alltag. Die Gesandten des Königs belauschten die Untertanen und kontrollierten streng, ob sie sich über gotteslästerliche Dinge unterhielten. Wie im christlichen Europa mussten die Menschen regelmäßig bei Priestern beichten. Anders als in Europa bekam, wer zu lange unverheiratet blieb, von Staatsbeamten einen Ehepartner zugewiesen. Jeder Inka wurde zu Arbeiten eingeteilt. Ein Vorteil des strengen Systems bestand darin, dass die Beamten Vorräte für den Fall von Missernten und Überschwemmungen anlegen ließen. Sie dienten in Notzeiten der ganzen Bevölkerung als Reserve. Im Alter konnten sich die Menschen sogar auf eine Art Rente freuen. Denn sie wurden aus staatlichen Mitteln versorgt. Eine solche Rentenversicherung war damals weltweit einzigartig.

Wir verlassen Südamerika und bewegen uns auf der Weltkarte wieder weiter nach Osten. So gelangen wir nach Afrika. Auf diesem Kontinent herrschte während des Mittelalters die weltweit vielleicht größte Vielfalt an Kulturen. Denn Ägypten, diese uralte Hochkultur, war inzwischen in muslimischer Hand. Im 7. Jahrhundert hatten Araber das Land erobert. Das Nachbarland Äthiopien war demgegenüber christlich. In Lalibela standen sehr eigentümliche sogenannte Felskirchen, große Bauwerke, die in einem Block aus dem Naturstein herausgemeißelt wurden. Das waren die afrikanischen Kathedralen.

Neben dem christlichen und muslimischen gab es in Afrika noch andere größere Reiche. So gründete im Frühmittelalter das Volk der Soninke auf dem Gebiet des heutigen Mali das Reich Gana. Es verfügte über Bodenschätze, die in Bergwerken abgebaut wurden. Gana, weithin als »Land des Goldes« bekannt, lockte abenteuerlustige Händler vor allem aus Arabien an. Die muslimischen Kaufleute kamen auf Kamelen in Karawanen durch die Sahara, um das Gold und Kupfer der Afrikaner gegen Schmuck, Waffen und Salz einzutauschen. Sie errichteten Zweigstellen ihrer Handelsunternehmen, bauten mehrstöckige Steinhäuser und Moscheen.

Die Religion der Soninke war eine Art Animismus wie bei den bereits erwähnten Inuit und Indianern Nordamerikas. Anders als andere animistische Kulturen hatte Gana verschiedene Stände und Sklaven und einen König. Er residierte in einem prächtigen, mit Gold dekorierten Palast und wurde ein bisschen wie ein Gott verehrt. Ganas Hauptstadt Kumbi-Saleh hatte 15 000 bis 30 000 Einwohner.

Ansonsten lebten in Afrika große Teile der Bevölkerung als Jäger und Sammler, ähnlich wie vor Tausenden von Jahren. In kleinen Gemeinschaften hatten Stammesälteste zwar eine besondere Autorität. Aber die Gemeinde konnte sich in Gesprächen darauf einigen, was getan werden sollte; sie brauchte keinen König. Da Jäger und Sammler keine Felder bestellen oder Tiere züchten, ist ihr Tagesablauf recht offen. Wenn sie Hunger bekommen, ziehen sie los, um Früchte zu sammeln oder eine Antilope zu jagen.

Entsprechend hatten und haben die wenigen Jäger und Sammler, die es noch in entlegenen Gebieten Afrikas und Südamerikas gibt, ein anderes Zeitgefühl als der Rest der Welt. Für uns ist dieses Zeit- und Lebensgefühl kaum noch vorstellbar.

Das gilt auch für das Zeit- und Lebensgefühl des Volkes, auf das wir treffen, wenn wir auf der Weltkarte von Afrika aus weiter nach Osten rücken. Dann landen wir auf dem fünften Kontinent: Australien. Heute leben dort fast nur Weiße, die ab dem 18. Jahrhundert aus Europa eingewandert sind. Von der ursprünglichen Bevölkerung, den Aborigines, sind heute nur sehr wenige übrig; im Mittelalter waren sie unter sich. Sie streiften als Jäger und Sammler umher, ihre Religion war animistisch. Doch hatten die Aborigines eine weltweit besondere Eigenschaft: Eine wesentliche Rolle in ihrem Alltag spielten nämlich Träume.

Die Träume waren eine Art Visionen oder Tagträume; sie dienten den Aborigines zur Orientierung im täglichen Leben. Die Träume bestanden aus uralten Geschichten und Erinnerungen. Die Aborigines meinten etwa, dass vor Urzeiten eine Riesenschlange namens Kuniya Eier gelegt hatte. Das seien die auffällig rund geformten Steinbrocken, die immer noch in einer bestimmten Gegend Australiens herumliegen. Derartige Geschichten boten eine Erklärung, wie die Welt entstanden war und wie die Schöpfer der Welt weiterwirkten. Und es waren eben nicht nur Geschichten. Für die Aborigines waren die Eier der Riesenschlange ein weiterhin existierender, traumhafter Teil der Welt. Die Träume waren für sie ähnlich wahr und real, wie es der Traum für einen Träumer ist, solange er schläft.

Die fantastischen Ereignisse aus der Vergangenheit, die in der Vorstellung der Aborigines sehr gegenwärtig waren, bildeten etwas, das weiße Forscher *Dreamtime* genannt haben, auf Deutsch Traumzeit. Das ist ein merkwürdiger Begriff, und das Konzept ist nicht ganz einfach zu verstehen. In der Traumzeit verschmolzen, so könnte man sagen, Vergangenheit und Gegenwart. So sahen Aborigines zugleich die Felsen der Gegenwart und die Riesenschlange aus der Vergangenheit, die die Felsen gemäß ihrem Glauben erschaffen hatte. Aus der Traumzeit stammten auch die sogenannten Traumpfade beziehungsweise *Songlines*. Das waren Wege und Routen, die das ganze Land durchzogen. Auf ihnen fanden sich Wanderer zurecht, indem sie uralte, mündlich überlieferte Lieder sangen, die Anhaltspunkte enthielten. Die Traumpfade hatten eine besondere spirituelle Bedeutung und dienten zugleich der Orientierung auf Reisen. In der Welt der Aborigines wimmelte es von traumhaften Vorstellungen, die auch praktische Funktionen hatten. In der Traumzeit erblickten die Ureinwohner die Totems, die ihnen im Leben zur Seite standen. Ein Totem konnte ein bestimmtes Tier, ein Stern oder eine Pflanze sein, mit denen sich jemand besonders verbunden fühlte. Die Totems waren sogar ähnlich wichtig wie die eigenen Eltern. Sie gaben Aufschluss darüber, welche Partner zu einem passten, wen man heiraten sollte und wen nicht.

Uns mag das Ganze mit den Totems, der Traumzeit und den Traumpfaden umständlich oder als Fantasterei erscheinen. Doch die Aborigines fanden sich in dem System gut zurecht. Und enthalten andere Kulturen, die uns näher sind, nicht ähnlich merkwürdige Dinge? Vielleicht hätten die Aborigines, wenn sie davon gehört hätten, den unsichtbaren Gott der Juden, Christen und Muslime für ein Hirngespinst gehalten. Sie hätten sich wohl über die Idee gewundert, dass ein Mann namens Jesus am Kreuz für die Sünden der Menschheit gestorben sein soll. Die Aborigines lebten in einer Ordnung, für die sie keine Päpste und Kaiser brauchten. Ein paar verfügten zwar über ein besonderes Wissen in bestimmten Bereichen wie der Medizin oder Totemregeln. Diese Weisen wurden um Rat gefragt. Aber sie hatten keine besondere Befehlsgewalt.

Ich finde es faszinierend zu sehen, welche Vielfalt an Kulturen im Mittelalter auf den verschiedenen Kontinenten herrschte. Die Menschen sahen nicht nur sehr unterschiedlich aus, waren halb nackt und tätowiert, in Umhänge gehüllt oder stampften in eisernen Rüstungen durch die Gegend. Sie hatten auch ganz verschiedene Vorstellungen davon, wie man leben soll, wie die Zeit vergeht und sogar was Realität und was Fantasie ist. Die Vielfalt erinnert uns daran, dass Dinge, die uns bei anderen Kulturen und Menschen verrückt erscheinen, vielleicht gar nicht so verrückt sind. Zumindest nicht verrückter als das, was wir für normal halten.

KAPITEL DREIZEHN
Die ersten Popstars

Die Renaissance in Italien und der Humanismus: neuartige Bilder und Vorbilder für ganz Europa.

Im Dezember 1541 verursachte der Künstler Michelangelo mit seinem Bild *Jüngstes Gericht* in Rom einen Skandal. Der Papst hatte Michelangelo damit beauftragt, ein riesiges Bild direkt auf die Innenwand der Sixtinischen Kapelle zu malen, ein sogenanntes Fresko. Traditionell zeigen Bilder vom Jüngsten Gericht, wie Jesus hoch oben im Himmel schwebt und von dort aus über die Menschheit richtet: Die guten Christen werden in den Himmel erhoben und die Sünder in die Hölle hinabgestürzt. Das heißt, es geht eigentlich immer recht brutal zu. Doch Michelangelo schockierte die Betrachter mit der Art und Weise, wie er das Ganze auf seinem Bild darstellte. Er malte Jesus ohne Bart und Engel ohne Flügel. Und er zeigte sowohl die Sünder als auch die Heiligen splitterfasernackt. Engel und Märtyrer, die doch himmlische und erhabene Wesen sein sollten, wirken plötzlich wie normale Menschen.

Damit nicht genug: Heilige und Sünder taumeln wild durcheinander. Insgesamt scheint auf Michelangelos Bild Chaos zu herrschen. In den Augen der damaligen Betrachter störte der Maler auf seinem Bild die göttliche Ordnung. Denn es gab damals klare Regeln darüber, wo Heilige auf Gemälden zu stehen und wie sie auszusehen hatten, was für Kleidung sie zum Beispiel tragen sollten. Diese Regeln hatte Michelangelo missachtet. Deshalb regten sich viele Menschen über ihn auf. Sein *Jüngstes Gericht* war wohl der erste große Skandal der Welt, den ein prominenter Künstler hervorrief. Einerseits eckte Michelangelo mit seinem Bild an; andererseits erntete er Bewunderung. Seine Malweise war frech, aber eben auch frisch und einfallsreich. Weil er so talentiert und originell war und auf seinen Bildern seine ganz eigene neue Welt erschuf, wurde er schließlich sogar »der Göttliche« genannt.

Neben Michelangelo erregten damals noch einige andere Künstler Aufsehen. Schon hundert Jahre bevor Michelangelo aktiv war, hatte in Italien eine neue Art von Kunst Verbreitung gefunden. Das galt für Statuen und Gemälde von Künstlern wie Masaccio und Donatello. Ihre Bilder wirkten verblüffend lebensnah und plastisch. Auf Gemälden sah man nicht mehr wie früher ein paar relativ starre Figuren, die in einer Reihe vor einem gleichfarbigen, oft goldenen Hintergrund standen. Vielmehr schien es so, als bewegten sich die Figuren. Auf Gemälden, die Schlachten zeigten, stürzten Kämpfer mit ihren Lanzen und Schwertern nach hinten und nach vorn; manche fochten nah beim Betrachter, andere weiter entfernt. Wie wurde der Eindruck erzielt? Der neuartige 3-D-Effekt hatte mit der Perspektive zu tun. Die Figuren wurden nach hinten abgestuft immer kleiner gemalt; schließlich sieht man auch in echt die Dinge in der Ferne kleiner. Die Linien der dargestellten Gebäude liefen am Horizont an einem sogenannten Fluchtpunkt zusammen. So erzeugten sie die Tiefenwirkung im Bild.

Aber die neuen Werke, die ab dem 15. Jahrhundert geschaffen wurden, waren nicht einfach nur besonders realistisch gestaltet. Es steckten frische Ideen dahinter. In der Kunst sollte zum Ausdruck kommen, wie schön der menschliche Körper doch ist. Auf den Bildern von Künstlern wie Botticelli, Raffael und Tizian räkeln sich nackte Frauen; ihre Haut wirkt manchmal ein bisschen feucht, als seien sie gerade den Wellen des Mittelmeers entstiegen. Unter der Haut meint der Betrachter das Blut pulsieren zu spüren; die Muskeln der Männer und die

Brüste der Frauen zeichnen sich deutlich unter ihrer Kleidung ab. So etwas hatten die Leute noch nicht gesehen.

Dass schöne Körper in der Kunst so richtig gefeiert wurden, hatte es zuletzt in der Antike gegeben, bei den alten Römern und Griechen. Deshalb hieß die Bewegung der Kunst und des neuen Menschenbilds, die im 15. und 16. Jahrhundert entstand, *Rinascimento*; das ist Italienisch für »Wiedergeburt«. Heute verwenden wir das französische Wort *Renaissance*. Der Ausdruck kommt daher, dass Michelangelo und die anderen Künstler viele Anregungen aus der Antike bezogen. In der Renaissance wurde die Art und Weise, wie Künstler die Dinge in der Antike gesehen und dargestellt hatten, wiederentdeckt, sozusagen wiedergeboren und dann weiterentwickelt. Zu den Wiederentdeckungen zählten Statuen der alten Griechen, die schöne nackte Menschen zeigten. Und damit einher ging auch, sich wie die antiken Philosophen Gedanken über Gott und die Welt zu machen, über die Schönheit und die Liebe.

Die Welle der neuen Bilder, die die Menschen begeisterte, begann in Italien. Sie schwappte auf das restliche Europa über. Die Künstler, die dafür verantwortlich waren, wurden bejubelt. Die Namen Michelangelo und Leonardo da Vinci hat fast jeder schon mal gehört; nach ihnen sind heute Eurocityzüge benannt. Doch schon zu ihren Lebzeiten erlangten einige Renaissancekünstler europaweit Berühmtheit. Ja, sie waren sogar so etwas wie die ersten Popstars der Weltgeschichte. Sie machten natürlich keine Musik, aber sie schufen Bildwerke, die die Menschen begeisterten. Außerdem waren sie Popstars, weil sie sich selbst auf neuartige Weise in Szene setzten, so wie Stars das tun. Jeder auf seine eigene verrückte Art.

Fanpost, rosa Outfit und ein Lob der Lässigkeit

Michelangelo erregte beispielsweise Aufsehen, indem er nachlässig gekleidet herumlief. Er wagte es, seinen Auftraggebern selbst dann zu widersprechen, wenn es sich um Fürsten oder Päpste handelte. Dabei waren die Päpste die mächtigsten Männer der Welt. Sie konnten einen in den Kerker werfen oder sogar auf dem Scheiterhaufen verbrennen lassen, wenn sie meinten, dass man ein Ungläubiger war, ein Ketzer. Doch Künstler genossen eine besondere Freiheit. So kursierten Geschichten über Michelangelos Status als vom Papst abgesegneter Star. Etwa jene, dass der Papst, als ein Bischof seinen Künstler kritisierte, diesen Bischof dafür beschimpfte und sogar mit seinem Stock schlug. Jedenfalls erhielt Michelangelo Hunderte von Briefen, zum Teil von Leuten, die er nicht kannte. Es war Fanpost. Ein anonymer Bewunderer schrieb: »Liebster Michelangelo … Ich wünsche mir so sehr, dass Du mein bist und ich Dein aller herzlichster Freund.«

Auch Leonardo da Vinci erregte die Gemüter; und auch er verhielt sich wie ein Star. Er tauchte bei Banketten im rosa Outfit auf. Er ragte in seiner Zeit nicht nur mit seiner Kunst heraus, sondern betrieb sogar Forschung. Er wollte die Natur aus eigener Anschauung verstehen. Deshalb beobachtete er ganz genau, wie Vögel flogen. Er versuchte, einen Flugapparat zu entwerfen, und dachte sich eine Art Hubschrauber aus, also ein Gerät, das erst 500 Jahre später gebaut wurde.

Indem Leonardo versuchte, den Menschen fliegen zu lassen, schien er für viele damals die Regeln Gottes infrage zu stellen, der doch nur Vögel mit Flügeln ausgestattet hat. Auf noch krassere Art taten das damals aber Wissenschaftler, die ganz neue Dinge herausfanden. Etwa der deutsche Mathematiker und Astronom Nikolaus Kopernikus. Er meinte, dass sich nicht, wie damals alle dachten, die Sonne um die Erde dreht. Es ist genau andersherum, die Erde kreist um die Sonne. Damit stellte Kopernikus das gesamte Weltbild auf den Kopf, das die Menschen bislang gehabt hatten. Sie hatten die Erde und Gott, ihren Herrscher, als Mittelpunkt des Universums gesehen. Kopernikus stand für das neue Weltbild mit der Sonne im Zentrum. Das war spektakulär. Warum wurden dennoch nicht Wissenschaftler wie Kopernikus zu Stars, sondern Künstler wie Leonardo? Das lag an ihrem glamourösen Auftreten und daran, dass sie faszinierende Bilder von ihren Beobachtungen anfertigten.

Damit ein Bild besonders realistisch wirkte, besorgte sich Leonardo schon mal tote Tiere als Modelle. Dann lagen Schlangen, Eidechsen und Fledermäuse in seinem Atelier herum. Während er malte, vergaß er vor lauter Begeisterung, dass die Kadaver bereits zu verwesen und zu stinken begannen. Solche Geschichten, die von den Eigenheiten der Künstler handelten, fanden damals schon Verbreitung wie heutiger Tratsch über Pop- und Filmstars. Dass so viele Menschen in Schriften von den neuen Stars, ihrer Kunst und ihren Ideen erfuhren, verdankt sich einer der ganz großen Erfindungen der frühen Renaissancezeit: Um 1450 entwickelte Johannes Gutenberg, wie wir bereits gesehen haben, den Buchdruck mit beweglichen Buchstaben.

Im Mittelalter galten Künstler eher als Handwerker, doch an den neuen Malern und Bildhauern der Renaissance bewunderten die Leute neben ihren Fachkenntnissen auch, dass sie eigensinnig und kreativ waren. Päpste, Kaiser und Fürsten belohnten sie. Kaiser Karl V. machte Tizian zu seinem Hofmaler, zum Grafen und zum Ritter des Goldenen Spornes. Er adelte den Künstler. Leonardo erreichte einen solchen Starstatus, dass ihn der französische König Franz I., als der Künstler schon alt war, zu sich holte und in seinem Schloss leben ließ. Der König bezahlte dem Künstler ein hohes Gehalt einfach dafür, dass er sich mit seiner Anwesenheit schmücken durfte.

In der Renaissance konnten Künstler, selbst wenn sie nicht aus einer adeligen Familie stammten, aufsteigen. Sie rückten, was das Ansehen betraf, in die Nähe von Fürsten. Reiche und neureiche Adelige wie die Medici aus Florenz, die Sforza aus Mailand oder die d'Este aus Ferrara ließen Künstler für sich arbeiten. Sie statteten ihre Feste und Paraden mit Dekorationen aus. Den Fürsten war klar, dass sie mit den Künstlern und ihren Bildern Werbung für sich selbst und ihre Stadtstaaten machen konnten.

Es ging allerdings nicht nur um Marketing, sondern auch darum, die Welt neu zu sehen. Zwar waren Gott und die Kirche offiziell weiterhin die wichtigsten Autoritäten. Doch der einzelne Mensch durfte etwas mehr so entscheiden, wie er es für richtig hielt. Der Einzelne rückte ins Zentrum des Interesses. Deshalb nennt man das Denken der Zeit Humanismus. Das kommt vom lateinischen *humanitas*, was »Menschlichkeit« heißt; *humanus* bedeutet »menschlich« sowie »edel« und »fein«.

Zum Humanismus gehörten nicht nur neue Bilder, sondern auch Bücher. Der norditalienische Schriftsteller Baldassare Castiglione verfasste den Bestseller *Das Buch vom Hofmann*. Darin unterhält sich eine Runde von Männern und Frauen locker darüber, was man können und wissen muss, um ein edler Mensch zu sein, ein Mensch auf der Höhe der Zeit, vielseitig gebildet und selbstbewusst. Castiglione betont, wie wichtig die *sprezzatura* sei. *Sprezzatura* ist eine Art Lässigkeit: Man tut so, als nehme man alles locker und als falle einem alles leicht, selbst wenn das gar nicht stimmt. In der Renaissance wurde also nicht nur eine neue Kunst entwickelt, sondern eine neue Art, sich nach außen zu geben: nämlich lässig und cool.

Zur neuen Lockerheit gehörte es auch, dass sich Schriftsteller in Gedichten und Theaterstücken über Leute lustig machten, ihre individuellen Stärken und Schwächen schilderten. Das gilt für Stücke solch berühmter Theaterautoren wie Christopher Marlowe und William Shakespeare. Das gilt außerdem für gelehrte Autoren wie Erasmus von Rotterdam, die mit ihrem Humor und beißenden Spott brillierten. Erasmus schrieb das Buch *Lob der Torheit*. Darin kritisiert er, wie engstirnig und leichtgläubig die Menschen sind. Er zieht über sämtliche Berufe her, vom Mönch bis zum Arzt. Er nennt Lehrer, die mit ihrem Wissen prahlen, »erbärmlich«.

Der Humanismus brachte es mit sich, dass der Mensch genauer geschildert wurde. In der Malerei zeigte sich das konkret in Details. Wenn wir in die Gesichter der Menschen auf Renaissancegemälden blicken, erkennen wir Falten, Hautunreinheiten oder manchmal sogar Warzen. Und wir fragen uns, in welcher Stimmung die abgebildeten Frauen und Männer waren. Waren sie traurig, nachdenklich, verträumt, begeistert oder voller Zweifel? Darüber rätseln die Leute bis heute vor Leonardo da Vincis *Mona Lisa*, dem Porträt einer jungen Frau. Es ist nicht umsonst eines der bekanntesten Bilder der Welt, vielleicht sogar *das* bekannteste. Bilder wie dieses faszinierten die Menschen. Denn bei *Mona Lisa* ist es so wie manchmal im echten Leben, wenn wir jemandem gegenübersitzen: Wir können nur erahnen, ob die Person uns gewogen ist oder nicht, ob sie herzlich lächelt oder nur höflich oder gar gequält und eigentlich schwermütig ist.

Der neue Malstil feierte in ganz Europa Erfolge. Nördlich der Alpen etablierte sich Albrecht Dürer aus Nürnberg als Kunststar. Er fertigte ein aufsehenerregendes Selbstporträt an: Dürer malte sich selbst so, dass man ihn erkannte, aber auch an Jesus Christus erinnert wurde. Sich selbst wie Jesus darzustellen, das musste man sich erst einmal trauen. Das war ebenfalls *sprezzatura*, die Coolness des Künstlers.

Die Kunst der Renaissance half, ein neues Menschenbild zu verbreiten. Die Neuzeit begann. War nun alles ganz anders als im Mittelalter? Nein. Es gab zwar die Kunst und die Stars, die frei auftraten. Aber die Masse der Menschen lebte im 16. Jahrhundert sehr ähnlich wie im Mittelalter. Die meisten mussten für Lehnsherren arbeiten. Künstler wie Raffael und Tizian malten zwar Bilder von wunderschönen, selbstbewussten Damen, aber im echten Leben wurden Frauen unterdrückt. Sie mussten die Männer heiraten, die ihre Väter für sie aussuchten, etwa weil sie Geld und Macht hatten.

In Zeiten des Humanismus gab es wie im Mittelalter Hexenverfolgungen, oft sogar noch schlimmer. Bestimmte Frauen wurden angeklagt und auf dem Scheiterhaufen verbrannt. Das konnten Frauen sein, die einfach nur selbstbewusst auftraten. Oder solche, die sich mit geheimnisvollen Heilkünsten beschäftigten und denen deshalb Magie und ein Pakt mit dem Teufel unterstellt wurden. Hatte die Nachbarin, während sie in der brodelnden Suppe in ihrem Kochtopf rührte, nicht irgendetwas vor sich hin gemurmelt? Vielleicht eine Zauberformel? So konnte aus einem harmlosen Missverständnis ein folgenschwerer Verdacht erwachsen. Manchmal schwärzten Leute ihre Nachbarin auch ganz einfach nur deshalb bei der Obrigkeit als Hexe an, weil sie aus irgendeinem ganz anderen Grund etwas gegen sie hatten.

Viele Verdächtigte wurden gefoltert. Unter der Folter gaben sie dann oft Verbrechen zu, die sie gar nicht begangen hatten, einfach nur, damit die Qualen endlich aufhörten. Ähnliches gilt für die Inquisition. Sie bestand aus kirchlichen Gerichten, die nach ungläubigen Menschen suchten, nach Ketzern. Die geistlichen Richter ließen Tausende angeblich Ungläubige foltern und hinrichten. Auch die Inquisition wurde im Mittelalter von der Kirche gegründet, blieb aber in der Neuzeit mindestens so aktiv.

Es war also noch ein langer Weg bis zu einer Gesellschaft, die wirklich humanistisch und menschlich gewesen wäre. Doch zumindest machten die Renaissancekünstler und Humanisten durch ihre Werke und die Art, wie sie auftraten, vielen Menschen Mut. Sie regten sie dazu an, sich von der Kirche und anderen Autoritäten weniger vorschreiben zu lassen, wie sie die Dinge zu sehen hatten und was sie zu tun oder zu denken hatten.

KAPITEL VIERZEHN
Was ist ein Papstesel?

Die Reformation ab 1517 führt zu einer Spaltung Europas in zwei
große verfeindete Lager: die Katholiken und die Protestanten. Das hat
weitreichende Folgen für die Politik und die Kultur. Europa wird in
Konflikte und Kriege gestürzt.

Im letzten Kapitel haben wir gesehen, wie der Renaissance-
maler Michelangelo in Rom mit seinem *Jüngsten Gericht* im
16. Jahrhundert viele Betrachter schockierte. Er hatte das Bild
auf ganz neuartige Weise gestaltet, indem er beispielsweise
nackte Heilige und Engel ohne Flügel präsentierte. Doch
ungefähr zur gleichen Zeit sorgten vor allem nördlich der
Alpen viel kleinere Bilder für noch größere Aufregung. Es
handelte sich meist um Holzschnitte oder Kupferstiche, also
vervielfältigte Drucke, die als Flugblätter in den Händen der
Menschen landeten. Ein besonders frecher Druck aus dem
Jahr 1525 zeigt eine nackte Fantasiegestalt, halb Mensch, halb
Tier. Sie hat den Körper einer Frau, aber eine drachenartige
Schuppenhaut. Sie hat Hufe und Krallen statt Füßen, und vor
allem hat sie einen Eselskopf. Das Bild trägt den Titel *Der
Papstesel*.

Was ist ein Papstesel? Mit dem Bild und dem Titel wurde
der Papst als Esel dargestellt. Das bedeutete einen heftigen
Angriff gegen das Oberhaupt der Kirche, den Heiligen Vater.
Unerhört! Der Papst war damals einer der mächtigsten und
gefürchtetsten Männer der Welt. Doch nun kamen irgendwel-
che Unbekannten daher und machten die Kirchenmänner mit
Karikaturen wie *Der Papstesel* lächerlich. Sie stellten das Papst-

tum als dumm wie einen Esel, verlogen und sogar teuflisch dar. Als etwas, das abgeschafft gehörte. Warum das Ganze? Das hat mit den Zuständen zu tun, die in der Feudalgesellschaft und in der Kirche herrschten. Wie wir bereits in den Kapiteln über das Mittelalter gesehen haben, bereicherten sich geistliche Adelige oft auf Kosten der armen Bauern. Um 1500 herum verschlimmerten sich die Zustände. Päpste wie Alexander VI. aus der Familie der Borgia, Julius II. aus der Familie della Rovere und Leo X. von den Medici schwelgten im Luxus. Sie ließen teure Paläste und Kirchen wie den Petersdom in Rom bauen und feierten aufwendige Feste. Bezahlen mussten das die vielen armen Menschen mit ihrem Zehnt, den sie an die Kirche entrichteten.

Viele Päpste sorgten sich nicht mehr um das Seelenwohl der Gläubigen, geschweige denn um ihr leibliches Wohlergehen. Sie interessierten sich vor allem für ihren eigenen Reichtum und ihre Macht. Sie waren korrupt, das heißt, sie verkauften etwa Kirchenämter an Adelige oder Kaufleute. Was ebenfalls schlimm war: Sie förderten den Ablasshandel. Dabei sagten Geistliche den Menschen, sie könnten die Strafen, die ihnen nach ihrem Tod wegen ihrer Sünden im Fegefeuer drohten, abwenden; sie würden ihnen erlassen. Für den Ablass mussten die Gläubigen allerdings Geld an die Kirche bezahlen. Dann erhielten sie einen Ablassbrief, eine Art Urkunde. Auf ihr war festgehalten, dass sich der Sünder von seiner Schuld losgekauft hatte. Zusätzlich mussten die Christen beichten und geloben, eine Pilgerfahrt zu machen, also eine Reise an einen besonderen Ort, an dem beispielsweise ein Heiliger begraben lag. Da die Pilger Geld in die Orte brachten und es eine Ehre war, als Pilgerort zu gelten, bezeichneten sich plötzlich recht viele Gemeinden als die letzte Ruhestätte von Heiligen. Zum Beweis stellten die Geistlichen vor Ort Schädel, Fingerknochen oder ein Stück Stoff, das ein Märtyrer oder sogar Jesus selbst angeblich berührt hatte, aus: in goldenen Schreinen oder für jeden sichtbar auf einem Kissen hinter Glas. Solche Reliquien können wir noch heute in manchen Kirchen besichtigen.

In der Bibel war aber nirgends vom Reliquien- und Ablassbusiness die Rede. So regte sich schon im 14. und 15. Jahrhundert Widerstand dagegen und gegen das Verhalten der Kirche und der Päpste insgesamt. Zunächst vor allem in England und auf den Gebieten des heutigen Tschechien. Theologen wie John Wyclif in England und Jan Hus in Böhmen kritisierten, wie verkommen die Kirche war. Sie forderten, dass die Gläubigen zu den Idealen von Jesus Christus zurückkehren sollten, der selbst bescheiden gewesen war und sich um die Armen gekümmert hatte. Sie betonten, die Menschen könnten sich schon dadurch bessern, dass sie beteten und aufmerksam die Bibel lasen. Dafür mussten sie nicht auf die Päpste hören. Die kritischen Theologen wollten die Kirche zum Positiven verändern, also reformieren. Deshalb nannte man sie Reformatoren. Eigentlich forderten Jan Hus und andere Reformatoren nur, was in der Bibel stand. Doch die Kirche ließ sie für ihre Kritik auf dem Scheiterhaufen verbrennen.

Genau das drohte Anfang des 16. Jahrhunderts auch einem deutschen Reformator aus Wittenberg in Ostdeutschland, der einige höchst gewagte Aktionen durchführte. Er hieß Martin Luther. Er war Mönch des Augustinerordens. Am 31. Oktober 1517 sorgte er mit einem Paukenschlag für Aufregung: Er veröffentlichte 95 Thesen, mit denen er den Papst kritisierte. Was stand in dem Text? Luther wetterte unter anderem gegen den Ablasshandel. Er forderte, dass Gläubige, statt zu zahlen, wirklich ihre Sünden bereuen sollten. Dann würde ihnen vergeben werden. Außerdem sollten die Menschen Jesus endlich wirklich als Vorbild sehen und ihm nacheifern.

Angeblich schlug Luther seine 95 Thesen an die Tür der Kirche in Wittenberg an, damit sie alle Gläubigen auf dem Weg zur Messe zu Gesicht bekamen; jedenfalls schickte er sie an einflussreiche Theologen, die an Universitäten lehrten.

Außerdem verbreitete er seine Thesen auf Flugblättern, sodass sie im Prinzip jeder auf der Straße lesen konnte. Das war damals neu. Luthers Thesen erreichten viele Menschen. Sie stellten die Macht und Sittlichkeit des Papstes ganz direkt infrage. Wie reagierte das Kirchenoberhaupt? Es belegte den aufsässigen Mönch mit einem Bann. Das war damals sehr schlimm, denn es bedeutete den Ausschluss aus der christlichen Gemeinschaft. Damit nicht genug: Dem Mönch und Theologieprofessor Luther drohte sogar der Tod auf dem Scheiterhaufen.

Was tat Luther? Versteckte er sich? Nein, im Gegenteil: Er folgte der Einladung der Obrigkeit, zum Reichstag nach Worms zu fahren, um seine Thesen zu verteidigen. In der Stadt trafen sich die Fürsten des römisch-deutschen Reiches, um über Regierungsangelegenheiten zu beraten. Und auf der hochoffiziellen Veranstaltung des Reichtags wurde Luther aufgefordert, seine Thesen zu widerrufen. Er sollte klein beigeben; sein Leben war in Gefahr. Doch er weigerte sich. Er beharrte auf seiner Meinung. Angeblich sagte er: »Hier stehe ich. Ich kann nicht anders.«

Damit war gemeint, dass er so reden und handeln musste, wie es ihm sein Gewissen befahl, egal, was für schlimme Folgen das für ihn haben könnte. Daraufhin verhängte Kaiser Karl V. eine »Acht« gegen ihn. Das war noch schlimmer als der Bann. Denn geächtet zu sein hieß, dass Luther rechtlos war und jeder ihn einfach so töten konnte, ohne dafür bestraft zu werden.

Luther hatte jedoch Glück. Einige Fürsten schlugen sich auf seine Seite. Sie wollten mehr Macht im Vergleich zum Kaiser, und sie wollten weniger Steuern an den Papst zahlen. Sie erkannten, dass der risikofreudige Mönch ein guter Redner und Schreiber war. Er überzeugte die Leute. Mit seiner Hilfe ließ sich eine Front gegen Kaiser und Papst aufbauen. Doch wenn sich ein Einzelner dermaßen offen gegen den Papst stellte, konnte es gefährlich werden. So bot Friedrich Kurfürst von Sachsen, auch »der Weise« genannt, Luther Schutz. Die beiden ließen sich etwas Besonderes einfallen. Der aufmüpfige Theologe wohnte fast ein Jahr lang anonym in einer kleinen Kammer in der Wartburg in Ostdeutschland. Er benutzte sogar den falschen Namen Junker Jörg; das bedeutet so viel wie Edelmann oder Ritter Jörg. In seinem Versteck verfasste Luther weiterhin Texte.

Auch während Luther sich auf der Wartburg verbarg, profitierte er davon, dass zu dieser Zeit dank des neu erfundenen Buchdrucks immer mehr Flugblätter und Pamphlete die Runde machten. Nachrichten und neue Ideen verbreiteten sich wie ein Lauffeuer. Das war damals eine Medienrevolution. Sie brachte so radikale Veränderungen mit sich wie in unserer Zeit die Einführung von E-Mails, Blogs, Twitter und sozialen Netzwerken, über die sich mit einem Klick Millionen von Menschen erreichen lassen.

Viele waren von Luthers Ideen begeistert. Sie spürten einen Hauch von Freiheit und Hoffnung. Es war ein ganz neues Gefühl der Macht, wenn man als Nichtadeliger mit gedruckten Worten und Bildern Männer wie den Papst ärgern konnte. Dann produzierte Luther sogar einen Bestseller: »seine« Bibel. Was war jetzt, über tausend Jahre nachdem die Evangelien verfasst wurden, so besonders an der Bibel? Die Heilige Schrift an sich gab es natürlich schon lange, doch sie erschien sehr oft auf Latein, was nur wenige studierte Menschen verstehen konnten. Und die Übersetzungen ins Deutsche, die es gab, waren schwer verständlich, mit langen Sätzen und umständlichen Formulierungen. Und da kam Luther ins Spiel. Er fertigte eine neue Übersetzung der Bibel an, und sie war im Vergleich zu den älteren in einem lockeren und besser verständlichen Stil geschrieben. So konnten auch weniger gebildete Gläubige in der Bibel lesen. Sie mussten nicht mehr so sehr auf das hören, was die Priester ihnen predigten. Die hatten den Menschen die

Bibelgeschichten oft so erzählt und so gedeutet, wie es ihnen und der Kirche passte.

Luther hatte Erfolg. Er wurde von mächtigen Fürsten gefördert. Er ging geschickt mit den damals neuen Medien wie Flugblättern und Broschüren um. So griffen die Ideen der Reformation in ganz Europa um sich. Neben seinen Schriften halfen Luther Karikaturen wie der eingangs erwähnte *Papstesel*. Die reformatorischen Karikaturen nahmen über die Jahre immer extremere Formen an. Irgendwann machten Bilder die Runde, auf denen Männer ihr Geschäft in die Krone des Papstes, die Tiara, verrichteten. Auf einem Bild mit dem Titel *Geburt des Papsttums* kam ein kleiner Baby-Papst direkt aus dem Hintern eines Dämons auf die Welt.

Bilder waren sehr wichtig. Und Luther hatte sogar einen recht bekannten Maler, der ihm bei seinen Bildkampagnen half: Lucas Cranach der Ältere aus Kronach in Oberfranken. Der Renaissancekünstler malte Gemälde und zeichnete Karikaturen. Er illustrierte die Bibel und Streitschriften Luthers. Außerdem fertigte er zahlreiche Luther-Porträts an, Gemälde, Holzschnitte und Kupferstiche. Weil so viele Bilder des Reformators in Umlauf kamen, war er europaweit bald bekannter als Kaiser, Könige und Päpste. Cranach malte auch mehrere Gemälde, die Luther zusammen mit seiner Frau Katharina von Bora zeigten.

Das war an sich schon skandalös; wir erinnern uns: Eigentlich durften Geistliche keine Frau haben. Sie sollten im Zölibat leben, also allein bleiben, um ihre ganze Liebe Gott und allen Menschen widmen zu können. Doch Luther brach mit dem Zölibat. Er und seine Frau Katharina wurden zum protestantischen Promi-Traumpaar. Sie waren das positive Gegenstück zu den Päpsten. Denn die lebten offiziell zwar gemäß dem Zölibat, doch sie hatten gekaufte Geliebte, Kurtisanen.

Bei Luther war das anders. Im Unterschied zu den Päpsten stand er offen zu seinem Wunsch, eine Familie zu gründen.

Er wollte sich mit seiner Ehe von den Männern in Rom abgrenzen, die sich mit Prostituierten vergnügten und scheinheilig waren. Beim Reformator und seiner Frau gab es sogar eine rührende Story darüber, wie sie einander kennengelernt hatten. Katharina war schon als Mädchen in ein Kloster geschickt worden. Als Nonne war ihr die Ehe verboten. Doch als sie zwischen den Klostermauern heranwuchs, sehnte sie sich nach einem Mann. Was tun? Sie war ja im Kloster gefangen und hätte nach damaligen Vorstellungen eine Braut Christi sein sollen, also nur im Geiste mit Jesus verheiratet, mit niemand anderem, und schon gar nicht mit einem echten, lebenden Mann. Im Alter von 24 beschloss sie, ein riskantes Abenteuer zu wagen. Sie plante die Flucht aus dem Kloster. In der Nacht zum Ostersonntag im Jahr 1523 war es so weit: Ein Lebensmittelhändler, der das Kloster mit Vorräten belieferte, half Katharina und ein paar anderen Nonnen. Er versteckte die jungen Frauen auf seinem Wagen, auf dem ansonsten Fässer mit eingelegtem Hering oder Brote transportiert wurden, und schmuggelte sie hinaus, in die Freiheit jenseits des alten Gemäuers.

Der Fluchthelfer war ein Bekannter Luthers. Der Reformator hatte den jungen Frauen helfen wollen, freizukommen und ihr eigenes Leben zu führen. Er hatte eigentlich gar nicht vorgehabt, selbst zu heiraten. Aber dann kam es anders: Katharina fand nämlich keinen passenden Mann. Und als junge Frau auf sich allein gestellt zu sein, hieß damals nichts Gutes. Oft blieb unverheirateten Frauen außer dem Klosterleben nur der Beruf der Prostituierten übrig, die extrem schlecht behandelt wurden. Einen Mann zu finden, war also nicht vor allem ein emotionales Bedürfnis wie heute, sondern entschied oft zwischen einem Leben in relativem Wohlstand und einem Dasein in Gefahr und Elend.

Das war einer der Gründe dafür, dass Luther am Ende mit Katharina zusammenkam. Die beiden heirateten und hatten

sechs Kinder. Sie führten einen großen Haushalt mit Angestellten, in dem auch Hilfsbedürftige Aufnahme fanden. Weil
Luther sich vor 500 Jahren dazu entschloss, trotz des Zölibats
zu heiraten, dürfen heute die evangelischen Pfarrer anders als
die katholischen offiziell heiraten oder eine Freundin haben.

Das Wort »evangelisch« kommt daher, dass Luther betonte,
man sollte sich wieder mehr darauf besinnen, was genau in
den Evangelien steht. Das andere Wort für die Glaubensrichtung ist »Protestanten«. Es rührt daher, dass die Reformatoren
gegen Bestimmungen der Kirche protestierten.

Luthers Schriften und Aktionen regten Menschen an, ihre
eigenen Glaubensgemeinschaften zu gründen. So entstanden
in ganz Europa verschiedene protestantische Strömungen.
In Genf in der Schweiz dachte sich der Jurist und Theologe
Johannes Calvin etwa eine sehr strenge Form des Protestan-
tismus aus, den nach ihm benannten Calvinismus. Die Calvi-
nisten legten besonders viel Wert darauf, dass Christen nicht
so luxuriös und faul wie die Bischöfe und Päpste lebten, sondern immer fleißig arbeiteten. Dafür würde man dann, so der
Gedanke, von Gott mit Erfolg belohnt werden. Die Calvinis-
ten und einige andere Reformatoren übertrieben es mit ihrer
Strenge. Sie verboten alles, was Spaß machte, zum Beispiel
Tanzen oder Orgelmusik in der Kirche.

Leider blieb es aber auch nicht dabei, dass Protestanten und
Katholiken mithilfe von Texten und Bildern darum stritten,
für welche religiöse Richtung sich die Gläubigen entscheiden
sollten. Wegen der religiösen Konflikte kam es zu brutalen
Ausschreitungen. Und sogar zu Kriegen.

Die Bauernkriege, eine Bluthochzeit und Blutsverwandte als Todfeinde

Die Ideen der Reformation schlugen deshalb so ein, weil so viele Menschen es satthatten, von faulen und korrupten Kirchenleuten unterdrückt und ausgebeutet zu werden. Schließlich herrschte noch das Lehnswesen, das die Bewegungsfreiheit vor allem der Bauern einschränkte, sie oft in Armut hielt, während sie einiges von ihrer Ernte an die Feudalherren abgeben mussten. Luther und andere Reformatoren hatten gezeigt, dass man den Mächtigen grundsätzlich die Stirn bieten konnte. Das war ein völlig neuartiges Gefühl.

Damit nicht genug: Reformatorische Theologen wie Thomas Müntzer ermutigten die Bauern ganz konkret, ihr persönliches Los nicht einfach so zu akzeptieren. Sie betonten, dass Jesus selbst arm und auf der Seite der Armen gewesen war. Sie sagten, dass es also gerecht wäre, wenn sich die Bauern gegen die Fürsten auflehnten, um ihre Forderungen durchzusetzen. Dazu gehörten der Wunsch, die Pfarrer ihrer Gemeinde wählen, Gemeindeland bebauen, in den Wäldern für ihren Eigenbedarf Rehe und Hasen jagen und sich dort Brennholz beschaffen zu dürfen. 1525 rotteten sich im römisch-deutschen Reich Gruppen unzufriedener Landbewohner zusammen. Es kam zu den Bauernkriegen. Teils nur mit Mistgabeln bewaffnet, kämpften Bauern gegen die Truppen der Fürsten, die ihnen nicht mehr Rechte zuerkennen wollten.

Doch da sie keine militärische Ausbildung hatten, erlitten die Bauern am Ende schlimme Niederlagen. Reformatorische Anführer wurden brutal bestraft, gefoltert und hingerichtet. Und was tat Luther? Er hatte sich gegen die Bauern gewandt und auf die Seite der Fürsten geschlagen.

In den folgenden Jahren und Jahrzehnten führten Konflikte zwischen den Konfessionen dazu, dass protestantisch und katholisch gesinnte Fürsten gegeneinander kämpften. Protestanten verbündeten sich und schlugen in den 1540er-Jahren Schlachten gegen die Truppen des katholischen Kaisers Karl V. und seine Gefolgsleute. Erst im Augsburger Religionsfrieden von 1555 wurde ein vorübergehender Kompromiss zwischen den Kriegsparteien erzielt und vertraglich festgehalten. Er lief darauf hinaus, dass jeder Fürst entscheiden durfte, welche Glaubensrichtung auf seinem Herrschaftsgebiet die Regel sein sollte.

Der Frieden war allerdings nicht von Dauer. In ganz Europa brodelte es. Immer wieder kam es zu Gewaltausbrüchen. Auf besonders verrückte Weise im Jahr 1572 in Frankreich. Auch dort bekämpften einander Katholiken und Protestanten, die Hugenotten hießen. Irgendwann wurde das unaufhörliche Morden selbst für die Streithähne zu viel. Man wollte die Konflikte beenden und eine Versöhnung der Konfessionen herbeiführen. Doch in der total verfahrenen Situation war ein wirklich starkes, überzeugendes Statement gefragt.

Was taten die verfeindeten Parteien also? Sie heirateten. Der hugenottische Fürst Heinrich von Navarra und spätere König Heinrich IV. ehelichte mit viel Prunk und öffentlichen Feierlichkeiten, Musik, Tanz und Banketten die katholische Fürstin Margarete von Valois. Mit der Vermählung wollten sie auf symbolische Weise zeigen, dass die beiden Konfessionen endlich Frieden schlossen. Doch schon ein paar Tage später brachen Kämpfe aus. Es war ein Gemetzel. Tausende von Hugenotten wurden in den Straßen von Paris erschlagen und erstochen. Da der Auftakt zu dieser Schlachterei die Hochzeitsfeierlichkeiten von Margarete und Heinrich gewesen waren, die viele als Provokation empfanden, gingen die Ereignisse als Pariser Bluthochzeit in die Geschichte ein.

Als Heinrich IV. später König war, trat der Hugenotte zum Katholizismus über, weil die Menschen doch mehrheitlich dieser Konfession angehörten. Immerhin gewährte er den Hugenotten im Edikt von Nantes aber Religionsfreiheit. Das heißt, sie sollten nicht mehr dafür verfolgt werden, dass sie gemäß ihrem Glauben lebten.

Der französische König war nicht der Einzige in Europa, der in diesen wirren Zeiten seine Konfession wechselte. Auch der englische König Heinrich VIII. aus dem Hause Tudor tat es. Und zwar auf spektakuläre Weise und mit weitreichenden Folgen. Heinrich war an sich katholisch und mit der Katholikin Katharina von Aragon aus Spanien verheiratet. Sie gebar ihm jedoch keinen Sohn. Einen Thronfolger zu haben, war damals ungeheuer wichtig. Auf Königinnen lastete ein enormer Druck, ein Kind zur Welt zu bringen, und zwar einen Sohn. Denn im Allgemeinen sollte ein Herrscher nach damaligen Vorstellungen ja ein Mann sein. Wenn eine Königin keine Kinder bekommen konnte oder nur Töchter, wurde sie dafür oft kritisiert oder sogar als unfähig beschimpft. Sie konnte natürlich nichts dafür; jedenfalls nicht mehr als der Mann.

Doch König Heinrich VIII. wollte eine neue Frau. Er sollte in seinem Leben insgesamt sechsmal heiraten; zwei seiner Frauen sollte er sogar hinrichten lassen. Was seine erste Frau Katharina betrifft, wollte er sich nur von ihr trennen. Das bedeutete damals einigen Aufwand, denn Scheidungen waren nicht erlaubt. Es gab aber eine Möglichkeit: In Ausnahmefällen durften der Papst und hohe Kirchenmänner bereits geschlossene Ehen wieder auflösen, annullieren. Dann mussten allerdings handfeste Gründe vorliegen, etwa dass jemand zur Ehe gezwungen wurde und eigentlich gar nicht heiraten wollte.

Eine Auflösung der Ehe wäre im Prinzip auch bei Heinrich und Katharina möglich gewesen. Doch war sie eine Verwandte des katholischen Kaisers Karl V. Und der wollte die Ehe erhalten sehen. Warum? Als geschiedene Frau wäre Katharina schlechter gestellt gewesen; und vor allem hätte Karls ganze Familie an Einfluss verloren. Also brachte der Kaiser den Papst dazu, die Auflösung der Ehe zu verweigern.

Anders als erhofft, fügte sich Heinrich VIII. aber nicht. Vielmehr trennte er sich trotzdem von Katharina. Er stellte seine Frau sogar unter Hausarrest. Das war unerhört. Dafür wurde er vom Papst gebannt, so wie das auch schon Martin Luther passiert war. Aber ähnlich wie Luther blieb auch der englische König stur. Er sagte sich sogar vom Papst los, erklärte, er brauche seinen Segen nicht. Am Ende gründete König Heinrich einfach seine eigene Kirche, die Church of England, die Kirche Englands.

Durch die Abspaltung von der katholischen Kirche bereitete der englische König den Boden dafür, dass sich die Reformation langfristig in seinem Land durchsetzen konnte. Heinrichs Tochter Elisabeth war dann tatsächlich Protestantin. Sie musste allerdings auch einen Machtkampf führen, und zwar gegen eine Blutsverwandte: ihre Cousine Maria Stuart, die katholische Königin von Schottland. Maria wollte ebenfalls England regieren und erhob deshalb Anspruch auf den englischen Thron.

Es gab früher in königlichen und adeligen Familien immer wieder Auseinandersetzungen darüber, wer der rechtmäßige Erbe und Thronfolger sei. Da die Adeligen in ganz Europa kreuz und quer untereinander heirateten und Kinder bekamen, war es oft nicht so klar, wer wo genau welche Erbansprüche hatte. War der älteste Sohn der rechtmäßige Erbe oder der fähigste? Sollte es die Tochter der ersten Frau des Königs sein oder jene der zweiten oder dritten Frau, für die er sich doch am Ende entschieden hatte? So konnten verschiedene Verwandte mit Ansprüchen daherkommen und die Autorität von Herrschern anzweifeln. Im Fall von Elisabeth und ihrer Cousine Maria nahm die Geschichte ein schlimmes Ende: Die englische Königin ließ ihre Konkurrentin gefangen nehmen und hinrichten.

Doch in Zeiten der europaweiten konfessionellen Konflikte war die Angelegenheit damit nicht vom Tisch. Der spanische

König Philipp II. war ein strenggläubiger Katholik. Er wollte den Einfluss der katholischen Kirche überall verteidigen und dort zurückgewinnen, wo er verloren gegangen war. So beschloss Philipp ein Jahr nach Maria Stuarts Tod, England anzugreifen.

Im Sommer 1588 stach eine riesige spanische Flotte in Richtung England in See: die berühmte Armada. Über hundert Schiffe. Die Spanier waren siegessicher, denn sie hatten nicht nur viele Schiffe, sondern diese waren auch hochgerüstet. Sie hatten festungsartige Vorbauten auf ihre Decks gezimmert, auf die alles an verfügbarer Feuerkraft geladen war: zahlreiche schwere Kanonen. Doch sie hatten Pech; auf ihrer Überfahrt nach England gerieten sie in einen Sturm, viele Schiffe sanken. Und als sie dann im Ärmelkanal vor der britischen Küste ankamen, mussten sie auch noch feststellen, dass ihre Schiffe schwerfälliger beim Manövrieren waren als die englischen. Die hatten zwar kleinere Kanonen, waren dafür aber leichter und wendiger. Die Engländer triumphierten.

Der Sieg über Spanien bildete die Grundlage für den Aufstieg Englands zur neuen See- und Weltmacht. Da dies unter der Herrschaft von Königin Elisabeth geschah, nennt man die Epoche auch das Elisabethanische Zeitalter. So gab es, fünfzig Jahre nachdem sich König Heinrich VIII. vom Papst losgesagt hatte, ein echtes protestantisches Imperium.

Die Gegenreformation und ein Krieg, der fast die Hälfte der Bevölkerung tötet

Dass sich immer mehr protestantische Fürsten und sogar Staaten wie England von der katholischen Kirche abspalteten, bereitete den Päpsten Sorge. Sie fürchteten um ihren Einfluss. Deshalb organisierten sie extra Sitzungen, ein Konzil, zu dem sich verschiedene Bischöfe und Theologen trafen. Sie sollten sich Maßnahmen gegen ihren fortschreitenden Machtverlust ausdenken. Das Treffen, das wegen des Veranstaltungsortes im heutigen Südtirol den Namen Konzil von Trient erhielt, war besonders. Es lief mit Unterbrechungen achtzehn Jahre lang, von 1545 bis 1563. Die Teilnehmer ersannen zahlreiche Regeln und Strategien, um Gläubige für die katholische Kirche zurückzugewinnen. Das Papsttum startete eine regelrechte Imagekampagne, um den Katholizismus gegenüber der Reformation wieder stärker zu machen. Später hat man das die *Gegen*reformation genannt.

Die Gegenreformation umfasste mehrere Elemente. Eines bestand darin, die Kirche nach innen zu festigen, damit man nach außen wieder überzeugender auftreten konnte: also etwas weniger Lotterleben der Päpste, Bischöfe und Priester. Dabei half der neu gegründete Jesuitenorden, angeführt von Ignatius von Loyola. Die Jesuiten wurden auch als die »Gesellschaft Jesu« bekannt. Damit sollte klargemacht werden, dass die Katholiken zu den Idealen Jesu Christi zurückkehrten wie Bescheidenheit und Demut. Die Jesuiten mischten sich allerdings, anders als Jesus dies jemals getan hatte, als Berater in die Politik ein. Und sie scheuten keineswegs vor Gewalt und Manipulation zurück. Andererseits trugen sie mit ihren Schriften und Schulen einiges zur Bildung der Bevölkerung bei.

Selbst die Kunst wurde für gegenreformatorische Ziele eingespannt. Die katholische Kirche ließ besonders schöne Kirchen bauen und gab eindrucksvolle Gemälde in Auftrag, die die Wundertaten von katholischen Heiligen zeigten. Diese Bilder enthielten Szenen voller Action und Dramatik. Etwa das Werk *Das Wunder des heiligen Markus* von Tintoretto: Darauf kommt der Heilige ähnlich einem Superman im Sturzflug aus der Luft heruntergeschossen, um einem bedrohten Christen zu helfen.

Die Fronten zwischen den Konfessionen verhärteten sich

weiter. Während die Katholiken in Bildern schwelgten, um für ihren Glauben zu werben, sprachen sich einige besonders strenge protestantische Gruppen nun sogar ganz grundsätzlich gegen Kunstwerke aus, weil die angeblich von der reinen Lehre der Bibel ablenkten. Deshalb waren manche Protestanten als Bilderstürmer unterwegs, das heißt, sie zerstörten jede Art von Kunstwerk in den Kirchen, sogar die Kruzifixe.

Die Konflikte und Kriege, die zwischen Katholiken und Protestanten aufflammten, sollten noch lange andauern. Im 17. Jahrhundert führten sie sogar zu einem der schrecklichsten Kriege der Weltgeschichte, dem Dreißigjährigen Krieg. Er tobte von 1618 bis 1648. Er tötete Schätzungen zufolge bis zu vierzig Prozent der Bevölkerung, die in den Kriegsgebieten lebte.

Der Dreißigjährige Krieg verwüstete vor allem die Gebiete des heutigen Deutschland. Erst kämpften protestantische Fürsten gegen katholische. Dann mischten sich nach und nach andere Länder ein. Zum Beispiel das protestantische Dänemark und Schweden. Anfangs ging es um den Kampf der Konfessionen, aber bald gierten alle Kriegsparteien einfach nach mehr Macht und mehr Gebieten. Der schwedische König Gustav Adolf wurde zeitweise von Frankreich unterstützt, obwohl das Land ja katholisch war. In den dreißig Kriegsjahren wechselten manche Bündnisse, je nachdem welche Machtinteressen sich verschoben und dann wieder neu ergaben.

Es wurden furchtbare Grausamkeiten begangen. Söldner, also bezahlte Krieger, zogen plündernd und mordend durch das Land. Sie raubten die wehrlose Bevölkerung aus und erfanden neue Foltermethoden. Etwa den sogenannten Schwedentrunk: Den Opfern wurde mit einem Trichter Jauche eingeflößt, also Kot und Urin. Das war unfassbar eklig, schmerzhaft und oft sogar tödlich.

Irgendwann wussten die Kriegsparteien nicht mehr, wer für wen und wofür oder wogegen kämpfte. Nach all den Jahren

Krieg sehnten sich alle danach, das Schlachten und die ständige Angst, unter der alle litten, zu beenden. Im Jahr 1648 war es endlich so weit. Nach langen Verhandlungen wurde in Münster und Osnabrück Frieden geschlossen: der Westfälische Frieden. Verträge legten ein paar Landesgrenzen neu fest. Das römisch-deutsche Reich, das inzwischen auch Heiliges Römisches Reich Deutscher Nation hieß, verlor Gebiete an Frankreich und Schweden.

Und was war mit dem Kampf der Konfessionen, der die Konflikte und Kriege überhaupt erst ausgelöst hatte? Die Verträge des Westfälischen Friedens liefen darauf hinaus, dass die Protestanten auf dem Reichstag, auf dem sich die Fürsten regelmäßig trafen, von nun an gleich viel zu sagen hatten wie die Katholiken. Erst nach Jahrzehnten eines extrem grausamen Krieges, nach all dem Leid und dem Sterben war damit endlich etwas geregelt, was wir heute selbstverständlich finden: nämlich dass beide Konfessionen gleichberechtigt sind.

KAPITEL FÜNFZEHN
Tropische Schönheit, Mord unter Palmen

Ab 1492 entdecken und erobern Europäer Amerika und gründen auf
der ganzen Welt Kolonien. Sie beuten die ansässige Bevölkerung aus
und betreiben Sklavenhandel. Ein paar mutige Geistliche und Gelehrte
unternehmen etwas dagegen. Zwei asiatische Reiche schotten sich ab.

Zu Beginn des 16. Jahrhunderts wurde ein kleiner italienischer
Angestellter namens Amerigo Vespucci auf überraschende
Weise weltberühmt. Ab 1499 stach er mehrmals mit Segelschiffen in See, die das große geheimnisvolle Land auf der anderen Seite des Atlantiks erforschen sollten. Das Land war erst
kürzlich entdeckt worden. Die Einwohner dort waren ziemlich merkwürdig. Sie trugen Federschmuck und hatten insgesamt andere Gewohnheiten als die Europäer. Auf seinen Reisen sollte Vespucci für das Handelsunternehmen der Medici,
für das er tätig war, herausfinden, welche Möglichkeiten sich
boten, in dem fernen Land mit den fremdartigen Menschen
Geschäfte zu machen. Darüber berichtete er in Briefen seinem
Chef Lorenzo di Pierfrancesco de' Medici. Zusätzlich veröffentlichte er ein Buch über die Erfahrungen, die er in dem
exotischen Land gemacht hatte. Der Titel des Werkes lautete
Mundus Novus; das heißt Neue Welt. Das Buch wurde in mehrere Sprachen übersetzt.

Vespucci beschreibt die Ureinwohner der Neuen Welt und
ihre Sitten: »Alle, beiderlei Geschlechts, laufen nackt umher,
ohne irgendeinen Körperteil zu bedecken«. Die Männer, so
Vespucci, seien »groß, athletisch, wohlproportioniert«. Mit
Blick auf die Frauen versichert er, dass »keine einzige zu sehen

war, die schlaffe Brüste gehabt hätte«. Sie seien alle hübsch. Die Ureinwohner kennen keine Ehe, keine Religion, und es gehe ihnen vor allem um Spaß. Zwar käme es hier und da zu Menschenfresserei. Doch abgesehen vom Kannibalismus und alles in allem betont der Autor, wie wunderbar es in der Neuen Welt sei: »Die Menschen dort können«, so Vespucci, »hundertfünfzig Jahre alt werden.« Das Wetter sei fast immer schön, die Luft frisch und die Natur farbenprächtig. Aber das Beste war: Im Landesinneren gab es große Mengen von Gold. Und das glänzende Edelmetall lag einfach so herum, weil die Ureinwohner es nicht für besonders wertvoll hielten.

Vespuccis Schilderungen ließen die Neue Welt verführerisch erscheinen. Sein Buch begeisterte Leser in ganz Europa. Unter ihnen war der deutsche Kartenmacher Martin Waldseemüller. Und als er im Jahr 1507 eine neue Weltkarte anfertigte und nach einem Namen für den kürzlich entdeckten Kontinent suchte, den er nun einzeichnen konnte, traf er eine folgenschwere Entscheidung: Er benannte den entsprechenden Teil der Karte mit den Umrissen des neuen Landes mit dem Wort *America*. Warum America? Das war eine Abwandlung von Vespuccis Vornamen Amerigo in der Art des lateinischen *Africa*, *Asia* und *Europa*. Damit ehrte der Kartograf den Buchautor und Bankangestellten, der so fesselnd aus der Neuen Welt zu berichten wusste, und verhalf ihm zu Weltruhm.

So wurde ein ganzer Kontinent nach Amerigo Vespucci benannt, und nicht nach seinem eigentlichen Entdecker Christoph Kolumbus. Der war 1492 losgesegelt, um einen Seeweg nach Indien zu finden. Die Route sollte zunächst zu den vor der afrikanischen Westküste gelegenen Kanarischen Inseln und von dort aus weiter nach Westen in Richtung Indien führen. Unter Indien verstand man damals weite Teile Asiens, auch solche, die unserem heutigen Verständnis nach gar nicht zum eigentlichen Indien gehören. Kolumbus ging also von der Kugelgestalt der Erde aus und erwartete, wenn er immer weiter westlich segelte, irgendwann an der Ostküste Asiens oder, wie er sagte, Indiens anzukommen. Dies ist ja, wie wir heute wissen, auch im Prinzip nicht ganz falsch. Allerdings hatte Kolumbus die Entfernung völlig unterschätzt. Schon gar nicht hatte er damit gerechnet, dass es zwischen Europa, Afrika und Asien beziehungsweise Indien noch einen ganzen Kontinent geben könnte. So landete er nach zweimonatiger Fahrt in der Karibik. Er ging auf Inseln der Bahamas an Land, auf Kuba und auf der Insel, auf der heute Haiti und die Dominikanische Republik liegen; sie erhielt damals den Namen Hispaniola. Da er ja ursprünglich nach Indien aufgebrochen war und zunächst auch glaubte, dieses erreicht zu haben, bezeichnete Kolumbus die Ureinwohner Amerikas, auf die er traf, als Indianer.

Leider blieb es nicht bei den schwärmerischen Beschreibungen der schönen Menschen und des milden Klimas in der Neuen Welt. Mit der Entdeckung kam eine ganz große Entwicklung des 16. Jahrhunderts: die Kolonisierung. Sie sollte weltweite Auswirkungen haben. Sie ist eine mindestens so wichtige Entwicklung wie die Renaissance und die Reformation, um die es in den letzten beiden Kapiteln ging. Kolonisierung kommt von Kolonie. Das Wort haben wir schon im Kapitel über die alten Griechen kennengelernt; seine Wurzeln liegen in *colere*, was »Land bebauen« bedeutet. Die alten Griechen wollten fern der Heimat neues Ackerland finden. Aber als Europäer im 16. Jahrhundert Amerika und später andere Teile der Welt kolonisierten, ging es um noch viel mehr. Und ihr Kolonialismus sollte ganz andere, schlimme Folgen haben.

Das hing vor allem mit der Gier der Europäer nach Macht und nach dem amerikanischen Gold und Silber zusammen. Von den Schätzen berichteten Amerigo Vespucci und Christoph Kolumbus gleichermaßen begeistert. So trafen immer mehr Schiffe aus Europa in Amerika ein, voll mit Männern, die reich werden wollten. Zunächst kamen sie aus Spanien und Portugal, dann aus England und den Niederlanden.

Die Spanier wurden Konquistadoren genannt, nach ihrem Wort für Eroberer. Unter den Konquistadoren waren viele extrem brutale und grausame Männer.

Millionen getötete Indianer und eine Handvoll guter Missionare

Ein besonders übler Konquistador war Hernán Cortés. Er traf in der Neuen Welt auf Azteken, das indianische Volk, das wir bereits kennengelernt haben. Cortés und seine Leute hatten Feuerwaffen, Musketen und Kanonen, die in Europa gerade neu erfunden worden waren. Auch die Pferde, die sie auf den Schiffen aus Europa mitbrachten, waren in der Neuen Welt unbekannt. Wenn die Konquistadoren hoch zu Ross mit ihren glänzenden Helmen und Brustpanzern angeritten kamen und mit ihren Musketen schossen, verbreiteten sie unter den Indianern Angst und Schrecken. Cortés und andere Konquistadoren unterwarfen die Azteken und zerstörten ihr Reich.

Durch die Kolonisten, die Mittel- und Südamerika überfielen, dort plünderten und brandschatzten, wurden mehrere Millionen Ureinwohner getötet. Entweder die Konquistadoren ermordeten sie. Oder die Indianer starben an ansteckenden Krankheiten wie den Pocken, die mit den Europäern über den Atlantik gelangten und gegen die sie keine Abwehrkräfte hatten.

Mit den Eroberern kamen außerdem Mönche, deren Mission darin bestand, den Ureinwohnern den christlichen Glauben zu bringen. Aus Sicht dieser sogenannten Missionare waren die Indianer Ungläubige, Heiden; sie lebten in Sünde. Viele Missionare verachteten die Indianer, weil sie ihre Kultur nicht verstanden. Sie behandelten sie wie Tiere. Sie versuchten, sie mit Schlägen und Peitschenhieben, Folter und Strafen zu Christen zu machen. Aber es gab auch Missionare, die mit Predigten und Liedern zu überzeugen versuchten. Einer von ihnen war Bartolomé de Las Casas.

Er wuchs in der spanischen Stadt Sevilla auf. Sein Vater war schon früh in der Neuen Welt gewesen und hatte sogar Besitzungen in der Karibik. Bartolomé selbst wurde Dominikanermönch und segelte als Missionar nach Amerika. Dort bekam er die Grausamkeiten der Konquistadoren direkt mit. Mehr und mehr bekümmerte ihn das Leid der Indianer. Damit war er zwar eine Ausnahme, doch nicht ganz allein. Er las Texte von anderen Mönchen, die sich damit beschäftigten: vor allem von Antonio de Montesinos und Francisco de Vitoria, Pionieren des Völker- und Naturrechts. Sie schrieben, dass alle Menschen mit naturgegebenen Rechten geboren wurden. Alle Menschen seien Geschöpfe Gottes, auch diejenigen, die nicht getauft waren. Das ist heute selbstverständlich, damals war es das aber leider nicht.

Bartolomé de Las Casas wollte verhindern, dass seine Landsleute die Indianer weiterhin versklavten. Sein Ziel blieb zwar, sie zum Christentum zu bekehren, nur eben nicht durch Zwang. Doch wie in Gottes Namen konnte er dem grausamen Treiben der Konquistadoren Einhalt gebieten? Er dachte sich etwas aus. Wenn sich seine Landsleute in der Kirche versammelten, um seinen Predigten zu lauschen, dann setzte es ein Donnerwetter. Von der Kanzel herab drohte de Las Casas seinen verdutzten Zuhörern: Wenn ihr die Indianer weiterhin verachtet, prügelt, quält und tötet, nehme ich euch die Beichte nicht mehr ab! Ihr bekommt keine Vergebung für eure Sünden und werdet bis in alle Ewigkeit in der Hölle schmoren!

Das klang damals für gläubige Christen nach einer realen Drohung. Aber de Las Casas tat noch mehr. Er schrieb Briefe an König Karl I. von Spanien und Herrscher über die spanischen Kolonien, der als Karl V. zum römisch-deutschen Kaiser werden sollte. Der Missionar wagte es sogar, mächtige Konquistadoren wie Francisco Pizarro für ihre Schandtaten anzuprangern.

Pizarro hatte Atahualpa, den König der Inka, gefangen genommen, des Volkes, das weite Teile Südamerikas beherrschte. Mit ihrem König als Geisel hatte der Konquistador von den Inka Lösegeld erpresst, angeblich so viel Gold- und Silberbrocken, dass man damit mehrere Räume füllen konnte. Nachdem die Inka Pizarros Forderungen nachgekommen waren, ließ der ihren König aber nicht frei. Er befahl seinen Männern, ihn zu erwürgen. Pizarro und andere Konquistadoren zerstörten das Reich der Inka, so wie Cortés jenes der Azteken zerstörte. Nachdem Pizarro derart gewütet hatte, wurde er zum Gouverneur von Peru und anderen Gebieten gemacht.

Als Konquistador konnte man einen schnellen Aufstieg schaffen und Reichtum und Einfluss erlangen. Doch Bartolomé de Las Casas gab nicht auf. In Briefen an Karl V. und Hofbeamte schilderte er, wie grausam seine Landsleute in der Neuen Welt wüteten. Da heißt es: »Ein Spanier wollte eine Indianerin vergewaltigen. Weil sie sich wehrte, zwang er sie, in eine Hütte aus Stroh zu gehen, zündete diese an und ließ sie bei lebendigem Leib verbrennen.«

Schließlich zeigte die Kritik von de Las Casas und anderen Wirkung. Im November 1542 unterzeichnete Karl V. die sogenannten Neuen Gesetze für die Kolonien in Amerika. Sie enthielten das Verbot, Indianer zu versklaven. Leider wurden die Gesetze von den Konquistadoren vor Ort, fernab der spanischen Heimat, nicht wirklich befolgt. So ging de Las Casas' Kampf für die Rechte der Indianer weiter.

Schließlich veröffentlichte er sogar ein Buch mit dem Titel: *Kurzgefaßter Bericht von der Verwüstung der Westindischen Länder.* De Las Casas schildert zunächst ähnlich wie schon Amerigo Vespucci in seinem erwähnten Buch *Neue Welt* die Indianer mit all ihren positiven Eigenschaften. Er schreibt, sie seien »demütig, geduldig, friedliebend und ruhig; kannten weder Streit, noch Zwietracht noch Zank«. Er lobt, sie seien nicht habsüchtig, sondern »gelehrig und empfänglich für gute Grundsätze, voll Fähigkeit, unsern heiligen katholischen Glauben anzunehmen«. Doch dann berichtet der Missionar ausführlich, wie grausam die Konquistadoren mit den Indianern umsprangen. Er fasst die Verbrechen, die die Spanier an den Indianern begingen, zusammen: »Seit vierzig Jahren haben sie unter ihnen nichts anders getan, und noch bis auf den heutigen Tag tun sie nichts anders, als dass sie dieselben zerfleischen, erwürgen, peinigen, martern, foltern«.

Bartolomé de Las Casas' Buch brachte einige Leute zum Nachdenken. Dass sich die Lage für die Indianer mit der Zeit ein wenig besserte, hatte allerdings auch praktische Gründe. Indianer wurden unter anderem deshalb immer seltener versklavt, weil sie unter den schlimmen Arbeitsbedingungen auf den Plantagen oder in den Goldminen oft an Erschöpfung und Krankheiten starben. Die Kolonisten konnten sie also schlicht nicht so brutal ausnutzen, wie sie wollten. So nahm die Ausbeutung der Indianer zwar etwas ab, wurde allerdings durch ein anderes Übel ersetzt: die Versklavung von Schwarzen. Die Kolonisten kauften Sklaven in Afrika. Sie verfrachteten sie auf Segelschiffen nach Amerika, wo sie fern ihrer Heimat unter furchtbaren Bedingungen schuften mussten.

So entwickelte sich etwas, das man Dreieckshandel genannt hat, ein Warenaustausch zwischen den drei Kontinenten Europa, Afrika und Amerika. Europäer kauften insgesamt Millionen von Sklaven bei afrikanischen oder europäischen Sklavenhändlern oder entführten sie selber. In Amerika arbeiteten die Schwarzen dann in Goldminen und auf Plantagen, auf denen Zuckerrohr oder Tabak angebaut wurden, später Kaffee und Kakao. Diese Erzeugnisse transportierten Händler nach Europa und verkauften sie dort.

Langfristig gelangten durch den Handel Dinge von einem Kontinent auf den anderen, die es vorher nicht in allen Teilen der Welt gegeben hatte. So kamen Pferde, Rinder und Orangen von Europa nach Amerika. Umgekehrt fanden die Tomate, die Kartoffel und der Mais ihren Weg nach Europa. Die Märkte wuchsen. Immer mehr europäische Seemächte kolonisierten neue Gebiete auf der ganzen Welt. Mittel- und Südamerika waren schon von den Spaniern und Portugiesen besetzt. So gründeten Franzosen, Niederländer und Engländer ihre Kolonien in Nordamerika. Oft stritten die Kolonialmächte um Gebiete. Später sollten deshalb Kriege ausbrechen. Doch zunächst waren es kleinere Konflikte und Überfälle.

Überfälle unter Kolonisten gab es auch zur See, und sie hatten System. Es nennt sich Freibeuterei. Das war so etwas wie staatlich genehmigte und geförderte Piraterie. Unter den Freibeutern fanden sich Männer wie der Engländer Francis Drake, der aus einer Bauernfamilie stammte und es später zum Admiral und zum engen Vertrauten der Königin brachte. Er hatte die Erlaubnis von Königin Elisabeth, Schiffe anderer Kolonialmächte zu kapern. Dafür musste er etwas von der geraubten Beute an den Staat abgeben.

Wie sich Asiaten vor dem Einfluss der europäischen Barbaren schützen

Die Kolonisierung wurde von einzelnen Abenteurern und von Regierungen betrieben – und sogar von Unternehmen. So gründeten ein paar Geschäftsleute im Jahr 1600 in England die *East India Company*, die Ostindien-Kompanie. Jeder, der Geld übrig hatte, konnte sich einen Anteil an dem Unternehmen kaufen. Mit dem Geld besorgten sich die Geschäftsführer der Gesellschaft Schiffe, Matrosen und Söldnertruppen.

Sie ließen sogar eine eigene Flagge und ein Wappen entwerfen, als handle es sich bei ihrem Unternehmen um ein eigenes Land. Dann segelten die Mannschaften los, um Kolonien zu erobern und auszunehmen. Im Fall der East India Company war es Indien. Und zwar das echte Indien in Asien.

In Indien boten die europäischen Kolonisten dortigen Fürsten meist eine Zusammenarbeit an. Die Fürsten eröffneten beispielsweise Teeplantagen, auf denen sie ihre Untertanen arbeiten ließen. Den Tee gaben sie preiswert an die Ostindien-Kompanie ab. Das Unternehmen transportierte den Tee nach Europa und Amerika und verkaufte ihn dort teurer und mit großem Gewinn. Die Teilhaber der Ostindien-Kompanie zu Hause bekamen dann etwas vom Gewinn ab. In mancher Hinsicht war die East India Company also ein Vorläufer heutiger multinationaler Konzerne und Aktiengesellschaften.

Oft war bei dem Handel Gewalt im Spiel. Die Kolonisten drohten den indischen Fürsten damit, dass die Söldnertruppen sie angreifen würden, wenn sie nicht taten, was ihnen gesagt wurde. Es kam zu militärischen Konflikten.

Die Form der Kolonisierung, wie sie die Briten in Indien betrieben, war nicht ganz so brutal wie jene der Konquistadoren in Amerika. Sie zwangen die Inder nicht, zum Christentum überzutreten. Aber im Endeffekt wurden auch hier weite Teile der Bevölkerung unterdrückt. Sie mussten für die Briten schuften, die englische Sprache lernen und ihr Leben an den Wünschen der Europäer ausrichten. Wenn Aufstände ausbrachen, wurden die Einheimischen von den Söldnern der Ostindien-Kompanie oder von britischen Soldaten niedergemetzelt. So etwa beim Sepoy-Aufstand von 1857. In der Zeit schaltete sich der britische Staat auf zunehmend direkte Weise als Kolonialmacht ein. Um das zu unterstreichen, trug die britische Königin Victoria bald den Titel »Kaiserin von Indien«.

Neben Großbritannien und Spanien breiteten sich in Asien die Portugiesen, Niederländer und Franzosen als Kolonialmächte aus. Dabei wurden Länder wie Indonesien und die Philippinen unterworfen. Die Philippinen haben sogar ihren Namen von den Kolonialisten: Ein Konquistador nannte die asiatische Inselgruppe zu Ehren des spanischen Prinzen Philipp *Las Islas Filipinas*. Nach und nach wurden weite Teile Asiens kolonisiert. Es gab jedoch zwei große Länder, die eine Ausnahme darstellten und sich auf eine ganz eigene Art und Weise wehrten: China und Japan.

Mit Japan betrieben Europäer Handel, vor allem Niederländer. Aber im 17. Jahrhundert schottete sich Japan für insgesamt rund 250 Jahre vom Rest der Welt ab. Japaner durften nicht ausreisen, Ausländer nicht einreisen. Ausgenommen waren nur ein paar niederländische und chinesische Händler. Das beschloss der Shogun, der Herrscher aus dem Clan der Tokugawa. Die Shogune wollten den Einfluss der Ausländer und ihrer christlichen Religion auf ihr Land einschränken; außerdem ging es darum, andere reiche japanische Familien in Schach zu halten, die ihr Geld machten, indem sie mit den Fremden Handel betrieben.

China schirmte sich ebenfalls von Europa ab. Die Chinesen wollten nicht dasselbe Schicksal erleiden wie die Inder, die von den Briten unterdrückt und ausgequetscht wurden. Auch ganz grundsätzlich sahen die Chinesen keinen Grund, sich mit den Europäern einzulassen. Warum, so fragten sich die Chinesen, sollten sie Kontakt zu diesen ungehobelten Menschen haben. China war das größte Land der Welt, und es war Europa kulturell wie technisch jahrhundertelang überlegen gewesen. Die Chinesen hatten die Europäer mit fast allen großen Erfindungen ausgestochen. Zum Beispiel mit dem Buchdruck, dem Papier, dem Papiergeld, dem Kompass und dem Schießpulver. Die Chinesen wünschten sich keine ausländischen Produkte. Umgekehrt kauften Europäer sehr wohl bei ihnen, meist Luxuswaren wie Seide und Porzellan, das man damals im Westen noch nicht herzustellen vermochte.

Viele Chinesen hielten die Europäer für derb und unkultiviert, für Barbaren. So schrieb der chinesische Kaiser Qianlong Ende des 18. Jahrhunderts in einem Brief an den britischen König: »Ich habe keine Verwendung für die Waren Eures Landes. Unser himmlisches Reich besitzt alle Dinge im Überfluss, und ihm mangelt nichts innerhalb seiner Grenzen. Deshalb besteht kein Bedürfnis, die Waren fremder Barbaren zum Austausch für unsere eigenen Erzeugnisse einzuführen. Da aber Tee, Seide und Porzellan, die das himmlische Reich erzeugt, unbedingte Notwendigkeit für europäische Völkerschaften und für Euch selbst sind, soll der beschränkte Handel, der bisher in meiner Provinz Kanton erlaubt war, weiter gestattet sein.«

Die Chinesen und Japaner fühlten sich den Europäern gegenüber in vielem überlegen. Sie waren misstrauisch und hielten Distanz. Anders als die Ureinwohner Amerikas und die Inder konnten sie sich die europäischen Barbaren zumindest bis ins 19. Jahrhundert vom Leib halten.

KAPITEL SECHZEHN
Im Schatten des Sonnenkönigs

Der Glanz des französischen Absolutismus ist trügerisch, denn er
geht mit zahlreichen Kriegen und dem Elend der Bevölkerung einher.
In England sorgt die Glorreiche Revolution von 1688 für mehr Freiheit
und Bürgerrechte. Die Wissenschaften machen Fortschritte.

Zwanzig Kilometer westlich von Paris steht ein Schloss, das an
Größe und Prunk alle anderen Schlösser Europas übertrifft:
Die ockerfarbene, durch Säulenvorbauten gegliederte Fassade
erstreckt sich insgesamt über rund einen halben Kilometer. Im
Inneren finden sich zehn Meter hohe Säle und eine siebzig Meter lange Galerie. Hunderte von Räumen sind mit Wand- und
Deckengemälden, teils metergroßen Spiegeln und goldfarbe-
nen Ornamenten verziert; die Gänge säumen Statuen anmu-
tiger Frauen, die funkelnde mehrarmige Kerzenständer aus
Glas hochhalten. Das Schloss wurde im Barockstil gestaltet;
das heißt, die Gebäudeflügel sind symmetrisch angeordnet;
von einem Mittelteil gehen nach rechts und links identische
Flügel ab. Am einen Ende schließt sich ein eigenes Opernhaus
an, am anderen eine Kapelle nur für die Schlossbewohner.

Das Ganze ist ein Universum für sich. Um das zentrale Ge-
bäude herum erstrecken sich weitläufige, nach geometrischen
Mustern geschnittene Parkanlagen mit kunstvoll gestutzten
Hecken, Marmorstatuen und unzähligen Springbrunnen. Der
Park und das Schloss bilden eine eigene Fantasiewelt. In dieser
Welt in der Nähe des Örtchens Versailles lebte vor 300 Jahren
der französische König Ludwig XIV., auch Sonnenkönig ge-
nannt, mit seinem Hofstaat. Sein Lebensstil war der bei Wei-

tem prunkvollste in ganz Europa; kein anderer Herrscher vor oder nach ihm konnte sich darin mit ihm messen.

Der König hatte allerdings einige merkwürdige Angewohnheiten. Eine bestand darin, dass er seine gesamte Morgentoilette als feierliches Ritual vor Publikum zelebrierte. Das Spektakel hieß auf Französisch *lever*, also »Aufstehen« oder »Aufgehen«; *lever du soleil* heißt Sonnenaufgang. Das *lever* des Königs gliederte sich in ein *grand lever*, also »großes Aufstehen«, und *petit lever*, das »kleine Aufstehen«. Beim *petit lever* um acht Uhr morgens waren ein paar hohe adelige Hofbeamte anwesend, Diener, der Leibarzt, Familienmitglieder und vielleicht eine der bezahlten Geliebten des Königs, eine Mätresse.

Sie alle schauten zu, wie Ludwig rasiert wurde. Diener tupften ihm das Gesicht und seine Hände behutsam mit Essigwasser ab. Gewaschen wurde der König insgesamt recht sparsam. Nur selten nahm er ein Vollbad. Das war damals allgemein so. Die meisten Menschen dachten, dass das Baden unnötig und sogar ungesund sei, weil es die Haut durchlässig für Keime mache. Die Leute rochen deutlich stärker als heute. Körpergeruch galt vielen aber als attraktiv, da er etwas Intensives und Persönliches hatte. Der König stank allerdings besonders stark, und zwar aus dem Mund, weil er so schlechte Zähne hatte.

So entsprach der Hof von Ludwig XIV. in vieler Hinsicht dem Motto »Außen hui, innen pfui«. Die äußere Form wurde allerdings auf penible Weise gewahrt. Nach dem *petit lever* folgte um halb neun Uhr das *grand lever*. Da waren Hunderte von Höflingen zugegen. Sie standen herum, während Ludwig zum Frühstück seine Bouillon schlürfte und fertig angekleidet wurde. Das Ganze glich einem Theaterstück. Es war genau festgelegt, wer wann einige Worte an den König richten und ihm schmeicheln durfte. Es gab einen genauen Plan, wann und wie ihm adelige Diener sein Nachthemd über den Kopf zogen und ihm dann ein frisches, vorgewärmtes Hemd reichten und halfen hineinzuschlüpfen. Beim *lever* wurde dem Sonnenkönig seine üppige Perücke aufgesetzt.

Der Herrscher war so mächtig, und seine Zeit galt als dermaßen kostbar, dass er manchmal sogar, während er gerade Untertanen empfing, sein Geschäft verrichtete. Dann saß er auf einem Leibstuhl, auf Französisch *chaise de commodité*, also Stuhl der Annehmlichkeit. Das war ein Lehnsessel mit einem Loch im Sitz und einem Topf darunter. Darin wurde, während Ludwig mit einem Höfling redete, sein königlicher Urin und Kot aufgefangen.

Man muss sagen, dass die Leute im 17. Jahrhundert, was intime körperliche Bedürfnisse betrifft, generell nicht zimperlich waren. Toiletten mit Wasserspülung gab es nicht. Die ärmeren Menschen erleichterten sich hinterm Haus, einem Busch oder einfach auf der Straße. Bei den reichen Leuten war es nicht unbedingt viel besser. Da adelige Damen mehrlagige Kleider und Korsetts trugen, wäre es schwierig gewesen, sich damit auf einen Nachttopf oder Leibstuhl zu setzen. Deshalb hatten sie keine Unterwäsche an; so konnten sie, wenn sie mal mussten, ihre Kleider zusammenraffen, hochheben und einfach dahin pinkeln, wo sie gerade standen. Die Bediensteten mussten es dann aufwischen. Nicht nur auf den Straßen, sondern auch in den Häusern roch es also oft recht streng. Selbst im Schloss von Versailles pinkelten die Leute manchmal einfach heimlich in einen der langen Gänge, hinter eine der vielen vergoldeten Statuen.

Trotzdem kommt es uns komisch vor, dass König Ludwig inmitten all seines Luxus dermaßen offen mit seinen intimen Körperfunktionen umging. Was für einen Sinn hatte es, dass die Leute ihm bei Tätigkeiten wie dem Gang aufs Klo oder dem Ankleiden und Rasieren zuschauen sollten? Ludwig war ein absolutistischer König, das heißt, er herrschte allein, total und uneingeschränkt. Eben absolut. Das heißt auch, dass alles auf ihn ausgerichtet war. Er sollte immer im Mittelpunkt stehen, allgegenwärtig und allmächtig erscheinen und alles über-strahlen. Deshalb wurde Ludwig ja Sonnenkönig genannt. Mit dem *lever* oder dem öffentlichen Urinieren war klargestellt, dass selbst die banalsten und langweiligsten Tätigkeiten, sofern vom Sonnenkönig verrichtet, die volle Aufmerksamkeit und sogar Bewunderung seiner Untertanen verdienten.

Die Bühne für Ludwigs Schauspiel war, wie erwähnt, das Schloss von Versailles. Das repräsentative Gebäude hatte zu König Ludwigs Zeiten mehrere Tausend Bewohner, darunter vor allem Adelige mit ihren Dienern, Kammerzofen, Ärzten und Leibwächtern. Es waren Grafen und Barone aus ganz Frankreich, die der König in Versailles um sich scharte.

Ludwig XIV. tat das nicht zum Spaß. Er versammelte die Adeligen in seiner Nähe, damit er sie besser kontrollieren konnte. Er wollte verhindern, dass sie in Paris oder auf ihren Landgütern Verschwörungen gegen ihn aushecketen. Denn das hatten sie früher getan. Um die Adeligen von der Politik abzulenken, ließ der Sonnenkönig Feste feiern, Schlemmereien und Feuerwerke organisieren, Theateraufführungen und Konzerte. Man sollte das Gefühl haben, dass für alles gesorgt sei und dass der König stets gegenwärtig sei, alles bestimme und beeinflusse.

Im 17. Jahrhundert hatten viele Leute erst einmal nichts dagegen, dass Ludwig so großspurig auftrat und absolut herrschte. Schließlich waren die letzten Jahrzehnte von Bluttaten und Kriegen geprägt gewesen, vor allem zwischen Protestanten und Katholiken. Da schien eine totale Kontrolle durch den König zumindest Sicherheit und Ruhe zu garantieren. »L'état c'est moi« – »Der Staat, das bin ich«, soll Ludwig gesagt haben. Das stimmt wahrscheinlich nicht, aber der Ausspruch hätte gepasst. Die Untertanen sollten glauben, der König habe alles im Griff und verkörpere die perfekt funktionierende Gemeinschaft.

Der Sonnenkönig regierte von 1643 bis 1715, also 72 Jahre

lang. Länger als jeder andere Herrscher einer Großmacht. Er wurde bereits im Alter von fünf Jahren König. Solange Ludwig noch ein Kind war, leitete Kardinal Jules Mazarin die Regierungsgeschäfte für ihn. Ludwigs Finanzminister Jean-Baptiste Colbert baute ein damals neues Wirtschaftssystem aus. Produkte wie Kleidung, Möbel, Wandteppiche oder Kutschen wurden nicht mehr nur in den kleinen Werkstätten der Handwerker produziert, sondern in sogenannten Manufakturen. Ihre Besonderheit bestand darin, dass jeder Arbeiter seine speziellen Handgriffe hatte, die er besonders gut konnte und die für einen Teil des Produktionsablaufs gebraucht wurden. Einer schliff beispielsweise das Holz der Kutsche, der nächste lackierte es; dann wurde es jemand anderem gegeben, der die Teile zusammennagelte. Und so weiter.

Die Herstellung von Waren wurde rationalisiert und beschleunigt; die Manufakturen waren die Vorläufer der Fabriken, die erst später erfunden wurden. Nicht nur die Produktion, sondern auch den Verkauf französischer Waren ins Ausland organisierten Ludwigs Berater und Beamte auf neuartige Weise. Sie senkten die Abgaben auf die Produkte, die ins Ausland exportiert werden sollten. Umgekehrt erhöhten sie die Importzölle auf ausländische Produkte, die nach Frankreich eingeführt wurden. So kam mehr Geld nach Frankreich rein als rausging. Das gesamte System nennt man Merkantilismus. Mit den Einnahmen, die das System einspielte, wurden das prunkvolle Hofleben des Königs finanziert, sein mächtiger Beamtenapparat und die Infrastruktur Frankreichs: Ludwig ließ Straßen und Kanäle bauen. Vor allem hatte Frankreich jetzt ein stehendes Heer. Das heißt, die Soldaten wurden nicht nur bei Bedarf eingezogen, sondern wohnten in Kasernen, bereit, auf Abruf in die Schlacht zu ziehen.

Das war auch angebracht, denn Ludwig XIV. führte ziemlich viele Kriege. Er tat das ohne Rechtfertigung, einfach nur, um Gebiete zu erobern und seine Macht zu erweitern. Außerdem fand er Kriege aufregend. So griff er Spanien und die Niederlande an. Manchmal reiste Ludwig bei einem Feldzug mit, begleitet von einem Gefolge von Dienern, Malern und Dichtern. Zur Unterhaltung ließ er sich im Feldlager Gedichte vortragen. Währenddessen kämpften seine Soldaten ein paar Kilometer weiter in Schlachten, quälten und massakrierten die feindliche Zivilbevölkerung. Unabhängig davon, wie die Kriege ausgingen, und obwohl er gar nicht selbst kämpfte, ließ sich Ludwig auf Gemälden, Wandteppichen und Münzen als Kriegsheld verewigen; selbst an den hohen Absätzen seiner teuren Schuhe waren manchmal Miniaturbilder angebracht, die seine militärischen Siege zeigten. Da er den Tanz liebte, ließ er ein paar Schlachten sogar als Ballett aufführen.

Die Kriege und der Prunk des Sonnenkönigs kosteten viel Geld. Ludwig erhöhte Abgaben und Steuern. Hatte seine Herrschaft anfangs Sicherheit und Wohlstand gebracht, geriet sie nach und nach zur Belastung. Im Volk machte sich Elend breit. Zugleich wurde das Hofleben immer abgehobener. Sogar die Sprache. Wenn Hofdamen ein Glas Wasser zu trinken wünschten, sagten sie: »Ich würde jetzt gerne ein inneres Bad nehmen.«

Trotz alledem galt Ludwig lange als überragender Herrscher; viele Fürsten und Könige Europas sahen ein Vorbild in ihm. Das erstaunt zunächst, aber es lässt sich erklären. Zum einen schuf der König Ordnung und gab den Menschen ein Gefühl der Sicherheit. Zum anderen waren viele schlicht und einfach vom Prunk beeindruckt. So wurden nicht nur der Baustil und die Hofhaltung des Sonnenkönigs in Versailles europaweit zur Mode, sondern auch seine Sprache. Bis ins 19. Jahrhundert redeten die Leute an den Höfen in München oder Petersburg Französisch oder flochten französische Wörter in ihre Landessprache mit ein. Sie wollten den Eindruck erwecken, sie seien kultiviert und auf der Höhe der Zeit.

Zwei moderne Staaten und eine Pippi Langstrumpf auf dem Thron

Im 17. Jahrhundert huldigte man an einigen Höfen Europas dem Absolutismus von Ludwig XIV. Die wirklich modernen Entwicklungen fanden allerdings woanders statt. Und es gab auch ganz anders geartete Hoheiten als den Sonnenkönig.

Eine besonders ungewöhnliche Königin war Christina von Schweden. Die Thronfolgerin der skandinavischen Großmacht lebte zur gleichen Zeit wie Ludwig XIV. Sie hatte lange nicht so viel Einfluss wie der Franzose, aber sie machte auf ihre ganz eigene Art und Weise Eindruck auf die Menschen. Sie war die Pippi Langstrumpf unter den Monarchen.

Christina hatte eine ungewöhnlich tiefe, raue Stimme und derbe Umgangsformen. Sie trug Männerschuhe und Männerjacken und kämmte sich ihr Haar nicht. Sie wollte keine feine Dame sein. Sie schrieb über sich: »Ich hatte einen unüberwindlichen Abscheu und Widerwillen gegen alles, was die Frauenzimmer tun und sagen. Ihre engen, umständlichen Kleider konnte ich nicht ausstehen. Ich achtete nicht auf meinen Teint, meine Figur oder wie ich sonst aussah. Ich verachtete alles, was zu meinem Geschlecht gehörte, Sittlichkeit und Schicklichkeit kaum ausgenommen. Lange Kleider fand ich unausstehlich, ich wollte nur kurze Röcke tragen.«

Christina mochte keinen Prunk, und sie wollte nicht heiraten und keine Thronfolger zur Welt bringen. Vielmehr wünschte sie sich ein Leben als unabhängige Junggesellin. Sie ließ sich zunächst zur Königin von Schweden krönen, dankte dann aber ab und lebte fortan in verschiedenen Städten Europas. Dort schob sie mit dem Geld, das sie als Mitglied des Königshauses hatte, kulturelle Projekte an. In Rom gründete Christina das erste öffentliche Theater der Stadt.

Es war eine unruhige Zeit, in der Christina in Europa herumzog. Als sie zwanzig war, ging gerade der Dreißigjährige Krieg zu Ende: 1648 endete jedoch nicht nur der Dreißig-jährige Krieg, sondern auch der Achtzigjährige Krieg. In diesem Krieg erkämpften sich die protestantischen Niederländer die Unabhängigkeit vom katholischen Spanien, das sie unterworfen hatte. Die Niederländer wollten nicht so viele Abgaben an Spanien zahlen.

Am Ende ihres langen Befreiungskriegs setzten sich die Niederländer durch und vertrieben die Spanier. Diese behielten die Macht über Flandern, das heutige Belgien. Die Niederländer gründeten die Republik der Sieben Vereinigten Provinzen. Da es eine Republik der Händler war, wurde sie nicht so sehr von Adeligen, sondern von reichen Bürgern regiert. Sie saßen in den Gemeinde- und Stadträten und debattierten dort wie in einem kleinen Parlament.

Ähnlich wie in England wurde in den Niederlanden zu Beginn des 17. Jahrhunderts eine Ostindien-Kompanie gegründet, eine frühe Aktiengesellschaft. Sie betrieb Handel mit Produkten aus aller Welt. Eine wichtige Ware, die die Niederländer selbst herstellten, war die Kunst. Reiche Städte gaben Gemälde bei Künstlern wie Rembrandt und Frans Hals in Auftrag, auf denen ihre Stadträte abgebildet waren. Oft wurden es Gruppenporträts, die zeigten, dass alle Ratsmitglieder im Prinzip gleichberechtigt waren. Auch Stillleben kamen in Mode: Bilder mit üppigen Speisen, Obst, Käse, Schinken und Meeresfrüchten auf teurem Geschirr und Wein in wunderbar geschliffenen Gläsern. Mit solchen Gemälden demonstrierten wohlhabende Kaufleute, wie gut ihre Geschäfte liefen.

Die Epoche, in der der Handel und die Kunst blühten, nennt man das Goldene Zeitalter der Niederlande. Die Wirtschaft brummte. Hin und wieder machte der lebhafte Handel allerdings Probleme. Regelrechte Turbulenzen verursachte im Jahr 1637 eine an sich harmlose und bezaubernd schöne Ware: die Tulpe.

Die Tulpe stammt ursprünglich aus dem Orient. In den

Niederlanden wurde es unter wohlhabenden Leuten Mode, die exotischen Blumen zu haben. Man traf sich in extra Tulpenliebhabervereinen. Die starken, satten Farben der Blütenblätter waren damals in Europa konkurrenzlos. Alle wollten Tulpenzwiebeln haben, vor allem solche für besonders fein gemusterte Sorten. Die Preise stiegen. Einige Händler legten Geld in Saatgut und Zwiebeln an.

In den 1630er-Jahren kosteten bestimmte Tulpenzwiebeln so viel wie eine Wagenladung voller Getreide, mehrere Rinder, tausend Liter Bier und exklusive Kleider. Irgendwann entsprach der Preis für eine der exklusiven Zwiebeln sogar dem Jahreseinkommen eines Handwerkers. Mehr und mehr Menschen spekulierten auf Tulpen, das heißt, sie zahlten Geld an einen Blumenhändler. Für das Geld erhielten sie eine Urkunde, auf der stand, dass sie Eigentümer einer bestimmten Menge von Zwiebeln waren. Da viele Menschen Tulpen haben wollten, konnte man die Urkunde, schon bevor man die Ware selbst bekam oder bevor die Zwiebel bereit zum Einpflanzen war, zu einem höheren Preis weiterverkaufen. Die Urkunden entsprachen dem, was wir heute Aktien nennen, und wurden an Börsen gehandelt. Inzwischen sind das Finanzplätze, an denen Daten über Aktien aus aller Welt über große Computersysteme zusammenlaufen; damals waren die Börsen Treffpunkte in Wirtshäusern, in denen Urkunden die Besitzer wechselten.

Im Februar 1637 geschah etwas Unerwartetes. Die Preise für Tulpenzwiebeln stürzten ab. Was war passiert? Irgendwann hatten zu viele Leute Tulpenurkunden in der Hoffnung gekauft, damit Gewinn zu machen. Es war ein Punkt erreicht, an dem sich keine Interessenten mehr fanden. Viele merkten auf einen Schlag, wie verrückt es eigentlich war, so viel Geld in Blumen zu investieren. Sie sahen zwar schön aus, verwelkten aber bald, ohne dass sie einen praktischen Nutzen und Wert hatten. Viele Leute verkauften schnell ihre Aktien, um noch einen halbwegs guten Preis zu erzielen. Dadurch kamen weitere Tulpenzwiebeln auf den Markt, und so fielen die Preise ins Bodenlose.

Ein besonderes Problem bestand darin, dass einige Niederländer sich zuvor extra Geld geliehen hatten, um es in Tulpen anzulegen. Für diese Kredite mussten sie Zinsen zahlen. Manche hatten als Sicherheit für die Kredite ihr Haus geboten; sie hatten eine Hypothek aufgenommen, so wie dies auch heute üblich ist. Wenn sie die Kredite nicht zurückzahlen konnten, verloren sie ihr Haus. So gingen manche Tulpenspekulanten pleite und standen sogar ohne Wohnung da.

Heute nennt man das, was da im 17. Jahrhundert geschah, die Bildung einer Spekulationsblase, die dann platzt, sodass die Preise abstürzen und es zum Börsencrash kommt. Die Tulpenkrise ist der erste bekannte größere Crash der Weltgeschichte. Da viele Menschen so auf die Gewinnaussichten fixiert waren, dass sie die Risiken aus den Augen verloren, spricht man sogar von der Tulpenmanie. Die Krise ist lehrreich. Denn sie lief vom Grundprinzip her so ab wie all die späteren Immobilien- und Finanzkrisen, in denen bis heute viele Menschen ihr Geld verlieren.

Doch abgesehen von solchen Rückschlägen wie dem Tulpencrash blühte die Wirtschaft der Niederlande. Einige ökonomische Entwicklungen wie der rege Handel und die Aktiengesellschaften dienten als Vorbilder für andere Länder. Nicht nur die wirtschaftlichen Entwicklungen des 17. Jahrhunderts hatten allerdings Bedeutung für die Zukunft, sondern auch die politischen. Die wahrscheinlich wichtigste fand in England statt und führte 1688 zur *Glorious Revolution*, der Glorreichen Revolution. Sie nahm einen merkwürdigen Verlauf und hat eine abenteuerliche Vorgeschichte.

In der ersten Hälfte des 17. Jahrhunderts herrschten in England die Könige Jakob I. und dann sein Sohn Karl I. Sie regierten nicht absolutistisch wie der französische Sonnenkönig. Trotzdem verärgerten sie ihre Untertanen mit ihrer großspurigen Art, die die Engländer nicht gewöhnt waren. Schließlich gab es in London schon seit dem 14. Jahrhundert ein Parlament, in dem neben den Adeligen nach und nach auch reiche bürgerliche Kaufleute mitreden durften. Bereits im Jahr 1215 hatten Adelige die *Magna Charta* erstritten. Dieses Dokument besagte unter anderem, dass der König nur Steuern erheben durfte, wenn die Adeligen zustimmten. Die Macht des Königs war in England also früh eingeschränkt worden. Doch im 17. Jahrhundert brach König Karl I. mit dieser Tradition. Er fällte Entscheidungen, ohne das Parlament einzubeziehen. Dann heiratete er auch noch eine Katholikin aus Frankreich, dem alten Feindesland. So brachte er sein mehrheitlich protestantisches Volk gegen sich auf.

Im Jahr 1642 warben unzufriedene Mitglieder des Parlaments Soldaten an und schickten sie in einen Bürgerkrieg gegen die Truppen des Königs. Der Anführer der Parlamentskämpfer war Oliver Cromwell, ein besonders strenger Protestant, ein sogenannter Puritaner. Er siegte, und so passierte am 30. Januar 1649 etwas Unerhörtes: Der englische König Karl I. wurde öffentlich geköpft. Es war das erste Mal in der Geschichte, dass ein Volk seinen Monarchen so richtete. Und es war auch deshalb so schockierend, weil die Untertanen ihre Monarchen damals im Allgemeinen noch ein bisschen wie göttliche Wesen behandelten.

Mit der Enthauptung von König Karl I. wurde England zur Republik. Das Ganze ähnelte allerdings ein wenig der Situation im alten Rom unter Kaiser Augustus. England war zwar offiziell eine Republik, aber im Grunde hatte bald Oliver Cromwell das Sagen, einfach weil er über die stärksten Truppen verfügte. Er errichtete eine Art Militärdiktatur. Und als er starb, kamen komischerweise wieder Männer aus der königlichen Familie der Stuarts an die Macht. Zuerst Karl II., dann Jakob II. Verglichen mit dem strengen Cromwell erschienen sie dem Volk plötzlich als gar nicht so schlimm.

Doch 1688 regte sich im Parlament erneut Widerstand gegen die Monarchie. Dieses Mal dachten sich die Parlamentarier etwas Besonderes aus, um den König loszuwerden. Da sie nicht wieder mit so einem diktatorischen Revolutionsführer wie Cromwell enden wollten, riefen sie Wilhelm von Oranien aus den Niederlanden zu Hilfe. Wilhelm war der Sohn einer englischen Prinzessin, aber in den Niederlanden aufgewachsen. Er war also republikanische Freiheiten gewöhnt. Er landete mit seinem Heer in England. Und siehe da: Weil der englische König nicht wie sein Vorfahr Karl I. auf dem Schafott landen wollte, ergab er sich kampflos. So krönten die Engländer Wilhelm von Oranien aus den Niederlanden zu ihrem neuen König. Allerdings sollte er ein Monarch sein, der das Parlament respektierte und mit ihm zusammenarbeitete. Er war fast wie ein vom Volk angestellter König.

Die Rechte des englischen Parlaments wurden ausgeweitet und in einer Liste festgehalten, der *Bill of Rights*. Das war damals etwas Außergewöhnliches. Die Bill of Rights stellte klar, dass das Parlament über die Gesetze, die der König vorschlug, abstimmen konnte. Auch musste es Wahlen geben, um die Parlamentarier zu ermitteln. Die Bill garantierte unabhängige Gerichte. England war zwar eine Monarchie, dennoch hatte das Parlament einiges zu sagen. Es überwachte die Könige oder Königinnen, deren Macht die Bill of Rights wie eine Verfassung einschränkte. Da Verfassung auf Englisch *constitution* heißt, bezeichnet man das ganze System als konstitutionelle Monarchie.

Diese Regierungsform war ein historischer Durchbruch und wurde in der Glorreichen Revolution erkämpft. Die Umwälzung verlief unblutig und damit ganz anders als später die Französische Revolution, auf die ich noch zu sprechen komme. Zwar durften damals und noch sehr lange nur weniger als fünf Prozent der Bevölkerung das Parlament wählen, nämlich nur die reichsten Engländer; und im Parlament versammelten sich nur adelige und reiche Bürger. Aber in Zeiten, in denen im Rest von Europa absolutistische Könige regierten, bedeutete das schon einen großen Schritt in Richtung Demokratie.

Im 17. Jahrhundert wurden Fortschritte nicht nur in der Politik, sondern auch in den Wissenschaften erzielt. Wir haben bereits gesehen, dass ein Jahrhundert zuvor Leute wie Leonardo da Vinci und Nikolaus Kopernikus neuartige Erkenntnisse über die Natur, die Planeten und Menschen gewonnen hatten. Sie hatten sich von alten religiösen Regeln gelöst. Stattdessen hatten sie sich auf ihre eigenen Beobachtungen verlassen und Experimente gemacht. Im 17. Jahrhundert setzte sich der Trend fort, aber es kam etwas Neues dazu: Die Wissenschaftler hatten nun genauere Instrumente, Messgeräte, empfindliche Waagen und Teleskope mit modernen, präzise geschliffenen Linsen. Sie zeichneten ihre Experimente immer detaillierter auf. Und sie stellten exakte Berechnungen an. So konnten Wissenschaftler endlich beweisen, was Forscher früherer Zeiten nur aufgrund ihrer Beobachtung vermutet hatten. Das gilt für Leute wie Galileo Galilei, Francis Bacon, René Descartes, Gottfried Wilhelm Leibniz und Isaac Newton. Sie gingen sogar noch einen Schritt weiter und leiteten aus ihren Messungen und Berechnungen Gesetzmäßigkeiten ab, Naturgesetze. Ein berühmtes Naturgesetz, das Isaac Newton formulierte, ist das Gesetz der Schwerkraft.

Doch die neuen Erkenntnisse und Naturgesetze warfen grundsätzliche Fragen zum Leben auf. Wenn es unverrückbare Naturgesetze gibt, muss ihnen dann nicht sogar Gott selbst gehorchen? Oder steht Gott, da er doch allmächtig ist, über den Gesetzen? Solche Fragen stellten sich Forscher und Philosophen immer öfter. Der Mathematiker und Philosoph Leibniz grübelte sogar darüber nach, warum Gott, wenn er doch angeblich alles lenkt, nicht das Böse auf der Welt verhindert: Kriege und Verbrechen, Unfälle und Naturkatastrophen wie Erdbeben. Leibniz' Antwort lautete: Unsere Welt ist zwar leider nicht perfekt, doch die beste aller *möglichen* Welten. Was soll das heißen? Mehr als das sei, so Leibniz, einfach nicht drin; seiner Meinung nach konnte es selbst Gott unter den schwierigen gegebenen Umständen sozusagen nicht besser hinkriegen.

Mit solchen Überlegungen kamen erstmals Zweifel daran auf, dass Gott perfekt ist. Aber dass Gott existierte, das wurde nicht infrage gestellt. Die Menschen sahen die Religion als die beste Grundlage dafür an, dass es ihnen wohlerging und die guten Sitten eingehalten wurden. Das sollte sich im Lauf des 18. Jahrhunderts ändern.

KAPITEL SIEBZEHN
Frauen in Männerkleidung

Das Zeitalter der Aufklärung bringt im 18. Jahrhundert freche Aktionen, soziale Netzwerke und ein neues, freieres Denken mit sich.

Im Dezember 1766 wunderte sich die Besatzung des französischen Marineschiffs *L'Étoile*, das Kurs auf den Südatlantik nahm, über einen Mitreisenden namens Jean Baret. Er war mit dem Naturforscher Philibert Commerson an Bord gekommen. Die beiden brachen zu einer mehrmonatigen Reise um die Welt auf. Baret war Commersons Assistent. Er würde ihm helfen, in den Urwäldern von Südamerika, auf Madagaskar und auf südpazifischen Inseln die exotische Tier- und Pflanzenwelt zu erforschen; sie wollten Gesteinsproben sammeln, vergleichen, untersuchen und katalogisieren. Baret konnte ordentlich zupacken, so wie man es von einem Assistenten erwarten durfte. Erstaunlich war allerdings eines: Er hatte eine ziemlich hohe Stimme. Auch Barets Haut wirkte ungewöhnlich glatt. Eigentlich kein Wunder, denn in Wahrheit war er eine Frau. Jean hieß eigentlich Jeanne. Sie hatte ihren Vornamen männlich gemacht und sich als Mann verkleidet. Sie trug Hose, Hemd und Jacke statt Kleid.

Warum gab sich Jeanne als Mann aus? Warum tauschte sie ihr Kleid gegen eine Hose ein? Damit verstieß sie damals gegen jede Regel; Frauen hatten keine Hosen an. Der Grund für die Verkleidung ist einfach: Jeanne war ursprünglich Commersons Haushälterin. Sie wollten die Reise gemeinsam machen. Doch Frauen waren an Bord von Marineschiffen verboten, und es war auch nicht vorgesehen, dass sie auf Forschungsreise gingen. Deshalb konnte sich Jeanne ihren Traum nur erfüllen, indem sie so tat, als sei sie ein Mann. Jeanne Baret gilt als die erste Frau, die die Welt umsegelte. Das war immerhin 250 Jahre, nachdem die Mannschaft des Portugiesen Ferdinand Magellan dies zum ersten Mal überhaupt geschafft hatte.

Was die Verkleidung betrifft, war Jeanne Baret im 18. Jahrhundert nicht allein. Es kursierten immer mal wieder ähnliche Geschichten. So verdiente eine gewisse Catharina Linck in mehreren deutschen Fürstentümern in Männerkluft als Soldat ihr Geld. In Amerika tarnte sich Deborah Sampson als Mann, um in der Armee kämpfen zu können. Die berühmtesten Frauen in Männerkleidung dürften allerdings die Britinnen Anne Bonny und Mary Read gewesen sein. Sie wollten wie Jeanne Baret zur See fahren. Allerdings auf einem Piratenschiff.

Es ist eigentlich klar, dass eine als Mann verkleidete Frau, wenn sie über Wochen oder Monate auf einem Schiff eng mit Matrosen zusammenlebte, irgendwann auffliegen musste; selbst wenn sie sich ihre Brüste abband und die Haare abschnitt oder unter einer Mütze versteckte. Wurde sie entdeckt, konnte das brutale Strafen oder Misshandlungen durch Männer nach sich ziehen. Manchmal akzeptierten die Männer die Frauen auch. Sie sahen, dass sie ihre Arbeit gut machten. Und die Frauen wollten ja nichts geschenkt bekommen. Sie wünschten sich nur, endlich Berufe wie jene der Naturforscherin, Mathematikerin, Schreinerin, Soldatin oder Piratin ausüben zu dürfen, die es offiziell noch gar nicht gab.

Warum aber traten Frauen ausgerechnet im 18. Jahrhundert verstärkt in Männerkleidung auf? Das hängt mit der sogenannten Aufklärung zusammen, einer damals neuen Entwicklung und Geisteshaltung. Aufklärung bedeutet grundsätzlich, dass man nicht mehr einfach an alte Traditionen und Autoritäten glaubte und etwas nur deshalb tat, weil es seit Jahrhunderten so gemacht wurde. Vielmehr sollten die Menschen selbstständig denken, sich auf die Vernunft und das eigene Urteilsvermögen verlassen und gerne mal ganz neue Wege gehen. Das klingt heute selbstverständlich, war es damals aber nicht. Deshalb musste der berühmte deutsche Philosoph Immanuel Kant auch erst einmal grundsätzlich und etwas umständlich erläutern, was mit Aufklärung gemeint war. Er schrieb: »Aufklärung ist der Ausgang des Menschen aus seiner selbst verschuldeten Unmündigkeit. Unmündigkeit ist das Unvermögen, sich seines Verstandes ohne Leitung eines anderen zu bedienen. Selbst verschuldet ist diese Unmündigkeit, wenn die Ursache derselben nicht am Mangel des Verstandes, sondern der Entschließung und des Mutes liegt, sich seiner ohne Leitung eines anderen zu bedienen. *Sapere aude!* Habe Mut, dich deines eigenen Verstandes zu bedienen! ist also der Wahlspruch der Aufklärung.«

Das war eine schöne Idee. Das Problem bestand allerdings darin, dass viele Menschen nicht gelernt hatten, sich frei ihres Verstandes zu bedienen, egal, wie mutig sie waren. Neunzig Prozent der Bevölkerung waren leibeigene Bauern oder Dienstpersonal. Sie wurden von früh an dazu erzogen, Adeligen und Geistlichen zu gehorchen und nichts infrage zu stellen. Sie hatten auch keine Möglichkeit, etwa Bücher von Aufklärungsphilosophen wie Immanuel Kant zu lesen. Die Mehrheit der Menschen besaß keine Bücher und konnte ohnehin nicht lesen und schreiben.

Nun sollte, wenn es nach den Verfechtern der Aufklärung ging, jeder die gleichen Rechte haben, sich zu bilden. Und zwar unabhängig davon, ob man als Bauer oder Graf geboren wurde, als Mann oder Frau. Was tun? Ein erster kleiner Lösungsversuch waren die sogenannten Salons. Sie wurden meistens von wohlhabenden Frauen in ihren Stadtpalais veranstaltet. Da trafen sich Leute zum Kaffee oder bei einem Gläschen Wein. Man saß auf mit Ornamenten verzierten Sesseln und lauschte einem kleinen Vortrag oder vielleicht einem Streichquartett. Hinterher wurde über alles Mögliche diskutiert. Manche Salons waren fast so etwas wie inoffizielle Privatuniversitäten. Dort konnten sich Frauen, die damals ja noch nicht studieren durften, Wissen aneignen und Ideen austauschen.

Arme Menschen, Bauern und Bedienstete hatten allerdings keinen Zutritt zu den Salons. Für sie bot sich zumindest eine kleine Chance, auch außerhalb von Salons etwas über neue Ideen und Durchbrüche in der Forschung zu erfahren. In der Zeit der Aufklärung wurden nämlich immer mehr Zeitungen gegründet. Die ersten kamen im 17. Jahrhundert in Umlauf, und im Jahrhundert darauf entwickelte sich das, was wir heute eine Medienöffentlichkeit nennen. Das heißt, es gab ein Informationsangebot zu Themen wie Politik, Wissenschaft und Kultur, das zumindest im Prinzip jedem offenstand.

Ein ganz besonders verlockendes Angebot machte der Schriftsteller und Aufklärungsdenker Denis Diderot. Ab 1751 veröffentlichte er nach und nach die insgesamt 28 Bände seiner *Enzyklopädie*. Eine Enzyklopädie ist eine Art Lexikon, aber mit umfangreichen Texten zu den einzelnen Stichwörtern und Themen. Diderots *Enzyklopädie* bot Wissen aus der Philosophie, Politik, den Wissenschaften und dem Handwerk. Er bemühte sich, das alles so darzustellen, dass es nicht nur Leser begreifen konnten, die schon viel Vorwissen hatten, sondern auch solche mit weniger Bildung.

In mancher Hinsicht war die *Enzyklopädie* wie heute Wikipedia, denn es schrieben außer Diderot viele andere Autoren mit, damals rund 200. Einige Artikel blieben unvollständig. Diderot gestand die Schwächen seines Lexikons ein, aber er meinte, es sei besser als gar nichts. Außerdem wurden die Leser so dazu angeregt mitzudenken. Die *Enzyklopädie* enthielt 71 818 Artikel, also viel weniger als Wikipedia heute. Es gibt weitere, wichtigere Unterschiede: Bei Wikipedia und im Internet im Allgemeinen sind Informationen sehr schnell für sehr viele Menschen in aller Welt abrufbar, und dies meist gratis.

Für die *Enzyklopädie* mussten die Leser noch bezahlen, und sie kostete sogar so viel, wie ein Handwerker in einem Jahr verdiente. Trotzdem war die *Enzyklopädie* ein erster Schritt dahin, Informationen und Wissen zu verbreiten; gegen Ende des Jahrhunderts waren, wenn man die illegalen Nachdrucke mit einrechnet, rund 25 000 Exemplare in Umlauf.

Eine Besonderheit der *Enzyklopädie* bestand darin, dass ihre Autoren ihre Meinung klar erkennen ließen. Das merkt man beispielsweise an dem Eintrag zum Stichwort »Tagelöhner«. Da heißt es: »Das ist ein Arbeiter, der mit seinen eigenen Händen arbeitet und den man täglich mit Tageslohn auszahlt. Dieser Menschenschlag bildet den größten Teil einer Nation. Sein Schicksal soll eine gute Regierung hauptsächlich vor Augen haben. Ist der Tagelöhner unglücklich, so ist die Nation unglücklich.« Die *Enzyklopädie* bot also nicht nur wie ein Lexikon die Definition dieser Arbeitsform, sondern es wurde kritisch danach gefragt, was das Dasein als Tagelöhner für jeden Einzelnen und für die Gemeinschaft bedeutete. So sollten die Leser darüber nachdenken, ob es gerecht und gut für ein Land war, wenn viele Leute als Tagelöhner für sehr wenig Geld in einem unsicheren Beruf schufteten.

In der *Enzyklopädie* wurde die Abschaffung der Sklaverei und der europäischen Kolonien gefordert. Das alles ging den Herrschern, dem König und den Fürsten, gegen den Strich. So wurden Texte, die Aufklärungsdenker veröffentlichen wollten, vorher genau durch eine Behörde geprüft; das war die Zensur. Manche Texte durften gar nicht erscheinen. Die *Enzyklopädie* war ein merkwürdiges Zwischending: Mal verbot die Zensurbehörde ihren Verkauf, dann erlaubte sie ihn wieder – oder duldete ihn im Alltag trotz eines offiziellen Verbots. Warum? Nicht zuletzt deshalb, weil der Chef der Zensurabteilung mit Gedanken der Aufklärung sympathisierte.

Insgesamt waren die Menschen neugierig auf Texte, sie wollten ja etwas Neues lernen. So hatten Hausierer, die von

Dorf zu Dorf zogen und Geschichtensammlungen und Heiligenbilder verkauften, manchmal ganz unten in ihrem Korb verbotene Werke versteckt. Für manche frechen, im damaligen Verständnis gotteslästerlichen Texte konnten die Autoren im Gefängnis landen oder sogar hingerichtet werden. Oft zerrissen Henker, die ansonsten Menschen enthaupteten, auf Befehl der Behörden die verbotenen Bücher öffentlich auf dem Rathausplatz oder verbrannten sie. Daran lässt sich ermessen, wie ungleich viel wichtiger als heute Bücher damals genommen wurden. Manche Schriften galten als Gefahr für die öffentliche Ordnung. Sie waren eine heiße Ware.

Einer der berühmtesten Autoren der Aufklärung, die mit der Zensur zu kämpfen hatten, war François-Marie Arouet, der sich selbst Voltaire nannte. Er prangerte an, dass es wie im Mittelalter die Leibeigenschaft gab und die Inquisition, also die brutale Jagd auf angebliche Ungläubige durch die Kirche. So prägte er das Motto »Écrasez l'infâme!«; das heißt: »Zermalmt das Niederträchtige!« Das Niederträchtige? Damit meinte Voltaire die katholische Kirche, den Papst, die Priester, die viele Menschen unterdrückten und verurteilten. Oder ihnen mit all ihren Regeln und Drohungen über angeblich sündiges Verhalten zumindest ein unnötig schlechtes Gewissen machten.

Voltaire kritisierte nicht nur, er lobte auch. Zum Beispiel England. Dort hatten die Menschen seit der Glorreichen Revolution von 1688 schon etwas mehr Freiheiten als in Frankreich. In England müssten, so Voltaire, die Armen nicht so ungerecht hohe Steuern zahlen. Deshalb habe der Bauer dort »keine in Holzschuhen wundgelaufenen Füße, er isst weißes Brot«. Damals galt weißes Brot noch als besonders fein und kostete mehr als Schwarzbrot.

Voltaire setzte sich für Menschen ein, die zu Unrecht verurteilt worden waren. Er schilderte, wie Richter Zeugen zu Falschaussagen zwangen, nur um genau das Urteil über Angeklagte fällen zu können, das ihnen oder dem König passte. Voltaire zweifelte grundsätzlich an, dass Staatsmänner und Eroberer wirklich so toll gewesen waren, wie es oft hieß. Er schrieb: »Eroberer, an denen es keinem Jahrhundert mangelte, sind gewöhnlich nichts als großartige Bösewichte.« Stattdessen lobte der Aufklärungsdenker Wissenschaftler und Ärzte. Sie seien die wahren Helden, weil sie den Menschen wirklich halfen.

So wurde in Zeiten der Aufklärung eine neue Art von Held eingeführt. Voltaire wurde von manchen selbst als Held gesehen, eine Art Schriftstellerheld, der mit seiner spitzen Feder gegen ungerechte Zustände kämpfte. Er setzte sich für die Rechte der Menschen ein, die selbst keinen Einfluss hatten. Es galt, jenen zu helfen, die von der Obrigkeit, von Richtern, Bischöfen und der Polizei schlecht behandelt wurden. Voltaire sah nicht so aus wie einer der üblichen Helden. Er wirkte gar nicht wie ein Kämpfer und Krieger. Er war dünn, blass und etwas schwächlich. Aber er wurde wegen seiner Texte geachtet, teils sogar gefürchtet.

Herrscher, die auch mal anders sein wollen: der aufgeklärte Absolutismus

Als junger Mann saß Voltaire wegen seiner frechen Texte fast ein Jahr lang im Gefängnis. Da sein Vater Notar und seine Mutter adelig war, erhielt er allerdings eine Vorzugsbehandlung. Er hatte, wie das damals für höhergestellte Häftlinge üblich war, ein eigenes eingerichtetes Zimmer, durfte sich Bücher bringen lassen und Besucher empfangen. Später sollte er mit seinen Romanen und Theaterstücken eine Berühmtheit erlangen, die ihm Vorteile verschaffte. Die Polizei wollte vermeiden, dass es in der Zeitung hieß, sie hätte den berühmten Schriftsteller schlecht behandelt.

Voltaire war bestens vernetzt. Damals schrieben reiche Leute ähnlich viele Briefe, wie wir heute E-Mails, SMS oder WhatsApp-Nachrichten versenden. Mehrmals täglich lieferten Boten die Briefe an die Empfänger. Voltaire hat in seinem Leben rund 20 000 verschickt, und zwar nicht an irgendwen. Er stand im Austausch mit einflussreichen Leuten, unter anderem mit Madame Pompadour, der Mätresse des französischen Königs. Der preußische König Friedrich II. war sogar so von seinem Schriftwechsel mit Voltaire angetan, dass er ihn in sein Schloss Sanssouci in der Nähe von Berlin einlud. Dort wohnte der aufmüpfige Franzose eine Zeit lang.

Wie aber konnte ein frecher Aufklärungsdenker ausgerechnet am Hof des Königs von Preußen landen? Gerade den Bewohnern des Fürstentums in Ostdeutschland eilte der Ruf voraus, besonders viel Wert auf Disziplin und strenge Regeln zu legen. Doch das war es ja gerade: Friedrich II., der später den Ehrentitel Friedrich der Große erhielt, wollte gerne mal eine andere Rolle spielen, als man sie von ihm als preußischem Staatsoberhaupt erwartete. Er schrieb Gedichte und spielte Querflöte. Als Prinz hatte er versucht, der strengen und oft brutalen Erziehung seines Vaters Friedrich Wilhelm I. zu entkommen. Der hatte seinen Sohn von früh an hart rangenommen. Nachdem der dreijährige Friedrich mal beim Knall von Schüssen ängstlich zusammengezuckt war, hatte sein Vater ihn gezwungen, mit echten Pistolen zu üben. Und als Friedrich fünf war, musste er, obwohl es ihm zuwider war, wie ein Offizier eine Truppe von über hundert Jungs befehligen. Er musste sie wie Soldaten auf und ab marschieren lassen und ihnen Befehle zubrüllen. So fasste Friedrich als Achtzehnjähriger zusammen mit einem Freund den Plan, nach Frankreich zu entfliehen, wo es nach allem, was man so hörte, viel sanfter und freizügiger zuging. Doch der Plan flog auf. Und Friedrichs Vater wurde nicht umsonst Soldatenkönig genannt: Er ließ Friedrichs Freund hinrichten und zwang seinen Sohn, dabei zuzuschauen.

Das war natürlich ein Schock für Friedrich. Als er dann selbst König wurde, war er ein widersprüchlicher Typ. Einerseits schaffte er die Folter ab, gewährte die Religionsfreiheit und lockerte auch Zensurbestimmungen. Andererseits blieb er ein absolutistischer Herrscher, geprägt durch das militärische Denken seiner Familie und seiner Zeit. Für die merkwürdige Mischung hat man sich den Begriff »aufgeklärter Absolutismus« ausgedacht; die beiden Begriffe passen natürlich nicht wirklich zusammen. Schließlich entspricht es nicht den Ideen der Aufklärung, wenn ein Herrscher absolutistisch regiert und alles für alle anderen entscheidet. Aber so widersprüchlich wie die Bezeichnung aufgeklärter Absolutismus waren die Zeiten.

Zwar mochte Friedrich II. die Ideale der Aufklärung, doch scheute er nicht davor zurück, einfach ohne besonderen Grund andere Länder mit seinen Truppen anzugreifen. Er besetzte Gebiete Österreichs. 1756 spielte er eine tragende Rolle im wahrscheinlich ersten Weltkrieg der Geschichte: dem Siebenjährigen Krieg. Dieser umfasste mehrere Länder und sogar Kontinente. In dem Krieg kämpften die Preußen und ihre Verbündeten Großbritannien und Fürstentümer wie Hannover und Hessen-Kassel gegen Österreich, Frankreich, Russland, Schweden, Spanien, Sachsen und andere deutsche Staaten. Da einige der beteiligten Länder Kolonialmächte waren, schwappte der Krieg von Europa auch auf Amerika, Afrika und Indien über. Am Ende regelte ein Friedensvertrag, dass die meisten Gebiete so verteilt blieben wie vor dem Krieg. Allerdings konnte Großbritannien die konkurrierende Kolonialmacht Frankreich in Indien und Amerika verdrängen.

Auch Herrscher des aufgeklärten Absolutismus stritten sich also um Gebiete; es galt weiterhin als normal, Angriffskriege zu führen. Ebenso normal war es, dass einzelne mächtige Familien über ganze Länder und Reiche herrschten. Der erwähnte Friedrich II. stammte aus der Familie der Hohenzollern. Ihre Hauptkonkurrenten auf dem Gebiet des Heiligen Römischen Reiches waren die Habsburger, die unter anderem in Österreich regierten. Unter ihnen ragte Friedrichs Gegenspielerin Maria Theresia von Österreich heraus. Sie herrschte als Herzogin und Königin über Österreich und Ungarn und heiratete zudem Franz I., den Kaiser des römisch-deutschen Reiches.

Offiziell regierte der Kaiser. Und als Mutter von sechzehn Kindern hatte Maria Theresia eigentlich ja genug um die Ohren. Trotzdem kümmerte sie sich um die Politik. Sie hatte in ihrer Ehe die Hosen an. Sie gründete Schulen, um die Bildung zu verbessern. Ihr Sohn Joseph II. ließ dann 1781 die Leibeigenschaft der Bauern aufheben, wie man sie seit dem Mittelalter kannte.

Im 18. Jahrhundert wurden in vielen Ländern Europas kleine Fortschritte erzielt. Selbst in besonders rückständigen wie Russland. Dort war Zarin Katharina die Große die treibende Kraft, und ihr Weg dürfte der abenteuerlichste aller Staatsoberhäupter des aufgeklärten Absolutismus sein. Katharina war gar keine gebürtige Russin, sondern eine deutsche Fürstentochter aus dem kleinen Fürstentum Anhalt-Zerbst, die ursprünglich mit Vornamen Sophie hieß. Im Alter von nur vierzehn Jahren schickten ihre Eltern sie nach Russland. Dort heiratete sie mit sechzehn den Zaren Peter III., und zwar im Rahmen der Heiratspolitik, wie sie schon seit dem Mittelalter üblich war. Das hieß, Herrscherfamilien verheirateten ihre Kinder, um Bündnisse zwischen ihren Ländern einzufädeln oder die guten Beziehungen zu bekräftigen. Deshalb liebten die Eheleute einander oft nicht, sie waren einander fremd oder sogar unangenehm. Das traf auch bei der jungen Prinzessin Sophie von Anhalt-Zerbst zu. Doch sie biss sich durch; sie lernte Russisch und nahm den Namen Katharina an, der russischer als Sophie klang. Sie verschwor sich mit russischen Adeligen, die unzufrieden mit der Außenpolitik ihres Zaren waren, gegen ihren eigenen Mann. Im Sommer 1762 ließ sie ihn gefangen nehmen. Nachdem Peter unter mysteriösen Umständen ermordet worden war, konnte sie selbst regieren.

Katharina führte einige Reformen durch, tat ein wenig für die Bildung und das Gesundheitswesen. Sie ließ sich sogar von dem englischen Arzt Thomas Dimsdale gegen Pocken impfen.

Was war daran so besonders? Die Impfmethode steckte damals in ihren Anfängen, und so fürchteten sich viele Menschen vor der Behandlung. Die Prozedur kam ihnen merkwürdig, ja unheimlich vor. Denn zunächst ritzte der Arzt der zu impfenden Person die Haut auf, er betupfte die Wunde dann mit einer kleinen Menge Erregern von zuvor erkrankten Menschen. Derart leicht infiziert, konnten die behandelten Leute langsam Abwehrkräfte aufbauen. Später entwickelte der Arzt Edward Jenner die Impfmethode, bei der Erreger der Pocken verabreicht wurden, die von Tieren stammten. Diese Formen der Pocken waren für Menschen nicht gefährlich und bewirkten eine Immunisierung gegen die lebensbedrohlichen menschlichen Pocken. Es heißt, Katharina habe sich selbst impfen lassen, um ihre Untertanen ebenfalls dazu zu ermutigen. Jedenfalls trug sie zur Entwicklung einer der wichtigsten Erfindungen in der Geschichte der Medizin bei.

In manchem war die Zarin also fortschrittlich. Dabei baute sie zum Teil auf den Reformen auf, die einer ihrer berühmten Vorgänger durchgedrückt hatte: Peter der Große. Der Zar hatte Russland schon zu Beginn des 18. Jahrhunderts modernisiert. Um die Wirtschaft zu fördern, gründete er Manufakturen, wie man sie damals aus Frankreich kannte. Er drängte den Einfluss der Kirche zurück. Peter ging allerdings sehr brutal vor. Er ließ die neue Hauptstadt Petersburg aus dem Boden stampfen. Massen von Arbeitern starben bei Unfällen, an Krankheiten oder Überanstrengung.

Da der Zar wollte, dass die Modernisierung im Alltag griff, ließ er sich einige merkwürdige Verordnungen einfallen. So belegte er die langen Bärte, die russische Männer traditionell trugen, mit einer Steuer. Mit der Bartsteuer versuchte er, seine Landsleute dazu zu bewegen, dass sie sich rasierten und sich so dem modernen, wenngleich aus russischer Sichtweise unmännlichen Look der Westeuropäer annäherten. Westeuropa war in vielem ein Vorbild für Peter. Der Zar reiste sogar selbst in die Niederlande, um dort auf Werften etwas über den modernen Schiffsbau zu lernen. Es heißt, er habe seine wahre Identität verheimlicht und sich als einfacher Bootsbauer ausgegeben. So konnte er ohne viel Brimborium praktische Erfahrungen sammeln.

Auch Zarin Katharina orientierte sich an Westeuropa. Sie half dem erwähnten Aufklärungsdenker Diderot immer wieder finanziell aus. Das war schon lustig, denn außer seiner *Enzyklopädie* publizierte er immerhin Bücher wie *Die geschwätzigen Kleinode*. Darin unterhalten sich weibliche Geschlechtsteile über ihre Sorgen und sexuellen Vorlieben. Katharina lud den frechen Franzosen sogar zu sich an ihren Hof ein. Sie tolerierte es, dass er jeden Tag in derselben einfachen schwarzen Jacke zu ihr kam, und sogar ohne Perücke. Seinen Vorschlag, eine konstitutionelle Monarchie wie in Großbritannien einzuführen, lehnte sie allerdings ab. Katharinas Aufgeschlossenheit beschränkte sich auf Fragen der Medizin, Bildung und Kultur. So mussten adelige Russen, wenn sie einen Theaterbesuch schwänzten, Strafgebühren bezahlen. Als aufgeklärt erwies sich Katharina auch darin, dass sie Liebhaber hatte. Das war damals skandalös; eigentlich sollten nur die männlichen Mitglieder der Herrscherfamilien Geliebte haben. Aber Katharina forderte für sich das gleiche Recht ein, das männliche Adelige und Staatsoberhäupter schon lange hatten. Vielleicht trug sie deshalb gerne mal Männerkleidung; denn zumindest zu Maskenbällen kam sie im Matrosenkostüm.

Endlich menschenfreundliche Schulen

In der Zeit der Aufklärung wurden immer mehr alte Traditionen infrage gestellt. Die Menschen forderten mehr Freiheit im Denken. Aufklärungsdenker wollten, dass die Leute ihre Gefühle, geheimen Wünsche, Ängste und manchmal sogar ihre Schwächen offener und ehrlicher zeigten, damit sie einander besser verstehen lernen konnten. Das machte sich zum Beispiel in Romanen, Gedichten und Theaterstücken bemerkbar. Ein berühmter Autor der Aufklärung ist Gotthold Ephraim Lessing. Das neue Denken prägte auch die Schriftsteller Friedrich Schiller und Johann Wolfgang von Goethe. Der Wunsch, sich freier auszudrücken, zeigt sich in der Musik, in Opern, Symphonien und Sonaten von Komponisten wie Joseph Haydn, Wolfgang Amadeus Mozart und besonders Ludwig van Beethoven, auf den ich noch genauer eingehen werde.

Wie revolutionär das neue, freiere Denken war, wird klar, wenn wir uns vor Augen führen, welch strenge Verhaltensregeln und Hierarchien im Allgemeinen noch herrschten. Das fing bei der Erziehung an. Eltern behandelten ihre Kinder oft wie Soldaten, die nur Befehle zu befolgen haben. Sie hatten insgesamt kein enges Verhältnis zu ihnen. Viele Stadtbewohner gaben ihre Babys einer Amme, die weiter entfernt auf dem Land wohnte. Sie stillte fremde Säuglinge und behielt sie lange bei sich. Da Ammen teils mehrere Babys gleichzeitig hüteten, konnten sie sich nicht so gut um jedes einzelne kümmern. Die Kinder wurden schlecht ernährt, erkrankten und starben oft.

Um die Kinder reicher Eltern kümmerten sich Diener und Gouvernanten, eine Mischung aus Erzieherin und Hauslehrerin. Oder die Kleinen kamen im Alter von nur sieben Jahren in meist von Nonnen und Mönchen geführte Internate, in denen strengste Zucht und Ordnung herrschten. An den Schulen prügelten und verspotteten Lehrer ihre Schüler, wenn sie im Unterricht störten oder etwas nicht verstanden. Doch das wurde im 18. Jahrhundert immer öfter kritisiert, unter anderem von Pädagogen wie Jean-Jacques Rousseau und Johann Heinrich Pestalozzi.

Eine treibende Kraft der neuen Pädagogik waren die sogenannten Philanthropisten oder Philanthropen; das Wort kommt aus dem Griechischen und bedeutet so viel wie »Menschenfreunde«. Sie gründeten Schulen, in denen die Kinder nicht mehr nur stur auswendig lernten. Die Schüler durften auch naturwissenschaftliche Versuche machen und spielerischer vorgehen. Der Autor und Pädagoge Karl Philipp Moritz schrieb ein Werk mit dem Titel *Neues ABC-Buch*. Es enthielt Bildgeschichten zum Erlernen des Alphabets, fast so etwas wie kleine Comics. Zum Buchstaben »E« wie »Essig« gehört das Bild eines Kindes, das sich den Mund hält, und man liest: »Der Essig zieht den Mund zusammen.« Unter »U« wie »Uhr« und »V« wie »Verstand« steht: »Die Uhr zeigt richtig zwar die Stunden. Doch der Verstand hat sie erfunden.« Moritz wollte betonen, dass Kinder eben nicht mechanisch wie ein Uhrwerk lernen sollten, sondern mit dem Verstand, der frei ist und verschiedene Wege zum Wissen nehmen kann.

So wurden hier und da langsam kleine Fortschritte in der Erziehung gemacht. Doch Mädchen und Frauen hatten weiterhin kaum Möglichkeiten, das zu lernen, was sie wirklich interessierte. Sie durften nicht studieren. Nur wenige Frauen bekamen die Chance, ihre Ideen in einem Buch zu veröffentlichen. Eine davon war die Engländerin Mary Wollstonecraft. Sie hatte sich von klein auf vieles erkämpfen müssen. Ihre Eltern waren zwar relativ wohlhabend, doch nur ihr Bruder erhielt eine richtige Schulbildung. Mary fand einen Ausweg: Sie ging zu den Eltern einer Freundin, die sehr offen und nett waren. Von ihnen lieh sich Mary Bücher aus. So konnte sie sich ihr Wissen selbstständig aneignen.

Später gründete Mary eine eigene Schule für Mädchen. Berühmtheit erlangte sie durch ein Buch mit dem Titel *Eine Verteidigung der Rechte der Frau.* Dieses Werk aus dem Jahr 1792 ist einer der ersten Texte, in dem mehr Freiheiten und Rechte für Frauen gefordert werden. Es ist also ein Text der Emanzipation. Mary Wollstonecraft kritisierte unter anderem, dass Mädchen dazu angehalten wurden, mit Puppen zu spielen. Und sie bemängelte, dass sich Frauen selbst wie Püppchen stylten und benahmen. Wollstonecraft wehrte sich dagegen, dass die Damen den Herren bei Gesprächen über Wissenschaft und Politik immer nur geduldig zuhörten, ohne selbst viel sagen zu dürfen.

Dafür dass sich das ganz langsam änderte, kämpften Autorinnen und Autoren der Aufklärung mit ihren Büchern und Artikeln. Sie hatten in gewisser Weise das gleiche Ziel wie die eingangs erwähnten Frauen, die Männerkleidung trugen, um zum Beispiel zur See fahren und auf Forschungsreise gehen zu dürfen oder Piratinnen zu werden.

KAPITEL ACHTZEHN
Die Weltmacht der Flüchtlinge, Außenseiter und Glücksritter

Im Jahr 1776 gründen Einwanderer britischer Abstammung die USA.
Es ist die erste moderne Demokratie der Welt, die bis heute Bestand hat.

Die Sonne war schon untergegangen, als am 16. Dezember 1773 im Hafen von Boston an der Ostküste Amerikas einige Gestalten zu einem Schiff schlichen, das dort vor Anker lag. Im Schutz der Dunkelheit gingen sie heimlich an Bord. Sie verschafften sich Zutritt zu den Lagerräumen unter Deck. Von dort schleppten sie die Fracht, 342 Kisten mit feinstem Tee aus England, nach oben. Dann warfen sie den Tee ins Hafenwasser. Die Gestalten, die die Ladung zerstörten, trugen teils Federschmuck wie Indianer. Es waren aber keine Indianer.

Was sollte das? Ein Scherz? Eine verfrühte Karnevalsaktion? Nein, der Angriff auf die Fracht war eine symbolische Handlung, durchgeführt von weißen Bewohnern Bostons, Leuten, die in der britischen Kolonie Massachusetts lebten. Sie waren offiziell Briten, doch ihre Familien hatten sich teils schon vor Generationen in Amerika angesiedelt; sie fühlten sich schon ein bisschen wie Amerikaner.

Und von ihnen verlangte die Regierung in London Steuern auf den Import von Tee, der aus Großbritannien kam. Das ärgerte die amerikanischen Kolonisten. Auch insgesamt wurden ihre Interessen, so meinten sie, im britischen Parlament im fernen London gar nicht richtig vertreten. Sie hatten dort keine eigenen Abgeordneten. So lautete der Slogan der antibritischen Kolonisten: »No Taxation without Representation«, also »Keine Besteuerung ohne Vertretung«. Sie wollten keine Abgaben bezahlen, wenn sie dafür nicht eigene, selbst gewählte Vertreter in den Westminster Palace, das Parlament in London, entsenden durften.

Das Verhältnis zwischen den amerikanischen Kolonisten und ihrem Mutterland Großbritannien, aus dem sie stammten, war von Anfang an angespannt gewesen. Im 17. Jahrhundert waren die ersten Auswanderer Tausende von Meilen über den Atlantik nach Amerika gesegelt. Oft handelte es sich um Mitglieder religiöser Minderheiten, denen in England Verfolgung und Bestrafung drohten. Sie hatten Mühen und Gefahren auf sich genommen, hatten Stürmen, Krankheiten und Hunger getrotzt, um in die Neue Welt zu gelangen. Viele Kolonisten waren Puritaner, also besonders strenge Protestanten. Die ersten waren 1620 auf der *Mayflower* nach Amerika gesegelt. Sie wurden Pilgerväter genannt, weil sie nach einem gelobten Land suchten. Anders als Pilger wollten sie sich dort sogar niederlassen und gemäß ihren strengen religiösen Ideen und Regeln leben.

Aber unter den Einwanderern waren auch zahlreiche andere Gruppierungen. Etwa einfache Abenteurer, die ihr Glück in Amerika suchten. Oft kamen arme Menschen, die auf ein besseres Leben in der Neuen Welt hofften. Sie reisten mit wenig Gepäck und zerschlissenen Kleidern und mussten sich Geld leihen, um die Überfahrt bezahlen zu können. Diese Schulden hatten sie dann in Amerika abzuarbeiten wie Sklaven. Manche Einwanderer kamen als Kriminelle auf der Flucht. Andere wollten ihr Geld in Amerika investieren. In der Neuen Welt war Land billig oder sogar umsonst zu haben. Warum also nicht eine Plantage gründen, so wie es die spanischen Konquistadoren in Süd- und Mittelamerika getan hatten.

Meist raubten die Neuankömmlinge das Land von den Indianern. Das sollte sich über zwei Jahrhunderte hinziehen. Der traurige Höhepunkt würde das Jahr 1890 sein. Am 29. Dezember sollte eine Truppe des US-Militärs bei dem Ort Wounded Knee in Dakota ein Lager von Sioux überfallen und 300 wehrlose Männer, Frauen und Kinder ermorden. Immer wieder führten Kolonisten Kriege gegen die Ureinwohner, denen das Land seit Jahrtausenden gehörte. Am Ende waren die Indianer Nordamerikas fast ausgerottet.

Auch zwischen den weißen Einwanderern brodelte es allerdings. Sie waren kulturell unterschiedlich geprägt, und vor allem hatten sie unterschiedlich viel Geld. Manche Kolonisten lebten in großen Herrenhäusern mit viel Personal. Andere hausten in Hütten oder Zelten und liefen in Lumpen herum. So schwelten Konflikte zwischen Arm und Reich. Es kam zu Straßenkämpfen. Menschen starben. Ein großer Teil der Wut und Unzufriedenheit wurde gegen die Briten gelenkt. Deshalb die erwähnte Aktion im Bostoner Hafen, die man heute unter dem Namen »Boston Tea Party« kennt.

Freiheitskämpfer und Sklavenhalter

Die Tea Party hatte weitreichende Folgen. Sie war einer der Auslöser für den amerikanischen Unabhängigkeitskrieg, der acht Jahre lang zwischen Kolonisten und britischen Truppen tobte. Bündnisse wurden geschmiedet, teils mit Indianerstämmen, die jeweils auf verschiedenen Seiten kämpften. Auch Franzosen mischten im Krieg gegen die Briten, ihre alten Erzfeinde, mit. Schon während des Krieges, am 4. Juli 1776, veröffentlichten die Kolonisten in Philadelphia die Unabhängigkeitserklärung. Sie ist zunächst einmal deshalb so wichtig, weil sich die Kolonisten damit offiziell von Großbritannien lossagten. Sie sahen sich nicht mehr als Untertanen des britischen Königs Georg III. Zugleich schufen sie die Grundlagen für die USA. Von den verschiedenen Gegenden und Gemeinwesen Nordamerikas wie New Hampshire, New York, Pennsylvania und Virginia schlossen sich zunächst dreizehn zu den von Großbritannien unabhängigen »Vereinigten Kolonien« zusammen. Daraus sollten später die »Vereinigten Staaten« werden; ihre Zahl wuchs im Lauf der Zeit auf die heutigen fünfzig Bundesstaaten der USA an. Was die Leute an der Unabhängigkeitserklärung begeisterte, waren Aussagen im Sinn der Aufklärung über die Freiheit der Menschen. Da heißt es: »Folgende Wahrheiten erachten wir als selbstverständlich: Dass alle Menschen gleich geschaffen sind; dass sie von ihrem Schöpfer mit gewissen unveräußerlichen Rechten ausgestattet sind; dass dazu Leben, Freiheit und das Streben nach Glück gehören. Dass zur Versicherung dieser Rechte Regierungen unter den Menschen eingeführt worden sind, die ihre gerechte Gewalt von der Einwilligung der Regierten herleiten. Dass, sobald eine Regierungsform diesen Zwecken schädlich wird, es das Recht des Volkes ist, sie zu verändern oder abzuschaffen und eine neue Regierung einzusetzen.«

Das war damals neu, ja unerhört. Die Unabhängigkeitserklärung unterschrieben die Vertreter der Kolonien. Verfasst hatte sie der Jurist, Staatstheoretiker und Politiker Thomas Jefferson. Zusammen mit dem Naturwissenschaftler, Verleger und Autor Benjamin Franklin, dem Militär George Washington und einigen anderen Männern gehört er zu den sogenannten Gründervätern der USA. Washington war der wichtigste Heerführer im Unabhängigkeitskrieg und wurde 1789 der erste Präsident der USA. Jefferson konnte nicht nur gut formulieren, sondern auch geschickt verhandeln. Franklin war außerdem Erfinder; er konstruierte den Blitzableiter. Einige der Gründerväter erbten von ihren Eltern Plantagen. Das heißt, ein paar Unterzeichner der Unabhängigkeitserklärung über die Freiheit und Gleichheit der Menschen waren zugleich Sklavenhalter.

Das war einer der vielen Widersprüche, die der Unabhängigkeitserklärung anhafteten. Sie basierte ähnlich wie die Glorreiche Revolution der Engländer von 1688 auf Überlegungen des britischen Philosophen John Locke. Er hatte geschrieben, dass Menschen frei waren, das Recht auf Widerstand hatten und dass es in einem Staat Gewaltenteilung geben sollte. Was heißt Gewaltenteilung? Sie ist ein sehr wichtiger Grundsatz bis heute. Sie bedeutet, dass die Macht zwischen einer Regierung, einem Parlament und den Gerichten aufgeteilt sein soll. Die Regierung ist dabei die Exekutive. Das Wort kommt von dem lateinischen *exsequi*, was so viel wie »ausführen« bedeutet, hier im weiteren Sinn die Regierungsgeschäfte führen. Dabei muss sich die Exekutive natürlich an Gesetze halten, die von den Parlamentsabgeordneten beschlossen werden. Weil Gesetz auf lateinisch *lex*, in der Mehrzahl *leges*, heißt, wird das Parlament auch Legislative genannt. Die Rechtsprechung zu guter Letzt, die Umsetzung der Gesetze im Alltag an den Gerichten, ist Aufgabe der Judikative; sie hat ihren Namen daher, dass ein Richter im Lateinischen ein *iudex* ist. Die drei Institutionen Judikative, Legislative und Exekutive überwachen einander gegenseitig, damit niemand zu viel Macht bekommt.

Im echten Leben herrschten in den USA allerdings von Anfang an wie in Europa die Reichen. Die schwarzen Sklaven wurden nicht als richtige Menschen gesehen. Ähnliches galt für die Indianer. Über sie steht sogar in der Unabhängigkeitserklärung selbst, sie seien »gnadenlose Wilde«, die im Krieg Alte, Frauen und Kinder niedermetzeln würden.

Im Unabhängigkeitskrieg gewannen am Ende die amerikanischen Kolonisten gegen das Königreich Großbritannien. Im Jahr 1789 trat die Verfassung der USA in Kraft. Man spricht von der Amerikanischen Revolution, weil die USA zur ersten modernen Demokratie der Welt wurden, die bis heute besteht. Die Schwarzen, die Indianer, die Frauen und sogar die meisten weißen Männer durften allerdings erst einmal nicht wählen. Denn wie in Großbritannien wurde die Wählerschaft gemäß

ihrem Einkommen geschätzt, und so durften selbst unter den
weißen Männern nur die reicheren wählen. Das nennt man
das Zensuswahlrecht. Und es war nicht die einzige Ungerechtigkeit der ersten modernen Demokratie der Welt.

Vor allem im Süden der USA, wo die Plantagenbesitzer
Baumwolle und Tabak auf ihrem Grund anbauten, basierte
fast die gesamte Wirtschaft auf Sklavenarbeit. Insgesamt wurden bis ins 19. Jahrhundert Millionen von Schwarzen aus Afrika auf Sklavenschiffen in die USA verschleppt und mussten
dort unter den schlimmsten Bedingungen schuften. Schon
auf der Überfahrt starben viele, weil die Schiffsbesatzungen
sie wie Vieh behandelten. Sie pferchten sie auf Zwischendecks
ein, die teils nur einen halben Meter hoch waren. Also so nied-
rig, dass die Sklaven nicht einmal aufrecht sitzen konnten, geschweige denn stehen.

Gegen die Grausamkeit der Sklaverei regte sich nach und
nach Widerstand. Erstaunlicherweise aber nicht zuerst in den
USA, dem Land der Unabhängigkeitserklärung, sondern in
Großbritannien. Dort engagierten sich immer mehr Menschen für die Beendigung der Sklaverei, also für den Aboli-
onismus. Das Wort kommt vom englischen *abolition* und bedeutet »Abschaffung«. Die Antisklaverei-Bewegung war ein
bunter Haufen. An vorderster Front kämpften Mitglieder der
Quäker, einer Religionsgemeinschaft aus England, auch »So-
ciety of Friends« genannt. Diese »Gesellschaft der Freunde«
war gegen jede Form von Gewalt und gegen strenge Hierarchien. Bei ihr durften sich Gläubige zum Beispiel während des
Gottesdienstes in der Kirche spontan von ihren Bänken erheben und sagen, was ihnen auf dem Herzen lag. Damit erhielt
eine Messe eine Leichtigkeit und Freiheit, die völlig unerhört
war.

Was konkrete politische Maßnahmen der Abolitionisten betraf, ragte der Parlamentsabgeordnete William Wilberforce
heraus. Er reichte immer wieder Gesetzesvorlagen gegen die

Sklaverei ein. Um die Öffentlichkeitsarbeit der Abolitionisten kümmerte sich unter anderen der reiche Keramikunternehmer Josiah Wedgwood. Er ließ ein Medaillon produzieren, das einen knienden, in Ketten gelegten Sklaven zeigt. Die Aufschrift darunter lautet: »Am I not a man and a brother?«, »Bin ich kein Mensch und kein Bruder?« In manchen Kreisen wurde es Mode, das Bild in irgendeiner Form bei sich zu haben. Männer hatten den Sklaven mit seiner aufrüttelnden Botschaft auf den goldenen Deckel ihres Schnupftabakdöschens graviert; Frauen trugen Armreife und Haarnadeln, an denen das Bild prangte.

Es dauerte allerdings bis 1833, bis die Briten die Sklaverei im gesamten Empire abschafften. Und was taten die Amerikaner, die ersten modernen Demokraten der Welt? Sie zogen erst dreißig Jahre später nach. Dort brachte sogar erst ein Bürgerkrieg die Entscheidung gegen die Sklaverei. Genauer gesagt, war es der Sieg der Nordstaaten unter der Führung von Präsident Abraham Lincoln gegen die Südstaaten, die sich zeitweise von den USA abspalten wollten.

Im Amerikanischen Bürgerkrieg, der von 1861 bis 1865 tobte, starben 600 000 Amerikaner. Auslöser waren mehrere Konflikte und Streitpunkte gewesen. Etwa die Frage, wie die Macht in den USA zwischen den südlichen und den nördlichen Bundesstaaten verteilt sein sollte. Ferner ging es darum, ob die Landwirtschaft, die vor allem im Süden betrieben wurde, gefördert werden sollte oder die Industrie, wie sie sich in erster Linie im Norden entwickelte. Die Vertreter der Nordstaaten waren gegen die Sklaverei; die Machthaber im Süden, die oft Baumwollplantagen besaßen, wollten sie beibehalten. Nachdem die Nordstaaten den Krieg gewonnen hatten, wurde die Sklaverei 1865 beendet.

Weltweit hielt sich die Sklaverei erstaunlich lange. Nach Brasilien, dem wohl größten Land der Sklaverei überhaupt, wurden insgesamt mehrere Millionen Afrikaner verschleppt.

In dem Land, das sich 1822 von der Kolonialmacht Portugal unabhängig erklärte, wurde die Sklaverei erst im Jahr 1888 abgeschafft. Und im nordafrikanischen Mauretanien sogar ein Jahrhundert später, nämlich in zwei Schritten, 1981 und 2007.

KAPITEL NEUNZEHN
Schach dem Tyrannen!

Die Französische Revolution von 1789 ist der bis dahin blutigste Aufstand, den ein Volk gegen seine Herrscher anzettelte. Sie bringt ganz plötzlich große Veränderungen in vielen Bereichen des Lebens.

In Amerika wurde 1776 die Revolution ausgerufen, und in ganz Europa fanden im 18. Jahrhundert Gedanken der Aufklärung über die Gleichheit der Menschen Verbreitung. Doch Frankreichs Könige residierten weiterhin im prunkvollen Schloss von Versailles. Und wie zu Zeiten des Sonnenkönigs regierten seine Nachfolger immer noch absolutistisch; das Zeremoniell war weiterhin steif und streng geregelt. Wenn Hofleute in den 1780er-Jahren durch eine der prächtigen Galerien des Versailler Schlosses mit all den Spiegeln und Kronleuchtern flanierten, kam ihnen manchmal allerdings eine junge Dame entgegen, die so gar nicht ins Bild passte. Denn statt des damals üblichen mehrlagigen Seidenkleids mit sperrigem Korsett trug sie einen locker luftig geschnittenen Fetzen aus dünner weißer Baumwolle. Manchmal hatte die Dame einen Strohhut auf. Die Adeligen in Versailles empfanden das als schrägen Bauernmädchenlook. Jedenfalls provozierte die junge Frau in ihrer legeren Aufmachung. Und dies umso mehr, als es sich bei ihr nicht um irgendwen handelte, sondern um Marie Antoinette: die Königin von Frankreich.

Die junge Monarchin dürfte die erste Berühmtheit gewesen sein, die jemals so richtig mit ausgeflippter Mode aneckte. Wie kam es dazu? Die Königin stammte aus der österreichischen Herrscherfamilie der Habsburger. Sie wurde im Alter von nur vierzehn Jahren auf die lange Reise von Wien nach Versailles geschickt, um den zukünftigen König Ludwig XVI. zu heiraten. Die Brautleute hatten einander nie zuvor gesehen. Er kümmerte sich kaum um sie; Marie Antoinette fühlte sich fremd am Hof, sie langweilte sich und suchte nach einer Beschäftigung, vielleicht nach Bestätigung. So überraschte sie die Leute immer mal wieder mit Outfits wie dem erwähnten, aber auch mit hochtoupierten Haaren und Hüten, an denen Straußenfedern steckten. Mal trug sie extravagante Kreationen aus feinsten Stoffen und teuersten Schmuck. Dann wieder lief sie in sensationell schlichten Kleidern und mit einfachem Strohhut herum.

Einmal klagte ein Höfling sogar, Marie Antoinette habe eine »Revolution der Mode« angezettelt. Viele fanden, die junge Königin sei unberechenbar. Sie verstoße gegen die Benimmregeln, die strenge Hofetikette. Doch das war nicht alles. Das Volk, das in Armut lebte, bekam den Eindruck, sie sei mit ihrer verrückten, ständig wechselnden Mode besonders verwöhnt und verschwenderisch. Bald machten Karikaturen die Runde wie jene, die sie als Huhn zeigte, das sich mit fremden Federn schmückt, um schöner auszusehen, als es in Wahrheit ist.

Es stimmt zwar, die Königin war abgehoben und schwelgte im Luxus. Aber das galt für alle Adeligen und war nicht der wahre Grund für die Wut der Leute auf Marie Antoinette. Mit ihrer Art aufzutreten, stach sie einfach nur besonders hervor. Und deshalb eignete sie sich auch so gut als Sündenbock. Außerdem war sie ja Ausländerin, wurde abfällig »die Österreicherin« genannt. Das alles kam Menschen gelegen, die den König kritisieren wollten, dies aber nicht direkt zu tun wagten. Sie konnten nun ihre Wut an seiner Frau auslassen, die ja selbst bei Hofe viele nicht so recht mochten.

Der wirkliche Grund für all den Groll im Volk waren natürlich nicht die paar flippigen Kleider und Hüte und das Verhalten der Königin, sondern die ungerechten Lebensverhältnisse.

In Frankreich herrschten Misswirtschaft und Korruption. Ämter wie das eines Richters oder Polizeikommissars wurden in Zeitungsinseraten zum Verkauf angeboten. Wer dem König genug bezahlte, bekam den Job. So verwalteten nicht Leute das Land, die sich durch ihre Leistung bewährt hatten, sondern macht- und geldgierige Zeitgenossen. Am schlimmsten aber waren die krassen Unterschiede zwischen Arm und Reich. Ein Bischof verdiente über hundertmal so viel wie ein einfacher Pfarrer, der eh schon besser dastand als ein kleiner Bauer. Die arme Bevölkerung litt unter Missernten und Hungersnöten, und anders als etwa in England schienen solche Probleme die Mächtigen nicht im Geringsten zu interessieren.

Das arme Volk musste eine Kopfsteuer direkt an den König bezahlen und den Zehnt an den Lehnsherrn. Dazu kamen indirekte Steuern auf bestimmte Getränke und auf Salz. Ausgerechnet die reichsten Bevölkerungsgruppen, nämlich die hohe Geistlichkeit und der Adel, waren absurderweise von einigen Abgaben befreit.

All das führte zu Aufständen. Verzweifelte Bauern griffen adelige Großgrundbesitzer oder Steuereintreiber mit der Mistgabel an. Als es mit der Unzufriedenheit so richtig arg wurde, rief Ludwig XVI. im Mai 1789 die Vertreter der drei Bevölkerungsgruppen zusammen, in die das Land unterteilt war. Diese drei sogenannten Stände gab es seit dem Mittelalter: erstens der geistliche, kirchliche Adel; zweitens der weltliche Adel; drittens Bürger, Bauern, Handwerker und Arbeiter. Die Abgesandten dieser drei Gruppen waren ewig nicht mehr nach ihrer Meinung gefragt worden. Doch nun sollten sie Steuererhöhungen bewilligen, damit das Volk es nicht allein dem König zum Vorwurf machen konnte, wenn seine Situation noch weiter verschärft wurde. Die Standesvertreter trafen sich im *Jeu de Paume*, dem Ballhaus, einer Turnhalle, in der ansonsten Adelige eine Art Federball spielten.

Nun passierte etwas Unerwartetes. Als alle versammelt

waren, ergriffen die Vertreter des dritten Standes das Wort. Sie erklärten, dass sie sich weigerten, den Steuererhöhungen zuzustimmen. Damit nicht genug: Sie forderten, dass ihre Stimme in Zukunft mehr Gewicht haben sollte. Schließlich repräsentierten sie über 95 Prozent der Bevölkerung. Am Ende erklärten sich die Vertreter des dritten Standes unter der Leitung des Astronomen und Autors Jean-Sylvain Bailly zur Nationalversammlung, der »Assemblée nationale«.

Die Vertreter des dritten Standes waren durch aufklärerische Ideen motiviert, darunter jene eines Philosophen und Staatstheoretikers namens Montesquieu. Er forderte ähnlich wie John Locke, der bereits im letzten Kapitel erwähnt wurde, die Gewaltenteilung im Staat. So sollten unabhängige Gerichte die Regierungen kontrollieren. Das war in Frankreich schon allerhand, aber es fanden sich noch radikalere Ansätze. Der Philosoph und Pädagoge Jean-Jacques Rousseau meinte, es gebe so etwas wie einen »allgemeinen Willen«, auf Französisch *volonté générale*. Ihn konnte man als Willen des Volkes verstehen. Und ihm sollten sich alle unterordnen. Sogar Könige.

Der Gedanke war damals unerhört. So überrascht es nicht, dass sich König Ludwig XVI. weigerte, die Forderungen der Assemblée nationale zu erfüllen. Er befahl sogar, dass sich Truppen vor Paris sammeln sollten, um, falls nötig, gewaltsam gegen die Vertreter des dritten Standes oder Aufständische vorzugehen. Am 14. Juli 1789 entlud sich die Wut der Menschen. Sie stürmten ein Stadtgefängnis in Paris, die Bastille, befreiten die Gefangenen und schlugen den Wachen die Köpfe ab. Das Haupt des Gefängniskommandanten trugen sie wie eine Trophäe aufgespießt durch die Straßen.

Die Bastille war an sich kein wichtiges Gebäude, aber ein Symbol für die alte, absolutistische Regierungsform, das »Ancien Régime«. Mit den bewaffneten Volksmassen hinter sich fühlte sich die Nationalversammlung mächtig. Sie beschloss, die Leibeigenschaft und die Steuervorteile der reichen Stände abzuschaffen. Ein paar Wochen später erfolgte die feierliche Erklärung der Menschenrechte. Sie ähnelte der Unabhängigkeitserklärung der USA von 1776. Was die politische Macht betraf, sollte Frankreich eine konstitutionelle Monarchie werden wie Großbritannien. Dort teilte der König seine Macht schließlich auch mit einem Parlament, mit Volksvertretern.

Ein Jahrzehnt des Chaos: Monarchie, Demokratie, Terrorherrschaft

Nach dem Sturm auf die Bastille im Juli 1789 sah alles zunächst ganz gut aus. Frankreich erhielt eine Verfassung, die am Slogan der Revolution ausgerichtet war: »Liberté, Égalité, Fraternité!«, »Freiheit, Gleichheit, Brüderlichkeit!« Alle Franzosen sollten einander »Citoyen«, also »Bürger« nennen. Kein Bauer oder Diener sollte Adelige mehr mit »Herr Baron« oder »Frau Gräfin« anreden. Keine Verbeugungen mehr, Schluss mit der Unterwürfigkeit und dem ewigen Buckeln. Und tatsächlich: Schon ein Jahr nach dem Sturm auf die Bastille versammelten sich Generäle, Grafen, Handwerker und Tagelöhner mit Schaufeln und Hacken auf dem *Champ de Mars*, einer Grünfläche am Rand von Paris. Gemeinsam schütteten sie Tribünen aus Erde für die Feierlichkeiten zum einjährigen Revolutionsjubiläum auf. Noch nie zuvor in der Geschichte der Menschheit hatten die verschiedenen Stände dermaßen brüderlich zusammengearbeitet.

Doch dann nahm die Französische Revolution eine überraschende Wendung. König Ludwig XVI. versuchte, mit seiner Familie das Land zu verlassen. Schon vorher hatte er Monarchen anderer Länder Briefe geschrieben, vor allem jenen von Österreich und Preußen. Gemeinsam wollten sie verhindern, dass der Funke der Revolution vielleicht auf ganz Europa übersprang. Die Lage spitzte sich zu. Ab April 1792 eskalierte das Ganze. Über die nächsten Jahre führte die französische Revolutionsregierung mehrere Kriege gegen Österreich und Preußen, später gegen Großbritannien, Spanien und verschiedene Fürstentümer, die gegen die Revolution waren.

Da König Ludwig nicht mit der Revolutionsregierung kooperierte, kam es immer wieder zu Gewaltausbrüchen. Als eine Menge erzürnter Pariser die Tuilerien, das Schloss des Königs in Paris, stürmte, starben viele Menschen. Schließlich riefen die Revolutionäre die Republik aus. Den König befanden sie wegen seiner Kontakte zu den Feinden Frankreichs des Hochverrats für schuldig, also des Verrats am ganzen Volk. Am 21. Januar 1793 wurde Ludwig XVI. hingerichtet. Auch Königin Marie Antoinette wurde geköpft. Das war natürlich besonders grausam, weil sie politisch nun wirklich nichts zu sagen gehabt hatte.

In der folgenden Zeit stritten verschiedene Revolutionsparteien um die Macht, darunter die gemäßigten Girondisten und die extremen Jakobiner; die hatten ihren Namen daher, dass sie sich in einem ehemaligen Kloster der Jakobinermönche trafen. Die jakobinischen Führer, allen voran die Rechtsanwälte Georges Danton, Jean Paul Marat und Maximilien de Robespierre, hielten feurige Reden über die Freiheit, Gleichheit und Brüderlichkeit.

Tatsächlich setzten sie sich am Ende im Machtkampf der Parteien durch. Doch sie brachten keinen Frieden. Im Gegenteil, die Bevölkerung litt weiterhin Not. Der Zehnt, den das Volk dem Adel hatte zahlen müssen, war abgeschafft, dafür fiel nun die Pacht an neue Landbesitzer an, etwa an reiche bürgerliche Geschäftsleute. Manche wollten sogar die Monarchie zurück. Es kam zu Aufständen. Im Westen Frankreichs wurden Zigtausende getötet. In Paris übernahmen die Jakobiner die absolute Macht. Sie wollten das Land in den schwierigen

Zeiten mit fester Hand durch die Krise führen. Die Regierung hieß »Wohlfahrtsausschuss«, doch der Name täuschte. In Wahrheit mündete das Ganze in Diktatur und Terror. Terror vonseiten der Revolutionsregierung.

Revolutionsgerichte ließen insgesamt zwischen 20 000 und 40 000 Franzosen hinrichten. Der Vorwurf lautete meist, sie hätten sich gegen die Revolution verschworen. Die Enthauptungen wurden mithilfe der Guillotine, des Fallbeils, vollzogen, entworfen von einem Arzt namens Joseph-Ignace Guillotin. Früher hatte ein Henker den Kopf der Verurteilten mit einem Beil abgetrennt und dafür mitunter mehrere Hiebe benötigt. Der Tod unter der Guillotine war, was die körperlichen Leiden betraf, weniger grausam. Aber unter der Guillotine konnte jeder landen, der irgendwie verdächtig erschien. Oft denunzierten Leute irgendjemanden, den sie nicht mochten. Der Jakobinerführer Robespierre witterte überall möglichen Verrat an der Sache des Volkes. Er ließ sogar seinen alten Mitstreiter Danton köpfen.

Robespierre war ein Extremist. Er wollte die Ideale der Revolution und der Aufklärung auf allen Ebenen verankert sehen, nicht nur in der Politik. So wurden massenhaft Lieder komponiert, Hymnen auf die Revolution. Die berühmteste ist die heutige Nationalhymne Frankreichs, die »Marseillaise«. Sie hat ihren Namen daher, dass Freiwillige aus dem südfranzösischen Marseille das Lied sangen, als sie nach Paris marschierten, um die Armee im Krieg gegen die antirevolutionären Länder Europas zu unterstützen. Sie enthält deftige Aussagen wie jene, dass das Blut der Revolutionsgegner die Furchen, also die Felder Frankreichs »tränken« soll, und Drohungen wie: »Zittert, Tyrannen!«

Nun wollte die Revolutionsregierung das ganze Land umgestalten. Dafür schaffte sie nicht nur die Monarchie ab, sondern auch die Religion. Das schockierte viele Menschen, denen man von klein auf eingeimpft hatte, vor Priestern Ehrfurcht und sogar Angst zu haben. Sie waren es gewöhnt, in der Kirche für eine gute Ernte zu beten. Einfach mal die Religion wegfegen, so etwas hatte es noch *nirgends* auf der Welt gegeben.

Wenn es nach den Jakobinern ging, sollten die Franzosen nicht mehr Gott huldigen, sondern der Vernunft und Tugend, dem sittlichen, guten Verhalten. Die Revolutionäre tauften die gotische Kathedrale Notre-Dame in »Tempel der Vernunft« um. Auf den Straßen von Paris fanden Umzüge statt, bei denen nicht mehr wie früher Bischöfe in roten Gewändern voranschritten, sondern – Tänzerinnen. Sie standen wie im Karneval auf Wagen und verkörperten die »Tugend« oder »Freiheit«. Sie trugen extra lockere und schlichte, sozusagen unadelige Gewänder, weiße Kleider und Umhänge ohne Rüschen und ohne Korsette. Sie sollten ein bisschen wie im alten Rom oder Athen aussehen, weil damals angeblich Vernunft und Demokratie geherrscht hatten. Sich zum christlichen Glauben zu bekennen, war plötzlich gefährlich geworden.

Von Anfang an wollte die Revolutionsregierung zusammen mit der Politik das gesamte Denken und den Alltag der Menschen von Grund auf umkrempeln. Ein neuer Kalender trat in Kraft; Frühlingsmonate bekamen Namen wie *Floréal*; das kommt vom lateinischen Wort für »Blume«. Statt sieben gab es ab sofort zehn Wochentage; schließlich entsprach zehn dem Dezimalsystem, das auch für Gewichte und Längenmaße galt. Das war zwar logisch und vernünftig im Sinn der Aufklärung, aber es nervte. Denn somit hatten die Bürger nicht mehr alle sieben, sondern nur noch alle zehn Tage einen arbeitsfreien Sonntag.

Selbst Orte, deren Namen zu sehr an die alten Verhältnisse denken ließen, wurden kurzerhand umbenannt. Bourg-la-Reine, also das Städtchen der Königin, hieß plötzlich Bourg-l'Égalité, Städtchen der Gleichheit. Das neue, revolutionäre Denken sollte immer und überall eingeübt werden. Selbst beim Spielen. So sollten Schachspieler, wenn sie den König ihres Gegners bedrohten, nicht einfach nur »Schach!« oder »Schach dem König!« sagen, sondern »Schach dem Tyrannen!«.

Auf besonders schräge Weise rechneten Theaterautoren mit der Monarchie ab. Etwa Sylvain Maréchal in seinem Stück *Das Jüngste Gericht der Könige*. Es wurde im ganzen Land gespielt, auf großen Bühnen wie kleinen Marktplätzen; über 100 000 Menschen bekamen es zu sehen. Traditionell zeigen ja vor allem Gemälde zum Thema Jüngstes Gericht, wie Jesus Christus die Menschen richtet; dabei gelangen die guten in den Himmel und die Sünder fahren zur Hölle. Doch in dem Revolutionsstück war alles anders. Da richten nicht etwa Jesus und Gott, sondern die Revolutionäre über die Sünder. Und die Verdammten sind die Könige Europas, der Kaiser und der Papst. Sie werden in Ketten gelegt und auf eine abgelegene Insel verfrachtet. Dort machen sich die ehemaligen Herrscher komplett lächerlich. Sie zanken ständig um unwichtige Dinge und prügeln sich ohne jede Würde um Brotreste. Das Stück enthält einige recht fantastische Szenen. So müssen sich die Monarchen davor fürchten, dass sie eine Art höllischer Revolutionsvulkan verschlingt. Als er am Ende tatsächlich ausbricht und die glühende Lava bedrohlich heranfließt, geloben die verängstigten Exherrscher, um verschont zu bleiben, Besserung im Sinne der Revolution. Der König von Spanien ruft: »Wenn ich noch mal heil davonkomme, werde ich Sansculotte!«

Dass ein König Sansculotte werden könnte, war damals ein Witz, denn die Sansculotten galten als die härtesten Revolutionäre. Sie stammten aus den armen Schichten oder waren Leute, die sich mit den Armen solidarisierten. Das taten sie unter anderem mit der Art, wie sie sich kleideten. *Sans culotte* heißt übersetzt nämlich »ohne Kniebundhosen«. Die Moderevolutionäre trugen also nicht die feinen Kniebundhosen mit Seidenstrümpfen, die typisch für den Adel waren. Sie hatten

Pantalons an, die langen, groben Hosen des Volkes, der Handwerker, Bauern und Tagelöhner.

In der Zeit der Revolution konnte man mit der Wahl seines Outfits zeigen, welche politische Meinung man vertrat. Auf den Straßen herrschte allerdings weiterhin rohe Gewalt. Robespierre wütete wie ein grausamer Diktator. Irgendwann hatte er so viele Todesurteile angeblicher Verräter aus den eigenen Reihen erwirkt, dass sich Mitglieder seiner Partei, die sich bedroht fühlten, gegen ihn verschworen. Sie ließen ihn guillotinieren. Ab 1795 wurde ein neues Regierungssystem entworfen: das Direktorium. Das war eine Regierung aus fünf Männern, ernannt durch den Rat der 500 und den Rat der Alten, zwei Parlamente. Die Mitglieder wurden zwar gewählt, aber erstens durften nur sehr wohlhabende Menschen wählen und zweitens nur ganz reiche überhaupt kandidieren.

In der Zeit des Direktoriums hatten also reiche Bürger die Macht im Staat, was eigentlich nicht der Idee der Revolution entsprach. Kleine revolutionäre Strömungen versuchten weiterhin, mehr Rechte für die Armen zu erstreiten. So forderte der Journalist und Politiker François Noël Babeuf das Wahlrecht für alle Bürger und wollte Besitz und Grund an die Armen verteilen. Er gilt als einer der ersten Sozialisten der Weltgeschichte. Der Frühsozialist Babeuf versuchte, einen Aufstand gegen das Direktorium anzuzetteln. Er scheiterte jedoch und wurde hingerichtet.

Warum bekamen Leute wie Babeuf keine Unterstützung durch die Massen? Die Menschen hatten genug von der ständigen Gewalt und dem Chaos, die aus den Aufständen erwachsen waren. Und das Direktorium konnte zumindest für Ordnung sorgen, zumal es von der Armee gestützt wurde. Einer der Generäle, die dem Direktorium zuarbeiteten, war ein sehr ehrgeiziger junger Mann, der in den nächsten fünfzehn Jahren das Schicksal von Frankreich und ganz Europa in seine Hand nehmen sollte. Der Mann hieß Napoleon Bonaparte.

Napoleon stammte aus Korsika und hatte während der Revolution eine unglaubliche Karriere hingelegt. Er hatte sich in den Kriegen gegen die antirevolutionären Länder als exzellenter Stratege bewährt. So war er schon als junger Mann zum General befördert worden. 1799, zehn Jahre nach Beginn der Revolution, sah er seine Chance, ganz nach oben zu kommen.

Wie stellte er das an? Napoleon war nicht nur auf dem Schlachtfeld ein schlauer Stratege, sondern auch in der Politik. Zunächst machte er es ein bisschen wie Caesar oder Augustus fast 2000 Jahre zuvor im alten Rom. Er behauptete, er wolle die Regierung nur vorübergehend leiten, um das Land durch die unruhigen Zeiten zu führen. Er nannte sich »Erster Konsul«. Das leuchtete den Menschen ein. Doch tatsächlich riss Napoleon bald die Macht an sich und regierte wie ein König. Mit seinen Soldaten hinter sich, stellte er einfach fest, die Ideale der Revolution seien nun verwirklicht. Schließlich herrschten unter seiner Regierung zumindest Recht und Ordnung. Die Bürger konnten ihr Leben selbst besser gestalten als zuvor. Es gab zum Beispiel mehr Aufstiegschancen für Nichtadelige, wenn sie sich geschickt anstellten. Und so geschah fünfzehn Jahre nach Beginn der Revolution etwas Merkwürdiges: Am 2. Dezember 1804 krönte sich Napoleon in der Kathedrale von Notre-Dame selbst zum Kaiser.

Wenn man sich die Jahre der Revolution anschaut, kann man wirklich staunen. Schließlich sollte sie dem Volk doch eigentlich mehr Macht bringen. Doch das Ergebnis war letztlich die Gründung eines Kaiserreichs. Das klingt verrückt, ist aber nachvollziehbar. Über all die Jahre der Revolution hatten Chaos und Gewalt das Land geprägt. Die Menschen waren immer wieder verunsichert und enttäuscht worden. Zeitweise konnte jeder von einem Moment auf den anderen unter der Guillotine landen, einfach weil jemand einen anschwärzte. Anders als wir heute hatten die Leute noch nie die Erfahrung gemacht, dass es in der Demokratie sicher und ruhig zugehen kann. Weil Napoleon Ordnung zu garantieren schien, waren die Leute bereit, ihn als Alleinherrscher zu akzeptieren.

So schlug die Revolution zwar erst einmal fehl, doch sie hatte langfristige Auswirkungen. Ganz neue politische und religiöse Ideen waren umgesetzt worden. Mutige Leute hatten die Macht der Könige und der Kirche grundsätzlich infrage gestellt. Bis heute ist die Revolution einerseits ein Vorbild dafür, welch große Veränderungen und Fortschritte sich erzielen lassen. Andererseits ist sie eine Warnung, wie schnell das Ganze in ein Gemetzel und eine grausame Diktatur umschlagen kann. Leider setzen sich im Durcheinander der Revolutionen oft die rücksichtslosesten, brutalsten Leute durch.

Die Französische Revolution hatte selbst im Vergleich zur Glorreichen Revolution in England und zur Amerikanischen Revolution, die früher stattfanden, viel Neues an sich. Einzigartig war sie unter anderem darin, wie direkt sie sich auf das Alltagsleben der Menschen auswirkte. Sie brachte es mit sich, dass alle von einem Tag auf den anderen »Bürger« hießen und nicht mehr vom »König«, sondern vom »Tyrannen« sprechen sollten und dass die Religion abgeschafft wurde. Es gab aber noch ein paar andere Veränderungen im Alltag, die auf spätere Zeiten vorausweisen.

Die Moderevolution und die erste Jugendkultur der Welt

Wir haben bereits gesehen, welche Bedeutung die Kleiderwahl in der Zeit der Revolution bekam. Die Sansculotten zeigten mit ihren Pantalons, diesen einfachen langen Hosen, dass sie Anhänger der Revolution waren. Zur Revolution gehörte die Revolutionsmode, und es war insgesamt die Zeit der Moderevolution. Es ist merkwürdig, dass ausgerechnet Königin

Marie Antoinette, also eine Vertreterin des Ancien Régime, als Erste mit ihren eigenwilligen Outfits als Moderevolutionärin beschimpft wurde. Bei ihr ging es allerdings nicht um eine gesellschaftliche Umwälzung, sondern darum, ganz persönlich aus dem langweiligen Leben bei Hofe auszubrechen. Aber im Lauf der Revolution ergab sich dann erstmals in der Geschichte der Menschheit die Situation, dass Leute aus verschiedenen Schichten durch das Tragen bestimmter Kleidung zum Ausdruck bringen konnten, welche Politik sie mochten.

Das alles führte manchmal allerdings zu recht komischen Statements. So präsentierten sich in der Zeit des Direktoriums Töchter wohlhabender Bürger als *Merveilleuses*; das heißt übersetzt die »Wunderbaren«. Ihre Kleider waren einerseits locker und luftig geschnitten wie beim Revolutionsstil, zugleich aber dekoriert mit Rüschen, also ein bisschen wie am absolutistischen Hof in Versailles. Mit dieser schrägen Mischung verunsicherten sie viele Menschen, die sich danach sehnten, wie früher klare Regeln für die Kleidung zu haben. Die Merveilleuses irritierten aber auch die Anhänger der schlichten Revolutionsmode, denn sie hatten extravagant hohe Hüte und überdimensionale Schleifen im Haar, die gar nicht volkstümlich wirkten.

Das männliche Gegenstück zu den Merveilleuses waren die *Incroyables*, die »Unglaublichen«. Sie hatten zwar Kniebundhosen, also *culottes* wie die Adeligen an; diese Hosen waren jedoch locker wie jene der Sansculotten geschnitten. Dazu warfen sie sich riesige Schals um den Hals, und ihr Haar fiel ihnen in groben Strähnen ins Gesicht.

Mit ihrer verwirrenden Mode machten sich die Merveilleuses und Incroyables über die alten Regeln lustig. Sie provozierten und brachten eine ganz eigene Haltung zum Ausdruck. Weder streng revolutionär noch Anhänger der alten Ordnung, wollten sie sich eine unverwechselbare Identität schaffen. Das war ihre persönliche kleine Revolution, ihre Revolte.

Die Jugendlichen saßen sogar in bestimmten Cafés herum, die als besonders hip galten. Wenn wir heute zurückblicken, erscheinen uns die Merveilleuses und Incroyables als die Vorläufer späterer Modebewegungen und Jugendkulturen. Sie sind so etwas wie die Ahnen der Dandys, Hipster, Teds, Mods, Skinheads, Punks, Popper, Goths und Skater.

KAPITEL ZWANZIG
Ein Hit für Napoleon

Ein Offizier aus Korsika wird französischer Kaiser und gestaltet mit Kriegszügen, einem modernen Gesetzbuch und straffer Organisation Europa um.

Wenn vor 200 Jahren Symphonieorchester Werke von Komponisten wie Wolfgang Amadeus Mozart oder Ludwig van Beethoven aufführten, war das mitunter so wie heute Konzerte von Rock- oder Heavy-Metal-Bands. Manche Symphonien, diese langen, von großen Orchestern gespielten, oft sehr wuchtigen Stücke, begeisterten oder verblüfften das Publikum. In den Ohren der Zeitgenossen klangen sie teils ungewöhnlich oder schräg. Mozart und Beethoven waren Popstars. Beethovenfans verehrten den Meister für seine emotionale Wirkung: Kein anderer brachte Themen und Gefühle aus dem echten Leben wie Abschiedsschmerz oder »ländliche Atmosphäre« in solch eindringlichen Sounds und musikalischen Stimmungen zum Ausdruck wie er. Ein schönes Beispiel ist die Symphonie Nr. 3 aus dem Jahr 1804. Heute kennt man sie unter dem Namen *Eroica*, was so viel wie »heroisch« bedeutet. Es ist also die »Heldensymphonie«. Wenn man sich das Stück anhört, versteht man, warum es so heißt. Es klingt wuchtig und dramatisch; die Stimmung geht rauf und runter wie bei einem Helden, der Abenteuer zu bestehen hat und auf seinem Weg einige Höhen und Tiefen durchmisst.

Im Fall der 3. Symphonie waren Beethoven die heroischen Gefühle besonders wichtig, denn er widmete sie einem der mächtigsten Herrscher der Weltgeschichte: Napoleon Bonaparte. Ihn sah Beethoven als einen Helden an, von ihm war der Komponist wie so viele damals gewaltig beeindruckt. Wir haben bereits im letzten Kapitel gesehen, wie der Korse zunächst als General der französischen Armee für die Ideale der Revolution und der Aufklärung zu kämpfen schien. Dann krönte er sich im Dezember 1804 allerdings zum Kaiser Frankreichs. Deshalb waren viele Menschen überrascht und enttäuscht. Sie meinten, damit habe Napoleon die Revolutionsidee von Freiheit, Gleichheit und Brüderlichkeit verraten. Sie dachten, er sei jetzt nur noch ein Alleinherrscher wie viele andere. So auch Beethoven. Als er von Napoleons Krönung hörte, packte ihn die Wut. Es heißt, er habe die Notenblätter seiner Symphonie genommen und das Wort »Bonaparte«, das als Widmung draufstand, weggekratzt, und zwar so fest, dass ein Loch im Papier blieb. Das würde passen, denn Beethoven war recht impulsiv. Jedenfalls nahm er die Widmung zurück.

Dass Beethoven von Napoleon enttäuscht war, ist verständlich. Anfangs hatte dieser als Konsul und sogar noch als Kaiser dazu beigetragen, Ideen der Aufklärung zu verbreiten. Er führte den *Code civil* ein, auch *Code Napoléon* genannt. Das war ein sehr modernes Gesetzbuch. Es garantierte, dass alle Bürger vor Gerichten gleich behandelt wurden. Napoleon schaffte alte Privilegien des Adels und der Geistlichkeit ab. Neben der Kirche durften nun auch Standesämter Brautleute trauen. Napoleon beschnitt die Macht der Kirche und entzog ihr die staatliche Unterstützung. Er ging sogar noch weiter: Große Teile des Kirchenbesitzes, Klöster und Ländereien, wurden dem Staat einverleibt. Das nennt man Säkularisation.

Die Säkularisation, die Verstaatlichung von Kirchenbesitz, gehört zu den Dingen, die Napoleon in andere Länder exportierte. Denn er eroberte mit seiner Armee halb Europa. Nachdem er gegen Preußen gesiegt hatte, veranlasste er dort Reformen. So war Schluss mit der Leibeigenschaft der Bauern, die aus dem Mittelalter stammte.

Manche Länder, die Napoleon eroberte, übernahmen den Code civil als Gesetzbuch. Er ist eine der wichtigsten Anregungen für Gesetzestexte, die in Frankreich und Deutschland noch heute gelten. Auch sonst hatte der französische Kaiser großen Einfluss darauf, wie sich Deutschland entwickelte. Er trug dazu bei, dass sich 1806 das tausend Jahre alte römisch-deutsche Reich auflöste, diese merkwürdige Konstruktion, bei der sich Kaiser und Päpste um die Macht gestritten hatten.

Unter Napoleons Einfluss wurden die Königreiche Bayern und Württemberg gegründet, die dem Franzosen gewogen waren. Ähnliches gilt für die Regierungen der Länder des Rheinbundes, der nun entstand. Er war eine Vereinigung deutscher Fürstentümer, die in der Nähe des Rheines und damit Frankreichs lagen und die Napoleon deshalb besonders stark kontrollieren wollte. Nach und nach eroberte er außerdem Gebiete in Italien und besetzte Spanien. In Neapel und Holland gründete er Königreiche, die von ihm abhängig waren. Napoleon setzte seine Brüder als Herrscher ein. Das widersprach eigentlich seinem Prinzip, wonach die Vergabe von Ämtern aufgrund von Leistung erfolgen sollte, und nicht über Beziehungen.

Durch Napoleon wurde Frankreich so mächtig, wie es dies nicht einmal unter dem Sonnenkönig gewesen war. Und fast noch skrupelloser als Ludwig XIV. führte Napoleon Eroberungskriege. Zwar fanden es die Menschen damals normal, dass Länder ihre politischen und wirtschaftlichen Interessen mit militärischer Gewalt durchsetzten. Doch selbst für seine Zeit galt Napoleon als besonders eroberungswütig. In seinen Kriegen starben Zigtausende, am Ende sogar Hunderttausende. Seine Eroberungszüge führten die Franzosen bis nach Ägypten. Von dort wollte Napoleon die Briten verdrängen und so einen wichtigen Handelsplatz und Verkehrsknotenpunkt in Afrika erobern. Er behauptete immer, den Geist der Aufklärung, Recht und Ordnung so weit wie möglich über die Grenzen Frankreichs hinaus verbreiten zu wollen.

Einflussreiche Denker schwärmten von Napoleon. Der deutsche Philosoph Georg Wilhelm Friedrich Hegel, der sich gerne etwas merkwürdig ausdrückte, nannte ihn sogar »Weltgeist«. Napoleon schien unaufhaltbar zu sein. Doch dann kam der große Rückschlag. Im Jahr 1812 wollte der Kaiser das Russische Reich überfallen. Dafür ließ er rund 600 000 Mann einziehen, wie damals üblich oft mit Gewalt. Napoleon verschätzte sich. Der Transport von Waffen, Material und Verpflegung war schwierig, und die Soldaten waren nicht gut für die Kälte des russischen Winters gerüstet. Die bei Weitem meisten Kämpfer der *Grande Armée*, der großen Armee, starben. Entweder in einer der vielen Schlachten oder an Krankheiten oder an Hunger.

Napoleons Niederlage in Russland ermutigte die anderen europäischen Herrscher, und sie holten zu einem gemeinsamen Schlag gegen ihn aus. So verbündeten sich Österreich, Preußen, Russland und Schweden. Sie besiegten die Franzosen 1813 in der Völkerschlacht bei Leipzig. Napoleon wurde auf die kleine Mittelmeerinsel Elba verbannt. Dort wohnte der abgesetzte Kaiser immerhin noch in zwei Residenzen, einer relativ bescheidenen Villa in der Hauptstadt Portoferraio und einem Sommersitz im Landesinneren, der allerdings eher wie ein besonders penibel gepflegtes Bauernhaus wirkte. Doch das Herrschen konnte er einfach nicht lassen. So organisierte Napoleon den Bergbau, die Landwirtschaft und die Infrastruktur der Insel neu.

Und dann passierte etwas Merkwürdiges: Nach zehn Monaten als Minikaiser von Elba floh Napoleon auf einem Segelschiff nach Frankreich. Dort gelang es dem Mann, der in Russland Hunderttausende in den Tod getrieben hatte, erneut französische Soldaten für sich begeistern. Er stellte wieder eine Armee auf. Mit ihr zog er gegen seine alten Gegner Preußen und Großbritannien.

Am 18. Juni 1815 kam es bei Waterloo im heutigen Belgien

zur entscheidenden Schlacht. Napoleon wurde endgültig geschlagen. Die Niederlage leitete sein Ende ein. Noch einmal schickten die Sieger den ehemals mächtigsten Mann Europas ins Exil, dieses Mal zur Sicherheit auf die winzige Insel St. Helena, mitten im Atlantik zwischen Afrika und Lateinamerika gelegen. Dort starb er sechs Jahre später im Alter von 51 Jahren. Die Niederlage in seiner letzten Schlacht war so vernichtend, dass man, wenn etwas sehr schlecht gelaufen ist, bis heute sagen kann: »Das war mein Waterloo«.

Mit Sampling gegen den Diktator

Ich habe eingangs geschildert, wie Ludwig van Beethoven, weil ihn Napoleon enttäuschte, die Widmung seiner Symphonie Nr. 3, der *Eroica*, ausradierte. Als fast ein Jahrzehnt später mehrere Verbündete gegen Napoleon kämpften, komponierte Beethoven 1813 ein neues Stück. Und er widmete es wieder einem Helden. Diesmal allerdings einem von Napoleons größten Feinden. Das Stück bekam den Titel *Wellington's Victory*, also »Wellingtons Sieg«. Damit huldigte der Musiker dem britischen Feldmarschall und späteren Premierminister Arthur Wellesley, Duke of Wellington. Das Stück feierte, dass dieser Napoleon in einer wichtigen Schlacht in der Nähe der Stadt Vitoria in Nordspanien geschlagen hatte.

Das neue Stück war lange nicht so ausgefeilt wie die Symphonie *Eroica*, aber auch etwas ganz Besonderes. Und etwas Modernes. Beethoven schrieb es zunächst sogar für ein Panharmonikon, ein mechanisches Musikinstrument, das Johann Nepomuk Mälzel damals gerade erst erfunden hatte. Dieser Musikautomat konnte mithilfe von Blasebälgen und Pfeifen eine Militärkapelle simulieren. Später arbeitete Beethoven das Stück für ein richtiges Orchester aus. Wenn man es sich anhört, meint man, in eine Schlacht geraten zu sein. Denn da ertönt Gewehr- und Kanonenfeuer. Die Sounds produzierte zum einen das Schlagwerk des Orchesters, also die Pauken, Trommeln und Becken; zum anderen wurden echte Schüsse abgefeuert.

Wellington's Victory war ein historischer Vorläufer des Samplings oder Sampelns, wie wir es aus der heutigen Popmusik kennen, insbesondere aus dem Hip-Hop. Dabei werden Sounds verwendet, die aus anderen Stücken stammen oder aus dem echten Leben, von Polizeisirenen oder eben Schüssen. Natürlich handelte es sich bei Beethovens Werk nicht um Sampling im strengen Sinn, weil die Sounds ja nicht aufgenommen waren, sondern live gespielt wurden. Aber er setzte neben dem Klang traditioneller Musikinstrumente auch jenen echter Waffen ein.

Was seine politischen Ideale betraf, sollte Beethoven allerdings bald wieder enttäuscht werden. Denn mit der Niederlage, die Großbritannien und seine Verbündeten dem Diktator Napoleon zufügten, kam keineswegs die echte Freiheit oder gar Demokratie. Im Gegenteil. Schon vor der Schlacht von Waterloo hatten die Verbündeten ab September 1814 immer wieder darüber verhandelt, wie sie Europa gestalten sollten, sobald Napoleon entmachtet ist. Dafür hatten sie sogar eigens einen Kongress in Wien veranstaltet. Er dauerte fast ein Jahr lang, bis Juni 1815. Auf dem Wiener Kongress tummelten sich Monarchen, Fürsten, Diplomaten und deren Angehörige und Diener aus ganz Europa. Es fanden Tagungen und Konferenzen statt, und zwischendurch wurden Jagdausflüge in die Umgebung Wiens angeboten. Es gab festliche Empfänge und Bälle. Die Kongressteilnehmer tanzten Walzer in Spiegelsälen, im gleißenden Licht von Tausenden von Kerzen in riesigen Kronleuchtern.

Warum der immense repräsentative Aufwand für eine politische Konferenz? Die Veranstalter wollten diplomatische Verhandlungen führen und zugleich demonstrieren, wie großartig die Pracht der alten Monarchien doch war. Es galt zu zeigen, dass ihr Glanz der schlichten Revolutionskultur, aber auch Napoleons sogenanntem Empirestil überlegen war. Empire heißt der weniger prunkvolle, strengere Stil bei Möbeln und bei der Mode, den der Kaiser gefördert und zu seinem Markenzeichen gemacht hatte.

Das besondere Bündnis, das Österreich, Russland und Preußen schmiedeten, sollte die Kirche und vor allem die alten Herrscher wieder stärken. Deshalb nennt man die Zeit, die auf den Wiener Kongress folgte, die Restauration, also die Wiederherstellung früherer Zustände. So musste Frankreich Gebiete, die Napoleon von anderen Ländern erobert hatte, zurückgeben. Das Land selbst bekam wieder einen absolutistischen König.

Bei der Restauration wird deutlich, was manchmal in der Geschichte passiert, wenn man nach Zeiten des Aufruhrs und des Krieges zu alten Zuständen zurückkehrt. Dann wird oft so getan, als sei früher einfach alles besser gewesen. Der Wiener Kongress ist außerdem ein Beispiel dafür, wie Staatsmänner und Diplomaten am Konferenztisch manchmal die Grenzen ganzer Länder neu definiert haben. Beim Kongress von 1815 verteilten sie Gebiete in ganz Europa bis hoch nach Skandinavien zwischen den Großmächten und mittleren Staaten, als handle es sich um Kuchenstücke. Preußen etwa bekam Landstriche Sachsens. Polen wurde zum vierten Mal innerhalb von nur wenigen Jahrzehnten unter anderen Staaten aufgeteilt. Dieses Mal fiel das größte Stück an Russland.

Immerhin schufen die Akteure beim Wiener Kongress die Grundlagen dafür, dass in Europa eine ungewöhnlich lange Zeit des Friedens begann. Doch wurden ganze Bevölkerungen zu Untertanen fremder Herrscher gemacht. Viele Menschen waren unzufrieden. Weiterhin sehnten sich viele danach, mehr persönliche Freiheiten und mehr soziale Gerechtigkeit zu haben. Und im Lauf des 19. Jahrhunderts kamen weitere, neuartige Konflikte dazu.

KAPITEL EINUNDZWANZIG
Die Maschinenmenschen kommen!

Während der industriellen Revolution werden in Europa
viele Erfindungen gemacht, Fabriken gebaut und moderne
Kommunikationsmittel eingeführt. Der Alltag der Menschen verändert
sich grundlegend. Die Außenpolitik ist durch den Imperialismus geprägt.

Im Januar 1862 veröffentlichte das angesehene britische Wis-
senschaftsmagazin *The Lancet* eine Reihe von Artikeln zur
Frage, welche gesundheitlichen Schäden Eisenbahnfahrten
verursachen können. Es ging nicht etwa um mögliche Unfälle.
Vielmehr sollten Forscher und Ärzte klären, wie es sich auf
Körper und Psyche der Passagiere auswirkt, wenn sie während
einer Zugfahrt im Abteil sitzen, es rüttelt und schüttelt und
sie mit hoher Geschwindigkeit draußen die Landschaft vorbei-
sausen sehen. Das waren damals völlig neuartige und extreme
Eindrücke. In den Artikeln zählten die Fachleute einige mögliche Gefahren des Bahnfahrens auf, darunter Verletzungen der
Wirbelsäule und Hirnschäden.

Hirnschäden durchs Zugfahren? Heute wissen wir, dass
derartige Befürchtungen unbegründet waren. Doch damals
fühlten sich einige Menschen durch die neue Dampftechno-
logie verunsichert. In ihren Augen rasten die Lokomotiven,
die wir als langsam und gemütlich empfinden, stampfend und
fauchend durch die Landschaft. Das Tempo und die vielen optischen Eindrücke zu erleben, war etwas ganz Ungewohntes
und machte manchen Menschen Angst.

Neuartige Erfahrungen wie die mit den Lokomotiven verdankten sich der industriellen Revolution. Sie begann im

18. Jahrhundert und entfaltete ihre volle Wucht im 19. Jahrhundert. In den letzten Kapiteln haben wir bereits gesehen, dass die Menschen damals einige Umwälzungen mitmachten. Die Französische und die Amerikanische Revolution brachten das politische System ins Wanken und veränderten das Denken der Menschen; Ideen der Aufklärung fanden Verbreitung. Trotzdem lebte die Mehrheit der Bevölkerung wie im Mittelalter. Wie vor tausend Jahren wohnten Bauern in kleinen Hütten und bearbeiteten die Felder mit hölzernen Pflügen. Ihr Arbeitsrhythmus wurde vom Wetter bestimmt, von der Erntezeit und davon, wann sie die Tiere füttern oder melken mussten. Doch damit war, als die industrielle Revolution losbrach, für immer mehr Menschen Schluss.

Die industrielle Revolution brachte so starke Veränderungen im Alltag mit sich wie zuvor nur die neusteinzeitliche Revolution um 10 000 v. Chr., neolithische Revolution genannt. Wir erinnern uns: Damals war der Mensch sesshaft geworden. Im ersten Kapitel haben wir gesehen, wie die Menschen vor 12 000 Jahren ihr Leben radikal veränderten, als sie aufhörten, Jäger und Sammler zu sein, und sich stattdessen an einem Ort niederließen, Häuser bauten, Felder bewirtschafteten und Vieh züchteten.

Die industrielle Revolution, von der ich in diesem Kapitel erzählen will, fing in Großbritannien an. Sie breitete sich dann über Europa aus. Von nun an arbeiteten Massen von Menschen statt auf Feldern in Fabriken. Doch wie kam es dazu? Auslöser der Revolution waren technische Erfindungen. Im 18. Jahrhundert entwickelte James Watt eine Dampfmaschine. Sie erzeugte endlich so viel Kraft, dass sie eingesetzt werden konnte, um Schiffe und Eisenbahnen anzutreiben oder Grundwasser aus Bergwerken zu pumpen. So beschleunigte die Technik die Kohleförderung. Das hatte Folgen für viele Arbeitsbereiche. Da die Betreiber von Maschinen Kohle als Brennstoff verwandten, waren sie nicht mehr auf Menschen-,

Tier- oder Wasserkraft angewiesen. Dank der Kohle liefen in Fabriken dampfgetriebene Maschinen. Sie produzierten viel schneller Waren als früher die Handwerker in ihren Werkstätten.

Im Jahr 1764 entwickelte James Hargreaves aus Nordengland die Spinnmaschine Spinning Jenny. Mit ihr ließ sich erheblich rascher Garn aus Baumwollfasern drehen, also die Fäden zur Herstellung von Textilien. Fast zeitgleich fanden mechanische Webstühle Verbreitung. Die Geräte ratterten wie von selbst vor sich hin, die Arbeiter mussten nicht mehr treten oder mit den Händen kurbeln. Maschinen erledigten immer mehr Vorgänge, für die zuvor Menschen zuständig gewesen waren. So brauchten Fabrikbesitzer, die Stoffe produzierten, plötzlich deutlich weniger Weber. Tausende wurden entlassen. Sie verarmten. In ihrer Verzweiflung zettelten sie Aufstände an. Arbeitslose Weber und andere Handwerker brachen in Fabriken ein und schlugen die Maschinen kaputt, die ihnen ihre Arbeit weggenommen hatten. Das ging so weit, dass Großbritannien im Jahr 1812 die Todesstrafe auf die Zerstörung von Maschinen einführte.

Doch selbst diejenigen, die Arbeit in den Fabriken hatten, waren oft arm dran. Sie mussten die Maschinen bedienen und sich dabei an deren Tempo und Ausdauer anpassen. Die liefen ja einfach weiter, ohne Pause. So wie die Maschinen schufteten die Arbeiter täglich bis zu sechzehn Stunden; oft sieben Tage die Woche, ohne Wochenende.

Auch nach der Arbeit hatten die Arbeiter nicht viel, worauf sie sich freuen konnten. Sie hausten in engen, dunklen Wohnungen; zum Teil lebten Familien mit sechs Kindern in einem kleinen Raum. Zigtausende strömten in die Städte, weil sie Arbeit suchten. Die Einwohnerzahl vieler Orte schoss in die Höhe. Manchester, eine der frühen Industriestädte Englands, wuchs zwischen 1770 und 1850 von rund 20 000 auf 300 000 Einwohner an, also um das Fünfzehnfache. Dementsprechend eng und schwierig waren die Wohn- und Arbeitsverhältnisse. Warum zogen trotzdem so viele Menschen in die Städte? Das hängt mit einer weiteren Revolution des 18. Jahrhunderts zusammen: der Agrarrevolution.

Seit Anfang des Jahrhunderts hatten landwirtschaftliche Betriebe ihre Erträge gesteigert, indem sie bessere Pflüge zum Einsatz brachten, später auch chemische Düngemittel. Sie legten Sümpfe trocken und rodeten Wälder, um mehr Felder für den Anbau von Getreide und Gemüse zu gewinnen. Da das Ganze einen organisatorischen und finanziellen Aufwand mit sich brachte, hatten Großgrundbesitzer Vorteile gegenüber Kleinbauern. Sie hatten Geld, um zu investieren, und konnten immer mehr aus ihrem Grund und Boden herausholen. Zugleich brauchten sie viel weniger Landarbeiter. Deshalb mussten die Arbeiter in die Städte ziehen und sich dort Jobs in den Fabriken suchen.

Nun könnte man meinen, die neue Arbeitswelt in den Städten hätte wenigstens den Vorteil gehabt, dass Kinder nicht mehr wie im Mittelalter rackern mussten, wenn sie beispielsweise auf den Feldern der Eltern mithalfen. Das mussten sie zwar nicht mehr, aber dafür hatten sie oft schlimmere Jobs. Die Arbeiter in den Fabriken benötigten keine spezielle handwerkliche Ausbildung; man konnte also Kinder einsetzen. Einzelteile in eine Maschine schieben, die sie dann vernietete oder zusammennähte, oder im gleichmäßigen Abstand einen Hebel herunterdrücken, das konnte jeder. Der Stress für die Arbeiter bestand darin, dass sie zwischen mehreren lärmenden Maschinen, für die sie zuständig waren, hin und her laufen mussten. Auch in Bergwerken schufteten Kinder. Weil sie klein waren, mussten sie sogar in die engsten, tiefsten und gefährlichsten Schächte kriechen.

Eine besonders üble Form der Kinderarbeit war jene der Schornsteinfeger. Die neu gebauten großen Mietshäuser in den Städten wurden mit Kohle beheizt. Sie hatten Kamine und

Schächte für den Rauchabzug, die im Inneren der Gemäuer über mehrere Stockwerke hinweg bis zu den Schornsteinen auf dem Dach verliefen. Um die Schächte von innen zu reinigen, gab es merkwürdigerweise keine Vorrichtung. So mussten Jungs und manchmal Mädchen, die oft erst fünf Jahre alt waren, hindurchklettern. Dabei putzten sie die Innenwände der Schächte mit einer Bürste. Die Kleinen bewegten sich wie Raupen durch die langen, teils gewundenen Schächte, die oft nur 45 Zentimeter Durchmesser hatten. Viele der Schornsteinfeger bekamen Haltungsschäden oder erkrankten durch den Ruß, den sie einatmeten. Immer wieder blieben Kinder sogar stecken und erstickten am herabrieselnden Dreck.

Viele der kleinen Schornsteinfeger waren Waisen oder die Kinder sehr armer Eltern. Die Eltern hatten keine Wahl. Sie mussten ihre Kleinen arbeiten schicken, um zu überleben. In der industriellen Revolution wurden die Unterschiede zwischen den armen und reichen Menschen zunächst noch größer als früher. Die gesellschaftliche Entwicklung war durch zwei Gruppen geprägt: Auf der einen Seite standen Millionen von armen Fabrikarbeitern; auf der anderen Seite Unternehmer, die Betreiber der Fabriken.

Die Fabrikbesitzer hatten Vermögen und bekamen außerdem von den Banken Geld für größere Anschaffungen geliehen. So konnten sie sich Maschinen kaufen und Arbeiter anstellen. Mithilfe ihrer Maschinen und ihrer Arbeiter erzielten die Unternehmer höhere Gewinne, als dies früher Handwerker mit ihrer langsamen Produktionsweise geschafft hatten. Die Fabrikanten konnten ihre Leute zwingen, sechzehn Stunden am Tag für sehr wenig Geld zu arbeiten. Die Arbeiter mussten jede noch so schlecht bezahlte Plackerei annehmen. Es hatte keinen Zweck, einen höheren Lohn zu fordern, denn wegen der herrschenden Arbeitslosigkeit fand der Unternehmer immer jemanden, der bereit war, für weniger Geld zu malochen.

Das Geld, das die Unternehmer investierten, nennt man Kapital; deshalb bezeichnete man sie auch als Kapitalisten. Das System, in dem Unternehmen möglichst schnell und billig produzieren, um möglichst hohe Gewinne zu machen, heißt Kapitalismus. Doch warum waren Unternehmer oft so brutal? Waren sie gemein? Manche waren skrupellos, andere hatten ein schlechtes Gewissen, standen oft aber selbst unter Druck. Sie mussten Profit machen. Sie hatten viel Geld in ihre Maschinen investiert, hatten Kredite aufgenommen und mussten den Banken Zinsen zahlen. Der Konkurrenzdruck durch andere Unternehmer war hoch.

Wie kam es zu dieser gesteigerten Konkurrenz? Im 18. Jahrhundert setzte sich die Meinung durch, dass alle völlig frei auf dem Markt agieren sollten, um möglichst schnell viel zu produzieren. Es sollte keinerlei Regeln oder Regulierungen geben. So sollten sich in einem harten Wettkampf die Besten mit den billigsten Produkten durchsetzen. Anders als dies heute zumindest in wohlhabenden Ländern der Fall ist, legte der Staat damals keine Mindestlöhne fest. Es gab keine Arbeitszeitbeschränkungen. Keine Gewerkschaften schützten die Arbeiter davor, von Unternehmern ausgebeutet zu werden. Das war die Wirtschaftspolitik des Liberalismus. Sie beruhte auf dem völlig freien, nicht regulierten Spiel von Angebot und Nachfrage.

Die Industrialisierung schritt voran und brachte tiefgreifende Veränderungen im Alltag mit sich. Die Produktion und das Leben der Menschen liefen schneller ab als je zuvor. Frühmorgens ertönten die durchdringenden Sirenen der Fabrik und riefen die Menschen zur Arbeit. Gab es überhaupt eine Mittagspause, dann war sie kurz und streng begrenzt. Bauern und Landarbeiter hatten früher zwar auf dem Feld geschuftet, aber sie hatten sich ihre Zeit oft selbst einteilen können. Wenn die Sonne schien, konnten sie sich in der Mittagszeit zwei Stunden lang unter einen Baum setzen, in Ruhe Brotzeit machen, dösen und dem Gezwitscher der Vögel lauschen. Das gab es jetzt nicht mehr.

Das hohe Tempo der industriellen Revolution betraf nicht nur die Arbeit, sondern auch die Kommunikation. Über Jahrtausende hatten Briefe ins Ausland mehrere Wochen gebraucht oder, wenn es über Kontinente ging, sogar Monate. Doch im 19. Jahrhundert wurde die Telegrafie erfunden und Nachrichten wurden mithilfe des Morsens übermittelt. Nun flitzten Botschaften, die früher Wochen in Kutschen und Schiffen unterwegs gewesen waren, in Sekunden durch die Leitungen. Das brachte eine historisch einzigartige Beschleunigung. Im Jahr 1866 wurde die erste dauerhaft funktionierende transatlantische Telegrafenleitung eingeweiht, die über mehrere Tausend Kilometer auf dem Meeresgrund zwischen Irland und Nordamerika verlief.

Die industrielle Revolution beeinflusste das Zeitgefühl der Menschen und veränderte die optischen Eindrücke, die man sammeln konnte. Dazu trugen Erfindungen wie die Gaslaterne und dann die elektrische Glühbirne bei. Mit ihnen wurden Fabrikhallen, Kaufhäuser und Straßen erstmals in der Geschichte bis weit in die Nacht hinein fast taghell erleuchtet.

Auch die Welt der Bilder veränderte sich in der industriellen Revolution gründlich. Um 1839 war bereits die Daguerreotypie erfunden worden, die Vorform der Fotografie. Bald konnten es sich auch weniger wohlhabende Menschen leisten, ein Bild von sich machen zu lassen und in ihre Wohnung zu hängen. Es war nicht mehr nur jenen vergönnt, die genug Geld hatten, um Ölgemälde in Auftrag zu geben, und genug Zeit, selbst Modell zu sitzen.

Irgendwie betraf die Industrialisierung alle Lebensbereiche, selbst Freizeitbeschäftigungen wie den Sport. Schon im Mittelalter hatte man eine Art Fußball gespielt. Allerdings liefen die Partien oft zwischen größeren Gruppen, zwei Dörfern etwa. Die Spieler kämpften einen halben Tag lang darum, den Ball durch das gegnerische Tor zu kicken, das mehrere Kilometer weit vom eigenen entfernt sein konnte. Es gab keine richtigen Regeln. Die Spieler verletzten sich teils schwer, mitunter sogar tödlich. Deshalb verbot die Obrigkeit den Fußball. Doch im 19. Jahrhundert betrieben die Leute Sport zunehmend organisiert und mit Regeln. 1857 gründeten ein paar Sportfans in England mit dem FC Sheffield den ersten Fußballverein der Welt, den es heute noch gibt. Sportbünde vereinheitlichten die Spielregeln und legten die Spieldauer auf die Minute genau fest.

Fußball, Handball, Volleyball und Basketball entwickelten sich zum Massenvergnügen. Amateurkicker fanden abends oder an Wochenenden Abwechslung von ihrer eintönigen Fabrikarbeit, bei der sie zwischen Maschinen eingepfercht waren. Turnvereine wurden gegründet, zunächst für Männer. Nach und nach machten auch Frauen Gymnastik; dann ging es um Schlankheit und eine gute Haltung. Anfangs betrieben nur wenige mutige oder privilegierte Frauen Sport.

Eine der bekannteren war Sisi. Sie hieß mit richtigem Namen Elisabeth, und sie war ab 1854 Kaiserin von Österreich. Manche von uns kennen sie aus dem Film *Sissi, die junge Kaiserin* mit Romy Schneider in der Hauptrolle. Sisi war recht eigen. Sie ließ sich einen Anker auf die Schulter tätowieren und gestaltete ihr Äußeres auch sonst mit viel Sorgfalt. Sie pflegte ihr Haar in stundenlangen Prozeduren. Und sie achtete akribisch auf ihre tolle Figur. Um ihr Gewicht zu halten und mit einer superschlanken Taille glänzen zu können, der angesagten Wespentaille, machte Sisi eine strenge Diät. Dazu kamen jeden Morgen Übungen in einem Fitnessraum, den sie extra für sich einrichten ließ. Sie marschierte stundenlang im schnellen Schritt durch die Natur. Das war eine Vorform des Joggings.

Sisi hat den Fitness- und Schlankheitswahn, die inzwischen so weitverbreitet sind, nicht erfunden. Doch sie dürfte die erste wirklich prominente Frau gewesen sein, die ihr Leben dermaßen stark danach ausrichtete. Denn damals waren Diäten und ein solch extremer Sport insgesamt eher ungewöhnlich. Die meisten Leute mussten im Alltag, auf dem Feld, als Arbeiter oder Diener genug körperlich schuften; und sie brauchten auch keine Diäten, weil sie froh waren, wenn sie überhaupt genug zu essen hatten.

Vielen Menschen bot der Sport allerdings auch etwas Bewegungsfreiheit oder ein Gemeinschaftsgefühl, das ihnen ansonsten fehlte. Wer nicht selbst aktiv werden wollte, konnte sich als Zuschauer ablenken. In der Zeit der industriellen Revolution wurde ein organisiertes Freizeitangebot mit Profisport für die Massen geschaffen. Wie aber sollten die konkreten Probleme gelöst werden, die Armut und das Elend, die immer noch Millionen von Arbeitern plagten?

Ein Gespenst geht um in Europa: Sozialismus und Kommunismus

Als Reaktion auf die Not und Bedrängnis der Fabrikarbeiter entstand Mitte des 19. Jahrhunderts die wohl wichtigste politische Strömung der industriellen Revolution: der Sozialismus. Der Name leitet sich vom lateinischen Wort *socialis* ab, was »kameradschaftlich« heißt; damit ist gemeint, dass die Menschen einander unterstützen sollen. Wir haben gesehen, dass es schon in der Französischen Revolution Sozialisten gab. Doch erst in Zeiten der Industrialisierung entwickelte sich der Sozialismus zu einer größeren Bewegung.

Der berühmteste Sozialist war Karl Marx. 1848 veröffentlichte er zusammen mit seinem Freund Friedrich Engels das *Manifest der Kommunistischen Partei*. Das Wort Kommunismus kommt vom lateinischen *communis*, was »gemeinsam« bedeutet. Die Kommunisten verfolgten im Prinzip die gleichen Ziele wie die Sozialisten. Allerdings wollten sie die Zustände in der Gesellschaft öfter mit Gewalt und Revolution verändern; beim Sozialismus gab und gibt es mehrere verschiedene Vorgehensweisen.

Beiden Bewegungen ging es darum, der Masse der Arbeiter ganz grundsätzlich zu helfen, ihrem Elend zu entkommen und ein besseres Leben zu führen. Das war das erste Mal in der gesamten Weltgeschichte, dass sich jemand so sehr und so systematisch für das Schicksal der Armen interessierte. Um die unerhörte Neuigkeit zu unterstreichen, begannen Marx und Engels das *Kommunistische Manifest* mit dem bedeutungsschweren Satz: »Ein Gespenst geht um in Europa – das Gespenst des Kommunismus.« Die beiden Autoren erklärten, welches aus ihrer Sicht die Grundprinzipien und die größten Probleme der industriellen Revolution waren. Die Welt sei von einem Klassenkampf geprägt. Was war damit gemeint? Die beiden Klassen, die einander bekämpften, waren einerseits reiche Bürger, die Bourgeoisie, die Kapitalisten; andererseits waren es die armen Arbeiter, auch Proletarier genannt. Das Wort Proletarier kommt vom lateinischen *proles*, also »Nachkommenschaft«. Der Gedanke dahinter war, dass die Proletarier nichts besaßen, kein Kapital wie die Kapitalisten, sondern nur ihre Kinder. Die konnten oder mussten sie zur Not arbeiten schicken.

Die Kapitalisten machten, so Marx und Engels, immense Gewinne auf Kosten der schlecht bezahlten Proletarier und beuteten sie aus. Marx und Engels sagten voraus, dass sich das immer weiter verschlimmern werde – so lange, bis die Proletarier vor lauter Elend und Verzweiflung eine Revolution anzetteln würden. Sie würden die Kapitalisten entmachten. Am Ende würden der Kapitalismus und die Klassen insgesamt verschwinden und der Kommunismus an ihre Stelle treten. Dann bräuchte, so Marx und Engels, keiner mehr Privateigentum, denn alle würden alles miteinander teilen, damit alle genug hätten.

Die Idee klang ganz schön. Viele waren begeistert. Doch die Industrialisierung verlief anders, als Marx und Engels es sich vorgestellt hatten. Die Proletarier waren so sehr mit Alltagsproblemen beschäftigt, mit sechzehn Stunden Maloche am Tag und der Suche nach einer Unterkunft für die Familie, dass sie gar nicht die Zeit oder Kraft hatten, eine Revolution zu starten. Außerdem wurden sozialistische Manifeste und Zeitungsartikel verboten. Die Polizei verfolgte Sozialisten und Kommunisten. Da sich die Arbeits- und Lebensbedingungen der Proletarier zugleich langsam verbesserten, erschien es vielen gar nicht mehr so dringlich, eine Revolution zu machen. Im Deutschen Reich führte Reichskanzler Otto von Bismarck in den 1880er-Jahren die ersten Sozialversicherungen ein. So erhielten Arbeiter und Angestellte, wenn sie erkrankten, ein wenig Geld. Im Alter bekamen sie eine kleine Rente, die sie vor der allerärgsten Armut schützte.

Ganz politisch untätig blieben die Proletarier allerdings nicht. Sie taten sich in Gewerkschaften zusammen, um eine Beschränkung der Arbeitszeiten und bessere Löhne zu erwirken. Dabei stachen immer wieder besonders mutige Menschen hervor, die trotz persönlicher Probleme die Kraft fanden, sich für andere einzusetzen. Eine davon war die Amerikanerin Mary Harris Jones. Sie hatte ihr Leben lang als Lehrerin und Schneiderin gearbeitet. Ihr Mann und ihre Kinder starben bei einer Gelbfieberepidemie; wenig später brannte ihre Werkstatt ab. Sie war vom Schicksal geschlagen und stand ohne alles da. Jahrelang hielt sie sich mit Aushilfsjobs über Wasser. Im Alter von über sechzig Jahren fasste Jones neuen Mut. Sie begann, sich in der Gewerkschaftsbewegung zu engagieren, in der sie mit besonders originellen Aktionen auffiel. Einmal organisierte die stets in Schwarz gekleidete Lady mit den weißen Haaren einen Protestmarsch mit armen Kinderarbeitern gegen die schlimmen Bedingungen in den Fabriken. Der Marsch führte rund 200 Kilometer von Philadelphia bis zum Wohnhaus des Präsidenten Theodore Roosevelt in der Nähe von New York. Den Kindern fehlten teils Finger, weil sie sich in der Fabrik an den Maschinen verletzt hatten. Auf ihrem Weg durch Dörfer und Städte streckten die Kinder Schilder in die Höhe, auf denen Sachen standen wie: »Wohlstand, wo ist unser Anteil daran?« und »Wir wollen Zeit zu spielen!«. Die Aktion erregte Aufsehen; die Truppe erhielt Unterstützung. Bauern ließen sie in ihren Scheunen übernachten; Lokomotivführer ließen sie ein Stück umsonst mitfahren; Polizisten schenkten ihnen etwas von ihrem Proviant. Die Reden, die Jones am Wegrand, auf Marktplätzen oder in Zirkuszelten hielt, wurden in Zeitungen zitiert. Sie prangerte die Regierung in Washington dafür an, dass sie zwar ein neues Gesetz zum Schutz von Singvögeln erlassen habe, aber keines, das die Kinder in den Fabriken an den gefährlichen Maschinen vor Verletzungen bewahre.

Am Ende trug Jones dazu bei, dass das Parlament Gesetze zur Beschränkung der Kinderarbeit beschloss. Bald war die Aktivistin im ganzen Land unter dem Spitznamen »Mother Jones« bekannt, als Mutter der Arbeiter und Gewerkschaftler. Später wurde eine einflussreiche Zeitschrift nach ihr benannt.

Zu Mother Jones' Zeiten kämpften nicht nur Gewerkschaften für die Rechte der Proletarier, es wurden auch extra Parteien für sie gegründet, Arbeiterparteien. In Großbritannien etwa die Labour Party, in Deutschland die SPD, die Sozialdemokratische Partei. Beide gibt es noch heute; beide waren anfangs marxistisch und hatten als Ziel eine proletarische Revolution. Doch nach und nach änderten sie ihre Programme. Sie wollten Verbesserungen für die Arbeiter und Armen nicht mehr durch einen Umsturz erreichen, sondern Schritt für Schritt auf demokratischem Weg. So stritten sozialistische Parteien und Gewerkschaften etwa jahrzehntelang für die Einführung des Achtstundentags. In Deutschland ist seit 1918 gesetzlich geregelt, dass man grundsätzlich nicht mehr als acht Stunden am Tag arbeiten muss.

Nach und nach wurden immer mehr Verbesserungen erzielt, und zwar ganz ohne dass eine marxistische Revolution stattfand. Zu einer kommunistischen Revolution sollte es erst 1917 kommen, aber in Russland und nicht in Großbritannien; davon werde ich in einem späteren Kapitel erzählen. Zu Lebzeiten von Marx und Engels wurden nur kleinere Revolutionen angezettelt, allerdings nicht so sehr von Proletariern, sondern von verschiedenen Bürgern, die schlicht mehr Freiheiten und mehr Demokratie wollten. Im Jahr 1848 führten Aufstände in Frankreich, Österreich und Bayern dazu, dass die Herrscher abdankten. In Frankfurt trat sogar ein Parlament zusammen. Es war ein bisschen wie bei der Nationalversammlung sechzig Jahre zuvor während der Französischen Revolution. Aber eben nur ein bisschen. Denn anders als damals hatten die deutschen Revolutionäre keine bewaffneten Volksmengen hinter sich; und sie waren nicht so wild entschlossen, größere Umstürze herbeizuführen. Schließlich schlugen preußische und österreichische Regierungstruppen die Revolutionen von 1848 nieder. In Frankreich kam bald wieder ein Kaiser an die Macht, nämlich Napoleon III., Neffe von Napoleon Bonaparte.

Einer der Gründe dafür, dass im 19. Jahrhundert marxistische Revolutionen ausblieben, sind technische und medizinische Errungenschaften. Sie verbesserten die Lebensqualität der Menschen. Zu Beginn der Industrialisierung herrschten furchtbare hygienische Verhältnisse. Das Abwasser wurde in den überbevölkerten Städten direkt in Flüsse geleitet, aus denen die Menschen dann wiederum direkt ihr Trinkwasser entnahmen, oft noch mit Kübeln. So breiteten sich Keime und Krankheiten aus. Tausende von Menschen starben an Typhus und Cholera. Doch nach und nach sorgten Kanalisationen für bessere Bedingungen; Filteranlagen zur Trinkwasseraufbereitung fanden Verbreitung.

Auch in der Medizin erzielten Ärzte und Wissenschaftler große Fortschritte. 1895 entdeckte der Physiker Wilhelm Conrad Röntgen die Röntgenstrahlen, mit denen sich Knochenbrüche abbilden, analysieren und besser behandeln lassen. Eine der größten Errungenschaften war die Vollnarkose. Zwar hatten schon im Mittelalter Ärzte Schwämme mit Opiumtinkturen und anderen betäubenden Mitteln getränkt, den Patienten vor der Operation ins Gesicht gedrückt und so eine Ohnmacht hervorgerufen. Das war aber unsicher. Die Operierten konnten oft noch Schmerzen spüren oder wurden während des Eingriffs wach. Oder sie wachten gar nicht mehr auf. Doch am 16. Oktober 1846 war es so weit: In Boston in den USA wurde zum ersten Mal öffentlich und vor mehreren gebannten Zuschauern die sogenannte Äthernarkose durchgeführt. Die Ärzte versetzten einen Patienten vor einem chirurgischen Eingriff mit dem Äthergas in Tiefschlaf. Endlich waren die furchtbaren Schmerzen besiegt, die die Menschen über Jahrtausende bei Operationen hatten durchleiden müssen.

Der technische Fortschritt und die Verbrechen des Imperialismus

Erfindungen wie die der modernen Narkose zählen zu den größten Triumphen der Menschheitsgeschichte. Den USA und Ländern in Europa brachte der technische Fortschritt der Industrialisierung einiges Gutes. Für den Rest der Welt galt das allerdings weniger. Im Gegenteil: Gerade weil die Europäer Erfindungen machten und in ihren Fabriken Waren und Waffen herstellten, fühlten sie sich gegenüber nicht industrialisierten Ländern in Asien und Afrika überlegen. Sie wurden immer überheblicher. Zugleich waren die Europäer an diesen Ländern interessiert. Sie brauchten deren Rohstoffe, etwa Eisenerze, Baumwolle oder Kautschuk, um daraus ihre Produkte zu fertigen. Außerdem wollten sie die in Europa produzierten Waren auf dem Weltmarkt verkaufen. Vor allem die Menschen in Asien sahen Europäer als Abnehmer für ihre Maschinen, landwirtschaftlichen Geräte und Waffen.

Das bekamen zuerst die Chinesen und die Japaner zu spüren. Sie hatten, wie wir bereits gesehen haben, über Jahrhunderte Distanz zu den Europäern gewahrt. Doch im 19. Jahrhundert erhöhten westliche Länder den Druck, um den Warenaustausch zu erzwingen. Im Jahr 1853 tauchten ultramoderne dampfgetriebene Kriegsschiffe der USA vor der japanischen Küste auf. Die Amerikaner drohten einfach, Städte mit ihren Kanonen zu beschießen, falls Japan seine Häfen nicht für den Handel öffnen sollte. Die Japaner mussten nachgeben. Doch langfristig konnten sie sich dagegen wehren, zu den Bedingungen der Amerikaner und Europäer Handel zu treiben. Das war einem schlauen Schachzug ihres Kaisers, des Tenno, zu verdanken.

Der Tenno der Meiji-Zeit schlug die Europäer mit ihren eigenen Waffen. Er ließ ab 1868 Fabriken aus dem Boden stampfen und die Verwaltung Japans modernisieren. Damit nicht genug: Japan holte sich britische Experten ins Land, um moderne Kriegsschiffe zu bauen. Mit ihnen besiegten sie im Jahr 1905 sogar die Russen in der Seeschlacht von Tsushima vor der Küste Koreas. Im Russisch-Japanischen Krieg stritten die beiden Mächte darum, wer die Kontrolle über Korea und die Mandschurei in Nordchina erlangen sollte; Japan war jetzt nämlich eine Kolonialmacht.

So gelang es Japan früh, sich gegen die wirtschaftliche, technische und militärische Übermacht der hoch industrialisierten Länder im Westen zu wehren. Ganz anders erging es allerdings der alten Großmacht China. Das Reich wurde im 19. Jahrhundert von einem Bürgerkrieg zerrüttet, der ungefähr zwanzig Millionen Menschen tötete. Auslöser war der Taiping-Aufstand, angezettelt durch eine extremistische Sekte. Ihr Anführer hielt sich für den jüngeren Bruder von Jesus Christus; er verband religiöse und kommunistische Vorstellungen und wollte das Kaisertum ausmerzen.

Der chinesische Bürgerkrieg war der verlustreichste der Weltgeschichte. Und was taten die Europäer? Sie trugen noch zur Verschlimmerung der Verhältnisse in China bei. Die Briten etwa, indem sie Opium, das sie in ihrer Kolonie Indien anbauen ließen, nach China exportierten. Bald waren Millionen von Chinesen rauschgiftsüchtig. Der chinesische Kaiser verbot die Opiumeinfuhr.

Wie reagierten die Briten? Sie griffen China 1839 mit ihren Truppen an, um den gewinnbringenden Drogenhandel zu erzwingen. Über insgesamt zwanzig Jahre führten die Briten zwei sogenannte Opiumkriege gegen China. Aber wie ließ sich ein Krieg zur Verbreitung von Rauschgift rechtfertigen? Die Briten behaupteten einfach, es gehe ihnen um den freien Warenaustausch, der nur zum Besten aller sei; ihn gelte es zu sichern. Am Ende plünderten britische und französische Truppen den Kaiserpalast in Peking und brannten Gebäude nieder.

Das ist eine verrückte Geschichte. Sie zeigt auf besonders schräge Weise, wie verlogen die Europäer oft waren, wenn sie so taten, als wollten sie fremden Kulturen etwas Gutes bringen, indem sie angeblich freien Handel mit ihnen trieben. China wurde zwar keine offizielle Kolonie. Doch mussten die Chinesen Hongkong an Großbritannien abtreten und insgesamt das tun, was die Europäer verlangten.

Noch brutaler als in Asien gingen die Europäer allerdings in Afrika vor. Über Jahrhunderte hatte Afrika vor allem als Lieferant für Sklaven gedient, die die Europäer in Amerika schuften ließen. Doch im 19. Jahrhundert besetzten Europäer auch

Afrika selbst und kolonisierten so den letzten fremden Kontinent. Frankreich, Belgien, Portugal, Italien, Deutschland und Großbritannien stritten um Gebiete. Sie führten sogar Kriege und teilten Afrika ohne jede Rücksicht auf die dortige Bevölkerung unter sich auf. Rebellierte die einheimische Bevölkerung, massakrierten europäische Soldaten sie zu Tausenden mit modernen Maschinengewehren. Die Europäer wollten Rohstoffe wie Gold, Diamanten, Kautschuk und Elfenbein, die sie zu Hause weiterverarbeiten konnten.

Wir haben bereits gesehen, dass es seit dem 16. Jahrhundert einige Kolonien gab. Doch im 19. Jahrhundert unterwarfen europäische Staaten immer mehr Länder systematisch und beuteten sie als Ganzes aus. Das nennt sich Imperialismus. Der Begriff kommt von Imperium und *imperare*, dem lateinischen Wort für »herrschen«. Es erinnert uns an das Imperium Romanum, das Römische Reich, das 2000 Jahre zuvor so viele andere Länder überfiel, besetzte und ausbeutete. Doch die europäischen Imperialisten des 19. Jahrhunderts drängten den Kolonien zusätzlich ihre Kultur und Religion auf. Die größte Kolonialmacht war das British Empire, auf dessen Kerngebiet England und Schottland die industrielle Revolution begonnen hatte.

Der Imperialismus ging mit den furchtbarsten Verbrechen einher, und der Rassismus nahm schlimmste Formen an. Das war besonders merkwürdig, weil die Wissenschaft eigentlich große Fortschritte machte. Das heißt, man hätte es besser wissen können. So veröffentlichte der britische Naturforscher Charles Darwin 1859 das Buch *Die Entstehung der Arten durch natürliche Zuchtwahl*. Darin beschrieb er die Evolution, von der bereits im ersten Kapitel die Rede war. Darwin zeigte, dass der Mensch und der Affe gemeinsame Vorfahren haben. Das Buch schlug ein wie eine Bombe. Viele Leser wollten nicht wahrhaben, dass Mensch und Tier sich in vielem ähneln. Bald veröffentlichten Zeitungen Karikaturen, die Darwin mit dem Körper eines Affen zeigten.

Einerseits stellte Darwin klar, dass alle Menschen dieselben Wurzeln haben. Andererseits förderte er indirekt den Rassismus. Er schrieb, dass sich in der Evolution die Besten durchsetzen. Damit meinte er aber nicht einzelne Menschen, sondern Arten, die sich in Jahrtausenden und Jahrmillionen im Rahmen der Evolution am besten an ihre Umwelt anpassten. Allerdings unterschied Darwin zwischen mehr oder weniger »zivilisierten« Rassen von Menschen, die in seinen Augen mehr oder weniger entwickelt waren. Das verstanden viele Menschen falsch. Sie meinten, die Idee vom Überleben der Besten, vom »Survival of the fittest«, beziehe sich direkt darauf, welche einzelnen Menschen am reichsten und welche Nationen militärisch am stärksten seien.

Unter anderem dachte das ein Brite namens Cecil Rhodes. Der Sohn eines Pfarrers wanderte 1870 im Alter von siebzehn Jahren nach Südafrika aus, um dort nach Diamanten zu schürfen. Er arbeitete sich hoch. Schließlich kontrollierte er den weltweiten Diamantenhandel. Rhodes meinte, Afrika sei eines der Gebiete der Welt, die, wie er es formulierte, »von den abscheulichsten Menschentypen bewohnt« würden. Er sah die Schwarzen als »Kinder«, die er mit der Peitsche erziehen und »zivilisieren« müsse. Sie sollten sich ein Vorbild an den Briten nehmen, der Rasse, die, so Rhodes, »die beste, die menschlichste, die ehrenwerteste« der Welt sei. Er schrieb: »Je mehr von der Welt wir bewohnen, desto besser für die Menschheit.«

Nachdem er zu einem der reichsten Männer der Welt geworden war, gründete Rhodes in Afrika sogar einen ganzen Staat, der nach ihm benannt wurde und bis weit ins 20. Jahrhundert so hieß: Rhodesien. Und was sagte die britische Regierung dazu? Königin Victoria unterstützte Rhodes sogar. Als er starb, gingen Tausende zu seiner Beerdigung.

Einen Rassismus wie jenen von Rhodes fanden damals viele Leute leider normal. Selbst für damalige Verhältnisse verbrecherisch war es, wie der belgische König Leopold II. ab 1885 den Kongo im Westen Afrikas ausplünderte. Er machte das Gebiet zu seinem Privatbesitz und schickte Söldner in die Gebiete. Diese zwangen die schwarze Bevölkerung dazu, für den König Kautschuk zu ernten, aus dem sich Gummi etwa für Autoreifen herstellen ließ. Mit Kautschuk konnte man in Europa ein Vermögen machen. Die Söldner des Königs versklavten Millionen von Kongolesen, prügelten und quälten sie. Damit nicht genug: Sie forderten, dass ihnen sehr große Mengen Kautschuk abgeliefert wurden. Wenn die Kongolesen es nicht in der vorgegebenen Zeit schafften, wurden ihre Frauen und Kinder getötet. Die Söldner folterten, vergewaltigten und mordeten, wie es die Konquistadoren zuvor in Südamerika getan hatten. In ungefähr zwanzig Jahren töteten Belgier im Kongo etwa zehn Millionen Schwarze.

Europäer rechtfertigten Imperialismus und Rassismus immer wieder damit, dass sie den angeblich »unzivilisierten« Völkern doch die schöne Religion des Christentums, die Eisenbahn, Schulen und medizinische Versorgung brächten. Es gab sogar Seifenwerbungen, in denen es hieß, die britische Seife diene »zum Aufhellen der dunklen Ecken der Erde beim Vormarsch der Zivilisation«. Tatsächlich hatte die Bevölkerung der Kolonien jedoch wenig von den technischen Errungenschaften. Sie wurde ausgebeutet, oft misshandelt und getötet.

Zur gleichen Zeit wie der Imperialismus entwickelte sich im 19. Jahrhundert der Nationalismus. Das bedeutet, dass man die eigene Nation grundsätzlich besser als andere findet. Eine besonders aggressive Art von Nationalismus war in Deutschland zu Hause. Das zeigte sich, als Preußen den Norddeutschen Bund in einen Krieg gegen Frankreich führte und gewann. Denn direkt nach dem Sieg wurde 1871 das Deutsche Reich unter Kaiser Wilhelm I. und Reichskanzler Otto von Bismarck gegründet. Es geschah ganz demonstrativ mitten im Feindesland und im alten Zentrum französischer Macht, nämlich im Schloss von Versailles.

Das empfanden viele Franzosen als Demütigung. Sie waren wütend auf die Deutschen. Diese Wut war einer der vielen Gründe dafür, dass es 1914 zu einem Krieg kommen sollte, bei dem sich die Industrialisierung von einer grässlichen Seite zeigte: zum Ersten Weltkrieg.

KAPITEL ZWEIUNDZWANZIG
Die Urkatastrophe des 20. Jahrhunderts

Im Ersten Weltkrieg werden Millionen von Soldaten wie am Fließband getötet. Regierungen betreiben Propaganda, um feindliche Nationen zu verteufeln und die Menschen gegeneinander aufzuhetzen. Und es wird eine ganz neue Kunst geboren.

Am 22. April 1915 wehte der Wind bei Ypern, einer Kleinstadt in Belgien, merkwürdige Nebelschwaden in Richtung Südwesten. Dort, im Südwesten warteten einige Tausend französische Soldaten in ihren Schützengräben gerade darauf, einen Sturmangriff der Deutschen abzuwehren. Die Franzosen wunderten sich, denn der Nebel sah irgendwie anders aus als sonst. Er war rauchig, stieg aber nicht wie Rauch in den Himmel auf. Und er hatte einen beißenden Geruch. Als die Soldaten den Geruch in der Nase hatten, war es schon zu spät. Innerhalb kurzer Zeit war nur noch ein Husten und Schreien zu hören. Die Soldaten hielten sich die Gurgel, spuckten Blut. Sie erblindeten, erstickten oder starben auf qualvolle Weise an inneren Blutungen.

Was war passiert? Der Nebel bestand aus Chlorgas. Es kam aus mehreren zylinderförmigen Behältern, die deutsche Soldaten in einigen Kilometern Entfernung aufgeschraubt hatten, um das Gas austreten zu lassen. Der Wind hatte es dann zu den Feinden getragen. Als das Chlorgemisch mit dem Wasser in den Augen, den Luftröhren und Lungen der Franzosen in Verbindung kam, reagierte es chemisch. Es wurde zur Säure, die menschliches Gewebe zerfrisst.

An diesem Tag im April 1915 starben mehrere Tausend Franzosen durch den heimtückischen Giftgasangriff der Deutschen. Es war das erste Mal in der Geschichte der Menschheit, dass Giftgas als Waffe seine tödliche Wirkung so brutal entfalten konnte. Das Gas ist eine der vielen neu erfundenen Waffen, die im Ersten Weltkrieg eingesetzt wurden.

Der Krieg tobte in Europa, Afrika und Asien. Dabci prallten zwischen 1914 und 1918 zwei große Bündnisse aufeinander. Auf der einen Seite standen das Deutsche Reich, Österreich-Ungarn, das Osmanische Reich und Bulgarien. Sie wurden als die Mittelmächte bezeichnet, weil sie in der Mitte zwischen ihren Feinden im Westen und Osten lagen. Die Feinde, das war die Entente, auch Alliierte genannt, Verbündete. Zu ihnen gehörten Frankreich, Großbritannien, Russland, Serbien, Griechenland, Rumänien, später noch Belgien, Italien und Portugal. Nach und nach stießen außereuropäische Staaten dazu, darunter die USA, Kanada, Kuba, Südafrika, Australien, Neuseeland, Japan und China.

Der Erste Weltkrieg übertraf alle bisher da gewesenen Kriege. Täglich wurden Tausende, manchmal Zehntausende von Menschen getötet oder verletzt. Insgesamt starben in vier Jahren elf Millionen Soldaten und mehrere Millionen Zivilisten. Es kamen neuartige Waffen zum Einsatz: neben dem erwähnten Gas der neu erfundene Panzer, der Stacheldraht und Befestigungen niederwalzen konnte, sowie große Maschinengewehre und sogar Maschinenkanonen. Sie feuerten Granaten von furchtbarer Sprengkraft über hundert Kilometer weit. Unaufhörlich, über Stunden, Tage, Wochen schlugen die Granaten mit einem Donnern ein und zerrissen Menschen.

Über Wochen und Monate kauerten Massen von Soldaten in ihren Schützengräben in ständiger Angst vor Angriffen oder Marschbefehlen. Zwischendurch mussten sie mit ihren Gewehren und Bajonetten aus den Schützengräben springen und im Sturmangriff auf die feindlichen Stellungen zurennen. Dann preschten sie auf Gegner los, die sie nicht einmal sehen konnten, weil sie hinter Sandsäcken verschanzt waren. Sie rannten oft über zerbombte karge Felder mit Kratern wie in einer Mondlandschaft. Die Soldaten blieben reihenweise im Stacheldraht hängen, wurden von MG-Salven umgemäht oder von Granaten getötet.

Zwischen den Angriffen harrten sie, von Hunger geplagt, in den kalten und schlammigen Unterkünften aus. Dort wimmelte es von Ratten und Läusen; Krankheiten und Hoffnungslosigkeit machten sich breit. Dennoch schickten die Oberbefehlshaber ständig neue Soldaten an die Front und verheizten sie ohne Rücksicht auf Verluste. Bald glaubte niemand mehr an einen schnellen Sieg und viele zweifelten daran, dass das Kämpfen *überhaupt* einen Sinn hatte.

Aber warum das Ganze? Wie konnte es zu Beginn des 20. Jahrhunderts überhaupt zu einem solch grauenvollen Gemetzel kommen? Warum dieser Krieg, in dem Menschen wie am Fließband abgeschlachtet wurden?

In Zeiten des Militarismus löst ein Funke einen Weltbrand aus

Seit dem Ende des 19. Jahrhunderts hatte sich in Europa eine immer größere Spannung zwischen Großmächten wie Frankreich, Großbritannien und Deutschland aufgebaut. Das hing mit dem Imperialismus und dem Nationalismus zusammen, von denen ich bereits im letzten Kapitel berichtet habe. Viele Politiker meinten, ihr Land sei das beste und müsse andere dominieren. Einige Großmächte hofften auf Gebietsgewinne; sie suchten nach neuen Rohstoffquellen und Absatzmärkten, um ihre Produkte loszuschlagen. Deshalb wollten sie anderen Großmächten ihre Kolonien wegnehmen.

Neben Imperialismus und Nationalismus erhöhte der Militarismus die Konfliktbereitschaft aller Beteiligten. Das heißt, es herrschte bei vielen Menschen die Vorstellung vor, dass die Stärke der Armee zu den wichtigsten Qualitäten eines Landes zähle. Manche dachten sogar, es wäre gut, wenn das ganze Volk einer strengen militärischen Disziplin unterliege wie Soldaten in einer Kaserne. Dann würde angeblich Ordnung herrschen und alles ganz reibungslos ablaufen. Vom Militarismus infiziert, argumentierten viele, man könnte aus militärischen Siegen schnell und einfach ökonomische Vorteile ziehen.

Militarismus, Nationalismus und Imperialismus waren fest in den Köpfen vieler Menschen verankert. Doch hatten die Länder noch ihre jeweils speziellen Gründe, dem Krieg zugeneigt zu sein. Nach der Niederlage gegen die Deutschen im Jahr 1871 meinten viele Franzosen, sie hätten eine Rechnung mit dem Nachbarland offen. In Deutschland herrschte Kaiser Wilhelm II. Der Kaiser, seine Generäle und einige Politiker träumten davon, ein Weltreich zu regieren. Viele Deutsche dachten, da man als Kolonialmacht später als andere dran war, müsse man den anderen Kolonialstaaten ihre Gebiete abjagen. Die Briten wollten wiederum verhindern, dass das Deutsche Reich stärker wurde und sogar seine Flotte aufrüstete; damit wäre in Zukunft die eigene Vorherrschaft zur See bedroht. Fast alle europäischen Großmächte wünschten sich Einfluss über Gebiete des Osmanischen Reiches im Nahen Osten. Denn dort wurde Öl gefördert, das wichtig für die Industrie war.

So genügte im Jahr 1914 ein Funke, um einen Weltbrand auszulösen. Der Funke war ein Attentat. Am 28. Juni 1914 besuchte der österreichische Thronfolger Franz Ferdinand mit seiner Frau Sophie Sarajewo, die Hauptstadt von Bosnien-Herzegowina. Das kleinere Land war vom großen Österreich-Ungarn besetzt und einverleibt worden. Als das königliche Paar in seinem Auto mit offenem Verdeck an den Schaulustigen vorbeifuhr, sprang ein Attentäter mit einer Pistole auf die Straße. Er erschoss die beiden königlichen Ehrengäste aus nächster Nähe. Der Täter war ein serbischer Nationalist, Mitglied eines terroristischen Geheimbundes. Dessen Ziel bestand darin, den Österreichern Gebiete wie Bosnien-Herzegowina wieder zu entreißen und stattdessen Serbien anzugliedern. Schließlich, so meinten serbische Nationalisten, sei die Bevölkerung in Serbien und Bosnien doch mehrheitlich slawisch. Und gemäß der Idee des Panslawismus sollten alle Slawen zusammengehören.

Das Attentat war ein schlimmes Verbrechen und ein trauriges Ereignis, aber es hätte nicht zu einem Weltkrieg führen müssen. Doch der Kanzler des Deutschen Reiches, Theobald von Bethmann Hollweg, ermutigte das verbündete Österreich-Ungarn, eine harte Haltung gegenüber Serbien, dem Herkunftsland des Attentäters, einzunehmen. Die Regierung Österreich-Ungarns in Wien wollte der serbischen Regierung sagen, wie sie bei der Suche nach den Komplizen und Hintermännern des Attentats vorzugehen habe. Sie stellte Serbien ein Ultimatum. Österreich-Ungarn drohte mit Waffengewalt, falls Serbien die Forderungen nicht innerhalb eines Monats erfüllen würde. Das lehnten die Serben ab. Sie fanden, dass sich Österreich-Ungarn zu sehr in ihre inneren Angelegenheiten einmischte. Da sich die Regierung in Wien wiederum vom mächtigen Deutschen Reich unterstützt und gestärkt fühlte, erklärte sie Serbien am 28. Juli 1914 den Krieg.

In den folgenden Tagen lief eine unselige Kettenreaktion ab. Serbien war mit Russland verbündet und Russland mit Frankreich. Sie alle sicherten sich gegenseitig Unterstützung zu. Den ersten konkreten kriegerischen Schritt tat allerdings das Deutsche Reich. Seine Truppen marschierten ins neutrale Belgien ein. Von dort aus griffen die Deutschen Frankreich an. Daraufhin schickte wiederum Großbritannien Truppen, um Frankreich und Belgien zu helfen. Zugleich kam es im Osten zu Gefechten zwischen Österreich-Ungarn auf der einen und

Serbien und Russland auf der anderen Seite. So bildeten sich die eingangs erwähnten Blöcke der Alliierten und der Mittelmächte heraus. Da Frankreich und Großbritannien viele Kolonien hatten, mussten auch Inder und Afrikaner auf ihrer Seite in Europa kämpfen; umgekehrt weitete sich der Erste Weltkrieg nach Afrika und Asien aus.

Am Anfang des Krieges demonstrierten Menschen in europäischen Städten für den Frieden. Doch sie blieben in der Minderheit und wurden weitgehend ignoriert. Man fragt sich im Rückblick, warum keiner der Politiker, kein Kanzler, Minister, König oder Diplomat rief: »Stopp, es ist schlimm, dass der österreichische Thronfolger erschossen wurde, aber wir wollen trotzdem keinen Weltkrieg! Wir müssen uns irgendwie anders einigen.« So etwas sagte leider keiner der Entscheidungsträger. Sie glaubten eher, die Machtverhältnisse müssten endlich geklärt werden. Sie meinten, der Krieg könne kleingehalten und zeitlich begrenzt werden wie manche Schlachten des 19. Jahrhunderts. Vor allem galten Aufrufe zum Frieden in Zeiten des Militarismus vielen als ein Zeichen von Schwäche, ja als »unehrenhaft«.

Unehrenhaft? Aus heutiger Sicht ist das natürlich total verrückt. Denn es hat ja nichts mit Ehre zu tun, Soldaten in den sicheren Tod zu schicken. Aber so waren damals viele Menschen erzogen. Generäle dachten, zeigen zu müssen, wie willensstark und männlich sie angeblich waren. Ausbaden mussten es die armen Soldaten, die um ein paar Kilometer Landgewinn kämpften. So ging das monate- und jahrelang hin und her, ohne dass jemand siegen konnte. Die Schlacht um Verdun, eine Stadt in Nordfrankreich, dauerte fast das ganze Jahr 1916. Allein dort starben Hunderttausende.

Der Erste Weltkrieg wurde zu Lande geführt, mit Flugzeugen und zur See. Die obersten deutschen Generäle Paul von Hindenburg und Erich Ludendorff waren besonders rücksichtslos. Sie befahlen ihren U-Boot-Kommandanten, britische Schiffe zu versenken, und zwar auch dann, wenn es sich um Passagierschiffe handelte. Damit wollten sie die Seeblockade aufbrechen, die sich die britischen Militärs ausgedacht hatten, um die Deutschen zu zermürben. Die Blockade bedeutete, dass keine Schiffe mit Nahrungsmitteln oder mit Rohstoffen nach Deutschland durchgelassen wurden. Dort starben Hunderttausende von Menschen aus der Zivilbevölkerung an Unterernährung. Die Deutschen torpedierten und versenkten immer mehr Fracht- und Passagierschiffe aus Ländern der Alliierten und sogar neutraler Staaten; Tausende Zivilisten starben. Im April 1917 traten die USA an der Seite der Alliierten in den Krieg ein. Die Übermacht der Alliierten nahm weiter zu.

Der Krieg tötet Millionen und vergiftet das Denken

Zu Beginn des Krieges hatten sich viele junge Männer freiwillig als Soldaten gemeldet. Zum Teil waren sie sogar begeistert, für ihr Vaterland kämpfen zu können. Doch die Euphorie flaute schnell ab. Die meisten Soldaten wurden zum Fronteinsatz gezwungen. Leute, die nicht kämpfen wollten, wurden als Deserteure verurteilt und hingerichtet. Zusätzlich zum direkten Zwang wurde die Bevölkerung durch die Propaganda zum Kampf aufgehetzt. Propaganda kommt vom lateinischen Wort *propagare*; das bedeutet »verbreiten«. Meinungen und Bilder werden verbreitet, in denen man selbst gut wegkommt und die Feinde schlecht.

Natürlich gehörte eine gewisse Art von Propaganda, wie wir inzwischen wissen, schon im römischen Kaiserreich dazu; und im 16. Jahrhundert befeuerte sie den Kampf zwischen der Reformation und der Gegenreformation; auch die Parteien der Französischen Revolution betrieben Propaganda. Aber im

Ersten Weltkrieg wurde sie erstmals in der Geschichte ganz systematisch und mithilfe der Massenmedien organisiert. Die Propaganda schlug sich in Zeitungen, Kinofilmen, auf Plakaten, Flugblättern und sogar Postkarten nieder.

Der Film war Ende des 19. Jahrhunderts erfunden worden und noch nicht so verbreitet. So bekamen Millionen von Menschen bei ihrem ersten Kinobesuch überhaupt die Propagandastreifen des Ersten Weltkriegs zu sehen. Entsprechend fasziniert und leicht zu beeindrucken waren viele. Dies umso mehr, als sogar die ersten Filmstars der Welt wie Sarah Bernhardt und Charlie Chaplin aufseiten der Alliierten mitmischten. In einem der Filme spielt Chaplin einen Soldaten der Alliierten. Er haut dem deutschen Kaiser mit einem riesigen Holzhammer so oft auf den Kopf, bis der niedersinkt.

Sehr viel ernster war die Propaganda, die man in Zeitungsartikeln las. Da hieß es, feindliche Truppen hätten wehrlose Frauen und Kinder ermordet oder ihnen die Hände abgeschnitten. Dass die Deutschen in Belgien Zivilisten getötet hatten, stimmt leider. Aber die Berichte waren extra übertrieben und grausam ausgeschmückt. Die Propaganda säte Hass zwischen den Menschen. Sie war verlogen oder auch einfach nur albern und verrückt. Sie sollte Emotionen schüren und die Gegner lächerlich machen. Auf deutschen Plakaten und Postkarten erschien Großbritannien zum Beispiel immer wieder als Krake oder Spinne, die die ganze Welt mit ihren Saugnäpfen oder Fangarmen umfasste.

Bevor wir uns darüber lustig machen, wie simpel und durchschaubar die Propaganda und wie arglos die Leute damals doch waren, sollten wir uns vielleicht an zwei Dinge erinnern: Erstens funktioniert die Propaganda wie die Werbung ja emotional; selbst wenn wir sie mit unserem Verstand analysieren und doof finden, bleibt, zumal nach unzähligen Wiederholungen ein und derselben Botschaft, trotzdem das Gefühl zurück, dass ein bestimmtes Produkt gut sei oder ein bestimmter politischer Gegner böse. Es wird Stimmung gemacht. Zweitens finden auch heute etwa über soziale Netzwerke wie Facebook und Twitter offenkundige Lügen und Fake News, Falschmeldungen, Verbreitung, und dies zum Teil sogar durch erfolgreiche Parteien und Politiker.

So ähnlich, wenngleich krasser, war das mit der Propaganda des Ersten Weltkriegs. Viele Menschen erkannten aber auch, wie abwegig sie war. Einige begannen, Nachrichten und Bildern in den Massenmedien insgesamt zu misstrauen. Alles konnte eine Lüge sein. Unwahrheiten und Übertreibungen wurden zum Normalfall. So konnte man einfachsten Aussagen und letztlich der Sprache selbst nicht mehr trauen. Zugleich fehlten den Menschen oft schlicht die Worte, um das Grauen und das Chaos auf angemessene Weise auszudrücken.

Diese Stimmung schlug sich auf die Kunst nieder. Da der Krieg so hässlich war, wollten viele Künstler keine schönen Gemälde mehr malen. Stattdessen schufen sie wüste Collagen aus Zeichnungen, Karikaturen, Fotos und Textfetzen, die näher an den Erfahrungen des modernen Lebens waren. Die Collage war schon vor dem Ersten Weltkrieg von der Gruppe der Kubisten erfunden worden, von Künstlern wie Fernand Léger und Pablo Picasso. Doch ab 1916 fertigten Mitglieder einer neuen Kunstbewegung namens Dada besonders heftige Collagen und Zeichnungen an. Einige Dadaisten verfassten höchst ungewöhnliche Gedichte, sogenannte Lautgedichte. Das sind Verse mit Fantasiewörtern, die keine Bedeutung haben, aber allein schon durch ihren Klang eine Stimmung vermitteln. Der Dadaist Hugo Ball trat in Zürich in einem Lokal namens »Cabaret Voltaire« auf. Er stand auf der Bühne in einer Verkleidung, die er sich aus Pappe gebastelt hatte. Der Dadaist sah aus wie eine Mischung aus einem Bischof und einer Maschine. Ball rezitierte Verse wie folgende:

gadji beri bimba glandridi laula lonni cadori
zimzim urullala zimzim urullala zimzim zanzibar zimzalla
zam
gaga di bumbalo bumbalo gadjamen
gaga di bling blong
gaga blung

Das Publikum war verblüfft. Mit den Gedichten reagierten Künstler auch auf den Wahnsinn des Krieges. Diese Art, Kunst zu machen, war völlig neu. Sie wird auch als Antikunst bezeichnet. Jedenfalls hat der Dadaismus die Kultur der nächsten Jahrzehnte beeinflusst. Er ist der Vorläufer späterer Performance- und Installationskunst. Und er wirkt noch in heutigen Comedyshows und Nachrichtensatiren nach.

Der ganz reale Wahnsinn des Ersten Weltkriegs endete am 11. November 1918. An diesem Tag ergab sich das Deutsche Reich. Nach der Kapitulation und in den Jahren darauf brachen Reiche wie das Österreichisch-Ungarische und Osmanische auseinander. Im Gegenzug wurden neue Länder gegründet: Österreich, Ungarn, Tschechoslowakei, Jugoslawien, Estland, Litauen, Polen und Finnland.

Bis heute streiten Historiker darüber, wer genau wie viel dazu beigetragen hat, dass der Erste Weltkrieg ausbrach. Klar ist, dass Deutschland einen wesentlichen Teil der Schuld trägt, nach Meinung einiger Historiker den größten; es begann auch konkret mit den ersten Kampfhandlungen. Aber viele andere Länder hatten Anteil daran. Alle hatten eine nationalistische, militaristische und imperialistische Politik betrieben.

Inzwischen wird der Erste Weltkrieg als »Urkatastrophe des 20. Jahrhunderts« bezeichnet. Was ist damit gemeint? Zum einen war diese Schlachterei schlicht die erste richtig große Katastrophe im Europa des 20. Jahrhunderts. Der Krieg war allerdings auch eine Urkatastrophe in einem anderen Sinn. Nachdem die Leute das Morden und Grauen erlebt hatten,

meinten viele, die Menschheit stünde wie nach einer Natur-
katastrophe, nach einem Erdbeben oder dem Einschlag eines
Meteoriten wieder am Anfang der Zivilisation. Wie zu Urzeiten. Manche wollten tatsächlich ganz neu anfangen. Sie wollten neue Dinge erfinden und ausprobieren. Andere wollten
lieber zurückkehren zu alten Werten, die sie inmitten der ganzen Wirren für sicher hielten. Jedenfalls begannen nach der
Urkatastrophe einige ganz grundlegend neue und teils radikale Entwicklungen.

KAPITEL DREIUNDZWANZIG
Partylaune und Bürgerkrieg

Die Russische Revolution, der American Way of Life, die Goldenen Zwanziger und der Aufstieg und tragische Fall der ersten Demokratie in Deutschland.

Als im November 1918 der Erste Weltkrieg endete, waren die Menschen einerseits erleichtert. Andererseits saß der Schock tief. Man sah Kriegsheimkehrer, Veteranen, denen Arme oder Beine fehlten, weggerissen von Bomben und Granaten. Es gab geradezu gespenstische Erscheinungen. Dazu gehörten die sogenannten Kriegszitterer. Das waren Männer, die am ganzen Körper zitterten und zuckten und damit nicht mehr aufhören konnten. Sie taumelten wie von Geisterhand geschüttelt umher, konnten nicht mehr richtig gehen und reden. Sie hatten oft Angstzustände. Die Kriegszitterer waren von dem Grauen, das sie als Soldaten an der Front erlebt hatten, so geschockt, so traumatisiert, dass ihre Nerven verrücktspielten. Sie hatten die Kontrolle über ihre Körper und ihre Psyche verloren.

Die Kriegszitterer waren natürlich eine extreme Erscheinung, aber fast jeder Mensch hatte direkt oder indirekt unter dem Krieg gelitten. Fast jeder trauerte um Verwandte, Freunde oder Kollegen. Die Generäle und Politiker hatten den Krieg ohne Rücksicht auf die eigene Bevölkerung begonnen und ohne Aussicht auf Sieg in die Länge gezogen. So hatten sie sich für viele Bürger als unfähig und herzlos erwiesen.

In Deutschland waren die Menschen auch über die Art und Weise wütend, wie die Staatsmänner nach dem Krieg den Frieden schlossen. Den »Schwarzen Peter« bekamen jedoch nicht etwa diejenigen zugeschoben, die für die Misere verantwortlich waren. Denn Kaiser Wilhelm II. und seine Generäle waren bereits zurückgetreten. So wurde die Niederlage den Mitgliedern der provisorischen Regierung angelastet, die den Waffenstillstand vom November 1918 unterzeichneten; sie gehörten den demokratischen Parteien an. Das Gleiche gilt für die Abgesandten der deutschen Regierung, die dann im Juni 1918 den Friedensvertrag von Versailles unterschrieben.

Der Friedensvertrag besagte, dass Deutschland die alleinige Schuld am Krieg trug. Deshalb sollte das Reich Milliarden von Mark an die Siegerstaaten zahlen. Das Geld galt als Entschädigung, als sogenannte Reparation für das ganze Leid, für die Toten und die Zerstörung, die Deutschland verursacht hatte, indem es den Krieg angefangen hatte. Viele Deutsche waren gar nicht mit dem Versailler Vertrag einverstanden; sie fühlten sich zu hart bestraft. Das sollte später schlimme Folgen haben.

Doch noch andere Probleme sorgten nach dem Krieg für Unruhe. So führten die Proletarier, die Fabrikarbeiter, weiterhin ein sehr hartes Leben, teils ähnlich hart wie in Zeiten der industriellen Revolution. Außerdem waren viele Länder keine Demokratien. Und selbst wenn es Wahlen gab, durften meist nur Männer hingehen, keine Frauen. In Großbritannien hatte das schon Ende des 19. Jahrhunderts Aktivistinnen auf den Plan gerufen, die für ein Frauenwahlrecht kämpften. Sie wurden später Suffragetten genannt, nach dem englischen und französischen Wort *suffrage*, was Wahlrecht bedeutet. Frauen durften nicht nur nicht wählen; sie hatten kaum eine Möglichkeit, öffentlich ihre Meinung zu äußern. Sie durften buchstäblich nicht mitreden. So ließen sich die Suffragetten etwas anderes einfallen: »Taten statt Worte!« lautete ihr Motto, »Deeds, not words!«.

Die Suffragetten erregten mit Aktionen Aufsehen. Aktivistinnen, die ansonsten friedliche Hausfrauen und Mütter waren, schlugen Schaufenster ein und setzten Briefkästen in Brand, manchmal Häuser von Politikern. Wenn sie dafür ins

Gefängnis gesperrt wurden, traten sie in einen Hungerstreik. So etwa die Anführerin Emmeline Pankhurst. Sie weigerte sich zu essen. Sie war bereit, für ihre Sache zu verhungern. Dadurch würde, so die Überlegung, wenigstens die Wahrscheinlichkeit erhöht, dass die Zeitungen über ihr Anliegen berichteten.

Für eine besonders extreme Aktion entschied sich die Suffragette Emily Davison: Im Juni 1913 kaufte sie sich ein Ticket für das berühmteste Pferderennen Englands, das Epsom Derby. Während des Rennens schlüpfte sie, genau in dem Moment als die Reiter im vollen Galopp an ihr vorbeirasten, unter der Absperrung durch und rannte auf das Pferd zu, das dem britischen König gehörte. Das galoppierende Pferd riss Davison um und schleuderte sie über die Rennbahn. Sie starb an ihren Verletzungen. Davison hatte ihr Leben riskiert und geopfert, um die Sache der Suffragetten in die Zeitung zu bringen. Tatsächlich kam diese tragische Geschichte auf die Titelseiten.

Die Suffragetten wurden zum Vorbild für viele politische Aktivisten späterer Zeiten. Im Jahr 1918 erhörte die Regierung sie schließlich. Britische Frauen, die über dreißig Jahre alt waren und Besitz hatten, erhielten das Recht zu wählen; 1928 dann alle Frauen ab 21. In manchen anderen Ländern durften die Frauen schon etwas früher ihre Stimme abgeben, in Deutschland ebenfalls 1918, in Frankreich aber erst 1944; in der Schweiz erst 1971 und in einem der Schweizer Kantone bei Regionalwahlen sogar erst 1990.

Die fehlgeleitete Weltrevolution und die Macht der Räuberbarone: die UdSSR und die USA

In Russland erhielten die Frauen sogar schon 1917 das Wahlrecht. Doch sie verloren es auch ganz schnell wieder. Wie es dazu kam, ist eine verrückte und tragische Geschichte.

Insgesamt war Russland nach dem Ersten Weltkrieg im Vergleich zu anderen Staaten Europas unterentwickelt; viele Russen lebten sogar wie vor Jahrhunderten. Zar Alexander II. hatte erst 1861 die Leibeigenschaft der Bauern aufgehoben. Doch auch danach schufteten arme Bauern und Landarbeiter für Adelige, die auf ihre Kosten lebten. Dagegen wollten revolutionäre Gruppen ankämpfen. Während des Ersten Weltkriegs, im Februar 1917, als die Not besonders groß war, zettelten Arbeiter und Soldaten Aufstände an. Der Zar musste zurücktreten.

Es bildete sich eine Übergangsregierung aus verschiedenen Parteien, aus Sozialisten, Nationalisten und Liberalen. Sie erkannten auch den Frauen ihr Wahlrecht zu. Doch während die Parteien über die Zukunft des Landes diskutierten und verhandelten, sollten sie bald von einer Riesenrevolution überrumpelt werden. Deren Anführer war der Sozialist Wladimir Iljitsch Uljanow, bekannt unter dem Namen Lenin. In zaristischen Zeiten war er vor der Polizei in die Schweiz geflohen, nach Zürich. Dort hatte er jahrelang im Exil gelebt, revolutionäre Schriften verfasst und auf seine Chance gewartet.

Im Frühjahr 1917 kam sie. In Russland war die Regierung des Zaren gefallen, und man suchte nach neuen Lösungen. So machte sich Lenin mit der Eisenbahn auf eine lange Reise; er fuhr durch ganz Europa und über Finnland bis nach Russland. In seiner alten Heimat angekommen, präsentierte er sich als Führer der sogenannten Bolschewiki oder Bolschewisten. Bolschewiki heißt auf Russisch »Mehrheitler«; damit sollte gesagt sein, dass Lenins Gruppe innerhalb der Sozialdemokratischen Arbeiterpartei Russlands die stärkste Fraktion stellte. Das stimmte zwar nicht, klang aber gut. Lenin wusste, wie man das Volk überzeugte. In seinen Reden forderte er die Arbeiter und Bauern auf, sich in Räten zu versammeln, den Sowjets. Sie sollten die Macht im Land haben, nicht mehr die alten Politiker und Adeligen. Außerdem wollte Lenin sofort den Ersten

Weltkrieg für die Russen beenden, selbst wenn sie dann nicht als Sieger gelten würden.

Viele Menschen waren begeistert, denn sie hatten den Krieg satt. Die Macht erlangten Lenin und die Bolschewiki dann allerdings durch eine Art Putsch, also indem sie genau geplante und ganz gezielte Aktionen durchführten. Zunächst besetzten bewaffnete Bolschewiki wichtige Ämter und Bahnhöfe. Sie verhafteten die Regierung in Sankt Petersburg. Das war die berühmte Russische Revolution vom 7. November 1917. Da das im damaligen russischen Kalender der 25. Oktober war, spricht man heute auch von der Oktoberrevolution.

Nach ihrem Sieg setzten die Bolschewiki einige Reformen um. Sie nahmen Großgrundbesitzern Land ab und teilten es armen Bauern zu. Sie enteigneten Unternehmer und verstaatlichten ihre Firmen, um die weitere Ausbeutung der Proletarier zu unterbinden. Von nun an durften alle Kinder, ob arm oder reich, in die Schule gehen. Das war ein enormer Fortschritt. Denn zu Beginn des 20. Jahrhunderts waren noch große Teile der russischen Bevölkerung Analphabeten, viel mehr als in anderen europäischen Ländern.

Zunächst sah alles ganz gut aus. Doch bald zeigten sich die üblen Seiten der Bolschewiki. Bei den ersten Wahlen erhielt Lenins Partei viel weniger Stimmen als die Partei der Sozialrevolutionäre, eine konkurrierende Gruppe. Was tat Lenin? Er löste die Versammlung der gewählten Abgeordneten, eine Art Parlament, einfach auf. Er behauptete, dass das Volk, nachdem es jahrhundertelang vom Zaren unterdrückt worden war, sozusagen zu unselbstständig sei, um richtig über seine politische Zukunft zu entscheiden. Deshalb brauche das Land, so Lenin, eine Vorhut von angeblich besonders intelligenten Denkern und Intellektuellen, eine Avantgarde. Sie sollten dem Volk erst einmal einiges über den Marxismus und die richtige Einstellung beibringen. Dann würde alles gut werden. Dann würde Russland die Revolution sogar in die ganze Welt exportieren.

Doch es kam anders. Zwar beendeten die Bolschewiki den Krieg für ihre Landsleute, während andere noch kämpften; im März 1918 wurde der Friedensvertrag von Brest-Litowsk mit den Deutschen unterzeichnet. Doch schon kurze Zeit später brach ein Bürgerkrieg aus. Die Bolschewiki kämpften gegen Nationalisten, aber auch gegen gemäßigte Sozialisten und andere Gruppen. Dieser Krieg war besonders schlimm, weil die Zivilbevölkerung immer wieder zwischen die Fronten geriet. Am Ende siegte die Rote Armee der Bolschewiki, die Lenins Mitstreiter Leo Trotzki aufgebaut hatte.

Im Bürgerkrieg starben Millionen von Russen. Der Krieg beeinträchtigte die Landwirtschaft und die Industrieproduktion. Dazu kam, dass die neu eingeführte kommunistische Wirtschaftsform nicht gut funktionierte. Ehemalige Landarbeiter, die vom Staat Grund und Boden bekommen hatten, wussten nicht, wie man einen Hof führte. Sie wussten nicht, wie man einen landwirtschaftlichen Betrieb organisierte, Futtervorräte einteilte und die Ernte plante. Sie hatten es ja nie gelernt. Diese Betriebe wurden nach und nach in größeren staatlich gelenkten Einheiten, zum Beispiel Kolchosen, zusammengefasst und verloren ihre Eigenständigkeit. Ähnliches wie für die Landwirtschaft galt für die verstaatlichten Fabriken. Keiner konnte sagen: »Das ist mein Betrieb« und »Das ist mein Gewinn«. So fühlte sich niemand zuständig, keiner strengte sich so richtig an. Man verließ sich auf den Staat, die Führung der Kommunistischen Partei. Die behauptete schließlich, dass sie alles wusste und regeln konnte.

So gab es keine freien Wahlen mehr; Lenin herrschte wie ein Diktator. Alles wurde zentral bestimmt in der UdSSR, der Union der Sozialistischen Sowjetrepubliken, kurz: der Sowjetunion. So hieß ab 1922 der riesige kommunistische Staat, der aus Russland, Weißrussland, der Ukraine und Ländern in Zentralasien wie Kasachstan und dem heutigen Usbekistan bestand. Schon 1924 starb Lenin allerdings. Wurden die Zügel jetzt gelockert? Nein, im Gegenteil. Nun wurde es noch viel schlimmer. Denn jetzt kam ein Mann namens Josef Stalin an die Macht. Er entwickelte sich zu einem der furchtbarsten Diktatoren der Weltgeschichte.

Stalin wollte die industrielle Revolution, bei der man weit hinter Westeuropa zurücklag, im Eiltempo durchpeitschen. Er zwang Millionen von Menschen, in der Schwerindustrie zu schuften, in Stahlwerken und Kohleminen. Die Landwirtschaft wurde vernachlässigt, Felder blieben unbestellt. So verhungerten, während riesige Fabriken gebaut wurden, Millionen von Sowjetbürgern.

Wer Stalin kritisierte oder nur leise Zweifel äußerte, wurde in Arbeitslager verfrachtet. Dort hausten die Menschen in zugigen Baracken, bekamen nur dünne Suppe und trockenes Brot zu essen. Sie mussten bei jedem Wetter Schwerstarbeit verrichten. Sie schufteten beim Bau von Straßen oder Kanälen. Viele starben an Hunger, Kälte, Erschöpfung oder an Infektionskrankheiten. Die Arbeitslager wurden zu einem Netz ausgebaut, dem Gulag. Darin sollten die Menschen, so Stalin, angeblich zu guten Kommunisten »umerzogen« werden. Leute, die anderer Meinung als Stalin waren oder von denen er auch nur annahm, sie könnten seine Macht gefährden, ließ er ermorden. Oder sie wurden in Prozessen verurteilt, in denen das Urteil von Anfang an feststand. Die Richter mussten so entscheiden, wie Stalin es wollte; sonst wären sie selbst im Gulag gelandet.

So war die Russische Revolution völlig schiefgelaufen. Stalin und die KPdSU, die Kommunistische Partei der Sowjetunion, brachten Leid und Tod für Millionen von Sowjetbürgern. Was mit einer schönen Idee begonnen hatte, war zu einem Albtraum geworden. Trotzdem dachten viele Menschen im übrigen Europa und sogar in der UdSSR selbst, dass dort eine gerechtere Gesellschaft verwirklicht werde. Sie sahen die Sowjetunion sogar als Vorbild. Warum?

Die Leute wussten nicht so genau, was in tausend Kilometern Entfernung in den Arbeitslagern passierte. Außerdem waren die Sowjets Meister der Propaganda. Diese umfasste Filme, Plakate und Gemälde mit Bildern von kräftigen rotbackigen Menschen, die fröhlich arbeiteten oder Sport trieben. Von Stalin selbst wurden nur Gemälde und inszenierte Fotos verbreitet, auf denen er wie ein gütiger und gemütlicher Onkel mit flauschigem Schnurrbart rüberkam. Außerdem wollten die Menschen, nachdem sie so lange unter den Zaren gelitten hatten, auch schlicht glauben, dass jetzt alles besser sei. Und rein wirtschaftlich betrachtet, konnte die Sowjetunion in den 1940er-Jahren tatsächlich Erfolge verbuchen. Sie zog bei der Industrieproduktion mit den USA gleich. Die UdSSR hatte großartige Designer und eine konstruktivistische Architektur. Das waren Häuser mit ineinander verschachtelten eckigen, kubischen Formen, die modern und futuristisch wirkten.

Nach außen hin stand die UdSSR durchaus als beeindruckende Großmacht da. Und so konkurrierte sie mit dem anderen Staat, der sich nach dem Ersten Weltkrieg zur Weltmacht entwickelt hatte: den USA. Beide wurden auf ihre je eigene Art zum Vorbild für viele in Europa. Die USA hatten Wolkenkratzer und andere Dinge, die die Menschen faszinierten. Jazzmusik etwa und Mickey Mouse. Immer mehr Amerikaner verdienten genug Geld, um sich die neuen Radios, Kühlschränke und Autos zu kaufen; besonders beliebt, da erschwinglich, war der kleine Ford, das Modell T, »Tin Lizzy« genannt.

Das alles gehörte zur typisch amerikanischen Lebensart, zum »American Way of Life«. In den USA ging es vielen Angestellten und Arbeitern ganz gut. Manche machten märchenhafte Karrieren. Leute, die als Küchenhilfe oder Laufburschen begonnen hatten, stiegen beruflich auf und wurden zu Unternehmern und Millionären. Sie lebten in Villen und fuhren den großen Cadillac Achtzylinder. Allerdings herrschten mancherorts große Armut und schlimme Arbeitsbedingungen in den

Fabriken. Und ein brutaler Rassismus. Schwarze wurden unterdrückt, diskriminiert und zum Teil sogar gelyncht; das heißt, sie wurden von Weißen ohne Gerichtsprozess ermordet, erschlagen oder am nächsten Baum aufgehängt. Das Ganze oft als Strafe für ein Verbrechen, das sie gar nicht begangen hatten. Zwar gab es sozialistische Parteien und Gewerkschaften, die die Rechte der Armen und Unterdrückten verteidigten. Doch sie wurden in den USA verboten oder von der Polizei und Industriellen bis aufs Blut bekämpft. Reiche Unternehmer heuerten Schlägertrupps an, die Streikende angriffen. Es kam zu Schießereien; Menschen starben. Manche Unternehmer bestachen Politiker, damit sie Gesetze beschlossen, die ihnen Vorteile und den Gewerkschaften Nachteile brachten.

Einige der reichen, politisch mächtigen Unternehmer nennt man *robber barons*, also Räuberbarone. Warum Räuberbarone? Großunternehmer wie Andrew Carnegie und John D. Rockefeller bauten ihre Wirtschaftsimperien, Stahlwerke, Öl- oder Eisenbahngesellschaften oft auf kriminelle Weise auf. Sie beuteten Arbeiter aus und stachen Konkurrenten durch illegale Preisabsprachen aus. Die *robber barons* wurden aber auch dadurch bekannt, dass sie in ihren späteren Jahren, als sie alt und reich waren, einiges von ihrem Geld spendeten. Deshalb tragen einige wichtige Gebäude ihren Namen, darunter Bibliotheken, Krankenhäuser und Konzertsäle wie die berühmte Carnegie Hall in New York. Aus diesem Grund haben die Räuberbarone oft einen besseren Ruf, als sie verdient hätten.

In Europa sahen die Menschen insgesamt vor allem die schönen Seiten des American Way of Life. In London, Paris und Berlin tanzten junge Leute den Charleston, der aus den USA kam. Die Frauen schwangen ihre Beine und ruderten mit den Armen. Sie hießen Flapper, nach dem englischen Wort *to flap*; das bedeutet »flattern« und »mit den Flügeln schlagen«. Die Flapper-Frauen waren wirklich ein bisschen wie bunte Vögel. Sie trugen ärmellose Kleider, verziert mit Perlen, Fransen und lustigen Mustern. Sie hatten gewagte Kurzhaarfrisuren, den »Bubikopf«. Beflügelt von ihrem neuen Wahlrecht, rauchten und tranken sie demonstrativ in der Öffentlichkeit. Das war früher nur für Männer schicklich gewesen.

Da einiges an der Kultur der 1920er-Jahre so frei und fröhlich war und viele Menschen in Wohlstand lebten, spricht man von den »Golden Twenties«, den Goldenen Zwanzigern. Allerdings waren die Verhältnisse in weiten Teilen Europas gar nicht glamourös. In vielen Ländern vor allem Süd- und Osteuropas wie Polen, Bulgarien, Rumänien, Griechenland, Spanien und Portugal kämpften demokratische Bewegungen und Diktatoren um die Macht. Dabei behielten die Diktatoren oft die Oberhand.

In manchen Ländern waren immerhin bescheidene Erfolge zu verbuchen. So wurde mit der Türkei 1923 ein in vieler Hinsicht moderner Staat gegründet, nachdem das alte Osmanische Reich zerfallen war. Der neue Präsident Mustafa Kemal erhielt den Ehrennamen Atatürk; das ist Türkisch für »Vater der Türken«. Er schaffte das Sultanat ab, wie die noch aus dem Mittelalter stammende Regierungsform mit einem Sultan als Alleinherrscher hieß. Atatürk trennte Religion und Staat, erlaubte auch Frauen, an Universitäten zu studieren, und brachte generell die Gleichberechtigung voran. Die Türkei war zwar keine Demokratie im heutigen Sinn, weil es beispielsweise nur eine Partei gab. Aber ein Schritt hin zu einer Republik war getan.

Eine junge Demokratie breitet ihre Flügel aus und stürzt ab — die Weimarer Republik

Wie so viele andere Länder war auch Deutschland am Ende des Ersten Weltkriegs in Aufruhr. Es sah sogar so aus, als würde eine kommunistische Revolution losbrechen wie in

Russland. Doch es kam anders. Es ist wichtig, sich die Entwicklung genauer anzuschauen. Denn sie zeigt, wie schnell eine Demokratie und die Freiheit verloren gehen können, wenn zu wenige Menschen an sie glauben und Antidemokraten die Situation ausnutzen.

Wenige Tage vor Kriegsende meuterten im November 1918 Matrosen der Marine im norddeutschen Kiel. Sie weigerten sich, die Befehle der Offiziere zu befolgen, die sie in sinnlose Seeschlachten und in den sicheren Tod schickten. Die Matrosen wurden von Arbeitern unterstützt, die streikten, um gegen die Regierung zu demonstrieren. Gemeinsam wollte man eine sogenannte Räterepublik gründen, also etwas Ähnliches, wie es sich zu dieser Zeit in Russland mit dem System der Sowjets zu entwickeln schien. Kurz gesagt: Die deutschen Kommunisten wollten endlich auch eine Revolution.

Im Herbst 1918 überschlugen sich die Ereignisse. In der Hauptstadt Berlin streikten Arbeiter. Lokale Räteregierungen in ganz Deutschland schienen möglich. Am 9. November 1918 rief der Spartakistenführer Karl Liebknecht öffentlich das Rätesystem aus. Die Spartakisten waren besonders motivierte Kommunisten; um das zu unterstreichen, hatten sie sich nach dem Sklaven Spartacus benannt, der im alten Rom einen Aufstand angezettelt hatte. Doch am selben Tag, an dem die Spartakisten ihre Revolution ausriefen, verkündete der SPD-Politiker Philipp Scheidemann, dass Deutschland eine Republik werden würde. Damit war eine Republik mit einem ganz normalen Parlament gemeint, nicht mit Räten. Wer würde sich durchsetzen? Die SPD oder die Kommunisten? Wer sollte entscheiden, was passierte? Kaiser Wilhelm II. war entmachtet. Nachdem ihm die Kriegsniederlage klar geworden war und er von den Streiks, Demonstrationen und Tumulten gehört hatte, war er vor der drohenden Revolution in die Niederlande geflohen.

Da tat sich der SPD-Chef Friedrich Ebert mit der Armee

zusammen, um die Kommunisten zurückzudrängen. Die SPD verbündete sich auch mit anderen Parteien. Sie beschlossen, dass Wahlen abgehalten werden sollten. So kam es nicht zu einem kommunistischen Rätesystem und nicht zu einer Revolution wie in Russland. Vielmehr wurde Deutschland zur Republik. Diese erste deutsche Demokratie nannte man Weimarer Republik. Der Name kommt daher, dass das Parlament anfangs in Weimar tagte, der Kleinstadt rund 250 Kilometer südlich von Berlin. Dorthin wichen die Politiker deshalb aus, weil es auf den Straßen Berlins noch zu wild zuging. Wer in Berlin vor seine Haustür trat, konnte nicht sicher sein, dass er nicht in eine Schlägerei oder sogar Schießerei zwischen politisch verfeindeten Gruppen geriet. Es herrschten teils bürgerkriegsähnliche Zustände; Kugeln pfiffen durch die Luft.

Die Weimarer Republik war eine Demokratie, doch anstatt dass sich alle darüber gefreut hätten, bekämpften viele sie von Anfang an. Da war zum einen die Kommunistische Partei Deutschlands (KPD), die statt einer parlamentarischen Demokratie eine »Diktatur des Proletariats« durch ein Rätesystem wie in der Sowjetunion anstrebte. Auf der anderen Seite waren da Parteien wie die Deutschnationale Volkspartei (DNVP) und die Nationalsozialistische Deutsche Arbeiterpartei, die NSDAP; sie kandidierten zwar bei Wahlen, aber eigentlich wollten sie die Demokratie am liebsten abschaffen. Das erstaunt aus heutiger Sicht. Doch damals sehnten sich viele Menschen, nachdem der Krieg vorbei war, nach Ordnung und Sicherheit. Sie waren es von klein auf gewöhnt, klare Befehle zu erhalten und sich nach strengen Hierarchien zu richten, ohne viel nachdenken zu müssen. Deshalb waren sie für die Monarchie mit einem König oder Kaiser. Selbst eine Militärdiktatur mit einem General an der Spitze des Staates hätten viele begrüßt.

Das galt besonders für zahlreiche Veteranen des Ersten Weltkriegs. Sie wussten oft nicht, wie sie sich nach den Jahren an der Front wieder ins normale Leben einfügen sollten. Viele waren arbeitslos, hatten nichts zu tun und suchten nach einem Ziel. Also wurden sie Mitglied in sogenannten Freikorps; das heißt, sie gehörten nicht zur regulären Armee, sondern zu Truppen, die privat von verschiedenen Anführern, Geldgebern und politischen Gruppierungen organisiert wurden. Also Privatarmeen. Dort bekamen die Leute einen Sold und eine Aufgabe.

Die Freikorpsleute waren nationalistisch, militaristisch und rechtsradikal. Die Bezeichnungen »rechts« und »links« für politische Ausrichtungen werden oft auf die Französische Revolution zurückgeführt. Damals saßen in der Nationalversammlung die Anhänger der Jakobiner, der extremen Revolutionspartei, links im Parlament und rechts die Anhänger der Monarchie, also der alten Ordnung. Es ist heute schwer, allgemein zu sagen, was eigentlich politisch links und was rechts ist. Tendenziell nennt man Parteien, die die Ungleichheit zwischen Arm und Reich verringern wollen und Opfer von Reichen verlangen, links. Parteien, die größere Gefälle in der Gesellschaft für richtig oder unvermeidbar halten, gelten als rechts. Sogenannte Rechts*radikale* und Links*radikale* sind die extremen Formen. Komischerweise ähneln die Links- und die Rechtsradikalen einander in manchen Punkten. Beide wollen ihre Ideen oft auf undemokratische Weise und mit Gewalt durchsetzen.

In der Weimarer Republik war das oft der Fall. Rechtsradikale Freikorpsmitglieder verprügelten politische Gegner, deren Meinung ihnen missfiel; sie ermordeten sogar Politiker. Sie töteten die Kommunisten Rosa Luxemburg und Karl Liebknecht. Es traf nicht nur Kommunisten, sondern auch Leute aus gemäßigten Parteien. Zum Beispiel Matthias Erzberger, den Abgeordneten und Finanzminister aus der katholischen Zentrumspartei. Erzberger war einer der unscheinbaren Helden der Weimarer Republik. Der gläubige Christ prangerte die Grausamkeiten an, die die Deutschen in ihren Kolonien an Afrikanern verübten. Er erhöhte erstmals in der deutschen Geschichte Steuern auf hohe Einkommen sehr deutlich, um einen Ausgleich zwischen Arm und Reich zu schaffen. Er wurde von Rechtsextremisten erschossen.

Rechtsradikale beziehungsweise rechtsextreme Freikorpsleute begingen viele Verbrechen. Trotzdem ließ die SPD-Regierung sie 1920 im Ruhrgebiet zusammen mit der regulären Armee gegen 50 000 Mitglieder der Roten Ruhrarmee kämpfen. Diese Truppe war eine Art linksradikales Gegenstück zu den Freikorps. Bei den Kämpfen starben über tausend Menschen. Die SPD-Regierung war zwar links, arbeitete aber mit Rechtsradikalen zusammen, um eine linksextreme Revolution wie die Russische zu verhindern.

Es waren wirre Zeiten. Rechtsradikale versuchten, die Regierung mit Gewalt zu stürzen. Viele dachten, die Politiker im Parlament seien schuld an der wirtschaftlichen Misere, an Armut und Arbeitslosigkeit. In ihren Augen war es eine Schande, dass Deutschland Reparationen in Milliardenhöhe an die Siegermächte des Ersten Weltkriegs zahlen musste. Dafür machten viele Bürger demokratische Parteien wie die SPD und die katholische Zentrumspartei verantwortlich; sie seien, so der Vorwurf, zu nachgiebig gegenüber den Alliierten gewesen. Die Reparationen waren zwar hoch, aber in Raten über Jahrzehnte zahlbar. In den 1920er-Jahren wurden sie deutlich verringert, und 1932 erließen die Alliierten sie den Deutschen sogar ganz. Viele Deutsche sahen die Zahlungen jedoch als Grund für wirtschaftliche Probleme. Die Reparationen galten sogar als »nationale Schmach«.

Derartige Gefühle wurden noch von Generälen wie Hindenburg und Ludendorff geschürt, die den Ersten Weltkrieg geplant und geführt hatten. Sie taten das unter anderem, indem sie nach dem Krieg die sogenannte Dolchstoßlegende verbreiteten. Die Generäle ließen in den Medien streuen, dass die deutsche Armee nur deshalb den Krieg verloren hätte, weil die provisorische Regierung, die nach der Abdankung des Kaisers das Land führte und in der auch SPD-Leute saßen, sie verraten hätte. Sie hätte dem Militär, so die Generäle, die nötige Hilfe verweigert, also Nachschub, Proviant, Waffen, Munition und moralische Unterstützung. Die Generäle behaupteten, ihnen sei von ihren eigenen Landsleuten sozusagen ein Dolch in den Rücken gerammt worden. Das stimmte nicht, die Story war erlogen. Deshalb der Name Dolchstoß*legende*. Viele enttäuschte Deutsche glaubten sie leider gerne.

Die Weimarer Republik wurde allerdings nicht nur durch Propagandalügen und alte Feindseligkeiten zerrüttet, sondern auch durch Wirtschaftskrisen. Eines der Probleme war die Inflation. Das Wort kommt vom lateinischen *inflatio*; das bedeutet »anschwellen«. Das heißt, die Menge des Geldes, das insgesamt in einem Land in Umlauf ist, wird größer. Wie und warum passiert das? Die Regierung lässt immer mehr Banknoten und Münzen herstellen und in Umlauf bringen: Das geschieht etwa über Löhne für Staatsangestellte und über Bankkredite, die die Menschen aufnehmen können. Da mehr Geld im Umlauf ist als Waren, die man dafür kaufen kann, wird das Geld weniger wert. In der Weimarer Republik erhöhte die Regierung die Geldmenge, um Schulden begleichen und höhere Staatsausgaben tätigen zu können. Auch wollte sie Firmen die Möglichkeit geben, sich von Banken Geld zu leihen und neue Geschäfte zu machen. So wollte sie die Wirtschaft ankurbeln.

Eine solche Geldpolitik ist bis zu einem gewissen Grad in Ordnung, doch es ist gefährlich, sie zu übertreiben. Denn es hilft nichts, wenn alle plötzlich viel Geld haben, aber die Waren, Nahrungsmittel und Geräte fehlen. Dann bietet man hundert Mark und bekommt nicht einmal eine Schachtel Zigaretten dafür. So verlieren die Leute das Vertrauen in die Währung. Sie horten Waren. Der Handel leidet dann noch mehr.

1923 entwickelte sich eine extreme Inflation, eine Hyperinflation. Es war viel zu viel Geld in Umlauf. Am Ende kostete ein Brot nicht mehr Pfennigbeträge, sondern Millionen von Mark. Die Menschen liefen mit Körben voller Geldscheine herum, die nichts mehr wert waren.

Spätestens jetzt dachten viele Deutsche, dass ihr Land ein Irrenhaus sei und alle Politiker Versager oder Verräter seien. Dann schien es kurzzeitig besser zu werden. Die Regierung machte eine Währungsreform; das heißt, sie zog das alte Geld ganz aus dem Verkehr und führte neues ein. Die Menschen schöpften kurzzeitig Vertrauen in die Währung und die Wirtschaft. Doch im Oktober 1929 kam der Börsenkrach in New York. Der Crash löste die Weltwirtschaftskrise aus.

Was war passiert? Crash oder Börsenkrach bedeutet, dass die Kurse der Aktien abstürzen; sie sind plötzlich wenig oder nichts mehr wert. Wir haben bereits gesehen, wie es in den Niederlanden im 17. Jahrhundert zum ersten bekannten Crash der Weltgeschichte kam. Damals investierten die Leute in Tulpenzwiebeln, bis zu viele auf dem Markt waren, keiner sie mehr haben wollte und die Preise abstürzten. Der Crash von 1929 funktionierte vom Grundprinzip her ähnlich, aber es waren andere und viel mehr Waren betroffen. Alles war komplizierter und ungleich viel größer und schlimmer.

1929 spekulierten die Leute auf Aktien von Firmen, von deren Produkten, Autos etwa, dann zu viele gebaut wurden. Alle hatten sich in die Produktion und den Kaufrausch hineingesteigert; Aktionäre wollten immer höhere Gewinne haben. Doch an einem bestimmten Punkt konnten oder wollten die Leute die Produkte nicht mehr kaufen. Deshalb machten die Unternehmen weniger Gewinn; ihre Aktien wurden an der Börse weniger hoch bewertet. Viele Leute schlugen ihre Anteile schnell, ja panikartig los, um wenigstens noch ein bisschen Geld dafür zu bekommen. Bald waren viel zu viele Aktien auf dem Markt, die keiner mehr haben wollte.

Wenn aber keiner Anteile ersteht, fehlt den Unternehmen

Geld, um die Arbeiter zu bezahlen und die Maschinen laufen zu lassen. So gingen viele Unternehmen pleite; Fabriken mussten schließen. Der Börsencrash in den USA hatte Auswirkungen auf die ganze Welt, vor allem Europa. Amerikanische Investoren und Banken zogen ihr Geld aus Europa zurück. Die Unternehmen setzten viel weniger Produkte ab. Das traf Deutschland besonders hart. Viele Firmen mussten ihre Arbeiter entlassen. Bald waren sechs Millionen Menschen arbeitslos. Die Arbeitslosenunterstützung, wie wir sie heute kennen, war gerade erst eingeführt worden. Es war noch nicht genug Geld in die Versicherung eingezahlt worden. Die Lohnausfälle waren zu groß, um sie aus diesem Topf auszugleichen. So gerieten Millionen von Menschen in Not. Verzweiflung machte sich breit. Viele Arbeitslose fühlten sich macht- und nutzlos. Sie konnten ihre Miete nicht bezahlen und kein Brot mehr kaufen. Viele saßen auf der Straße und mussten betteln.

So sehnten sich die Menschen nach irgendeinem Zeichen der Hoffnung, der Hilfe und der Stärke. In dieser Situation stiegen ein Mann und eine Partei auf, die furchtbares Unheil über die Welt bringen sollten. Die Partei war die NSDAP, die Nationalsozialistische Deutsche Arbeiterpartei. Der Mann war Adolf Hitler.

Hitler war Österreicher. Er war Soldat im Ersten Weltkrieg gewesen. Nach dem Krieg wusste er wie so viele Arbeitslose nicht, was er tun sollte und wo er hingehörte. Er kam nach München und wurde Mitglied der NSDAP. Da fühlte er sich wohl. Dort war ständig von einer Volksgemeinschaft die Rede. In dieser großen Gemeinschaft sei jeder, so hieß es, aufgehoben, ob Proletarier oder Unternehmer, Handwerker oder Lehrer, Beamter oder Tagelöhner. Alle sollten angeblich vereint sein. In der NSDAP entdeckte Hitler, dass er mit seinen hitzigen Reden viele Leute beeindrucken konnte. 1921 wurde er Parteivorsitzender.

Die NSDAP war straff organisiert. Es gab zum Beispiel die

SA, die »Sturmabteilung«. Das war eine Truppe, die aus Mitgliedern der NSDAP und Freikorps bestand. Unter der Führung von Hermann Göring bewachte sie NSDAP-Veranstaltungen. Außerdem überfiel die SA Treffen anderer Parteien. Da diese oft ebenfalls ihre Truppen hatten – die KPD etwa hatte den Rotfrontkämpferbund –, kam es dabei oft zu regelrechten Saalschlachten. Auch auf der Straße verbreitete die SA Angst und Schrecken. Sie brach Prügeleien und Schießereien vom Zaun.

Das wichtigste Vorbild für Hitler war Benito Mussolini. Er hatte in Italien die rechtsradikale Partei der Faschisten gegründet und ließ sich *Duce* nennen, also Führer. Seine Faschisten lieferten sich ähnlich wie die Freikorps in Deutschland erbitterte Kämpfe mit Kommunisten. Sie verachteten die Demokratie. Im Oktober 1922 marschierte Mussolini mit 40 000 Anhängern von Norditalien in die Hauptstadt Rom. Dort berief ihn König Viktor Emanuel III. zum Ministerpräsidenten. Andernfalls hätte ein Bürgerkrieg gedroht; außerdem fürchtete der König eine kommunistische Revolution, und dagegen schien Mussolini ein guter Schutz zu sein.

Als Hitler in der Zeitung von Mussolinis Triumph las, brachte ihn das auf eine Idee. Er wollte es dem Italiener nachtun. So marschierte er im November 1923 mit seinen Anhängern zur Feldherrnhalle in München. Er wollte gewaltsam die Regierung übernehmen. Doch der Versuch misslang. Hitler landete im Gefängnis. Er musste allerdings nur wenige Monate Haft absitzen. Die Richter hatten wie so viele damalige Juristen Sympathien für Rechtsradikale. Nachdem er wieder frei war, konnten Hitler und seine Partei zunächst wenig punkten. Doch dann kam 1929 die erwähnte Weltwirtschaftskrise. Das Unglück der Massen war Hitlers große Chance.

1930 fanden Reichstagswahlen statt, und Hitler wusste die Leute anzustacheln. In seinen Wahlkampfreden schimpfte er auf die Kapitalisten, die die Wirtschaftskrise verschuldet hätten. Aber er wetterte auch gegen die Kommunisten, weil sie angeblich die Arbeiter gegen den Rest des Volkes aufwiegelten. Hitler hetzte und polterte letztlich gegen alle konkurrierenden Parteien. Er unterstellte ihnen, dass sie verantwortlich für das Chaos im Land seien. Er behauptete, nur seine Partei sei ganz anders als all die anderen. Nur sie könne das ganze Volk einen. Bei den Wahlen machte die NSDAP einen riesigen Sprung nach vorn. Sie wurde von einer unbedeutenden Partei zur zweitstärksten im Parlament; sie kam nach der SPD. Bei den nächsten Reichstagswahlen im Jahr 1932 erhielt Hitlers NSDAP sogar die meisten Stimmen von allen.

Viele Deutsche, die unter der Wirtschaftskrise litten, schöpften Hoffnung. Denn Hitler betonte, dass die Berufe und Klassen alle an einem Strang ziehen sollten; die Rettung liege in der Volksgemeinschaft. Wie das genau gemeint war, sagte er nicht, aber es klang verlockend. Es leuchtete vielen ein, wenn Hitler meinte, es solle nicht mehr über dreißig Parteien in Deutschland geben, die alle immer nur die Interessen von kleinen Gruppen gegen andere vertreten würden. Deshalb jubelten viele sogar, als Hitler in Wahlkampfreden ganz offen die Diktatur lobte und die Demokratie runtermachte. Mit heiserer Stimme brüllte er ins Mikrofon: »Ich habe mir ein Ziel gesteckt, nämlich die dreißig Parteien aus Deutschland hinauszufegen!«

Damit sagte Hitler ja eigentlich, dass er die Demokratie abschaffen wollte. Trotzdem wählten ihn die Menschen. Am 30. Januar 1933 wurde er Reichskanzler. Es folgte die schlimmste Zeit der deutschen Geschichte.

KAPITEL VIERUNDZWANZIG
Der Führer des Bösen

Hitlers »Machtergreifung« in Deutschland und der Alltag und Terror im »Dritten Reich« ab 1933. Die Nationalsozialisten ermorden Millionen von Juden und Mitglieder anderer Minderheiten.

Im Oktober 1940 brachte der berühmte britische Regisseur und Schauspieler Charlie Chaplin seinen Film *Der große Diktator* in die Kinos. Er war ein Riesenerfolg. Millionen von Menschen auf der ganzen Welt schauten ihn sich an. Allerdings nicht in Deutschland; dort war der Film verboten. Denn 1940 herrschte Adolf Hitler in Deutschland, und der Film ist eine Satire über ihn. Der Diktator wird darin auf humorvolle Weise kritisiert und verspottet. In einer Szene hält der von Chaplin gespielte Hitler, der im Film allerdings Hynkel heißt, eine Rede an sein Volk. Sie ist ein unverständliches Kauderwelsch. Hitler bellt, geifert und brüllt so sehr, dass sich sogar das Mikrofon, das auf dem Rednerpult vor ihm steht, wegduckt, weil er so unangenehm ist. Der Diktator macht sich lächerlich.

Der Film ist zwar eine Satire, doch das Merkwürdige ist, dass Hitler auch im echten Leben oft lächerlich war. Wenn man sich heute Filmaufnahmen von seinen Reden anschaut, wirkt seine sich überschlagende Stimme unsicher, seine Gesten sind steif. Wie er mechanisch immer wieder den Arm zum Gruß hebt und senkt, das kommt unbeholfen und verkrampft rüber. Hitlers Art zu sprechen, erscheint uns heute albern; schon damals fanden viele Menschen seine Reden schwülstig und übertrieben. Aber Millionen waren von Hitlers Intensität und Inbrunst völlig gebannt und begeistert.

Seit Chaplins Film wurden viele Filme und einige Satiren über Hitler gedreht, und es geht noch heute weiter. Das hat unter anderem damit zu tun, dass man weiterhin zu verstehen versucht, was damals so viele Menschen an einem solch furchtbaren Typen finden konnten. Adolf Hitler war von 1933 bis 1945 Machthaber in Deutschland, und er war eine der schrecklichsten Gestalten der Weltgeschichte. Er hat den Zweiten Weltkrieg begonnen, in dem sechzig Millionen Menschen starben. Dieser Krieg ist das Thema des nächsten Kapitels. Auf den folgenden Seiten geht es darum, wie Hitler es schaffte, so viele Leute von sich zu überzeugen und eine Terrorherrschaft aufzubauen. Er führte innerhalb kürzester Zeit eine Diktatur in Deutschland ein. Er ließ etwa sechs Millionen Juden und viele Angehörige anderer Minderheiten wie Sinti und Roma und Homosexuelle in Konzentrationslager sperren, foltern und auf grausamste Weise ermorden.

Wie Hitler mit Gewalt, Tricks und Lügen eine Schreckensherrschaft aufbaut

Bereits im letzten Kapitel habe ich geschildert, wie es Hitler gelang, in der Weimarer Republik Kanzler zu werden. Er versprach, dass alle Deutschen in einer Volksgemeinschaft aufgehoben sein würden. Zugleich schüchterte er politische Gegner ein. Auch nachdem Hitler am 30. Januar 1933 zum Kanzler ernannt wurde, machte seine SA, die Sturmabteilung, den Menschen Angst. Sie stampfte in ihren braunen Uniformen durch die Städte. Die SA lieferte sich Straßenschlachten mit Anhängern der KPD, der Kommunistischen Partei Deutschlands.

Die KPD von Ernst Thälmann war neben der SPD die größte Konkurrenz für Hitlers NSDAP. Doch im Februar 1933 versetzte Hitler den Kommunisten einen vernichtenden

Schlag. Dafür dachte er sich einen Vorwand aus. In der Nacht des 27. Februar brannte das Reichstagsgebäude, also das Parlament. Bis heute sind die Umstände nicht ganz geklärt. Ein Kommunist wurde wegen Brandstiftung verurteilt und hingerichtet. Danach stempelte Hitler einfach alle Kommunisten als Gefahr für die Sicherheit im Land ab. Er ließ Tausende Kommunisten verhaften und ihre Partei verbieten.

Außerdem wurde eine »Notverordnung« erlassen. Damit setzten die Nationalsozialisten Grundrechte außer Kraft. Etwa jenes, dass die Polizei Bürger nicht ohne konkrete Anschuldigung einsperren darf. Die Begründung für die Notverordnung lautete, nur so lasse sich die kommunistische Bedrohung abwehren. Diese Verordnung hätte der Reichspräsident Paul von Hindenburg verhindern können, da er ihr zustimmen musste. Er hatte zwar ähnlich wie heute der Präsident in Deutschland insgesamt eher repräsentative Aufgaben; in bestimmten Situationen konnte er allerdings eingreifen. Er war ein bisschen wie ein überparteilicher Schiedsrichter. Doch da von Hindenburg Kommunisten ebenfalls hasste, unterschrieb er die Notverordnung.

Damit machte er einen schlimmen Fehler. Hitler glaubte, jetzt hätte er genug Konkurrenten eingesperrt und politischen Gegnern und Journalisten Angst gemacht. Er dachte, nun wäre ihm die Mehrheit der Stimmen sicher. So ließ er im März 1933 Neuwahlen abhalten. Die NSDAP wurde mit rund 44 Prozent der Stimmen zwar stärkste Kraft, verfehlte jedoch knapp die absolute Mehrheit. Diese absolute Mehrheit von mehr als der Hälfte aller Stimmen hätte die Partei gebraucht, um alle Gesetze, die sie wollte, im Parlament beschließen zu können. Das war aber letztlich gar nicht nötig. Denn im selben Monat, im März 1933, setzte Hitler mit Billigung Hindenburgs das sogenannte Ermächtigungsgesetz durch. Dieses Gesetz gab ihm diktatorische Befugnisse. Das wurde damit begründet, dass der Staat angeblich schnell und ohne Rücksprache mit dem

Parlament handeln können müsse, um Gefahr von »Volk und Reich« abzuwenden.

Das war ein Trick Hitlers. Erstaunlicherweise stimmten fast alle Parteien dem Gesetz zu. Nur die SPD hielt tapfer dagegen; die KPD-Abgeordneten *hätten* dagegen gestimmt, doch waren sie bereits alle als kriminell gebrandmarkt und aus dem Reichstag ausgeschlossen worden.

Das war das Ende der Weimarer Republik, der ersten deutschen Demokratie. Jetzt ging alles Schlag auf Schlag. Hitler ließ die SPD verbieten, und auch die Gewerkschaften. Die anderen Parteien lösten sich, da sie von den Nationalsozialisten bedroht wurden, selbst auf. So blieb nur noch die NSDAP übrig. Dass Politiker aus den anderen Parteien Angst hatten, war begründet. Denn schon ab 1933 ließ Hitler politische Gegner und kritische Journalisten in Konzentrationslager sperren, sogenannte KZs, in Dachau, Oranienburg oder Lichtenburg. Das waren Lager mit Baracken und Stacheldrahtzäunen. Die Verhaftungen erledigte anfangs die SA. Später übernahmen das die SS, die Schutzstaffel, und die Gestapo, die Geheime Staatspolizei. Die Gestapo wurde zunächst von Hermann Göring geleitet; später unterstanden die Gestapo und die SS Reinhard Heydrich und Heinrich Himmler. Himmler, Heydrich und Göring zählten zu den mächtigsten Männern im Land nach Hitler.

Die SS arbeitete eng mit der Gestapo zusammen. Sie spannte ein Netz von Spitzeln über das Land. Diese meldeten jeden, der etwas Kritisches über die Regierung sagte. Gestapo und SS verhörten, folterten und ermordeten Tausende von Bürgern. Außerdem war Deutschland in Gauen, Kreisen, Ortsgruppen und Blocks organisiert; das heißt, selbst jeder Wohnblock wurde von einem Blockwart beaufsichtigt. Indem sie Blockwart wurden, konnten sich Leute, die vorher nichts zu sagen gehabt hatten, ein bisschen mächtig fühlen und aufspielen.

So nahm das unselige »Dritte Reich« Gestalt an. Im August 1934 starb Präsident von Hindenburg. Nun übernahm Hitler das Amt des Präsidenten zusätzlich zu seiner Kanzlerschaft. Er ließ sich »Führer« nennen. Die Menschen sollten völlig auf ihn fixiert sein. So mussten die Deutschen nicht nur den »Führer« selbst, sondern einfach jeden mit dem ausgestreckten rechten Arm grüßen und dazu »Heil Hitler« bellen.

Wachte die Mehrheit der Deutschen auf und fragte sich, was das für ein Wahnsinn war? Nein, die Mehrheit wachte nicht auf. Das lag auch daran, dass die Propaganda die Menschen einwickelte. Es ging schon in jungen Jahren los. Im Prinzip war jedes Kind und jeder Teenager im Alter zwischen zehn und achtzehn Mitglied in einer nationalsozialistischen Jugendorganisation. Mädchen gehörten zum BDM, dem Bund Deutscher Mädel, Jungs zur HJ, der Hitlerjugend. Dort trugen sie Uniformen und wurden darauf trainiert, immer zu gehorchen und militärisch zu denken. Das wirkte zunächst harmlos und fröhlich. Die Jugendlichen trieben im Freien Sport und spielten Kriegsspiele, die Fangen ähnelten. Da hatte eine Mannschaft schwarze, die andere weiße Bänder am Arm. Wenn man dem Gegner ein Band abriss, war er tot und musste liegen bleiben. Am Ende wurden die Toten gezählt und so der Sieger ermittelt.

Viele Jugendliche bekamen damals kein Taschengeld und mussten sogar Geld für ihre Familie dazuverdienen, indem sie etwa Altmetall sammelten. Ihnen erschienen BDM und HJ oft wie ein Ferienlager. Es gab zu essen, sie konnten mit Gleichaltrigen spielen oder flirten. Außerdem hatten Jugendliche ein neuartiges Gefühl von Macht. Marschierten sie durch die Straßen, mussten Passanten die Hakenkreuzfahne, die sie trugen, mit ausgestrecktem Arm grüßen. Andernfalls wurden sie verprügelt oder kamen ins KZ. Diese Art der Brutalität und Menschenverachtung durchdrang sämtliche Lebensbereiche. Manchmal verrieten Kinder ihre Eltern an die Gestapo, wenn sie zu Hause beim Essen Kritik am »Führer« äußerten. Selbst in den Familien herrschte oft eine Atmosphäre des Misstrauens.

Manche Jugendliche widerte das militärische Getue der HJ allerdings auch an. Denn was sie da zum Beispiel sangen, waren keine schönen Lieder; sie hatten keinen Swing, keinen Groove. Die HJ marschierte steif trommelnd durch die Gegend. Sie schmetterte Lieder mit aggressiven Texten wie: »Heute gehört uns Deutschland und morgen die ganze Welt.« Oder: »Deutschland muss leben / Deutschland muss leben / und wenn wir sterben, wenn wir sterben müssen! Deutschland muss leben!« Das klingt heute natürlich behämmert. So sollten Kinder und Jugendliche damals daran gewöhnt werden, dass Kampf und Krieg normal seien und im Leben sogar am meisten zählten.

Ein anderes Mittel, die Menschen zu beeinflussen, waren die Wochenschauen, die in Kinos liefen, eine Mischung aus Nachrichten und Propaganda. Da wurden Militärparaden gezeigt oder Berichte über Erfolge in der Industrieproduktion oder über Parteitage der NSDAP. Dort herrschte eine feierliche Stimmung. Die Partei veranstaltete nachts Paraden mit Fackeln; Hitler hielt im Feuerschein Reden vor Tausenden von Menschen. Viele fanden seine einfachen Erklärungen einleuchtend: etwa jene, die Lösung aller Konflikte auf der Welt bestehe darin, dass sich das stärkste Volk durchsetze und die schwächeren Völker unterwerfe und unterdrücke und so »Ordnung« schaffe.

Die Propaganda der Nazis war umfassend organisiert. Es gab einen extra Propagandaminister, Joseph Goebbels. Seine Reden und die des »Führers« wurden übers Radio in alle Wohnzimmer übertragen. Das Radio hieß Volksempfänger. Wer selbst keinen Volksempfänger hatte, sollte zu den Nachbarn gehen und dort mithören. So kontrollierte indirekt jeder jeden. Und so war sichergestellt, dass die Nazisendungen gehört wurden, und nicht Nachrichten des britischen Senders BBC oder amerikanischer Jazz. Das war verboten.

Eines der Hauptziele der Propaganda bestand in der Verbreitung einer sogenannten Rassenlehre. Die Nazis behaupteten, die Deutschen seien ein »Herrenvolk« und gehörten zu der »arischen Rasse«. Diese Rasse sei angeblich besonders stark, schlau und gesund. »Arier« waren idealerweise groß, blond und blauäugig. Weil die meisten Menschen so verblendet waren, störte es sie nicht einmal, dass Hitler und andere Nazis selbst ganz offensichtlich nicht dem Ideal des »Ariers« entsprachen. So machte folgender Witz die Runde: »Wie sieht ein echter Arier aus? Blond wie Hitler, groß wie Goebbels und schlank wie Göring!« Solche Witze wurden »Flüsterwitze« genannt. Denn man durfte sie natürlich nicht laut erzählen, sondern nur Freunden, denen man restlos vertraute. Wenn jemand der Gestapo meldete, dass er einen solchen Witz gehört hatte, wurde derjenige, der ihn erzählt hatte, unweigerlich festgenommen. Er musste mit langer und schwerer Haft, im schlimmsten Fall gar mit einer Verurteilung zum Tode rechnen.

Leider waren die Auswirkungen der absurden Überlegungen zur »Rasse« und zum »Arier« alles andere als komisch. So galten Menschen, die angeblich nicht »arisch« waren, sondern zum Beispiel afrikanische oder jüdische Wurzeln hatten, den Nazis als »Untermenschen«. Es hieß, sie müssten beherrscht werden. Solchen Quatsch glaubten damals viele.

Als 1936 die Olympischen Spiele in Berlin stattfanden, nutzten die Nationalsozialisten das internationale Sportereignis für ihre Propaganda. Sie wollten sich als weltoffen und zugleich stark und überlegen darstellen. Trotzdem gewannen schwarze Leichtathleten wie der US-Weltrekordläufer Jesse Owens Goldmedaillen. Die Spiele waren die ersten, die live über die brandneue TV-Technik in öffentliche Fernsehstuben übertragen wurden. Die Propagandaregisseurin Leni Riefenstahl drehte den Film *Olympia* über die Spiele. Sie zeigte muskulöse, angeblich »arische« Athleten, die elegant und anmutig wie antike Statuen wirken sollten, aber ziemlich steif und verklemmt rüberkamen.

Das gilt auch für die Kunst, die Hitler mochte. Seine Lieblingskünstler stellten in ihren Statuen und Gemälden angebliche »Arier« dar, die den Menschen als Ideal eingebläut werden sollten. In der Malerei des »Dritten Reiches« wimmelt es von blonden, durchtrainierten Männern und Frauen, die entschlossen dreinschauen. Im Rückblick mutet das freudlos und verkrampft an; damals dachten viele, darin käme Stärke zum Ausdruck. Während die Nazis ihre Künstler pushten, bezeichneten sie die moderne Kunst, also Werke von Malern wie Paul Klee, Franz Marc, Wassily Kandinsky und Otto Dix, als »entartet«. Die »entartete Kunst« zeige, so die NS-Propaganda, nur körperliche und seelische Schwächen. Die angeblich »entartete Kunst« wurde zum Spott ausgestellt und teils zerstört. Schon am Anfang von Hitlers Herrschaft waren Bücher öffentlich verbrannt worden. Es traf Werke von Autoren, die den Nationalsozialisten nicht passten, weil sie zu frei über verschiedene Ideen und Probleme schrieben. Dazu gehörten Autoren wie Franz Kafka, Heinrich Mann, Bertolt Brecht und Stefan Zweig.

Doch wie war das echte Leben im »Dritten Reich« abgesehen vom Propagandazirkus? Was hatten die Leute konkret von Hitlers Herrschaft? Tatsächlich bekamen Millionen von arbeitslosen Deutschen endlich wieder einen Job. Um die Stellen zu schaffen, gab Hitler den Bau monumentaler Gebäude und Straßen in Auftrag. Er führte die Wehrpflicht ein, vergrößerte die Armee und steigerte die Rüstungsproduktion. Allerdings war die Arbeit meist schlechter bezahlt als früher. Und um die Programme zu finanzieren, machte der Staat immense Schulden, was später zum Problem werden sollte. Im Zweiten Weltkrieg plünderten die Deutschen dann die Länder, die sie eroberten, systematisch aus. In Deutschland selbst bereicherten sich Millionen Deutsche an dem Eigentum, das der jüdischen Bevölkerung einfach geraubt wurde: Ersparnisse, Häuser, Wohnungen, Wertgegenstände. Deutsche nahmen Juden Jobs weg, die diese nicht mehr ausüben durften. Oder nicht mehr ausüben konnten. Weil sie verschleppt und ermordet wurden oder – wenn sie Glück hatten – noch rechtzeitig hatten fliehen können.

Die Ausgrenzung, Verfolgung und Ermordung der Juden und anderer Minderheiten

Viele Deutsche profitierten materiell von der NS-Politik. Deshalb stellten sie das schlechte Gewissen, das sie vielleicht hatten, oft hinten an. Und die Propaganda half ihnen. Gleich nach der Machtübernahme Hitlers wurden die Juden diskriminiert. Zeitungen wie der *Stürmer* druckten Zeichnungen ab, in denen Juden krumme Rücken und lange Nasen hatten und verschlagen aussahen. Hitler behauptete, die Juden wären an einer Weltverschwörung beteiligt. Er unterstellte, die bösen jüdischen Kapitalisten hätten die armen deutschen Arbeiter ausgebeutet. Im nächsten Moment brachte er die Juden ganz im Gegenteil mit den Kommunisten in Verbindung.

Das alles war natürlich frei erfundener Blödsinn. Damit wollte die Propagandaabteilung schlimme Maßnahmen rechtfertigen. Es fing schon 1933 an. Da rief die Propaganda die Deutschen dazu auf, nichts mehr in jüdischen Geschäften zu kaufen. Juden wurde es verboten, den Beruf des Arztes, Apothekers, Anwalts und Professors auszuüben; sie wurden aus dem Staatsdienst entlassen. Zudem mussten sie eine Sondersteuer zahlen. 1935 beschloss die NSDAP beim Reichsparteitag, der in Nürnberg stattfand, neue Gesetze, die sogenannten

Nürnberger Rassengesetze. Darin stand: »§2 (1) Reichsbürger ist nur der Staatsangehörige deutschen oder artverwandten Blutes.« So wurden Juden einfach die Bürgerrechte abgesprochen. Juden und Nichtjuden durften nicht mehr heiraten und keine Liebesbeziehungen haben.

Wer gegen die Gesetze verstieß, kam ins Konzentrationslager. Die Verfolgung nahm immer schlimmere Formen an. Ein Schritt zur offenen Gewalt war die Reichspogromnacht am 9. November 1938. »Pogrom« kommt vom russischen Wort für »Übergriff« und »Verwüstung«; denn in Russland waren schon im 19. Jahrhundert Angriffe, also Pogrome, vonseiten der nicht jüdischen Bevölkerung gegen Juden erfolgt. Die Juden mussten als Sündenböcke für alles Mögliche herhalten und wurden oft sogar getötet. Die Nationalsozialisten griffen diese furchtbare Tradition auf. So stürmten im November 1938 Mitglieder der SA und SS jüdische Geschäfte. Weil viele Scheiben zerbarsten, hat man die Ereignisse auch als »Reichskristallnacht« bezeichnet. Die Nazis steckten Synagogen, die jüdischen Gebetshäuser, in Brand. Sie töteten Hunderte von Juden. Die SS- und SA-Männer trugen keine Uniformen, sondern Zivilkleidung. Es sollte so aussehen, als seien die Angriffe von »normalen« Bürgern ausgegangen und als zeigten sie, was das ganze Volk denke, fühle und wolle. Das war einer der vielen üblen Tricks von Hitler.

Die SS und die Gestapo verschleppten immer mehr Juden in Konzentrationslager. Ab 1941 mussten Juden den Judenstern auf der Kleidung tragen. Im Jahr 1942 wurde das beschlossen, was die Nationalsozialisten die »Endlösung der Judenfrage« nannten. Damit war die Vernichtung des jüdischen Volkes gemeint. Der Ausdruck zeigt, wie verlogen, falsch und widerwärtig schon die Sprache der Nazis war: »Endlösung« für einen Massenmord. Nun folgte der Holocaust, der Völkermord an den Juden.

Juden aus Deutschland und den eroberten Ländern wurden

in KZs in Polen deportiert, das von den Deutschen schon zu Beginn des Zweiten Weltkriegs besetzt worden war. Die größten Vernichtungslager hießen Auschwitz-Birkenau, Majdanek, Sobibor, Chelmno, Belzec und Treblinka. Es waren Todesfabriken. In den KZs herrschten grauenhafte Zustände. Die Häftlinge hungerten und hausten in zugigen, dreckigen, überfüllten Baracken. Sie magerten bis auf die Knochen ab, viele starben an Krankheiten. Und es geschah etwas Unfassbares: Millionen Juden wurden systematisch in Gaskammern mit dem hochgiftigen Zyklon B ermordet.

Das alles ist unbegreiflich. Im Gegensatz zur Diskriminierung, Entrechtung und Demütigung der Juden, die seit 1933 ganz offen zum Alltag gehörte, wurde über den Massenmord zwar nicht in der breiten Öffentlichkeit berichtet. Es stand nichts in den Zeitungen. Da hieß es nur, Juden würden »umgesiedelt«; sie würden nach Polen gebracht, um dort in einem eigenen, nur für sie gedachten Bezirk zusammenzuleben, einer Art Riesengetto. Doch in einer Radioansprache hatte Hitler den Juden bereits 1939 ganz offen mit der »Vernichtung« gedroht. Außerdem wussten viele Deutsche natürlich darüber Bescheid, was geschah. Auch wenn es verboten war, darüber zu reden, sickerten doch immer wieder Informationen durch: über SS-Leute, über KZ-Wachmänner, Lieferanten, Fabrikanten, die Zwangsarbeiter aus den KZs wie Sklaven in ihren Betrieben schuften ließen. Oder über Leute, die zufällig in der Nähe von Lagern wohnten.

Ab wann wurde es den Juden selbst klar, was da passierte? Manche ahnten es früh und wanderten aus. Andere wollten es nicht wahrhaben. Sie konnten sich nicht vorstellen, wie furchtbar das Ausmaß des Bösen war. Es ist noch heute schwer nachzuvollziehen, wie sich die Situation der Juden von der Diskriminierung bis zur Ermordung so entwickeln konnte. Darüber, wie das damals passierte, gibt auf erschütternde Weise das Tagebuch eines jüdischen Mädchens Aufschluss, das wir lesen können, weil es später als Buch veröffentlicht wurde. Es ist das *Tagebuch der Anne Frank*.

Anne lebte mit ihrer Familie in Frankfurt. Sie begann ihr Tagebuch im Juni 1942 im Alter von dreizehn Jahren. Anne schildert ihr Leben, ihre Gedanken, Gefühle und Ängste. Bereits 1934 hatten ihre Eltern beschlossen, mit der Familie nach Amsterdam zu ziehen. Sie meinten, dort wären sie vor den Nationalsozialisten sicher. Doch im Zweiten Weltkrieg überfielen die Deutschen die neutralen Niederlande und besetzten sie. Sie übernahmen die Macht. Das bedeutete, dass Juden in den Niederlanden auf ähnliche Weise wie in Deutschland ausgegrenzt und verfolgt wurden.

Am Anfang ihres Tagebuchs schreibt Anne fast nebenbei über die alltägliche Diskriminierung. Da heißt es über einen Sommertag: »Es ist glühend heiß. Jeder schnauft und wird gebraten, und bei dieser Hitze muss ich jeden Weg zu Fuß gehen. Jetzt merke ich erst, wie angenehm eine Straßenbahn ist.« Annes Schilderung bezieht sich darauf, dass es Juden verboten war, die Trambahn zu benutzen. In einem anderen Eintrag fasst sie zusammen, wie Juden im Alltag schikaniert werden: Juden müssen einen Judenstern tragen. Sie müssen ihre Fahrräder abgeben und dürfen nicht mit einem Auto fahren. Sie dürfen nur von drei bis fünf Uhr einkaufen. Zwischen acht Uhr abends und sechs Uhr morgens dürfen Juden überhaupt nicht auf die Straße. Theater, Kinos, Schwimmbäder und Sportplätze sind ihnen verboten. Überhaupt dürfen Juden in der Öffentlichkeit keinen Sport treiben. Sie dürfen nach acht Uhr abends nicht einmal in ihrem eigenen Garten sitzen. Und auch keine Freunde oder Bekannten besuchen.

Schon wenige Wochen nachdem Anne ihr Tagebuch begonnen hatte, verschlimmerte sich die Situation noch. Nun drohte Juden bereits die Deportation ins KZ. Deshalb versteckten sich Annes Familie und vier andere Juden ab Juli 1942 vor den Nazis.

Das Versteck befand sich in der Wohnung einer Niederländerin. Die Räume lagen hinter einem Bücherregal verborgen. Insgesamt halfen fünf Menschen den Versteckten. Sie brachten ihnen Lebensmittel und Kleidung. Zwei Jahre lang lebten die Versteckten in ständiger Angst. Sie konnten kein einziges Mal an die frische Luft treten und die Sonne auf ihrer Haut spüren.

Doch dann gab es einen Lichtblick. Im Sommer 1944 schien die Rettung nahe. Amerikanische und britische Truppen waren in Nordfrankreich gelandet. Sie befanden sich auf dem Vormarsch gegen die Deutschen. Am Dienstag, dem 6. Juni 1944 jubelte Anne in ihrem Tagebuch: »Das Hinterhaus ist in Aufruhr. Sollte denn wirklich die lang ersehnte Befreiung nahen, die Befreiung, über die so viel gesprochen wurde, die aber zu schön, zu märchenhaft ist, um je wirklich werden zu können? Sollte dieses Jahr, dieses 1944, uns den Sieg schenken? Wir wissen es noch nicht, aber die Hoffnung belebt uns, gibt uns wieder Mut, macht uns wieder stark.«

Nur wenige Wochen später, im August 1944, kurz bevor die Alliierten eintrafen, wurde alle Hoffnung zunichtegemacht. Vermutlich hatte jemand Anne und die anderen verraten; jedenfalls wurden sie in ihrem Versteck verhaftet. Die SS sperrte sie in Waggons von Güterzügen, in denen die Menschen eingepfercht waren. In den fensterlosen Waggons wurden sie quer durch Europa in das Konzentrationslager Auschwitz in Polen gekarrt. Einige aus Annes Familie wurden vergast. Anne selbst starb, völlig abgemagert und ausgemergelt, im KZ Bergen-Belsen an einer Infektionskrankheit, wahrscheinlich Typhus.

Annes Vater hatte von den Niederlanden aus, als die Ausreise möglich gewesen wäre, immer wieder Briefe in die USA geschrieben und dort um Asyl gebeten. Doch die dortigen Behörden hatten seine Bitten abgelehnt. Wie einige andere Länder hatten die USA feste Quoten dafür, wie viele Flüchtlinge – meist Juden, die vor den Nazis flohen – aufgenommen wurden. Wäre Annes Vater mit seinen Gesuchen erhört worden, könnte Anne heute noch leben.

Die Verblendung der Masse und der Widerstand der Mutigen

Führt man sich die Verbrechen an den Juden und anderen Minderheiten vor Augen, scheint es kaum nachvollziehbar, dass Millionen von Deutschen mitmachten. Viele hatten Angst. Viele dachten: Es wird schon nicht so schlimm sein. Oder: Wenn die Mehrheit das tut, wird es in Ordnung sein. Oder sie waren einfach abgestumpft und gefühllos geworden. Schließlich besagte eines der Mottos, die einem im »Dritten Reich« von Kindheit an eingehämmert wurden, man müsse »hart wie Kruppstahl« sein. Also hart wie der Stahl, den das Industrieunternehmen Krupp für deutsche Waffen produzierte.

So infizierte die Propaganda viele Deutsche. Zum Beispiel das Mädchen Annedore Walter. Sie war bei der Machtübernahme Hitlers im Jahr 1933 fünf Jahre alt, also ungefähr so alt wie Anne Frank. Anne und Annedore hätten im Prinzip Klassenkameradinnen sein können. Doch es war, als lebten sie in zwei Welten. Annedore wurde von Anfang an zur Nationalsozialistin erzogen. Sie wuchs in Duisburg im Ruhrgebiet auf. Ihr Vater Friedrich war NSDAP-Ortsgruppenleiter. Nach dem Ersten Weltkrieg war er arbeitslos gewesen, bekam nach Hitlers »Machtergreifung« aber einen Job in der Verwaltung. So fühlte er sich endlich mal als Sieger. Während Anne Frank im KZ auf qualvolle Weise starb, erlebte Annedore das »Dritte Reich« als Zeit des Aufbruchs in eine scheinbar strahlende Zukunft.

Annedore hat die Nazizeit überlebt. Sie erinnert sich im

Rückblick, wie die Rassenlehre sie als Schülerin prägte. Sie erzählt, dass sie Mitschüler, wie sie es gelernt hatte, in »ostische« und »germanische« Menschen einteilte. Sie rief einem Klassenkameraden mit auffällig rundem Kopf zu: »Wenn du auch noch schwarze Haare hättest, hättest du einen richtigen ostischen Rundschädel und müsstest zu den Polacken.« Annedore erinnert sich an den Morgen nach der erwähnten Reichspogromnacht im November 1938, in der die Nazis jüdische Geschäfte zerstörten und Juden ermordeten. Da lief sie zusammen mit anderen Schülern neugierig zum Schauplatz des Geschehens. Als sie und ihre Freunde die eingeschlagenen Scheiben der Läden und Schaufensterpuppen, in denen Glassplitter steckten, sahen, fanden sie das aufregend. Sie führten, wie Annedore erzählt, einen »Freudentanz« auf.

Das war natürlich jugendlicher Übermut und Gedankenlosigkeit. Aber Annedore gesteht, dass sie es verlernt hatte, Mitleid zu empfinden. So wurden einmal einer Deutschen, die eine Liebesbeziehung mit einem Polen hatte, zur Strafe öffentlich die Haare abrasiert. Polen galten den Nazis als »Untermenschen«. Die Frau wurde mit einem Schild um den Hals durch die Straßen getrieben. Auf dem Schild stand: »Ich habe deutsches Blut geschändet«. Annedore meint, sie habe damals kein Mitleid mit der Frau gehabt.

Sie schildert allerdings auch, wie sie aus der Betäubung durch die Propaganda und aus dem Rassenwahn erwachte. Sie musste im Krieg in einer Fabrik arbeiten, weil so viele Männer an der Front kämpften. In der Fabrik verrichteten russische Kriegsgefangene Zwangsarbeit. Russen galten den Nazis ebenfalls als »Untermenschen«. Eines Tages machte Annedore einen Fehler und bekam einen Finger in die Maschine. Ein Russe drückte sofort auf den Stoppschalter. Er lächelte sie an. Noch mal gut gegangen. Von da an brachte Annedore ihm jeden Tag einen Apfel zur Arbeit mit. Heimlich, denn es war verboten. Seit der Erfahrung änderte sich etwas daran, wie sie die Dinge sah. Sie bekam Zweifel am »Führer« und an seinen Ideen.

Viele Deutsche waren von Anfang an gegen Hitler; einige leisteten Widerstand. Etwa die Geschwister Hans und Sophie Scholl und ihre Freunde von der »Weißen Rose«, einer Gruppe junger Studenten. Sie legten ab Sommer 1942 heimlich Flugblätter unter anderem in den Vorlesungssälen der Uni München aus. In einem ihrer Flugblätter heißt es, »daß seit der Eroberung Polens dreihunderttausend Juden in diesem Land auf bestialischste Art ermordet worden sind. Hier sehen wir das fürchterlichste Verbrechen an der Würde des Menschen, ein Verbrechen, dem sich kein ähnliches in der ganzen Menschengeschichte an die Seite stellen kann«. Die »Weiße Rose« betonte, wie sehr sich alle Deutschen mitschuldig machten, wenn sie Hitler tatenlos gewähren ließen. Die Studenten wollten ihre Landsleute aufrütteln. Doch ihre Aktionen waren vergeblich. Sophie Scholl und ihre Freunde wurden von der Gestapo gefasst. Sie wurden zum Tode verurteilt und hingerichtet.

Der Widerstand gegen die Nazis kam aus unterschiedlichen Bevölkerungsgruppen. Von religiöser Seite sind an erster Stelle die Zeugen Jehovas zu nennen. Die katholische Kirche passte sich insgesamt an; nur ein paar mutige Priester äußerten sich kritisch. Sie prangerten beispielsweise an, dass die Nationalsozialisten behinderte Menschen als, wie es hieß, »lebensunwertes Leben« ermordeten. Die evangelische Kirche unterstützte Hitler mehrheitlich; immerhin bildete sich die Gruppe der Bekennenden Kirche, die gegen die Nazis war. In beiden Kirchen waren es oft die einfachen Gläubigen, die aus christlicher Überzeugung Verfolgten halfen oder in anderer Weise Widerstand leisteten. Häufig waren sie tapferer als die hohen kirchlichen Funktionäre. Insgesamt waren vor allem Kommunisten und Sozialdemokraten im Widerstand.

Widerstand konnte Unterschiedliches bedeuten. Meist lief es auf Sabotage hinaus, also etwa darauf, dass Fabrikarbeiter unauffällig die Waffenproduktion für die Wehrmacht störten. Oder mutige Menschen versteckten ihre Nachbarn, die verfolgt wurden. Es gab mehrere Versuche, Hitler in einem Attentat zu töten. Im November 1938 deponierte der Schreiner Georg Elser heimlich einen Sprengsatz mit Zeitzünder im Münchner Bürgerbräukeller, einem Lokal, in dem Hitler öfter Reden hielt. So am 8. November. Doch Hitler verließ den Saal, etwa zwanzig Minuten bevor die Bombe explodierte. Er blieb unverletzt. 1944 planten einige Militärs um Claus Schenk Graf von Stauffenberg, die zuvor jahrelang für Hitler gekämpft hatten, ein Attentat. Der Wehrmachtsoffizier platzierte den Sprengsatz vor einer Strategiebesprechung mit Hitler am 20. Juli 1944 unter einem Tisch. Doch auch er konnte Hitler nicht töten. Der »Führer« entging dem Anschlag.

Im Widerstand zu sein, war extrem mutig. Wurde man gefasst, drohten Folter und Todesstrafe. Wir können uns fragen, ob wir uns damals getraut hätten, Widerstand zu leisten. Die andere Frage ist, warum Millionen von Deutschen Hitler *anfangs* bejubelten. Warum erhielt die NSDAP 1932 in freien Wahlen die meisten Stimmen aller Parteien? Merkten die Leute nicht, was Hitler vorhatte? War nicht ersichtlich, dass es sich um einen Kriegstreiber, Rassisten und Antisemiten der übelsten Sorte handelte?

Doch, man hätte es erkennen können. Hitler hat sogar schon 1925 ein Buch mit dem Titel *Mein Kampf* veröffentlicht, in dem schlimme Sachen stehen. Aber es fand anfangs keine besondere Beachtung. Insgesamt wurde Hitler, auch weil sein Auftreten vielen überzogen und lächerlich vorkam, nicht ernst genommen; viele unterschätzten ihn. In *Mein Kampf* hetzt er gegen Frankreich, den alten Feind Deutschlands aus dem Ersten Weltkrieg, und auf besonders üble Weise gegen Juden. Er beschimpft sie als »Parasiten«; er vergleicht sie mit Ratten und Bazillen und nennt sie »satanisch«. Neben seinem Judenhass schildert Hitler in dem Buch, dass er für das deutsche Volk neuen »Lebensraum« im Osten schaffen wolle. Mit Osten waren Länder wie Polen, die Tschechoslowakei und die Sowjetunion gemeint. Es lag auf der Hand, dass man, um diesen »Lebensraum« zu bekommen, Krieg gegen die Länder führen musste. Tatsächlich war das einer der Gründe dafür, dass Hitler im Jahr 1939 den Zweiten Weltkrieg anfing: eine weitere Katastrophe, die von ihm ausging.

KAPITEL FÜNFUNDZWANZIG
Der totale Krieg

Der Zweite Weltkrieg: sechzig Millionen Tote in sechs Jahren.
Das Grauen reicht von Alaska bis Australien.

»Seit 5.45 Uhr wird jetzt zurückgeschossen.« Diesen Satz bekamen am Morgen des 1. September 1939 Millionen von Deutschen im Radio zu hören. Mit diesem Satz verkündete Adolf
Hitler, dass der Zweite Weltkrieg begonnen hatte. Und mit ihm
setzte er noch eine seiner zahllosen Lügen in die Welt. Denn
er behauptete, polnische Truppen hätten zuerst deutsche angegriffen und diese hätten dann das Feuer erwidert. Das stimmte
aber nicht. Die deutsche Armee war in Polen eingefallen.

Der Zweite Weltkrieg, den die Deutschen 1939 begannen,
sollte sechs Jahre lang wüten und sechzig Millionen Menschen
töten. Wie war es zum Kriegsausbruch gekommen? Bis zum
Kriegsbeginn hatte Hitler wiederholt behauptet, er wolle Frieden. Zugleich hatte er schon früh alles vorbereitet. Er befahl,
die Armee heimlich aufzurüsten. Er ließ seine Truppen bereits vor 1939 in einem echten Krieg sozusagen »üben«. Nämlich im Spanischen Bürgerkrieg, der seit 1936 tobte. In dem
Krieg kämpfte der rechtsextremistische General Francisco
Franco mit seinen Truppen gegen die Republikaner, die Anhänger der Demokratie. Hitler half Franco. Deutsche Kampfflugzeuge bombardierten die spanischen Republikaner und
töteten Frauen und Kinder.

Hitler unterstützte Franco, doch der blieb im Zweiten Weltkrieg offiziell neutral. Mit einem anderen Rechtsextremisten
Europas, nämlich dem faschistischen Diktator Benito Musso-

lini aus Italien, ging Hitler 1936 ein Bündnis ein. Zu diesem Gespann stieß Japan dazu, wo ebenfalls Rechtsradikale regierten. Die Bündnispartner Japan, Italien und Deutschland wurden als die Achsenmächte bezeichnet.

Es war verrückt. Einerseits behauptete Hitler gegenüber der ganzen Welt, er wolle Frieden; zugleich versuchte er ständig, Gebiete anderer Länder an sich zu reißen. So fuhren 1938 deutsche Truppen durch Österreich bis nach Wien. Tausende Österreicher standen am Straßenrand und jubelten den deutschen Soldaten zu. Hitler übernahm die Macht in Österreich. Im selben Jahr bekam Deutschland noch sudetendeutsche Gebiete der Tschechoslowakei; das waren Landstriche, in denen viele deutschstämmige Leute wohnten. Immer wieder begründete Hitler solche Gebietsforderungen damit, dass dort Leute, die deutsch sprachen, lebten.

Im Rückblick stellt sich natürlich die Frage, wie es möglich war, dass Hitler einfach das Sudetenland aus der Republik Tschechoslowakei herausreißen konnte. Darauf hatte er sich 1938 mit Vertretern von Großbritannien, Frankreich und Italien im sogenannten Münchner Abkommen geeinigt, und zwar über die Köpfe der Tschechoslowaken hinweg. Die Regierungschefs der großen westeuropäischen Länder machten Hitlers übles Spiel zunächst mit. Sie meinten, so ließe sich ein Weltkrieg verhindern. Sie wollten keine blutigen Schlachten mehr um ein paar Gebiete führen wie im Ersten Weltkrieg. Deshalb beugten sie sich Hitlers Forderungen. Sie gestanden ihm weitere Gebiete zu, ein bisschen nach dem Motto: Der Klügere gibt nach. Das war die Politik des »Appeasement«; das bedeutet »Beschwichtigung«. Die Appeasement-Politik hatte der britische Premierminister Neville Chamberlain ins Spiel gebracht. Er dachte, damit könnte man Hitler zufriedenstellen und Schlimmeres wie einen Krieg verhindern. Hitler versprach, dass dies jetzt seine letzte Forderung nach neuen Gebieten für das »Dritte Reich« sein würde.

Doch das war eine Lüge. Deshalb funktionierte die Appeasement-Politik nicht. Als Nächstes besetzten deutsche Truppen die ganze Tschechoslowakei. Und am 1. September 1939 marschierte die Wehrmacht in Polen ein. Da das Land unvorbereitet war, musste es sich nach wenigen Wochen ergeben. Doch die Geduld der Briten und Franzosen war schon vorher zu Ende. Sie hatten Polen Schutz garantiert. So erklärten sie Deutschland am 3. September 1939 den Krieg.

Allerdings brauchten Großbritannien und Frankreich etwas Zeit, um ihre Truppen zu mobilisieren und den Krieg gegen die hochgerüsteten Deutschen führen zu können. Derweil überrannten die Deutschen halb Europa. Ab Frühjahr 1940 überfiel die Wehrmacht mehrere Länder: Dänemark, Norwegen, Belgien, die Niederlande und Luxemburg sowie schließlich Frankreich. Die Deutschen fuhren die Strategie des »Blitzkriegs«. Das heißt, sie drangen schnell und überraschend in Länder ein, die nicht vorbereitet waren. Erst stieß die Wehrmacht mit Panzern und Flugzeugen vor, teils mit Fallschirmjägern; dann rückte die Infanterie nach, die Bodentruppen.

Im Jahr 1940 traten Italien und Japan an der Seite Deutschlands in den Krieg ein. Die Achsenmächte wollten grundsätzlich alle ihren Einflussbereich vergrößern, und dies mit militärischer Gewalt. Die Staaten, die sich gegen sie stellten, nannte man Alliierte; wie im Ersten Weltkrieg. Ähnlich wie damals formierten sich im Zweiten Weltkrieg zwei große verfeindete Lager, das eine um die Alliierten Frankreich und Großbritannien, das andere um Deutschland. Auf die Seite der Deutschen schlugen sich außer Italien und Japan noch Rumänien, Bulgarien und Ungarn. Im Lauf des Krieges kamen die Slowakei und Kroatien dazu, nachdem sich dort mit deutscher Unterstützung rechtsradikale Diktatoren durchgesetzt hatten. Zur Gegenseite, den Alliierten, gehörten Großbritannien, Frankreich, Polen, Kanada, Brasilien, Südafrika, Australien, Neuseeland, die USA. Neutral blieben Spanien, Portugal, die Schweiz, Schweden und die meisten Länder Lateinamerikas.

Eine besondere Rolle spielte die Sowjetunion. Mit der UdSSR hatte Deutschland 1939 einen Nichtangriffspakt geschlossen, der nach den Machthabern der beiden Länder auch Hitler-Stalin-Pakt genannt wurde. Als das Deutsche Reich nun Polen angriff, erklärte auch die Sowjetunion Polen den Krieg. Die beiden Länder teilten das innerhalb weniger Wochen unterlegene Polen unter sich auf und machten einen zusätzlichen Grenz- und Freundschaftsvertrag. Offenbar hatte Hitler aber niemals die Absicht gehabt, sich an diese Verträge zu halten. 1941 sollte er das »Unternehmen Barbarossa« befehlen, den Überfall auf die Sowjetunion ohne jede vorherige Kriegserklärung oder auch nur eine Kündigung der bestehenden Verträge. Trotz anfänglicher Erfolge schuf sich Hitler damit einen weiteren Gegner, der entscheidend zur Niederlage Deutschlands beitragen sollte.

Auch einige afrikanische und asiatische Länder wurden mit in den Krieg hineingezogen, weil sie Kolonien waren. So mussten sie Ländern der Alliierten Truppen zur Verfügung stellen. Indien, die britische Kolonie, sandte besonders viele Soldaten. Sie kamen in Afrika gegen die Deutschen zum Einsatz, in Asien gegen die Japaner, und sie waren sogar bei der Invasion Italiens dabei. In Indien selbst führte der Krieg dazu, dass etwa zwei Millionen Zivilisten verhungerten oder an Krankheiten starben.

Auf der Seite der Alliierten kämpften nicht nur Staaten, sondern auch Widerstandsgruppen aus den Ländern, die von den Achsenmächten überfallen worden waren. In Frankreich, Belgien, den Niederlanden, Dänemark, Norwegen, Griechenland, Albanien und Jugoslawien richteten die Besatzer eigene Regierungen ein. Das waren zum Teil deutsche oder italienische Statthalter, zum Teil Leute aus den Ländern, die mit den Besatzern gemeinsame Sache gegen ihr eigenes Volk machten.

Die Besatzer und ihre Helfer, sogenannte Kollaborateure, beuteten die besetzten Länder brutal aus. Maschinen und sogar Zwangsarbeiter wurden nach Deutschland verfrachtet. Die Arbeiter mussten wie Sklaven ohne Lohn und unter schlimmsten Bedingungen in deutschen Firmen schuften.

Gegen all diese Ungerechtigkeiten und Grausamkeiten versuchten sich die Widerstandskämpfer zu wehren. In Frankreich bildete sich die *Résistance*. Sie führte Sabotageaktionen und Anschläge durch. In Jugoslawien schlug eine Partisanenarmee unter der Führung von Josip Broz Tito, dem späteren Präsidenten des Landes, Schlachten gegen die Deutschen und Italiener. In Dänemark gab es kaum aktiven Widerstand; dafür gelang es mutigen Bürgern aber, Tausende von Juden vor dem Konzentrationslager zu bewahren. Man brachte sie heimlich auf Fähren über das Meer nach Schweden, das neutral war, und rettete ihnen so das Leben.

Überall, wo die Besatzer waren, herrschte ein Klima der Angst. Sie verübten furchtbare Massaker, manchmal an den Bewohnern ganzer Dörfer, die angeblich Widerstandskämpfer unterstützt hatten. Frauen und Kinder wurden aus den Häusern gezerrt und erschossen; oder die Deutschen zündeten die Häuser mit den Menschen darin an. Das geschah in fast ganz Europa, in Ländern wie Polen, den Niederlanden, Griechenland und Frankreich, in denen wir heute gemütlich unseren Urlaub verbringen. Diese Länder wurden von den Deutschen überfallen, unterdrückt und auf brutalste Weise ausgeplündert. Es ist besonders unheimlich, wenn man bedenkt, dass manche unserer Großeltern diese furchtbare Zeit als Kinder selbst noch miterlebt haben.

Die Wende: die Luftschlacht um England, Stalingrad und der Pazifikkrieg

Am Anfang des Krieges schaffte es nur ein einziges Land in Europa, sich den Deutschen erfolgreich entgegenzustellen: Großbritannien. Warum ausgerechnet die Briten? Unter anderem deshalb, weil dort ein neuer Premierminister sein Amt antrat. Er hieß Winston Churchill. Ein untersetzter, robuster Typ mit breitem Gesicht und grimmigem Blick, der auch die »britische Bulldogge« genannt wurde. Er hatte als Offizier schon in mehreren Kriegen gekämpft. Der alte Haudegen kannte den Krieg und empfand ihn als Abenteuer. Im Allgemeinen war Churchill sogar ein bisschen zu kriegslustig. Doch als Hitler ganz Europa bedrohte, erwies er sich als der Richtige, um es mit dem deutschen Diktator aufzunehmen. Er hatte den richtigen Riecher für Hitler. Er merkte, dass dieser Menschenverächter und Lügner nicht mit Vereinbarungen oder Kompromissen aufzuhalten war, sondern nur mit der Sprache, die er verstand: mit militärischer Stärke und Gewalt.

Nun galt es für Churchill, seine Landsleute davon zu überzeugen, dass sie gegen Hitler kämpfen mussten. Nach den Erfahrungen mit dem Ersten Weltkrieg wollten die Briten eigentlich nicht in einen neuen Krieg ziehen. Sie hatten zwar als Reaktion auf den deutschen Einmarsch in Polen im September 1939 Deutschland den Krieg erklärt, waren aber dennoch nicht besonders begeistert davon, sich ernsthaft mit dem übermächtigen Gegner anzulegen. Der Premierminister schaffte es jedoch, sein Volk davon zu überzeugen, dass dies unvermeidbar war. Im Mai 1940 hielt Churchill eine wichtige Rede im britischen Parlament. Darin sagte er den inzwischen berühmten Satz: »Ich habe nichts zu bieten außer Blut, Mühsal, Tränen und Schweiß.«

Das klingt zunächst nicht gerade ermutigend. Aber Churchill wusste, dass die Leute Propagandalügen wie die aus dem Ersten Weltkrieg satthatten. Er ahnte, dass die Wahrheit, selbst wenn sie unschön war, die Leute eher überzeugen würde. So erklärte er in seiner Rede offen die schwierige Lage. Er nannte das deutsche Naziregime eine »monströse Tyrannei«. Der britische Premier betonte, dass die Untaten der Deutschen in der langen Liste menschlicher Verbrechen unübertroffen seien. Er machte klar, dass die Kräfte des Guten unbedingt, koste es, was es wolle, gegen Hitler siegen mussten. Sonst bestünde die Gefahr, dass ein Terrorregime ganz Europa und die Welt unterwerfen würde.

Damit hatte Churchill recht, das leuchtete ein. Die Briten hatten inzwischen begonnen, ihr im Vergleich zur deutschen Wehrmacht weniger gut ausgestattetes Militär aufzurüsten. Und nun kämpften sie mit großer Entschlossenheit. Sie ließen sich nicht entmutigen, obwohl die hochgerüstete moderne deutsche Luftwaffe fast täglich Tonnen von Bomben über britischen Städten wie London, Liverpool, Manchester, Birmingham und Coventry abwarf und Tausende von Menschen tötete. In den britischen Fabriken schraubten die Arbeiter im Eiltempo Kampfflugzeuge vom Typ *Spitfire* zusammen. Junge Piloten flogen lebensgefährliche Einsätze, obwohl sie noch wenig Erfahrung hatten. Die Luftschlacht um England tobte ab Juli 1940 mehrere Monate lang. Am Ende behielten die Briten die Oberhand.

Die Luftschlacht um England markiert einen der großen Wendepunkte im Zweiten Weltkrieg. Sie war der erste große militärische Rückschlag für Hitler. Nachdem die Deutschen die Briten nicht bezwingen konnten, wandte er sich einem anderen Ziel zu. Er ließ die Wehrmacht ab Juni 1941 die Sowjetunion angreifen, und zwar mit über drei Millionen Soldaten und 3000 Panzern. Das war das bereits erwähnte »Unternehmen Barbarossa«. Wir erinnern uns: Eines der Ziele Hitlers bestand darin, im Osten das zu erobern, was er »neuen Lebensraum« nannte. Das versuchte er in der UdSSR.

Als Deutschland die Sowjetunion überfiel, schien die alte Strategie des »Blitzkriegs« zunächst wieder aufzugehen. Die Wehrmacht drang weit auf russisches Gebiet vor. Doch der Winter kam früher und härter als erwartet. Die Soldaten waren nicht ausreichend ausgerüstet, der Nachschub stockte. Sie hungerten und erfroren. Und sie wurden von der Roten Armee der Sowjets zurückgedrängt. Die Wende im Russlandfeldzug ist mit dem Namen Stalingrad verbunden, einer Großstadt, die die Deutschen erobert und besetzt hatten. Sie wurde nun wiederum von der Roten Armee eingekesselt. Im Februar 1943 eroberten die Russen ihre Stadt zurück. Auf beiden Seiten starben Hunderttausende.

Der Russlandfeldzug war einer der schlimmsten Feldzüge der Weltgeschichte. Millionen Menschen wurden getötet oder schwer verletzt. Zahllose Russen erfroren oder verhungerten, weil ihnen die Deutschen ihr Hab und Gut raubten oder zerstörten. In den Gebieten, die die Deutschen eroberten, ermordeten sie auf grausamste Weise Massen von wehrlosen Zivilisten, auch Frauen und Kinder. Sie reihten sie am Rand von Massengräbern auf, erschossen sie, sodass sich die Leichen übereinanderstapelten. Zwischen den Toten in den Gruben lagen die Sterbenden. Die SS ermordete besonders viele Zivilisten, weil die Osteuropäer in den Augen der Nazis »Untermenschen« waren.

Die Sowjetunion hatte im Zweiten Weltkrieg mit rund 26 Millionen die meisten Toten aller Länder zu beklagen. Im Verhältnis zur Einwohnerzahl war Polen mit sechs Millionen Toten ebenfalls mit am furchtbarsten betroffen. Besonders viele Todesopfer forderte der Krieg auch in China. Dort wüteten die Japaner. Auch sie schlachteten Massen von wehrlosen Zivilisten ab. Etwa fünfzehn Millionen Chinesen starben in Kämpfen, wurden ermordet oder verhungerten.

In Asien fand die dritte große Wende des Zweiten Weltkriegs neben jenen in England und Russland statt. Am 7. Dezember 1941 bombardierte Japan überraschend und ohne Kriegserklärung den US-Marinestützpunkt in Pearl Harbor auf der Insel Hawaii. Danach traten die USA unter Präsident Franklin D. Roosevelt an der Seite der Alliierten in den Krieg ein.

Den Krieg in Asien und im Pazifik führten vor allem die Amerikaner gegen Japan; aber auch andere Nationen wie die Australier zählten zu den Alliierten. Die Japaner gingen in Asien ähnlich vor wie die Deutschen in Europa. Sie überfielen und besetzten ihre Nachbarländer. Darunter waren einige Gebiete in China, ganz Korea, die Philippinen, Malaysia und Inseln im Pazifischen Ozean, Vietnam, Laos und Kambodscha. Sie richteten furchtbare Besatzungsregime ein und beuteten die überfallenen Länder auf extrem brutale Weise aus. Mit dem Krieg in Asien erreichte der Zweite Weltkrieg seine größte Ausdehnung. Japaner bombardierten australische Städte. Ganz am anderen Ende der Welt, hoch im Nordwesten, griffen Japaner sogar Alaska an.

Die Amerikaner schickten immer mehr Flugzeugträger, Schlachtschiffe und Zerstörer in den Pazifik. Als die GIs, wie die amerikanischen Soldaten auch genannt wurden, die Philippinen von den Japanern befreiten, wurden sie von dortigen Widerstandskämpfern unterstützt. Philippinische Widerstandsgruppen waren so groß und gut organisiert, dass sie teils eigene Währungen hatten. Die Kämpfe tobten auch auf vielen kleinen Südseeinseln. US-Marineinfanteristen eroberten Insel für Insel von den Japanern zurück. Denen war von ihrer Führung eingebläut worden, dass sie sich nie ergeben durften. So versteckten sich manche Soldaten monatelang im Dschungel. Die Japaner verschanzten sich in Höhlen und ließen sich oft lieber von amerikanischen Flammenwerfern verbrennen, als ihren Unterschlupf zu verlassen. In Japan selbst mussten Kinder üben, mit angespitzten Bambusstöcken den letzten Kampf gegen US-Soldaten zu führen.

Doch dazu kam es nicht. Im August 1945 warfen die USA zwei Atombomben über Japan ab. Am 6. August 1945 auf die Stadt Hiroshima und am 9. August 1945 auf Nagasaki. Die zwei Städte wurden aus heiterem Himmel völlig zerstört. Auf einen Schlag verbrannten 100 000 Menschen. Hunderttausende starben noch an den schrecklichen Folgen der radioaktiven Strahlung.

An der Entwicklung der US-Atombombe hatte seit Kriegsbeginn ein Team aus den besten Physikern der Welt unter der Leitung von Robert Oppenheimer gearbeitet. An diesem geheimen Unternehmen unter dem Decknamen »Manhattan-Projekt« wirkten insgesamt über 100 000 Leute mit. Nach dem Abwurf der Atombomben war der Widerstandswille der Japaner endgültig gebrochen. Sie kapitulierten am 2. September 1945. Damit war der Krieg zu Ende.

Europa konnte schon vier Monate früher aufatmen; dort ergaben sich die Deutschen am 8. Mai 1945. Doch zuvor hatten furchtbare Schlachten gewütet. Am 6. Juni 1944 waren Truppen der Alliierten an den Stränden der Normandie in Nordfrankreich gelandet. Sie mussten durchs Wasser waten und Steilwände hochklettern und wurden dabei von den Deutschen, die sich an der Küste entlang verschanzt hatten, mit MGs beschossen. Schon während sie aus den Booten und Amphibienfahrzeugen sprangen, wussten die Männer im Grunde, dass ein extrem hoher Prozentsatz von ihnen den Tag nicht überleben würde. Nach der Landung kämpften sich die Alliierten langsam durch Frankreich und Belgien bis nach Deutschland vor, Ort für Ort, Brücke für Brücke. Tausende junger Soldaten starben. Sie opferten ihr Leben für die Befreiung Europas von den Nationalsozialisten. Von Osten her rückte die Rote Armee der Sowjets nach Berlin vor.

Schon Monate zuvor war klar gewesen, dass Deutschland den Krieg verloren hatte. Es waren kaum mehr Soldaten übrig, die hätten kämpfen können. Doch in seiner ganzen Rücksichtslosigkeit schickte Hitler nun sogar Sechzehnjährige und über Sechzigjährige in die Schlacht. Im Februar 1943 hatte Propagandaminister Goebbels in einer Rede den »totalen Krieg« ausgerufen. Die Deutschen sollten alles, was sie hatten, in den Krieg werfen. Hitler selbst drückte sich vor dem »totalen Krieg«. Er erschoss sich im April 1945 in seinem Bunker in Berlin, in dem er sich schon die letzten Monate versteckt hatte.

Im Zweiten Weltkrieg wurden rund sechzig Millionen Menschen getötet. Einige Städte waren fast vollständig zerstört. Die Achsenmächte hatten unzählige Kriegsverbrechen gegen Zivilisten verübt. Die Deutschen hatten den Völkermord an den Juden und anderen Minderheiten begangen. Nachdem Wehrmacht und SS auf dem Gebiet der Sowjetunion eine besondere Brutalität an den Tag gelegt hatten, fürchteten sich nun viele vor der Rache der siegreichen Roten Armee. Lange Flüchtlingstrecks machten sich auf den Weg in den Westen. Oft erst viel zu spät, weil die nationalsozialistischen Anführer immer wieder unter Androhung der Todesstrafe zum Standhalten aufgefordert hatten. Nicht selten waren gerade diese Nazibonzen dann diejenigen, die als Erste das Weite suchten.

Auch auf der Flucht kamen viele Menschen ums Leben. Insgesamt starben im Zweiten Weltkrieg weit mehr Soldaten als im Ersten Weltkrieg. Die Zivilbevölkerung litt, nicht zuletzt durch den Bombenkrieg, besonders furchtbar. Mehr noch als im Ersten Weltkrieg waren auch die Kolonien in Afrika und Asien betroffen. Selbst wenn Länder nicht direkt Krieg führten, herrschte dort meist eine Knappheit an Lebensmitteln. Menschen verhungerten.

Angesichts der Naziverbrechen ist es umso bemerkenswerter, dass die Deutschen nach dem Zweiten Weltkrieg von den siegreichen Alliierten relativ freundlich behandelt wurden. Zwar hatte Deutschland unermesslich viel Schuld auf sich geladen. Doch wollten die Sieger nicht den gleichen Fehler begehen wie nach dem Ersten Weltkrieg. Damals hatten sie mit

Auflagen wie der, dass Deutschland hohe Reparationen zahlen musste, Unzufriedenheit und neue Konflikte gesät. Nun verurteilten US-amerikanische Richter bei den Nürnberger Prozessen ab 1945 zwar ein paar Politiker des »Dritten Reiches«; Kriegsverbrecher und SS-Leute, die sich direkt am Holocaust beteiligt hatten, wurden hingerichtet oder bekamen lange Haftstrafen. Doch ansonsten zogen die Alliierten die Deutschen kaum zur Rechenschaft. Sie kamen erstaunlich gut davon, wenn man bedenkt, wie viel Leid sie über die Welt gebracht hatten.

KAPITEL SECHSUNDZWANZIG
Das Gleichgewicht des Schreckens

Nach dem Zweiten Weltkrieg bedrohen die USA mit ihren Verbündeten und die Sowjetunion und deren Partner einander mit Atomwaffen, die den gesamten Globus zerstören können. Dieser Kalte Krieg teilt die Welt über vierzig Jahre lang in zwei verfeindete Lager.

Im Sommer 1948 regneten vom Himmel über Berlin Schokoladentafeln. An Minifallschirmen baumelnd, kamen sie und andere Süßigkeiten heruntergesegelt und landeten zwischen den im Krieg ausgebombten Gebäuden. An den Stellen, an denen die Päckchen vom Himmel fielen und dann zwischen Ruinen und Schutthügeln auf dem Boden lagen, liefen immer mehr Kinder zusammen, um die leckere Beute aufzusammeln. Sie waren begeistert, jubelten, denn in der Nachkriegszeit war Schokolade absolute Mangelware, und nur die wenigsten konnten sie sich leisten. Wo kamen die wunderbaren Päckchen her? Sie wurden von Transportmaschinen der amerikanischen und der britischen Luftwaffe während ihres Landeanflugs auf Berlin abgeworfen. So ging das wochenlang, am Ende sogar über Monate. Bald nannten die Berliner die Flugzeuge liebevoll Rosinenbomber.

Was war passiert? Warum die Aktion? Hintergrund des süßen Segens war eine eigentlich üble Geschichte, nämlich die Berlinblockade. Das war drei Jahre nach Ende des Zweiten Weltkriegs der erste Konflikt auf deutschem Boden, der einen militärischen Schlagabtausch und vielleicht sogar einen neuen Krieg hätte entfachen können. Wie es dazu kam und was da genau dahintersteckte, ist eine schräge Geschichte.

Nachdem Deutschland 1945 den Krieg verloren hatte, waren die östlichsten Gebiete, etwa Schlesien und Ostpreußen, dem Staatsgebiet Polens und der Sowjetunion eingegliedert worden. Ansonsten wurde das Gebiet des ehemaligen »Dritten Reiches« von den vier Siegermächten USA, Großbritannien, Frankreich und UdSSR besetzt und verwaltet. Die sowjetischen Truppen waren in Ostdeutschland stationiert, die der anderen drei Alliierten im Westen. Berlin hatte einen Sonderstatus; dort patrouillierten Soldaten aller vier Alliierten. Die alte Hauptstadt der Deutschen lag wie eine Insel in der sowjetischen Besatzungszone. Und zwischen der UdSSR und den drei westlichen Siegermächten herrschte Misstrauen. Die Sowjets wollten Ostdeutschland mit der alten Hauptstadt Berlin beherrschen und hätten am liebsten ganz Deutschland zu einem kommunistischen Staat gemacht.

Deshalb begannen sie im Juni 1948 die Berlinblockade; das heißt, sie sperrten die von den Briten, Franzosen und Amerikanern verwalteten Berliner Stadtteile mit Truppen und Panzern von der Außenwelt ab. Das war auch deshalb problematisch, weil diese Viertel ihre Lebensmittel und beispielsweise Kohlenbriketts zum Heizen für gewöhnlich von Zügen und Lastwagen aus Westdeutschland geliefert bekamen. Der Transport ging durch Ostdeutschland. Und genau das verweigerten nun Truppen der Roten Armee. Die Sowjets wollten Druck auf Franzosen, Briten und Amerikaner ausüben, damit ihnen der Aufwand zu groß würde und sie ihnen ganz Berlin oder vielleicht sogar ganz Deutschland überließen. Die westlichen Besatzungsmächte reagierten jedoch anders, als es sich die UdSSR erhofft hatte: Sie richteten ab Juni 1948 eine sogenannte Luftbrücke ein. Teils im Minutentakt landeten vor allem britische und amerikanische Militärflugzeuge in Westberlin und brachten Lebensmittel und Briketts in die Stadt, und zwar über Monate hinweg.

Und irgendwann hatte der amerikanische Pilot Gail Halvorsen die Idee, den vom Krieg gebeutelten deutschen Kindern eine Extrafreude zu machen. Er besorgte Schokolade und andere Süßigkeiten und ließ sie beim Anflug auf Berlin aus seiner Transportmaschine fallen. Nach einer Weile wackelte er sogar mit den Flügeln seiner Maschine, damit ihn die Kinder, die in der Nähe der Landebahnen lauerten, erkannten. Erst warfen nur Halvorsen und seine Crew die Päckchen ab, doch bald taten es ihm viele andere Flugzeugbesatzungen nach. Und am Ende waren es insgesamt Tonnen von Süßigkeiten, die, von privaten Spendern gesammelt, den langen Weg aus den USA zu den Berliner Kindern fanden.

Dank der Luftbrücke überstanden die Berliner die Blockade. Schließlich brachen die Sowjets sie nach einem Jahr ab. Ein offener Konflikt war vermieden worden. Und in gewisser Weise waren die Luftbrücke und die Rosinenbomber für die westlichen Alliierten sogar ein Gewinn. Denn die Hilfsaktion veränderte das Bild, das viele Deutsche von ihnen hatten. Sie sahen die Amerikaner, Briten und Franzosen nicht mehr als Besatzer, sondern eher als Freunde, Retter in der Not und Garanten für ihre Sicherheit.

Das schien auch nötig, denn kurz nach Ende des Zweiten Weltkriegs drohten schon wieder allerlei militärische Konflikte. Nun rangen nämlich die zwei Supermächte Sowjetunion und USA darum, wer in Deutschland, in Europa und darüber hinaus mehr Einfluss haben sollte. Diese Rivalität sollte die nächsten vierzig Jahre die ganze Welt prägen.

Die USA und die UdSSR stritten sich deshalb so erbittert, weil sie für völlig gegensätzliche Weltanschauungen und politische Systeme standen: einerseits der Sowjetkommunismus und andererseits der Kapitalismus und die Demokratie der Amerikaner. Jede der beiden Parteien versuchte, sich mithilfe von Propaganda selbst ins beste Licht zu rücken. Vor allem aber hagelte es gegenseitige Anschuldigungen. Die Sowjets prangerten an, dass die amerikanischen Kapitalisten die armen

Arbeiter ausbeuten würden. Die Amerikaner warfen den Russen vor, dass im Kommunismus keine Freiheit herrsche und die Menschen von der Regierung unterdrückt würden. Beide Seiten hatten die jeweils andere im Verdacht, ihren eigenen Einflussbereich so weit wie möglich ausdehnen zu wollen. Ganz unrecht hatte keine von ihnen.

So wurde die Welt in zwei verfeindete Lager aufgeteilt. Auf der einen Seite jenes der USA und ihrer Verbündeten, dessen geografischer Schwerpunkt im Westen der Welt lag; auf der anderen das Lager der UdSSR, auch Ostblock genannt. Die Rote Armee der Sowjets hatte, als sie während des Zweiten Weltkriegs die Wehrmacht aus Osteuropa vertrieb, selbst Länder wie Polen, Ungarn und Bulgarien besetzt. Sie wollten die Russen auch nach dem Krieg unter ihrer Kontrolle behalten.

Beide Blöcke versuchten, den Einfluss des jeweils anderen einzudämmen. Bald war sogar die Rede vom »Kalten Krieg« zwischen den Lagern. Warum »Kalter« Krieg? Weil es kein »heißer« war, also keiner, in dem die Blöcke direkt militärisch aufeinandertrafen. Einen Dritten Weltkrieg wollten beide Seiten trotz aller Feindschaft vermeiden. Denn dabei wären die gerade erst entwickelten Atombomben zum Einsatz gekommen, die Millionenstädte wie London, New York, Moskau, Warschau oder Berlin in einer Sekunde ausradieren konnten. Ein Weltkrieg würde, das wussten alle, den gesamten Globus in eine radioaktiv verstrahlte Wüste verwandeln.

Es war das erste Mal in der Geschichte, dass die Menschheit sich selbst und die ganze Welt zerstören konnte. Diese Situation erforderte eine neue Herangehensweise. So entstand das Konzept vom »Gleichgewicht des Schreckens«. Einerseits drohte das atomare Inferno; zugleich war insofern ein Gleichgewicht gewahrt, als weder die USA noch die UdSSR in einem Atomkrieg wirklich siegen konnten. Deshalb versuchte allerdings jeder, umso mehr politischen und wirtschaftlichen Einfluss auf den Rest der Welt zu gewinnen. Und jedes der Lager bemühte sich, auf vielerlei Art und Weise kleine militärisch-strategische Vorteile zu erringen.

Deutschland war dieses Mal unschuldig an dem Konflikt; es spielte aber eine wichtige Rolle darin. Das Land lag genau an der Grenze zwischen den verfeindeten Lagern. Sollte es kapitalistisch oder kommunistisch werden? Die USA, Großbritannien und Frankreich beschlossen, den Deutschen die Chance auf einen eigenen demokratischen Staat zu geben. Kurz nach Beendigung der Berlinblockade und der Luftbrücke mit den Rosinenbombern legten sie ihre Besatzungszonen zusammen; und im Mai 1949 wurde im Westen die Bundesrepublik Deutschland gegründet, abgekürzt BRD. Der erste gewählte Kanzler hieß Konrad Adenauer aus der Christlich Demokratischen Union, der CDU, die es noch heute gibt. Da die alte deutsche Hauptstadt Berlin weiterhin wie eine Insel in der sowjetischen Besatzungszone lag, wurde Bonn, eine beschauliche Kleinstadt am Rhein, der neue Regierungssitz.

Das schien sicherer zu sein. Eine französische Freundin, die damals Anfang zwanzig war, hat mir mal erzählt, dass ihr Vater ihr noch in den 1960er-Jahren verbieten wollte, nach Westberlin zu reisen: Er hatte Angst, dass die Sowjets die Stadt noch einmal blockieren oder sogar einkassieren könnten und seine Tochter dann nicht mehr rauskommen würde. Und das, obwohl Berlin wie die ganze Bundesrepublik unter dem Schutz der Amerikaner, Briten und Franzosen stand.

Wie reagierten die Sowjets auf die BRD? Sie ließen im Oktober 1949 deutsche Kommunisten in ihrer Besatzungszone die DDR gründen, einen kommunistischen deutschen Staat, der unter ihrem Einfluss blieb. DDR ist die Abkürzung für Deutsche Demokratische Republik. Der Name ist irreführend, denn es gab dort keine freien Wahlen; es war eine Diktatur.

Ab 1949 existierten also zwei sehr unterschiedliche deutsche Staaten nebeneinander. Die BRD wurde 1955 Mitglied der

NATO, des westlichen Militärbündnisses. Zu diesem gehörten außerdem die USA, Kanada, Großbritannien, Frankreich, Belgien, Luxemburg, die Niederlande, Dänemark, Norwegen, Island, Italien, Portugal, Griechenland und die Türkei.

Die Sowjets sammelten im Warschauer Pakt osteuropäische Länder um sich: die DDR, die Tschechoslowakei, Polen, Bulgarien, Albanien, Ungarn und Rumänien.

Da die beiden deutschen Staaten genau an der Grenze zwischen den Blöcken lagen, galten Ost- und Westdeutsche, obwohl sie zum Teil verwandt waren, plötzlich als Feinde. Nun hieß es, ein »Eiserner Vorhang« trenne die westliche Welt vom Ostblock. Damit waren unüberwindbare Unterschiede in der Weltanschauung und im Lebensstil gemeint. Im Lauf der Jahre wurde der »Vorhang« allerdings auch sehr konkret. Ostblockstaaten sicherten die Grenze zum Westen mit Stacheldrahtzäunen, Tretminen und Selbstschussanlagen. Und 1961 baute die DDR die berüchtigte Mauer, die quer durch Berlin verlief und den Ost- und den Westteil der Stadt voneinander trennte. Die DDR-Führung behauptete, damit wolle sie ihre Bürger vor den Feinden aus dem Westen schützen; in Wahrheit sollte verhindert werden, dass Ostdeutsche in den freien und reicheren Westen zogen.

So merkwürdig es klingt: Zumindest indirekt profitierte die Bundesrepublik ab 1948 vom Kalten Krieg. Da sie nah an der Grenze zum Feind lag, wollten die USA sie stark machen. Sie sollte als »Puffer« gegen die Sowjetunion und ihre Verbündeten dienen. Unter anderem deshalb blieben nicht nur amerikanische, britische und französische Soldaten in der BRD stationiert; es wurde auch der Marshallplan entwickelt, ein Hilfsprogramm, benannt nach dem US-Außenminister George Marshall. Dieser Plan bestand darin, dass die USA Westeuropa und vor allem die Bundesrepublik mit Krediten, Rohstoffen und Waren förderten und so an sich banden. Der Marshallplan trug dazu bei, dass die Westdeutschen in den 1950er-Jahren das sogenannte Wirtschaftswunder erlebten. Warum Wunder?

Plötzlich schien vieles möglich. Fabriken und Werkstätten, die seit dem Krieg außer Betrieb waren, nahmen dank der amerikanischen Geldspritze und neu angeschaffter Geräte ihre Arbeit wieder auf. Sie produzierten und verkauften Waren und brachten den Arbeitern und Angestellten solide Einkommen. Nach Jahren der Not konnten sich immer mehr Westdeutsche nach Feierabend üppige Braten und große Eisbecher mit viel Schlagsahne drauf leisten. Und irgendwann fuhren sie sogar mit dem VW Käfer über die Alpen in den Urlaub nach Italien.

Die Ostdeutschen hatten deutlich weniger Glück als ihre westlichen Nachbarn. Das DDR-Regime verbot seinen Bürgern zu reisen und überwachte sie sogar im Alltag streng. Teils wurden Leute von Freunden, Kollegen oder sogar Familienmitgliedern ausspioniert. Sie arbeiteten undercover für das Ministerium für Staatssicherheit. Diese Behörde, kurz »Stasi« genannt, war eine Mischung aus Polizei und Geheimdienst. Überall konnten Abhörgeräte, Wanzen, angebracht sein. Die DDR-Führung kontrollierte und unterdrückte diejenigen, die den Sozialismus kritisierten, angeblich unsozialistische Bücher lasen oder Witze über die Parteiführung machten. Als Strafe für ihr vermeintliches Fehlverhalten durften DDR-Bürger nicht studieren, ihren Beruf nicht mehr ausüben – oder wurden ins Gefängnis gesteckt. Da die staatlich gelenkte Wirtschaft ähnlich wie in der Sowjetunion nicht gut funktionierte, herrschte auch Knappheit an vielen Gütern. Eine der wenigen guten Seiten des DDR-Systems bestand darin, dass jeder garantiert Arbeit hatte und eine Wohnung vom Staat bekam.

So ähnlich wie den Bürgern der DDR ging es jenen der anderen Ostblockstaaten. Trotzdem könnte man sagen, der Kalte Krieg und der Eiserne Vorhang waren eine schlimme Sache, aber wenigstens besser als ein echter Krieg. Das mag zwar stimmen, doch der Kalte Krieg trug dazu bei, dass in vielen Ländern rund um den Globus eben doch heiße Kriege ausbrachen. Für die betroffenen Menschen waren sie natürlich genauso furchtbar wie ein Weltkrieg.

Der erste richtig große Krieg nach dem Zweiten Weltkrieg war der Koreakrieg. Er zerrüttete von 1950 bis 1953 das asiatische Land, das im Zweiten Weltkrieg schon so grässlich unter den Japanern gelitten hatte. Seit dem Weltkrieg war Korea im Prinzip ähnlich wie Deutschland geteilt, nämlich in einen kommunistischen Norden und einen kapitalistischen Süden. In Nordkorea herrschte der Diktator Kim Il Sung. Er wurde von der Sowjetunion mit Waffen unterstützt und sogar dazu ermuntert, Südkorea zu überfallen. So griffen im Juni 1950 nordkoreanische Truppen ihre Landsleute im Süden an.

Genau um solche Konflikte zu verhindern oder so schnell wie möglich zu beenden, war 1945 die UNO gegründet worden, die United Nations Organization. Ihr schlossen sich 51 Länder aller Kontinente an. Die Vereinten Nationen, wie die UNO auf Deutsch heißt, sollten Kriege durch Verhandlungen oder wenn nötig mithilfe ihrer eigenen Friedenstruppe beenden. Diese Friedenstruppe, die Blauhelme, besteht bis heute aus Soldaten der UNO-Mitgliedsländer. Inzwischen gehören zur UNO 193 Länder, also fast alle Staaten der Welt.

Der Koreakrieg war der erste große militärische Konflikt, in den die UNO massiv eingriff, in diesem Fall, um Südkorea vor Nordkorea zu schützen. Truppen des Nordens hatten fast ganz Südkorea erobert, doch dann schlugen die UNO-Verbände sie zurück. Am Ende wurden bei einem Waffenstillstand die

Grenzen zwischen Nord- und Südkorea ausgehandelt; sie entsprachen ungefähr den Grenzen, die vor dem Krieg galten. Sie gelten bis heute. Im Koreakrieg wurden Schätzungen zufolge bis zu 2,5 Millionen Nordkoreaner und eine Million Südkoreaner getötet. Von den UNO-Soldaten starben 40 530, die bei Weitem meisten davon US-Amerikaner.

Im Koreakrieg mischten die USA direkt mit und indirekt, durch Waffenlieferungen die UdSSR. Außerdem schaltete sich China ein. Die Regierung in Peking schickte Truppen auf der Seite Nordkoreas in den Krieg. Warum machte auch noch China mit? Seit 1949 gab es die kommunistische Volksrepublik China. Sie entwickelte sich zur Großmacht, die in Asien nach Einfluss strebte.

Allerdings hatte China immer mit Problemen im Inneren zu kämpfen. Vor Gründung der Volksrepublik hatte über zwanzig Jahre lang ein Bürgerkrieg das Land zerrüttet. Er wütete zwischen den Nationalisten unter der Führung von Chiang Kai-shek und den Kommunisten unter Mao Tse-tung. Die Nationalisten (Kuomintang) wurden zeitweise von den USA mit Waffen unterstützt. Am Ende gewannen aber die Kommunisten.

Zu Beginn der kommunistischen Herrschaft freuten sich die Massen, dass sie von der Ausbeutung durch Großgrundbesitzer befreit waren. Doch bald errichtete Mao ein Terrorregime. Es war ähnlich wie zwei Jahrzehnte zuvor in der Sowjetunion unter Stalin. Mao wollte die Modernisierung erzwingen. Er ließ im »Großen Sprung nach vorn« Stahlwerke und Fabriken aus dem Boden stampfen. Dafür brauchte man sehr viele Arbeitskräfte und viel Material. Und dafür wurde die Landwirtschaft vernachlässigt. Zig Millionen Chinesen verhungerten. Auch unterdrückte Mao ab 1966 in der sogenannten Kulturrevolution jede freie Meinungsäußerung. Er verbot bestimmte Bücher und Filme. Kulturrevolution klingt schön, war aber schrecklich. Kinder mussten ihre Eltern verraten, wenn sie beim Abendessen zu Hause etwas Kritisches über Mao sagten. Sie kamen ins Arbeitslager, wurden auf grausamste Weise ermordet, zu Tode geprügelt oder sogar lebendig begraben. Insgesamt war Mao für den Tod von bis zu siebzig Millionen Chinesen verantwortlich.

Kriege wie den Chinesischen Bürgerkrieg und den Koreakrieg nennt man auch Stellvertreterkriege. Denn amerikanische und russische Truppen trafen nicht direkt aufeinander, aber die beiden Staaten mischten mit. Die eine Seite teils direkt mit Soldaten, die andere beispielsweise mit Waffenlieferungen an Kräfte, die sozusagen stellvertretend für sie kämpften.

Einer der schlimmsten heißen Kriege des Kalten Krieges war der Vietnamkrieg. Vietnam war ähnlich wie Korea in zwei Hälften geteilt. Den kommunistischen Norden regierte Ho Chi Minh; der kapitalistische Süden stand unter dem Schutz der USA. Die amerikanische Regierung fürchtete das, was sie den Dominoeffekt nannte: Wenn irgendwo auf der Welt ein Land kommunistisch wurde, so die Idee, würden bald andere Länder der Reihe nach umfallen wie Dominosteine und ebenfalls kommunistisch werden. Das alles konnte in den Augen der Amerikaner zu einer kommunistisch dominierten Welt führen. Deshalb wollten die USA in Südvietnam unbedingt die Stellung halten. In Nordvietnam galt es, die Kommunisten zu stürzen. So begannen die Amerikaner 1965, Nordvietnam zu bombardieren. Sie schickten immer mehr Soldaten nach Vietnam, Tausende von Kilometern von ihrer Heimat entfernt.

Der Vietnamkrieg, den Amerikaner und Südvietnamesen von 1965 bis 1975 gegen die Nordvietnamesen führten, war extrem brutal. Zehn Jahre lang warf die US Air Force eine Unmenge an Bomben mit immenser Zerstörungskraft ab, darunter Napalmbomben, durch die Menschen bei lebendigem Leib verbrannten. Außerdem versprühten Flugzeuge das hochgiftige chemische Entlaubungsmittel Agent Orange. Dadurch verloren die Bäume ihre Blätter. So sollte verhindert werden, dass sich die nordvietnamesischen Kämpfer, die sogenannten Vietkong, im Dschungel vor den amerikanischen Bombern verstecken konnten; obendrein wollten die US-Militärs die Landwirtschaft Nordvietnams schädigen. Durch Agent Orange erkrankten aber viele Menschen und starben. Da das Gift bis heute im Boden geblieben ist, kommen in Vietnam weiterhin Kinder mit furchtbaren Fehlbildungen zur Welt.

Der Vietnamkrieg dauerte länger als der Zweite Weltkrieg. Am 30. April 1975 eroberten die Vietkong die südvietnamesische Hauptstadt Saigon. Das gesamte Land wurde kommunistisch. In dem Krieg starben mehr als zwei Millionen Vietnamesen und etwa 58 000 US-Soldaten.

Selbst nach Ende des Vietnamkriegs hatte das Land noch keinen Frieden. Denn Truppen des kommunistischen Vietnam kämpften jahrelang gegen den ebenfalls kommunistischen Diktator Pol Pot und seine Roten Khmer im Nachbarland Kambodscha. 1978 marschierten sie ein und vertrieben die Roten Khmer. Zuvor hatte Pol Pot mit seinem Regime sein eigenes Land terrorisiert und etwa zwei Millionen seiner Landsleute getötet. Sie wurden auf grausamste Weise in Lagern gefoltert und ermordet, weil sie angeblich gegen den Kommunismus waren. Oder sie starben wegen der schlimmen Bedingungen an den Folgen von Unterernährung.

Der Kalte Krieg mit all seinen Stellvertreterkriegen brachte unsagbares Leid über Länder in Asien, Lateinamerika und Afrika. Es ging um militärisch-strategische Vorteile, Machtpolitik und gegensätzliche, oft starrköpfig vertretene Weltanschauungen, sogenannte Ideologien. Und es ging um billige Rohstoffe, die die Großmächte wollten, wie zu Zeiten des Imperialismus. Im ölreichen Angola etwa tobte seit den 1970er-Jahren ein Bürgerkrieg. Die eine Kriegspartei erhielt Waffen von den USA, die andere aus der UdSSR.

James Bond lässt grüßen – Geheimagenten und Wunderwaffen

Die vielen Stellvertreterkriege waren die schlimmste Erscheinung des Kalten Kriegs. Sie trafen ausgerechnet diejenigen, die am weitesten von den Schaltzentralen in Washington und Moskau entfernt waren, nämlich die Menschen in Afrika, Asien und Lateinamerika. Diese wurden jedoch auf vielerlei Art und Weise in Mitleidenschaft gezogen; nicht nur durch Kriege, sondern auch durch Geheimdienstaktionen, mit denen die UdSSR und die USA Einfluss auf fremde Länder nahmen. Eine besonders üble Operation war die der USA in Chile. Dort unterstützte der US-Geheimdienst CIA 1973 Putschisten, die den demokratisch gewählten Präsidenten Salvador Allende stürzten. Statt des Sozialisten kam der antikommunistische Diktator Augusto Pinochet an die Macht. Er wurde vor allem dafür bekannt, dass er Oppositionelle ermorden ließ.

Und was war mit den Bürgern der USA und anderer Länder der zwei verfeindeten Lager? Betraf sie der Kalte Krieg gar nicht direkt? Doch. Im Osten wie im Westen ging die Angst vor Spionage um. Überall herrschte die Furcht, dass das jeweils andere Lager in verdeckten Operationen die eigenen Militäreinrichtungen beschädigen könnte. Alle wollten verhindern, dass die anderen etwas über die eigenen, oft geheimen Waffen und Militärstrategien herausbekamen.

Im gesamten Ostblock verfolgten eigene Behörden wie die Stasi in der DDR angebliche Verräter, Kritiker und Andersdenkende. Sie wurden eingesperrt, gefoltert und oft hingerichtet. Im Westen herrschte demgegenüber Meinungsfreiheit. Dennoch kam es in den USA Anfang der 1950er-Jahre zu sogenannten Hexenjagden durch das FBI, die Bundespolizei. Sie verdächtigte Schriftsteller, Regisseure und Schauspieler aus Hollywood, als Agenten der UdSSR unauffällig Werbung für den Kommunismus zu machen. Die Angst vor feindlicher Propaganda nahm in beiden Lagern bizarre Formen an. So hatte der sowjetische Diktator Stalin angeblich vor, den amerikanischen Filmstar John Wayne, den Helden zahlreicher Cowboyfilme, durch den KGB umbringen zu lassen. Warum? Der viel beachtete Hollywoodstar war ein glühender Antikommunist und schimpfte bei seinen öffentlichen Auftritten gerne auf die Sowjetunion.

Viele Seiten des Kalten Krieges erscheinen uns heute verrückt. Es gab allerdings extreme und weniger extreme Phasen. Die, in denen das gegenseitige Misstrauen und die Anspannung besonders groß waren, nennt man Eiszeit; die der Entspannung Tauwetter. Das erste Tauwetter begann nach Stalins Tod im März 1953. Sein Nachfolger Nikita Chruschtschow prangerte sogar die Verbrechen seines Vorgängers an. Doch auch er griff brutal durch; er ließ Aufstände in Ländern des Warschauer Paktes mit Panzern niederschlagen. So 1953 in der DDR und 1956 in Ungarn. Im Jahr 1968 beendeten sowjetische Truppen den sogenannten Prager Frühling, den Versuch der Tschechen, einen freieren Sozialismus zu schaffen.

Große Schläge gegen das feindliche Lager wollte die jeweilige Gegenseite vermeiden, doch das Wettrüsten ging immer weiter. Jeder versuchte, stärkere und schnellere Panzer und Düsenjets zu bauen sowie Atomraketen, die weiter reichten als die der Gegenseite und zielgenauer waren. Parallel zu diesem Wettrüsten lieferten sich die Supermächte einen Wettlauf im Bereich der Raumfahrt, der Erkundung des Weltalls. Zivile und militärische Forschung hingen zum Teil zusammen und ergänzten einander. So war es in den USA ein Schock, als die UdSSR im Oktober 1957 den Satelliten Sputnik in den Weltraum schoss. Das hieß, dass die UdSSR in der zivilen, aber militärisch relevanten Raumfahrt- und Raketentechnik wieder einen Schritt weiter war. Im Gegenzug unternahmen die USA dann umso größere Anstrengungen. So konnten am 21. Juli 1969 Millionen von Menschen in aller Welt im Fernsehen verfolgen, wie der amerikanische Astronaut Neil Armstrong als erster Mensch den Mond betrat.

Im Rüstungswettlauf verschwendeten beide Seiten viel Geld; manchmal brachte er allerdings alltagstaugliche Erfindungen mit sich. Eine besonders wichtige geht auf das Konto der ARPA, einer Behörde des US-Verteidigungsministeriums, die sich mit der Entwicklung modernster Militärtechnologien beschäftigte. Ein paar ihrer Spezialisten legten unbeabsichtigterweise die Grundlagen für das Internet, das heute den Alltag von Milliarden von Menschen prägt. Vorläufer des Netzes war nämlich das militärische ARPANET. Es wurde in den 1960er-Jahren entwickelt, weil die Computer damals nicht leistungsstark genug waren, um die riesigen Datenmengen für komplexe militärische Operationen zu verarbeiten. Um die Kapazität zu erhöhen, verband man die Rechner verschiedener Forschungszentren in den USA über Telefonleitungen miteinander. So ließen sich immer mehr Daten und Informationen austauschen. Anfangs waren nur vier Forschungszentren beteiligt, bald über zwanzig. Aus diesem winzigen Netz des Militärs ging später, in den 1990er-Jahren jenes hervor, über das heute Millionen von Menschen E-Mails austauschen, Zeitung lesen, für ihren Beruf oder Schularbeiten recherchieren, Filme und Serien schauen und ihren Traumpartner suchen.

Meistens wurde bei den geheimen Forschungsprojekten des Kalten Krieges allerdings an ziemlich nutzlosen oder üblen Dingen gebastelt. Im Jahr 1975 kam zum Beispiel heraus, dass ein Forscherteam im Auftrag der CIA eine futuristische Pistole entwickelt hatte, mit der Geheimagenten millimeterkleine Giftpfeile verschießen konnten. Die Waffe wurde dem verdutzten Fernsehpublikum in den Nachrichten präsentiert. Die Giftpfeile, so erklärte ein Spezialist, drangen quasi unsichtbar durch die Haut in den menschlichen Körper ein und lösten einen Herzstillstand aus. Äußerlich sichtbar war nur ein winziger roter Fleck auf der Haut. Bis die Todesursache gefunden war, sollte der Agent, der die Wunderwaffe benutzt hatte, längst über alle Berge sein.

Das war schon ziemlich schräg, doch das unglaublichste Geheimprojekt der CIA im Kalten Krieg kommt wohl aus dem Bereich der Überwachungs- und Abhörtechnologie. Neben all den verschiedenen Radarsystemen und Wanzen brachten die USA »Acoustic Kitty« an den Start; das heißt auf Deutsch so viel wie »akustisches Kätzchen«. In einer Operation setzten Chirurgen Katzen Abhörgeräte unters Fell ein. Die Tiere sollten dann, ohne aufzufallen, so nah wie möglich an gegnerische Einrichtungen wie etwa die sowjetische Botschaft in Washington herankommen. Mit den Acoustic Kittys wollte der Geheimdienst Gespräche der Sowjets belauschen. Doch die Sache hatte einen Haken. Die Kätzchen waren zu eigenwillig; sie liefen nicht dahin, wohin sie sollten. Die USA stellten das Projekt ein.

Die Erfindungen und Geheimdienstaktionen des Kalten Krieges wirken oft so, als gehörten sie in einen James-Bond-Film. Sie waren aber echt. Sie passten einfach in die Zeit. Damals herrschte ein ständiges Misstrauen. Jeder wollte die andere Seite überlisten und austricksen. Das förderte oft übertriebene Ängste und Fantasien über eine Bedrohung durch das andere Lager.

Ganz real war allerdings die Gefahr, dass die Gegenseite einen überraschenden Atomschlag ausführen und ein Dritter Weltkrieg ausbrechen könnte. Und sei es nur aus Versehen, weil irgendein Militär aufgrund eines Radarbildes, auf dem sich ein unbekanntes Flugobjekt auf das eigene Gebiet zubewegte, einen Angriff der anderen Seite vermutete. Amerikanische Schulkinder mussten regelmäßig üben, was bei einem Angriff mit Atomwaffen zu tun wäre. Auf Anweisung ihrer Lehrer krochen sie im Klassenzimmer schnell unter ihre Tische. Im Ernstfall hätte das natürlich nichts genützt.

Wie die Welt am nuklearen Inferno vorbeischrammte

Es ist schon verrückt: Rund um die Welt liefen Geheimdienstaktionen und wurden Stellvertreterkriege geführt. Doch in weiten Teilen Europas und für die USA brachte das Gleichgewicht des Schreckens bei allem gegenseitigen Misstrauen und bei aller Angst, die viele hatten, eine lange Phase des Friedens. Sie ist historisch einzigartig. Der Frieden stand allerdings mehrfach auf des Messers Schneide. Auf besonders dramatische Weise im Oktober 1962. Damals wäre um ein Haar ein Atomkrieg ausgebrochen.

Was war passiert? Ausgangspunkt des potenziellen Weltbrands war ausgerechnet die schöne kleine Karibikinsel Kuba. Sie lag eigentlich fernab der großen Weltpolitik. Doch hatte der Guerillakämpfer Fidel Castro im Januar 1959 in einer sozialistischen Revolution die Macht an sich gerissen. Das war den USA ein Dorn im Auge. Und dann machten US-Aufklärungsflugzeuge, als sie im Oktober 1962 über Kuba flogen, auch noch eine schockierende Entdeckung: sowjetische Atomraketen. Der kubanische Staatschef hatte der UdSSR erlaubt, Raketen mit Nuklearsprengköpfen auf der Insel zu stationieren. Die Insel ist nur rund 160 Kilometer von der Küste Floridas entfernt. Die Raketen zielten also recht direkt auf die USA.

Was tun? US-Präsident John F. Kennedy war in Zugzwang. Er wollte die Raketenstationierung nicht auf sich beruhen lassen. Einige seiner Militärberater drängten sogar darauf, die Insel direkt anzugreifen. Es kam zur Kubakrise. So richtig befeuert wurde sie dadurch, dass Kennedy in den USA vor seinen eigenen Landsleuten nicht als »schwach« dastehen wollte. Er meinte, den Russen öffentlich die Stirn bieten zu müssen. So ordnete er eine Art Blockade Kubas an. Die US-Marine bildete einen Ring aus Kriegsschiffen um die Insel. Jedes Schiff einer anderen Nation, das versuchte, dort einen Hafen anzulaufen, sollte beschossen werden.

Zwar nahmen die USA und die UdSSR unterdessen Verhandlungen auf, es wollte aber keiner nachgeben. Die Zeit verstrich. Die Gefahr wuchs, dass jemand die Blockade zu durchbrechen versuchte und der Konflikt eskalierte, und sei es aus Versehen.

Und tatsächlich passierte etwas: Am 27. Oktober, zwölf Tage nach Beginn der Krise, wurde ein US-Aufklärungs- und Spionageflugzeug vom Typ U-2 von Kuba aus abgeschossen. Außerdem griff am selben Tag ein US-Kriegsschiff ein sowjetisches Atom-U-Boot in der Nähe an. Die U-Boot-Besatzung hatte keinen Funkkontakt zu Moskau. Sie wusste also nicht, ob sie sich offiziell bereits im Kriegszustand befand. Die Offiziere an Bord berieten, ob sie Atomraketen auf die USA abfeuern sollten. Bei Entscheidungen dieser Tragweite galt eine Sicherheitsregel: Die drei höchsten Offiziere mussten sich einig sein. Einer der drei, ein Mann namens Wassili Archipow, weigerte sich, den Befehl zum Abschuss zu geben. Vielleicht ist er der kaum bekannte Held, der am 27. Oktober 1962 den Dritten Weltkrieg verhinderte.

Nach dem Vorfall kamen Chruschtschow und Kennedy ein wenig zur Vernunft. Kennedy stimmte den zwei Bedingungen zu, die der sowjetische Regierungschef für den Abzug der Raketen aus Kuba stellte: Erstens mussten die USA versprechen, Kuba nicht anzugreifen. Zweitens zogen sie ihre Mittelstreckenraketen aus der Türkei ab. Die bedrohten die UdSSR nämlich ähnlich direkt wie die sowjetischen Raketen auf Kuba die USA. Am 28. Oktober, nach dreizehn Tagen höchster Anspannung und einen Tag nach der Beinahe-Katastrophe, kündigte Chruschtschow in einer Radioansprache den Abzug der Raketen von Kuba an. Auf der ganzen Welt atmeten die Menschen auf.

Die Entspannungspolitik, der Mauerfall und das Ende der alten Weltordnung

Nachdem die Kubakrise beinahe einen Atomkrieg ausgelöst hatte, wollten die verfeindeten Lager grundsätzlich etwas ändern. Sie begannen mit Abrüstungsverhandlungen und schlossen Friedensverträge.

Doch in den 1970er-Jahren tauchten wieder Probleme auf; eine neue »Eiszeit« bahnte sich an. Die Sowjets, inzwischen unter der Führung von Leonid Breschnew, stellten in Europa modernisierte Mittelstreckenraketen vom Typ SS-20 auf. Dem wollte die NATO etwas entgegensetzen. Die Regierungschefs der NATO vereinbarten 1979, mit Mittelstreckenraketen des Typs Pershing II nachzurüsten. Im Dezember des Jahres marschierten auch noch sowjetische Truppen in Afghanistan ein. Die UdSSR wollte den dortigen Kommunisten helfen, die mit islamisch geprägten Gruppen um die Macht rangen. Das führte zu einem Krieg, der fast zehn Jahre dauern sollte. Die Sowjets kämpften gegen afghanische Guerillas, die sogenannten Mudschaheddin. Diese muslimischen Krieger erhielten Waffen von den USA. Am Ende zogen die Sowjets wieder ab. In Afghanistan starben Schätzungen zufolge eine Million Menschen. Die meisten waren einheimische Zivilisten.

Nach Jahren der Entspannungspolitik und des Tauwetters herrschte zu Beginn der 1980er-Jahre also wieder mehr Misstrauen zwischen Ost und West. Verstärkt wurde es, als die Amerikaner Ronald Reagan zu ihrem Präsidenten wählten, einen ehemaligen Hollywoodschauspieler, der ähnlich antikommunistisch eingestellt war wie sein Kollege John Wayne. Er startete eine neue Phase des Wettrüstens. Außerdem ordnete er zahlreiche Militär- und Geheimdienstaktionen in Südamerika an, bei denen viele Menschen getötet wurden. Was den Rüstungswettlauf mit Atomwaffen betrifft, kamen Reagan und der neue sowjetische Staatschef Michail Gorbatschow nach einigen Jahren doch noch zu einer Einigung. Nach langen Verhandlungen verständigten sie sich darauf abzurüsten. Beide Seiten stimmten dem Plan zu, die atomaren Kurz- und Mittelstreckenraketen in Europa abzubauen.

Gorbatschow war einer der wichtigsten Politiker des Kalten Krieges, denn er leitete dessen Ende ein. Er wollte den Ostblock ein wenig öffnen und umgestalten, nicht zuletzt weil es mit den Finanzen und der Wirtschaftslage nicht zum Besten stand. Umgestaltung heißt auf Russisch »Perestroika«, Offenheit »Glasnost«. Diese beiden Worte wurden zu Slogans, die bald jeder Europäer kannte. Dank Gorbatschows Reformwillen begann im Ostblock eine Entwicklung, die Ende der 1980er-Jahre zur Demokratie führen sollte.

Das lief je nach Land auf unterschiedliche Art und Weise ab. In Polen organisierte die verbotene Gewerkschaft Solidarność den Widerstand gegen die Diktatur. Es kam zu Streiks und Demonstrationen. 1990 wählte das Volk den Gewerkschaftsführer Lech Wałęsa zum Präsidenten. In Ungarn reformierte sich die kommunistische Partei selbst und stellte sich demokratischen Wahlen. In der Tschechoslowakei wurde 1989 ein Schriftsteller namens Václav Havel Staatspräsident. Das war deshalb besonders spektakulär, weil der Autor und Bürgerrechtler zuvor unter den Kommunisten wegen seiner kritischen Texte Jahre im Gefängnis verbracht hatte. Manchmal waren die Umstürze relativ friedlich wie in der Tschechoslowakei, manchmal sehr brutal. In Rumänien töteten Militär und Geheimdienst Hunderte Demonstranten, bevor der Diktator Nicolae Ceaușescu entmachtet werden konnte.

Und was passierte in der DDR? Dort weigerte sich Staatschef Erich Honecker, Gorbatschows Reformvorschläge umzusetzen. Doch im Herbst 1989 demonstrierten Hunderttausende Bürger gegen die Diktatur. Sie riefen: »Wir sind das Volk!« Die DDR-Führung merkte, dass kaum noch jemand an sie glaubte. Sie sah, dass die Demonstrationen immer weitergehen würden und kein »normaler« Alltag mehr möglich sein würde.

Am 9. November 1989 machte die DDR-Führung einen großen Schritt: Sie erlaubte ihren Bürgern auszureisen. Das war der sogenannte Mauerfall. Viele von uns haben die Bilder schon mal im Fernsehen gesehen: Massen von DDR-Bürgern strömten über die Grenzübergänge in die Bundesrepublik Deutschland. Manche ließen die Sektkorken knallen, um die neue Freiheit zu feiern. Ein Jahr später löste sich die DDR auf. In der Nacht zum 3. Oktober 1990 feierten Kanzler Helmut Kohl und zahlreiche Ehrengäste, von einer Menschenmenge bejubelt, vor dem Berliner Reichstagsgebäude die Wiedervereinigung der Deutschen in der Bundesrepublik.

Fast alle Länder des Warschauer Paktes wurden um 1990 herum demokratisch. Doch was geschah mit der UdSSR selbst, der Union der Sozialistischen Sowjetrepubliken? Im Jahr 1990 erklärten sich mehrere der Republiken für unabhängig. Durch Glasnost und Perestroika ermutigt, traten immer mehr Republiken aus der UdSSR aus. Darunter die baltischen Staaten Litauen, Lettland und Estland, die Ukraine, Weißrussland und zentralasiatische Länder wie Kasachstan, Usbekistan und Tadschikistan. Im Dezember 1991 löste sich die Sowjetunion auf. Damit war der Kalte Krieg nach über vierzig Jahren offiziell beendet.

Nach dem Zerfall der UdSSR blieb Russland weiterhin der mächtigste Staat der Region. Mit seiner Hauptstadt Moskau war es das Zentrum der Sowjetunion gewesen, und von der Fläche her ist es weiterhin das größte Land der Welt. Offiziell sind Russland und die meisten ehemaligen Sowjetrepubliken seit Ende des Kalten Krieges Demokratien. Aber oft konnten sich ehemalige Politiker, Militärs oder Geheimdienstler der UdSSR an die Spitze der Staaten stellen und die Opposition unterdrücken. In Russland etwa Wladimir Putin. Sie hatten noch von früher die besten Netzwerke. Sie wussten, wie die Verwaltung funktioniert, wen man bestechen oder bedrohen musste, um an die Macht zu kommen und sie zu behalten.

Der Zerfall der Sowjetunion veränderte die Machtverhältnisse auf der ganzen Welt. Die USA und auch China erhielten mehr Einfluss. Die unmittelbarsten und brutalsten Folgen in Europa selbst hatte allerdings die Auflösung eines anderen Landes nach Ende des Kalten Krieges: Jugoslawien. Der Balkanstaat ist das bislang letzte Land in Europa, das zerfiel, und dort lief das besonders dramatisch ab. Während des Kalten Krieges war Jugoslawien zwar sozialistisch gewesen, aber ein blockfreier Staat, der weder zum Lager der USA noch zu dem der UdSSR gehörte.

Ähnlich wie in der Sowjetunion lebten in Jugoslawien verschiedene Volksgruppen, auch Ethnien genannt, aus verschiedenen Republiken zusammen. So wie dies zuvor in der Sowjetunion passiert war, erklärten ab 1991 ein paar Teilrepubliken ihre Unabhängigkeit vom großen Verbund Jugoslawien. Slowenien und Kroatien preschten voran, dann folgten Bosnien-Herzegowina und der Kosovo. Sie nabelten sich von der Zentralregierung ab, die in Belgrad saß, also in der größten Einzelrepublik, nämlich Serbien. Dort sträubten sich allerdings viele gegen den Zerfall Jugoslawiens, des einstmals großen Staates unter Führung Serbiens. Der Konflikt gipfelte in einem Bürgerkrieg.

Es war eine Explosion von Hass in Europa, mit der man ein halbes Jahrhundert nach dem Zweiten Weltkrieg nicht gerechnet hatte. Verschiedene Gruppen kämpften gegeneinander, oft Anhänger verschiedener Religionen, Christen und Muslime. Ein furchtbarer Höhepunkt war erreicht, als im Jahr 1995 serbische Milizen, also Truppen, die nicht offiziell zur Armee gehörten, mit Unterstützung der Belgrader Regierung in Srebrenica 8000 Bosnier ermordeten.

Dieses Verbrechen hatten in der Nähe stationierte UNO-Verbände, die den Frieden sichern sollten, nicht verhindert. Die Gewalt schien kein Ende zu nehmen. Noch im Jahr 1999 verübten Serben Massaker in der Teilrepublik Kosovo. Um das Morden zu beenden, griff schließlich die NATO ein, das westliche Militärbündnis, das ursprünglich für Konflikte des Kalten Krieges gegründet worden war. Kampfflugzeuge bombardierten Ziele in Serbien, darunter die Hauptstadt Belgrad. Die Serben lenkten ein. Erst ein Jahrzehnt nachdem der Kalte Krieg zu Ende gegangen war, kehrte in Europas Südosten Frieden ein.

KAPITEL SIEBENUNDZWANZIG
Was haben Mahatma Gandhi, Che Guevara und Bob Marley gemeinsam?

Ab 1945 erlangen immer mehr Kolonien in Afrika und Asien ihre Unabhängigkeit von den Kolonialmächten. Viele dieser Länder zählen zur sogenannten Dritten Welt und sind weiterhin von Armut geplagt. Sie haben besondere Helden.

Wenn der Präsident Journalisten für Interviews empfing, tat er das oft in Jogginghosen, einer abgewetzten Strickjacke und Sneakers oder Schlappen vor seinem Haus sitzend, einem kleinen, einstöckigen Bauernhof. In dem wild wuchernden Garten liefen zwischen Büschen und Wassertonnen Hühner hin und her und pickten an den Hosenbeinen der Journalisten herum. Die winzigen Räume im Haus, die der Präsident, ein rundlicher Typ mit grauem Schnurrbart, den neugierigen Journalisten offenherzig zeigte, waren mit Gerümpel und Büchern vollgestopft; von den Wänden blätterte die Farbe ab. Trotzdem hatte das Staatsoberhaupt es bei seinem Amtsantritt vorgezogen, nicht im Präsidentenpalast zu wohnen, sondern in seinem eigenen Heim am Rand der Hauptstadt. Privat fuhr der Präsident einen VW Käfer und zu offiziellen Anlässen einen Opel Corsa, den etwas moderneren Kleinwagen.

Welcher Präsident lebte so? Die Rede ist von José Mujica, der von 2010 bis 2015 im südamerikanischen Uruguay regierte. Er dürfte einer der ungewöhnlichsten Präsidenten der Weltgeschichte gewesen sein. Mujica wurde schon als der »ärmste Präsident der Welt« bezeichnet. Weshalb ärmster Präsident? Schließlich haben Präsidenten doch, selbst wenn sie sich bescheiden geben, im Allgemeinen ein hohes Einkommen. Und auch bei Mujica betrug es immerhin rund 12 000 Dollar im Monat. Wie der Mann zu seinem Spitznamen kam und was dahintersteckt, ist eine erstaunliche Geschichte.

Mujicas Leben verlief recht abenteuerlich. Der Sohn verarmter Bauern begann seine berufliche Laufbahn als Blumenverkäufer, aber in den 1960er-Jahren wurde er Mitbegründer der Tupamaros. Das war eine Gruppe von Guerillakämpfern, die eine sozialistische Revolution anzetteln wollte. Zunächst strebten sie den Umsturz mit friedlichen Mitteln an, mit Streiks und Demonstrationen. Doch dann begannen sie, Banken zu überfallen und Politiker zu entführen. Wie so viele andere Tupamaros wurde auch José Mujica von der Polizei verhaftet. Er wurde gefoltert und saß insgesamt vierzehn Jahre lang im Gefängnis, zum Teil in Einzelhaft.

Nach seiner Entlassung beschloss Mujica, seine Ziele auf legalem Weg weiterzuverfolgen. Er ging in die Politik, wurde zum Senator gewählt und zum Minister berufen. Im Jahr 2010 machten die Uruguayer den Exsträfling zu ihrem Präsidenten. Das ist an sich schon erstaunlich. Doch das wirklich Besondere ist, was Mujica als Staatsoberhaupt tat. Er verzichtete auf neunzig Prozent seines Gehalts und spendete das Geld an arme Leute, damit sie sich ein Häuschen bauen oder ein kleines Unternehmen starten konnten. Für sich behielt er monatlich also nur etwa 1200 Dollar. Deshalb die Bezeichnung »ärmster Präsident der Welt«.

Soweit ich weiß, ist Mujica der erste Präsident der Welt, der so viel von seinem Gehalt verschenkt hat. Um den Armen zu helfen, hat er auf einigen Luxus verzichtet; in Interviews sagte der Achtzigjährige, er brauche nicht mehr für ein glückliches Leben. Natürlich leuchtet Mujicas Verhalten besonders ein, wenn man bedenkt, dass er früher mal eine sozialistische Revolution wollte. Schließlich haben solche Revolutionen idealerweise das Ziel, die Ungleichheit zwischen den Superreichen und den Armen zu verringern, indem Geld umverteilt wird. Außerdem stammt Mujica aus einem Land, in dem es insgesamt viel Armut gibt; dort sind Spenden also besonders nötig.

Länder wie Uruguay heißen auch Entwicklungsländer, weil sie sich noch zum Wohlstand hin entwickeln sollen. Nun ist es zwar keineswegs so, dass Staatsoberhäupter armer Länder im Allgemeinen mehr spenden würden als solche aus reichen. Trotzdem steht José Mujica in einer speziellen Tradition. Denn Politiker und Aktivisten, die aus armen Ländern der Welt stammen, haben oft besonders ungewöhnliche Karrieren. Und sie wählen häufig unkonventionelle Mittel, um ihre Ziele zu erreichen.

Das hat natürlich damit zu tun, dass ihre Länder mit krassen Problemen wie Hunger und mangelnder medizinischer Versorgung zu kämpfen haben. Solche Umstände erfordern extreme Maßnahmen. Das gilt vor allem für die Länder, die man als Länder der Dritten Welt bezeichnet. Dies sind arme lateinamerikanische und asiatische Staaten sowie fast alle afrikanischen. Sie liegen beinahe ausschließlich im südlichen Teil der Erdkugel. Im Norden sind die reichen Industrieländer wie die USA, Großbritannien, Deutschland, Frankreich, Norwegen, Schweden und Japan, auch Erste Welt genannt. Die Zweite Welt waren übrigens in Zeiten des Kalten Krieges die Staaten des kommunistischen Ostblocks; später wurde der Name auch für die sogenannten Schwellenländer verwendet, solche also, die eine so positive wirtschaftliche Entwicklung aufzuweisen haben, dass sie auf dem Weg vom Drittweltland zum Industriestaat sind.

Die Länder der Dritten Welt unterscheiden sich in vielem grundlegend voneinander, aber eines haben fast alle gemeinsam: Sie waren früher Kolonien. Sie wurden von Europäern besetzt und ausgebeutet. Doch nach Ende des Zweiten Weltkriegs im Jahr 1945 begann die *Ent*kolonialisierung. Das heißt, die armen Länder schafften es nach und nach, ihre Unabhängigkeit zu erlangen. Über den Kolonialismus haben wir schon einiges erfahren. Er zog sich ab dem 16. Jahrhundert über vier Jahrhunderte hin und hatte großen Einfluss darauf, wie Menschen in Amerika, Asien und Afrika lebten und leben.

Die Ungerechtigkeit, die der Kolonialismus bedeutete, dauerte so lange wie kaum eine andere in der Geschichte der Menschheit. Und selbst nachdem er abgeschafft war, herrschten in den Exkolonien noch keine schönen Zustände. Oft kamen Diktatoren an die Macht, und die Bevölkerung wurde zusätzlich von Unternehmen der Ersten Welt als billige Arbeitskräfte ausgebeutet.

Auf den folgenden Seiten erzähle ich von der Dritten Welt und der Entkolonialisierung. Dabei wird es um Politiker, Aktivisten und Freiheitskämpfer gehen, die das Elend der Menschen lindern wollten. Einer davon war der eingangs erwähnte José Mujica. Es gab natürlich viele Kämpfer und Aktivisten. Besonders ausführlich werde ich zwei beleuchten: Mahatma Gandhi und Che Guevara. Die beiden waren auf sehr unterschiedliche Weise aktiv. Gemeinsam stehen sie aber beispielhaft für eigenwillige, teils extreme Vorgehensweisen und wichtige historische Entwicklungen. Und sie wurden auf ihre jeweils ganz eigene Art und Weise zu Vorbildern für Millionen von Menschen, darunter der ärmste Präsident der Welt, der Interviews in Jogginghosen und Schlappen gab.

Der indische Anwalt, der im Lendenschurz gegen das Imperium antrat

Die größte Kolonie der Welt und eine der ältesten war Indien. Als die Briten dort herrschten, gab es zwar ein paar indische Fürsten und sogar eine Art Minister. Sie durften aber nur bestimmte kleinere Gebiete verwalten und waren von den

Briten abhängig. Die befahlen, was zu tun war. Im 19. Jahrhundert wurde immerhin eine Partei der Inder gegründet, die Kongresspartei. Zunächst war sie nur eine Plattform, ein Forum, um Interessen der Inder überhaupt einmal zur Sprache zu bringen. Das Sagen im Land hatten weiterhin die Briten, an deren Spitze der Generalgouverneur stand, auch Vizekönig genannt. Er regierte Indien als Vertreter der britischen Monarchie.

Dass sich das änderte, daran hatte ein kleiner indischer Rechtsanwalt großen Anteil. Er hieß Mohandas Karamchand Gandhi. Später erhielt der schmächtige Mann mit Nickelbrille den Ehrennamen Mahatma, das ist ein Wort aus dem Sanskrit, einer der indischen Sprachen, und bedeutet »Große Seele«. Mahatma Gandhi war der Sohn eines Ministers, der für die Briten eine Stadt in Westindien verwaltete. Deshalb wuchs er im Vergleich zu vielen anderen Indern sehr komfortabel auf. Als junger Mann durfte er sogar in London Jura studieren. Sein erstes Jobangebot nach Abschluss des Studiums hatte Gandhi in Südafrika, wie Indien eine britische Kolonie.

Gandhi reiste also nach Afrika. Gerade erst eingetroffen, hatte er ein einschneidendes Erlebnis. Er saß eines Tages im Zug mit einem Ticket für die erste Klasse. Ein Brite betrat das Abteil. Als er Gandhi sah, rief er den Schaffner und beschwerte sich. Er wollte nicht mit dem »Dunkelhäutigen« im Abteil sitzen. Der Schaffner befahl Gandhi, das Abteil zu verlassen. Der weigerte sich. Er habe, so erklärte er, ein gültiges Ticket für die erste Klasse. Es half nichts. Am nächsten Bahnhof warf ihn ein Polizist aus dem Zug.

So bekam Gandhi am eigenen Leib zu spüren, was Rassismus und Diskriminierung bedeuteten, wie sie vor allem Schwarze, aber auch Inder in Südafrika zu ertragen hatten. Das Erlebnis im Zug veränderte seine Sichtweise. Ab sofort setzte er sich für seine in Südafrika lebenden Landsleute ein. Wenn sie bei der Arbeit schlecht behandelt wurden, half er ihnen als Anwalt. Einmal führten die Behörden eine diskriminierende Melde- und Passpflicht nur für Inder ein. Gandhi rief alle dazu auf, die Registrierung zu verweigern. Dafür landete er selbst für zwei Monate im Gefängnis.

Nach diesen Erfahrungen gab er seinen Anwaltsjob auf und wurde Politiker und Bürgerrechtler. In den folgenden Jahren entwickelte er eine neue Art, politischen Widerstand zu leisten, und zwar einen gewaltfreien. Dazu gehörte es, Streiks und Demonstrationen zu organisieren. Oder bestimmte Waren zu boykottieren und die Zahlung von ungerechten Steuern zu verweigern, etwa solchen, die nur für Inder galten.

Diese Art der politischen Aktion hieß *Satyagraha*. Das kommt aus dem Sanskrit und bedeutet »Festhalten an der Wahrheit«. Wer Satyagraha betreibt, soll bei dem, was er gerecht und moralisch richtig findet, bleiben, selbst wenn er brutal behandelt wird oder gegen Gesetze verstoßen muss. Notfalls musste ein Satyagrahi in Kauf nehmen, ins Gefängnis zu wandern. Wichtig war, dass er Zeichen setzte und mit seinen Aktionen vielleicht sogar in die Medien kam, ins Radio oder in die Zeitung.

Als Gandhi 1914 von Südafrika nach Indien zurückkehrte, erkannte er, wie ungerecht die britische Kolonialherrschaft dort war. Er sah beispielsweise, dass britische Fabriken billig Kleidung produzierten und nach Indien exportierten. Das trug dazu bei, dass indische Schneider pleitegingen. Sie konnten nicht mit den niedrigen Preisen der Massenware konkurrieren. Gandhi rief seine Landsleute zum Boykott britischer Stoffe auf; niemand sollte sie mehr kaufen.

Doch er tat noch mehr. Er, der früher in den exklusiven Läden Londons englische Anzüge geshoppt hatte, fing plötzlich an, sich vor ein Spinnrad zu setzen. Er wollte selbst Stoff für seine Kleidung herstellen. Auf Reisen hatte er ein transportables Spinnrad dabei. Das Ganze war auch eine symbolische Handlung. Sie sollte die Inder dazu anregen, sich auf ihre eigene Wirtschaft und ihre eigenen Traditionen zu besinnen. Es galt, auf britische Ware zu verzichten und stattdessen Kleidung aus selbst gesponnener Baumwolle zu haben. Da wies ihn allerdings ein Arbeiter darauf hin, dass es für die meisten Inder zu teuer oder zu zeitaufwendig war, handwerklich erzeugte Kleidung zu tragen. Der Einwand stimmte Gandhi nachdenklich. Doch wollte er jetzt erst recht zeigen, dass sein Konzept funktionierte. Da kam ihm eine Idee: warum sich nicht einfach einschränken und *insgesamt* weniger Stoff in Anspruch nehmen. Gesagt getan: Bald trug er nur mehr einen Lendenschurz; sein Oberkörper war meist nackt.

Das Outfit erregte Aufsehen. Der britische Premierminister Winston Churchill verspottete Gandhi als »halb nackten Fakir«. Tatsächlich war Mahatmas Mode für einen Politiker ziemlich schräg; das wäre sie ja heute noch. Er war zeitweise immerhin Vorsitzender der Kongresspartei. Seine Parteifreunde wollten mit ihrem Modestatement nicht so weit gehen wie er. Aber zumindest setzten sie ein Zeichen, indem sie handgewebte weiße, typisch indische Anzüge trugen. Gandhis Modeaktion ist von historischer Bedeutung. Denn damit hat er demonstriert, dass man selbst als etablierter Politiker mal ordentlich aus der Reihe tanzen und die Dinge ganz anders angehen kann.

Gandhi war nicht nur Politiker und Aktivist: Schon in Südafrika hatte er mit Freunden eine Farm gegründet. Gemeinsam wollten sie ihre Ideale von persönlicher Besitzlosigkeit und wirtschaftlicher Eigenständigkeit verwirklichen. Eine ähnliche Siedlung organisierte Gandhi nun auch in Indien. Dort erhielten alle, ob einfache Arbeiter oder Verwalter, den gleichen Anteil an den Erträgen, dem Gemüse und der Ziegenmilch. Jeder musste mal die Klos putzen, unabhängig davon, welcher Kaste er angehörte. Das war spektakulär, denn im Allgemeinen machten in Indien nur Mitglieder der niedrigeren Kasten für andere sauber. Außerdem meditierten die Leute auf Gandhis

Farm, um ruhig und gelassen zu werden und ihrem Ideal der Gewaltlosigkeit näherzukommen. Da es mit um spirituelle Dinge ging, wurde die Gemeinschaft nach dem Vorbild alter indischer Klöster Aschram genannt.

Gandhis großes Ziel war es, zugleich den inneren Frieden zu finden und die Unabhängigkeit Indiens von Großbritannien zu erreichen. Dafür arbeitete er in der Kongresspartei mit Jawaharlal Nehru zusammen, dem späteren Präsidenten Indiens. Vor allem organisierte Gandhi gewaltfreie Aktionen. Die spektakulärste war sein Salzmarsch im Jahr 1930.

Salz war in Indien ein Monopol der britischen Regierung; das heißt, nur die Kolonialverwaltung durfte es verkaufen. Das fand Gandhi ungerecht, weil niemand auf Salz verzichten kann; der menschliche Körper braucht es zum Überleben. Nun mussten Inder auch noch eine Salzsteuer bezahlen. Und wer verdiente daran? Die Briten, die keinen Finger rührten. Um dagegen zu demonstrieren, trat Gandhi mit Gefolgsleuten einen über dreiwöchigen Fußmarsch ans Meer an. Dort angelangt, ließ er sich dann dabei fotografieren, wie er Salz aufsammelte, das sich auf dem Boden abgelagert hatte. Damit brach er ganz bewusst das Gesetz. Er forderte die Inder auf, es ihm gleichzutun. Und siehe da: Zwischen 50 000 und 80 000 folgten seinem Aufruf. Viele wurden verhaftet. Doch die meisten ließen die Briten bald wieder frei, weil die Gefängnisse überfüllt waren und die Häftlinge als Arbeitskräfte fehlten. Die Aktion ging auf der ganzen Welt durch die Presse.

Bis Indien seine Unabhängigkeit erlangte, dauerte es dann allerdings noch siebzehn lange Jahre. Im August 1947 war es endlich so weit. Da Gandhi viel dazu beigetragen hatte, wurde er als »Vater der Nation« verehrt.

Allerdings begann die Zeit der Unabhängigkeit gleich mit einer Katastrophe. Da muslimische Bevölkerungsgruppen einen eigenen Staat wollten, wurde die Teilung Indiens beschlossen. Ab sofort gab es das hinduistische Indien und das muslimische Pakistan. Nach der Teilung wanderten über zehn Millionen Menschen von dem einen in den jeweils anderen Staat aus, je nachdem welcher Religion sie angehörten. In dem Chaos kam es zu religiös motivierten Kämpfen und Massakern. Über eine Million Menschen wurde getötet.

Gandhi war verzweifelt. Er trat in den Hungerstreik, um gegen den Wahnsinn zu protestieren. Weil er als »Vater der Nation« große Achtung genoss, konnte er manche Kämpfe stoppen. Aber natürlich nicht alle. Es war furchtbar. Man hatte ohne Gewalt so viel gegen die Briten erreicht, und nun schlachteten sich Inder untereinander ab. Und am Ende wurde Gandhi sogar selbst Opfer einer Gewalttat. Am 30. Januar 1948 erschoss ihn ein extremistischer Hindu, ein Anhänger des Hinduismus. Er wollte sich dafür rächen, dass Gandhi für die Rechte der Muslime eingetreten war.

Gandhis Mission, ein eigenständiges, gewaltfreies und gerechteres Indien zu gründen, war nur halb erfolgreich. Außerdem hat er seiner Umgebung, insbesondere seiner Frau Kasturba und seinen Kindern, mit seiner Askese, seinen strengen Regeln und seiner Prinzipienreiterei das Leben schwer gemacht. Aber er trug dazu bei, dass der lange Weg zur Unabhängigkeit Indiens relativ unblutig war. In vielen anderen Ländern war das anders. Etwa in einem anderen riesigen Land Asiens: Indonesien. Dort führte die Bevölkerung ab 1945 jahrelang einen Befreiungskrieg gegen die Kolonialmacht Niederlande; Hunderttausende starben. Ebenfalls anders als in Indien war es in Vietnam. Nach dem Zweiten Weltkrieg tobte hier bis 1954 ein ähnlich blutiger Befreiungskrieg gegen die Kolonialmacht Frankreich.

In Afrika lief die Entkolonialisierung oft ebenfalls brutal ab. So starben auf Madagaskar Zehntausende, als französische Truppen Aufstände niederschlugen. Marokko und Tunesien wurden nach blutigen Erhebungen von Frankreich unabhängig, Algerien sogar erst nach einem jahrelangen Krieg. 1960 wird das »afrikanische Jahr« genannt, weil eine ganze Reihe französischer und anderer Kolonien in Afrika unabhängig wurden.

Nicht nur die Kolonisierung, sondern auch die Entkolonialisierung tötete Millionen von Menschen. Oft folgten auf die Entkolonialisierung allerdings Bürgerkriege oder Diktaturen. Das Problem war, dass die Kolonialherren die Grenzen der von ihnen besetzten Gebiete meist ohne Rücksicht darauf gezogen hatten, welche einheimischen Volksgruppen und Stämme wo lebten und wie diese miteinander auskamen. Das führte, als man die Unabhängigkeit erlangte, zu Streitereien, wer jetzt über das gesamte Land herrschen sollte. Außerdem hatten sich in Zeiten des Kolonialismus keine demokratischen Traditionen entwickelt.

So regierten, nachdem man die Kolonialherrschaft überwunden hatte, häufig diejenigen, die militärische Macht hatten, also Offiziere und Generäle. Oder andere skrupellose Typen, die sich am besten mit den ehemaligen Kolonialherren arrangierten. Denn die hatten durch Militärstützpunkte und Unternehmen oft weiterhin großen Einfluss in den Exkolonien. Die ehemaligen Kolonialmächte machten Geschäfte mit brutalen Diktatoren, solange sie stabile Verhältnisse versprachen.

Einer der vielen schlimmen Fälle ist jener von Jean-Bédel Bokassa aus Zentralafrika, einer Exkolonie Frankreichs. Bokassa wurde sogar in Frankreich zum Offizier ausgebildet. 1966 putschte er sich in Zentralafrika an die Macht. Er ließ sich zum Kaiser krönen, unterdrückte sein Volk und plünderte es aus. Bokassa tötete politische Gegner auf grausamste Weise, angeblich auch, indem er sie Löwen und Krokodilen vorwerfen ließ. Zugleich unternahm er Jagdausflüge mit dem französischen Präsidenten, den er wohl mit Diamanten bestach. Jedenfalls wünschten sich die Franzosen gute Beziehungen mit ihm. Sie waren scharf auf das Uran aus Zentralafrika, auf den Rohstoff, den man für Atomkraftwerke und Atomwaffen braucht. Erst als Bokassa sein Volk zu sehr quälte und Chaos im Land auszubrechen drohte, wurde er mithilfe französischer Truppen abgesetzt.

Die Karrieren der Diktatoren, die in Exkolonien herrschten, ähneln einander auf erschreckende Weise. Auf der anderen Seite wurden demokratisch gewählte Regierungen oft mithilfe westlicher Geheimdienste gestürzt, wenn sie ihnen nicht passten. Ein besonders trauriges Beispiel ist Patrice Lumumba aus dem Kongo. Der ehemalige Postangestellte wurde 1960 der erste gewählte Präsident des unabhängigen Landes. Doch schon wenig später ermordeten ihn politische Gegner, und zwar mit Wissen und vermutlich auch mit Unterstützung der Belgier, der ehemaligen Kolonialherren. Wahrscheinlich hat die CIA ebenfalls mitgemischt. Jedenfalls hatte der amerikanische Geheimdienst den Plan, Lumumba zu töten, angeblich mit einer vergifteten Zahnpasta.

Warum wollten sie ihn loswerden? Lumumba war ein Sozialist, und die bekämpften die USA ja im Kalten Krieg. Man wollte Geschäfte machen, und das gestaltete sich mit Sozialisten schwierig. Denn sie verstaatlichten Unternehmen und arbeiteten generell gerne mit der Sowjetunion zusammen. Deshalb wirkte die CIA oft auf den Sturz sozialistischer Staatschefs hin. Natürlich mischte der sowjetische Geheimdienst KGB auf der Gegenseite genauso mit.

Die ehemaligen Kolonialherren hatten viele Möglichkeiten, ihre Macht weiterhin auszuüben. Ein besonders schräges Beispiel ist Südafrika. Das Land hatte schon 1910 seine Unabhängigkeit von Großbritannien erlangt. Aber es wurde nur deshalb so früh aus dem Kolonialismus entlassen, weil dort weiterhin Weiße regierten, und zwar im Rahmen einer Politik der Rassentrennung, der Apartheid.

Dabei unterdrückten weiße Südafrikaner, deren Familien meist aus Großbritannien oder den Niederlanden stammten, die schwarze Bevölkerung. Sie beuteten sie als billige Arbeitskräfte aus. Es durften im Prinzip nur Weiße wählen und für politische Ämter kandidieren. Die schwarze Bevölkerung wurde in bestimmte Stadtteile und Regionen umgesiedelt, von wo sie nicht wegdurften. Es gab getrennte Schulen, Universitäten, Krankenhäuser und Strände, wobei die für die Weißen grundsätzlich die schöneren oder besseren waren. Ehen und Liebesbeziehungen zwischen Schwarzen und Weißen waren gesetzlich verboten.

Für die schwarze Bevölkerungsmehrheit herrschte also weiterhin eine Art indirekter Kolonialismus, der im Prinzip genauso grausam wie der alte war. Dagegen kämpften verschiedene Rebellengruppen, vor allem der ANC, der African National Congress. Einer seiner Anführer war ein Mann namens Nelson Mandela. Er stammte aus der Königsfamilie des Volkes der Thembu.

Wie Mahatma Gandhi war Nelson Mandela als junger Mann relativ privilegiert; wie Gandhi studierte er Jura. Ähnlich wie er wandte sich Mandela dann aber angesichts der Ungerechtigkeiten, die er sah, mehr und mehr dem politischen Aktivismus zu. Er organisierte Demonstrationen und Streiks. Doch sein Vorgehen unterschied sich von dem Gandhis: Anders als dieser plante Mandela Sabotageakte, nachdem er gemerkt hatte, dass sich ohne massiven Druck nichts an der Unterdrückung der Schwarzen ändern würde. Seine Mitstreiter und er verübten Anschläge auf Einrichtungen wie die Eisenbahn oder Elektrizitätswerke, wenngleich nachts, um Tote oder Verletzte zu vermeiden. Für alle Fälle trainierte Mandela heimlich für den bewaffneten Guerillakampf.

Doch dazu kam es nicht. Denn bevor er den Kampf aufnehmen konnte, verhaftete ihn im August 1962 die Polizei. Er wurde wegen seiner umstürzlerischen Aktionen zu lebenslanger Haft verurteilt. Mandela sollte 27 Jahre lang im Gefängnis sitzen. In dieser Zeit versuchten Menschen in aller Welt, darunter Politiker und Popstars, Druck auf die Regierung Südafrikas auszu-üben, um Mandela freizubekommen. Zugleich drohten wie-derholt Unruhen in der schwarzen Bevölkerung Südafrikas. Im Jahr 1990 gab die Regierung schließlich nach und entließ Man-dela aus der Haft. In den nächsten vier Jahren wurde die Apart-heid schrittweise abgeschafft. Und was geschah mit Mandela? Er trat 1994 bei den ersten freien Wahlen Südafrikas an und wurde im Alter von 75 Jahren zum Staatspräsidenten gewählt.

Als Präsident wollte Mandela die weißen und schwarzen Südafrikaner miteinander versöhnen. Bei der Rugby-WM in Südafrika trug er deshalb zum Beispiel demonstrativ ein Trikot der Nationalmannschaft, der Springboks, obwohl dort fast nur Weiße spielten. Mandela wollte ein Zeichen dafür set-zen, dass man sich einander annähern würde.

Mandela war von den Ideen Gandhis beeinflusst, aber auch durch die eines ganz anderen Freiheitskämpfers: Che Guevara aus Argentinien. Che dürfte der berühmteste Guerillero aller Zeiten sein.

Der Guerillakämpfer, der zur Modeikone wurde

Es ist eigentlich unglaublich: Jahrhundertelang überfielen und unterdrückten Europäer oder Leute, deren Vorfahren aus Europa stammten, rund um den Globus ganz selbstverständ-lich andere Völker und beherrschten deren Länder. Anfang des 20. Jahrhunderts gehörte ein Viertel der Welt Großbritannien, der größten Kolonialmacht. Wenn man sich überlegt, wie un-gerecht der Kolonialismus war, erscheint es verrückt, dass er meist noch weit in die Zeit nach dem Zweiten Weltkrieg hineinreichte, als die Kolonialmächte selbst schon Demo-kratien waren. Es gibt allerdings eine Ausnahme: Lateiname-rika. Dort hatte die weltweite Kolonisierung ihren Anfang genommen, nämlich mit den Konquistadoren im 16. Jahrhundert; dort wurde sie auch als Erstes wieder beendet, und zwar im 19. Jahrhundert. Der Befreiungskampf ging aber nicht etwa von den Indios aus, den Ureinwohnern, die so sehr unter den Kolonisten gelitten hatten. Sondern meistens von den Kreolen. So heißen die weißen Bewohner Lateinamerikas. Ihre Vorfahren stammten aus Spanien und waren also selbst Kolonisten gewesen. Die Kreolen waren eine winzige reiche Bevölkerungsminderheit, oft Besitzer von Plantagen oder Bergwerken. Sie lehnten sich gegen die noch kleinere Minderheit der Spanier auf, die oft in der Verwaltung tätig waren und daher die politische Macht hatten.

Gegen die Spanier begehrten die Kreolen im 19. Jahrhundert mit Waffengewalt auf. Ihr berühmtester Anführer hieß Simón Bolívar. In zahlreichen Schlachten erkämpfte er die Unabhängigkeit von Venezuela, Kolumbien, Panama, Peru und Ecuador. Eines der befreiten Gebiete wurde nach ihm sogar Bolivien genannt. Selbst als lateinamerikanische Länder unabhängig waren, blieben Indios allerdings benachteiligt. Und es herrschte noch eine ganze Weile die Sklaverei. Die politische Macht hatten reiche Weiße. Insgesamt bestanden weiterhin besonders große Unterschiede zwischen einer kleinen Minderheit von Reichen und der Masse der Armen. Nicht zuletzt deshalb kam es in Lateinamerika im 20. Jahrhundert, also lange nach der Entkolonialisierung des Kontinents, zu sozialistischen Revolutionen.

Der berühmteste Revolutionär Südamerikas war Che Guevara. Seine Geschichte ist ähnlich abenteuerlich wie jene von Mahatma Gandhi; er war ein ähnlich extremer Typ. Allerdings wandte er völlig andere Mittel an.

Che wurde 1928 in Argentinien geboren. Er wuchs in einer relativ gut situierten Familie auf und studierte Medizin. So schien alles auf eine Karriere als Arzt hinauszulaufen. Doch dann kam es anders. Als junger Mann machte er eine Motorradreise durch Südamerika. Dabei sah er viel Armut und Elend. Er begegnete armen Bauern und Minenarbeitern, die unter schlimmen Bedingungen schufteten. Er traf auf Kinder, die unterernährt und ausgemergelt waren und, selbst wenn sie an schweren Krankheiten litten, keine medizinische Versorgung erhielten. So entschied Che, er könne nicht einfach als Arzt arbeiten, den sich nur Wohlhabende leisten konnten. Er dachte, er müsse als Revolutionär grundsätzlich etwas an den Verhältnissen ändern. Wenn das gelänge, dann könnten, so dachte er, insgesamt mehr Ärzte zum Einsatz kommen und die Armen behandeln.

Che wollte Ideen dazu sammeln, wie sich Länder gut und gerecht organisieren ließen. Deshalb hielt er sich 1953 in Guatemala in Mittelamerika auf. Dort führte Präsident Jacobo Árbenz Guzmán soziale Reformen durch. Er verstaatlichte Land des US-amerikanischen Unternehmens United Fruit Company. Denn auf den Obstplantagen des Konzerns schufteten die guatemaltekischen Arbeiter für einen Hungerlohn und unter schlechten Bedingungen, um beispielsweise Bananen für den Export in den reichen Westen zu ernten. Daran wollte Árbenz etwas ändern: Er gab armen Landbewohnern Boden, damit sie darauf etwas anbauen und für sich selbst sorgen konnten. Das Ganze erschien der Regierung der USA aber als kommunistisch. Wir erinnern uns, es war die Zeit des Kalten Krieges. So ordneten US-Präsident Harry S. Truman und dann sein Nachfolger Dwight D. Eisenhower an, dass die Regierung Guatemalas gestürzt werden müsse. Die CIA bewaffnete und trainierte guatemaltekische Militärs, die Antikommunisten waren. Diese rissen gewaltsam die Macht an sich und errichteten eine Diktatur, die den USA gewogen war.

Die Ereignisse in Guatemala schockierten Che wie viele andere Lateinamerikaner. Sie machten ihn so wütend, dass er beschloss, gegen die USA zu kämpfen. Er wurde Sozialist. Was die Vereinigten Staaten machten, schien ihm die Fortsetzung des alten Kolonialismus der Europäer zu sein. Die USA versuchten, in ganz Lateinamerika Einfluss auszuüben. Ihre Strategie bestand darin, Regierungen, die ihnen politisch nicht passten, zu stürzen; stattdessen brachten sie solche an die Macht, die ihren Vorstellungen entsprachen.

Dem wollte Che entgegenwirken. Dafür tat er sich mit dem kubanischen Juristen und Revolutionär Fidel Castro zusammen. 1959 besiegten die beiden mit einigen anderen Guerillakämpfern die Truppen des Diktators Fulgencio Batista, eines Militärs. Er hatte mit Unterstützung der USA Kuba regiert und das Volk im Elend gehalten. Damit sollte nach der kubanischen Revolution Schluss sein. Castro wurde Staatschef; Che übernahm mehrere Funktionen, unter anderem die des Industrieministers. Im neuen Kuba wurde die Alphabetisierung der Bevölkerung vorangetrieben. Nach wenigen Jahren konnten fast alle Kubaner lesen und schreiben, viel mehr Leute als in anderen Ländern Lateinamerikas. Um diese Erfolge zu feiern, marschierten Jugendliche bei Paraden wie Soldaten durch die Straßen Havannas, hatten aber keine Gewehre geschultert, sondern einen Meter lange Röhren, die wie überdimensionierte Bleistifte aussahen.

Eingängiger ließ sich die Waffe im Kampf gegen das Unwissen kaum symbolisieren. In diesem Kampf sind Stifte mächtiger als Gewehre. Allerdings war Che selbst durchaus gewalttätig. Er erschoss Mitglieder seiner Guerillatruppe, die er des Verrats verdächtigte. Er ließ viele Menschen, die als Anhänger des alten Regimes galten, hinrichten, ohne dass ein ordentlicher Prozess stattfand. Außerdem war die Revolutionsregierung nicht demokratisch gewählt. Zwar kann man sagen, dass es den meisten Kubanern besser ging als unter der alten Herrschaft. Die Mehrheit der Inselbewohner begrüßte die Revolution auch erst einmal. Doch wurde die sozialistische Regierung mit der Zeit immer diktatorischer. Sie ließ Kritiker einsperren und zum Teil exekutieren.

Darum kümmerte sich Che allerdings nicht. Er war versessen darauf, die USA zu bekämpfen und arme Völker zu befreien, wo es ging. So verließ er seinen Ministerposten in Kuba und flog nach Afrika, in den Kongo. Dort plante er, als Guerillakämpfer eine Revolution zu starten, um die Arbeit Patrice Lumumbas fortzusetzen, des sozialistischen Präsidenten, der kurz zuvor ermordet worden war.

Che wollte ein Beispiel für ganz Afrika geben. Der Mann, der schon Minister gewesen war, nahm alle Gefahren und Strapazen des Guerillakampfes auf sich, die Hitze, die unbequemen Schlafstellen, Hunger und Durst und Malariamücken. Die Revolution im Kongo misslang, aber Che überlebte. Er kam zurück nach Südamerika. Sein nächstes Ziel war es, in Bolivien eine Revolution zu organisieren. Um keinen Verdacht zu erregen, gab er sich als uruguayischer Geschäftsmann aus. Er reiste mit falschem Pass über Brasilien nach Bolivien ein. Doch 1967 wurde er von bolivianischen Soldaten im Dschungel erschossen.

Die Revolution scheiterte, aber Che blieb weit über seinen Tod hinaus ein Vorbild. So im 21. Jahrhundert für Evo Morales, den ersten Präsidenten Boliviens indianischer Abstammung. Er verstaatlichte die Erdöl- und Erdgasunternehmen und startete einige Hilfsprogramme für die Ärmsten seines Landes.

Der Guerillakämpfer Che war natürlich völlig anders als Gandhi, der Verfechter der Gewaltlosigkeit. Doch wie der Inder wurde der Argentinier von vielen Menschen wie ein Heiliger verehrt. Viele sahen in ihm einen Märtyrer, der sein Leben für die gerechte Sache geopfert hatte. Spektakulär wie kein anderer verkörperte er die Revolution, den weltweiten Kampf gegen Unterdrückung und Ungerechtigkeit. Ein Foto, das Che mit seinem Barett, seinen dunklen Locken und verwegenem Blick zeigt, gilt als das berühmteste Porträt, das jemals Verbreitung fand. Es wurde zur Ikone, es prangt auf Postern und sogar auf T-Shirts. Im Jahr 2002 präsentierte das brasilianische

Model Gisele Bündchen bei einer Modenschau in São Paulo einen Bikini mit lauter kleinen Che-Bildchen drauf.

Eine solche Ehre dürfte noch keinem anderen Politiker oder Revolutionär widerfahren sein. Das ist natürlich einigermaßen schräg, denn Modenschauen haben ja nichts mit Sozialismus oder Revolution zu tun. Aber es passt vielleicht doch ein bisschen. Schließlich war Che zu seinen Lebzeiten darauf bedacht, die Leute mit seinem Auftreten und seiner Kleidung zu beeindrucken. Am liebsten in grüner Kampfmontur aus grobem Stoff. Die hatte er selbst bei Staatsempfängen an, um zwischen den ganzen Anzugträgern hervorzustechen.

So beeinflusste Che auf der ganzen Welt viele vor allem junge Menschen. Einer davon war der Jamaikaner Bob Marley. Er hatte ein Che-Bild zu Hause hängen. Der Reggaemusiker Marley dürfte der berühmteste Popstar sein, den je ein Land der Dritten Welt hervorgebracht hat. Marley war kein Aktivist wie Gandhi und schon gar kein Guerillakämpfer wie Che. Aber er engagierte sich auf seine Art.

Auch bei Marley trugen ein paar persönliche Erlebnisse dazu bei, dass er sich für die Armen und Unterdrückten einsetzen wollte. Als er aufwuchs, war seine Heimat Jamaika noch eine britische Kolonie. Und als Sohn einer schwarzen Jamaikanerin und eines weißen Briten fühlte er sich unter Schwarzen wie Weißen gleichermaßen als Außenseiter. Doch er fand Kraft in seiner Musik. Und später in der Rastafari-Religion.

Die Rastas sind unter anderem an ihren Frisuren zu erkennen, den dicken Filzlocken, Dreadlocks genannt. Die Haartracht geht darauf zurück, dass sich die Rastas als Nachfahren eines der jüdischen Stämme sehen, dessen Wappentier ein Löwe ist, das Tier mit der mächtigen Mähne. Die Rastas orientieren sich an den Geschichten des Alten Testaments, die wir bereits kennengelernt haben. Sie ziehen jedoch ihre ganz eigenen Schlüsse und Lehren daraus.

In der Bibel ist Babylon, wie wir gesehen haben, der Inbegriff alles Sündigen. Für die Rastas symbolisiert Babylon ebenfalls das Verdorbene. Allerdings sehen sie Babylon im übertragenen Sinn in der Kultur der Weißen verkörpert. Denn die haben während der Kolonisierung die Schwarzen, so die Überlegung, auf ähnliche Weise aus Afrika verschleppt, wie dies die Babylonier gemäß dem Alten Testament vor 2000 Jahren mit den Juden taten. Die Weißen, so meinen die Rastas, unterdrücken die Schwarzen weiterhin. Darüber sang Bob Marley Songs wie »Babylon System«, »Get Up, Stand Up« und »I Shot the Sheriff«. Insgesamt warb er allerdings für Frieden und Versöhnung. In Liedern wie »Africa Unite« wünschte er sich, dass die Schwarzen aus aller Welt nach Afrika zurückkehren würden. Dort sollten sie zusammen eine starke Gemeinschaft aufbauen. Das ist die Idee des Panafrikanismus.

Ein überaus einflussreicher und einfallsreicher Vertreter dieser Strömung war ein großes Vorbild Bob Marleys und vieler Schwarzer in aller Welt, nämlich Marcus Garvey. Der Jamaikaner ragte unter anderem dadurch heraus, dass er, nachdem er 1916 in die USA ausgewandert war, Unternehmen für Schwarze gründete, darunter eine Wäscherei, Näherei, Lebensmittelläden, einen Verlag und sogar eine Schifffahrtsgesellschaft, die Black Star Line.

Damals gab es so gut wie keine schwarzen Großunternehmer. Garvey wollte dafür sorgen, dass Afroamerikaner Geld und wirtschaftliche Macht bekämen. So könnten sie auch angemessen bezahlte Arbeitsplätze für andere Schwarze schaffen und sich ganz konkret aus der Abhängigkeit von Weißen befreien.

Doch Garvey ging es nicht nur um finanzielle Möglichkeiten. Er war auch einer der Ersten, der ganz gezielt das Selbstbewusstsein der Schwarzen in einer von Weißen dominierten Kultur stärkte. Dafür ließ er sich einiges einfallen. So gründete er sogar eine Fabrik, die ausschließlich schwarze Spielzeugpuppen herstellte. Warum tat er das? Es gab bislang fast nur

weiße Puppen. Doch mithilfe der neuen Puppen sollten afro-
amerikanische Kinder von klein auf und schon beim Spielen
verinnerlichen, dass Schwarze es genauso verdienten, schön
eingekleidet, herausgeputzt und bewundert zu werden wie
Weiße.

Zwanzig Jahre nach seinem Tod erlangte Garvey in Jamaika
den Status eines Nationalhelden. Für die Rastas und Hunderttausende von Schwarzen in aller Welt war er eine Art Prophet, der bessere Zeiten ankündigte. Zum Heilsbringer, zum
Messias riefen die Rastas allerdings jemand anderen aus: einen
Mann namens Ras Tafari Makonnen. Er war der Kaiser von
Äthiopien. Nach Ras Tafari haben sich die Rastas sogar benannt. Er selbst benutzte später den Namen Haile Selassie,
was »Macht der Dreifaltigkeit« bedeutet. So wie die ägyptischen Pharaonen sich nach mächtigen Göttern benannten,
spielte Selassie schon mit seinem Namen auf die Stärke von
Gott, Jesus und dem Heiligen Geist an. Doch weshalb verehrten die Rastas ausgerechnet Selassie, der im fernen und armen
Äthiopien lebte?

An ihm beeindruckte viele Menschen zunächst einmal, dass
er Herrscher des einen afrikanischen Landes war, das sich allen Kolonisierungsversuchen widersetzt hatte. Deshalb galten
Äthiopien und Selassie als Vorbild für ein starkes Afrika und
die Befreiung der Schwarzen. Um diesen Anspruch zu betonen, ließ sich der dünne Mann mit ernstem Blick 1930 mit viel
Aufwand zum Kaiser krönen. So gab es endlich einen glamourösen schwarzen Gegenkaiser zu all den europäischen Royals,
über deren pompöse Krönungszeremonien und Jubiläen die
Presse sonst immer begeistert berichtete. Selassie schwang
sich zum Sprecher der Dritten Welt auf. Bei internationalen
Konferenzen kritisierte er den Kolonialismus und setzte sich
für den Zusammenhalt afrikanischer Staaten ein.

In seinem eigenen Land öffnete er die Schulen für arme Kinder. Allerdings kamen seine Reformen nur schleppend voran;

außerdem regierte Selassie als Alleinherrscher. Nachdem Äthiopien in eine Wirtschaftskrise geraten war, putschten Militärs 1974 und stürzten den Kaiser.

Für viele Schwarze in aller Welt blieb Selassie ein Vorbild. Rastas sahen in ihm sogar einen wiedergeborenen schwarzen Jesus Christus, den Herrscher eines zukünftigen Reiches. Warum schildere ich die Rastas so ausführlich? Sie sind keine große Religion, und sie haben ziemlich problematische Ansichten, etwa zur Rolle der Frauen. Aber es handelt sich bei ihnen, die es erst seit dem 20. Jahrhundert gibt, um eine der jüngsten Religionen der Welt und wohl um die jüngste international bekannte. So sind die Rastas ein relativ aktuelles Beispiel für das, was bei der Entstehung einer Glaubensgemeinschaft alles zusammenkommt. Ähnlich wie beim Christentum und Judentum spielen bei ihnen alte Geschichten aus der Bibel eine Rolle, aber auch historische Ereignisse und reale Persönlichkeiten, denen bestimmte Eigenschaften angedichtet werden.

Bob Marley sang über Selassie: »Der Mann ist ein Engel.« Was Bob Marley selbst betrifft, so war er weder ein Engel noch hat er direkt politisch etwas verändert. Doch als globaler Superstar hat er der Dritten Welt eine Stimme gegeben. Er war eine Identifikationsfigur.

Bob Marley, Che Guevara und Mahatma Gandhi waren extrem unterschiedlich darin, wie sie wirkten und welchen Einfluss sie ausübten. Gemeinsam hatten sie jedoch, dass sie international berühmte Aushängeschilder für die Probleme und die Hoffnungen der Dritten Welt wurden. Alle drei waren in dem, was sie taten, stark von der Geschichte des Kolonialismus geprägt. Natürlich gab es auch Helden aus der Ersten Welt, die sich gegen Armut und Ungerechtigkeiten engagierten. Aber die aus der Dritten Welt wirken allein schon deshalb spektakulärer, weil sie von Anfang an mit krasseren Problemen zu kämpfen hatten. Sie waren gezwungen, auf besonders beherzte Weise vorzugehen oder ihre Positionen mit teils extremen Mitteln zu vertreten.

KAPITEL ACHTUNDZWANZIG
Pille, Pop und Waschmaschinen

Die Alltagsrevolutionen, die unsere Eltern oder Großeltern
miterlebt haben.

Meine Mutter ist kurz nach dem Zweiten Weltkrieg in England
geboren worden, das heißt, sie hat ihre Jugend in den 1960er-
Jahren verbracht. Das war die Zeit der »Swinging Sixties«, von
»Swinging London«, die Zeit, als die Popmusik groß wurde.
Bands wie die Beatles, die Rolling Stones und The Who begeisterten mit ihrem neuen Sound und Auftreten Massen von
Jugendlichen. Meine Mutter hat diese Bands als Teenager in
London im Konzert gesehen, zum Teil noch in sehr kleinen
Clubs. Damals sind die Leute ausgerastet; manche Mädchen
haben ganze Konzerte lang in einem durchgekreischt oder
sind in Ohnmacht gefallen. Bei einigen Auftritten zerschlugen
die Musiker ihre Gitarren auf der Bühne oder zündeten sie sogar an.

Das alles sind keine historischen Ereignisse, von denen ein
Geschichtsbuch berichten müsste. Aber irgendwie eben doch;
denn die Aufregung, die in den 1960er-Jahren herrschte, war
eine ganz neuartige. Und sie betrifft eine Generation, die auch
das Leben späterer Generationen beeinflusst hat. Weil die Entwicklung im Jahr 1968 ihren Höhepunkt hatte, sollte diese Generation später als die 68er-Generation oder einfach nur »die
68er« in die Geschichte eingehen. Die Stimmung, die diese Generation zum Ausdruck brachte, war unerhört. In den 1960er-
Jahren vermittelte die Popmusik das Gefühl, dass eine ganz
andere Art zu leben, möglich sein würde. Eine freiere.

Was ist hier mit freierer Art gemeint? Zu diesem Zeitpunkt waren westliche Länder wie Großbritannien, Frankreich, die USA und die Bundesrepublik Deutschland ja schon längst Demokratien; die Menschen litten nicht unter Armut oder Unterdrückung wie in Ländern der Dritten Welt. Aber es gab damals auch in den reichen Demokratien noch ziemlich viele strenge Regeln, die man im Alltag befolgen musste. Regeln, wie wir sie uns heute gar nicht mehr vorstellen können. Das fängt mit ganz kleinen Dingen an. Etwa der Frisur. Männer hatten damals grundsätzlich Kurzhaarschnitte. Wenn einer plötzlich mit langen Locken daherkam, regten sich einige Leute auf. Langhaarige wurden von Nachbarn schief angesehen und manchmal als »Gammler« beschimpft, die man einsperren müsste.

Misstrauisch beäugt wurden auch Leute, die als Liebespaar zusammenzogen, ohne verheiratet zu sein. Ende der 1960er-Jahre wohnte mein Vater im Haus seiner Eltern in Deutschland. Er war schon mit meiner Mutter zusammen, und ich war bereits auf der Welt. Doch meine Eltern hatten noch nicht geheiratet. Deshalb konnte meine Mutter, obwohl da genug Platz gewesen wäre, nicht bei meinen Großeltern unterkommen. Sie hatten Angst, dass die Nachbarn schlecht reden würden und sie vielleicht sogar anzeigen könnten. Es galt nämlich ein sogenanntes Kuppeleigesetz. Das verbat Wohnungseigentümern, unverheirateten Paaren ein Zimmer zur Verfügung zu stellen, in dem sie Sex miteinander haben konnten.

Doch auch die Ehe selbst war ziemlich anders als heute. Wenn Ehefrauen damals einen Beruf ergreifen wollten, mussten sie dafür die schriftliche Erlaubnis von ihrem Mann einholen. Grundsätzlich wurde erwartet, dass Frauen zu Hause blieben, kochten, den Abwasch und die Wäsche machten. Es gab viele verrückte Vorschriften und Verbote, die uns heute geradezu mittelalterlich anmuten. So war Homosexualität in den 1960er-Jahren strafbar.

Die freie Liebe, Hippies und Drogen

Gegen solche Gesetze und Regeln rebellierten damals vor allem junge Leute. Zunächst taten das viele auf indirekte Weise, indem sie etwa die recht wilde Popmusik hörten und sich ihre Haare wachsen ließen. Sie wollten demonstrieren, dass sie locker, offen und eigensinnig waren. Mädchen trugen Miniröcke und zeigten gewagt viel Bein. Viele junge Leute hatten dann Hippie-Outfits an, T-Shirts mit bunten Batik-Mustern, Fransenjacken und Stirnbänder wie Indianer. Es wurde Mode zu kiffen. Manche nahmen härtere Drogen wie LSD; man war damals noch nicht so gut über deren Gefahren informiert wie heute. Einige junge Leute gründeten Kommunen, Wohngemeinschaften, in denen sie Partys feierten und als Paare zusammenlebten, ohne verheiratet zu sein.

Damals war das alles eine kleine Revolution. Die jungen Leute stürzten keine Regierungen, aber immer mehr von ihnen wollten zeigen, dass sie sich ihren Lebensstil aussuchten, selbst wenn andere ihn merkwürdig fanden. Dafür gab es Vorbilder, Schauspieler und Popstars wie Marlon Brando, Mick Jagger und John Lennon. Schon früher hatte es den Jazz, Folk und Blues gegeben, und dann den Rock 'n' Roll. Elvis Presley sorgte bereits in den 1950er-Jahren nicht nur als »King« des Rock 'n' Roll für Aufregung, sondern auch als »Elvis the Pelvis«, also »Elvis, das Becken«. Mit den kleinen ruckartigen Kreisbewegungen, die er mit den Hüften machte, verstieß er für manche ältere Leute gegen die guten Sitten. In den 1960er-Jahren wurden die Rock- und Popstars dann noch deutlich wilder, auch wilder, als sie es heute sind. So beschmierte Iggy Pop seinen nackten Oberkörper während eines Konzerts mit Erdnussbutter, bewarf das Publikum damit und sprang derart schmackhaft gemacht in die Menge. Ein andermal ließ er die Hose runter und spielte minutenlang nackt ein Gitarrensolo.

Wir haben im Kapitel über die Französische Revolution gesehen, dass die jungen Leute, die sich »Merveilleuses« und »Incroyables« nannten, mit ihrem betont schrägen Auftreten und Kleidungsstil wahrscheinlich die erste Jugendkultur begründeten. Das waren damals noch wenige, und nur wenige wussten davon. In den Sechzigerjahren des 20. Jahrhunderts fühlten sich jedoch Hunderttausende und letztlich Millionen von Menschen als Teil der Jugend- und Gegenkultur, zu der ein neues Lebensgefühl gehörte. Das fing mit einer eigenen Mode an, berührte aber auch die Politik. Einige der 68er waren sozialistisch, die meisten allerdings einfach irgendwie links. Das heißt, sie lehnten oft recht allgemein Nationalismus, Imperialismus und Militarismus ab und sangen: »Make love, not war!«, »Macht Liebe, nicht Krieg!«.

Ähnliche Ideen hatte es natürlich schon früher gegeben, etwa in den 1920er-Jahren. Damals hatten die Flapper, die Frauen mit ihren wilden Fransenkleidern, Charleston getanzt, und schräg kostümierte Künstler hatten Dada-Gedichte gegen den Krieg vorgetragen. Doch mit den Hippies und sogenannten Blumenkindern der 1960er-Jahre geriet das Ganze zu einer größeren Bewegung. Es war das erste Mal in der Weltgeschichte, dass eine internationale Modeströmung und ein dermaßen beliebter Musiktrend wie der Pop so eng mit einer politischen Haltung zusammenhingen.

Einige Musiker verpackten politische Botschaften auf besonders spektakuläre Weise in ihren Songs. So etwa der amerikanische E-Gitarrist Jimi Hendrix auf dem berühmten Open-Air-Festival in Woodstock nahe New York, zu dem im Sommer 1969 rund 400 000 Leute anreisten. Da spielte der Afroamerikaner, der auch indianische Vorfahren hatte, das Stück mit dem Titel »Star Spangled Banner«. Das ist eigentlich kein Popsong, sondern die Nationalhymne der USA. Wenn man sich Hendrix' Auftritt auf YouTube anschaut, merkt man, was das Besondere war. Da stand dieser Typ in seinem indianisch wirkenden Fransenhemd, mit orangefarbenem Stirnband, Ohrringen und Afrofrisur und spielte auf der E-Gitarre die Hymne, die das Publikum sonst eher von strammen Militär- und Schulkapellen kannte. Nach einigen Takten wich er von der Melodie ab und verzerrte sie. Er ließ seine E-Gitarre aufheulen, entlockte ihr schrille Pfeiftöne. Plötzlich klang das wie ein Bombenangriff. Wie wenn Flugzeuge über feindliches Gebiet fliegen und die Bevölkerung am Boden unter Beschuss nehmen. So ermahnte Hendrix das Publikum beim Woodstock-Festival: Leute, während ihr vergnügt auf der Wiese sitzt und der Musik lauscht, tobt am anderen Ende der Welt der Vietnamkrieg! Jetzt gerade, in diesem Moment töten amerikanische Bomben wehrlose und unschuldige vietnamesische Frauen und Kinder!

Zu Hendrix' Zeiten experimentierten viele Musiker mit ganz neuen Sounds und unterschiedlichsten Einflüssen und verbanden sie mit politischen Aussagen, darunter Stars wie Joan Baez, Bob Dylan, Jimmy Cliff und Frank Zappa. Außer dem Krieg kritisierten sie den Rassismus. In den 1960er-Jahren herrschte vor allem im Süden der USA noch die Rassentrennung, die in manchem der Apartheid in Südafrika glich. Schwarze Kinder durften nicht auf Schulen für Weiße. Sie hatten insgesamt weniger Chancen, eine gute Ausbildung zu bekommen. Afroamerikaner waren benachteiligt und wurden von vielen Weißen weniger geachtet. Die Bürgerrechtsbewegung kämpfte dafür, dass Schwarze gleiche Rechte bekommen und selbstbewusst auftreten sollten. In dieser Zeit landete der Funk- und Soulmusiker James Brown einen Hit mit seinem Song »Say it Loud – I'm Black and I'm Proud« (»Sag es laut – ich bin schwarz und stolz darauf«).

Das Lied wurde zur inoffiziellen Hymne der Black-Power-Bewegung. Eine Anregung für den Song war der Slogan »Black is Beautiful«, »Schwarz ist schön«. Schwarze ließen sich einen Afro wachsen, statt sich, wie sie es früher getan hatten, die Haare zu glätten, um mehr wie Weiße auszusehen.

Sit-ins, Träume und Fantasieuniformen: die Bürgerrechtsbewegung und Studentenrevolten

Die USA waren eine Demokratie, doch wurden Afroamerikaner in vieler Hinsicht benachteiligt und diskriminiert. In manchen US-Bundesstaaten mussten schwarze Bürger im Gegensatz zu weißen Prüfungen in Landeskunde ablegen, bevor sie zur Wahl gehen durften. Busse hatten extra gekennzeichnete Sitzreihen für Schwarze und für Weiße. Waren die Plätze für die weißen Fahrgäste voll besetzt, mussten Schwarze aufstehen und ihre den Weißen überlassen. Das war natürlich völlig verrückt, wurde aber akzeptiert. Bis zum 1. Dezember 1955. An diesem Tag forderte in Montgomery, Alabama, ein Busfahrer die Schwarze Rosa Parks auf, ihren Platz einem weißen Fahrgast zu überlassen. Parks weigerte sich und blieb sitzen. Daraufhin wurde sie verhaftet. Dieser Zwischenfall brachte einige politische Aktionen ins Rollen.

Unter anderem den »Montgomery Bus Boycott«. Die schwarze Bevölkerung der Stadt nutzte keine öffentlichen Verkehrsmittel mehr, was den Verkehrsbetrieben finanziell zu schaffen machte. Die Sache erregte Aufsehen. Und sie führte dazu, dass der Streit um getrennte Sitzplätze vor Gericht landete. Ein Jahr später entschied der Oberste Gerichtshof der USA, dass die Rassentrennung verfassungswidrig war und beendet werden musste. Es sollte allerdings noch bis 1967 dauern, bis Schwarze und Weiße einander heiraten durften!

Die Aktion von Rosa Parks im Dezember 1955 war eine Art Startschuss für die Bürgerrechtsbewegung, die »Civil Rights Movement«. Sie kämpfte in den 1950er- und 1960er-Jahren gegen die Diskriminierung der Schwarzen und allgemein für mehr Freiheiten bei der Wahl des Lebensstils. Sie organisierte Sitzstreiks, sogenannte Sit-ins, an Universitäten. Die Studenten blieben vor den Hörsälen hocken und hielten den Lehrbetrieb auf. Manchmal führten solche Aktionen zu Polizeieinsätzen oder gar zu Schießereien; es gab Tote. Meistens verliefen sie aber friedlich. Einige Aktivisten beriefen sich auf den gewaltfreien Widerstand Mahatma Gandhis.

Es herrschte Aufbruchstimmung. Am 28. August 1963 demonstrierten rund 250 000 Menschen in Washington unter freiem Himmel für mehr Rechte für Schwarze; und sie lauschten der inzwischen berühmten »I have a dream«-Rede des evangelischen Predigers und Bürgerrechtlers Martin Luther King. Darin beschreibt dieser seinen großen Traum. King wünscht sich, dass eines Tages wahr werde, was schon in der 200 Jahre alten amerikanischen Unabhängigkeitserklärung steht: nämlich dass alle Menschen gleich erschaffen sind und dieselben Rechte haben. King beendete seine Rede mit dem Satz: »Ich habe einen Traum, dass meine vier kleinen Kinder eines Tages in einer Nation leben werden, in der man sie nicht nach ihrer Hautfarbe beurteilt, sondern nach ihrem Charakter.«

Martin Luther King wollte seine Ziele immer nur mit friedlichen Mitteln erreichen. Am 4. April 1968 erschoss ihn ein weißer Rassist. Daraufhin brachen Unruhen in den Gettos der Schwarzen aus, Schaufenster zerbarsten, Autos brannten. Das US-Militär kam zum Einsatz. Schon vor Kings Tod hatten sich manche Mitglieder der Bürgerrechtsbewegung radikalisiert. Anführer wie Malcolm X wollten schnellere Veränderungen, und wenn nötig durch Gewalt. Mitglieder der neu gegründeten Black Panther Party trugen ihre eigene Fantasieuniform: schwarze Hosen, Lederjacken und Barette. Sie waren bewaffnet, so wie es die US-Gesetze zur Selbstverteidigung erlaubten. Die Black Panther organisierten Kurse für Schwarze, informierten sie über ihre Rechte und darüber, wie sie sich gegen Rassismus im Alltag wehren konnten. Sie betrieben Essensausgaben für Bedürftige und sogar eigene Schulen für arme schwarze Kinder. Am Ende zerstritten sie sich allerdings, und ein paar wurden kriminell. Die Polizei verhaftete Mitglieder

der Black Panther oft unter falschen Vorwänden; bei Schießereien gab es Tote. Schließlich löste sich die Organisation auf.

Insgesamt dienten die Bürgerrechtsbewegung und die Antikriegsbewegung in den USA als Vorbilder für Aktionen rund um die Welt. Vor allem im Jahr 1968 demonstrierten in Mexiko, Japan und europäischen Städten viele Menschen. Sie wandten sich gegen die eigene Regierung, die Politik der USA und insbesondere gegen den Vietnamkrieg. Demonstranten liefen durch die Straßen von London, Paris und Berlin und riefen: »Ho-Ho-Ho Chi Minh!« So feuerten sie symbolisch Ho Chi Minh an, den Anführer der vietnamesischen Kommunisten, die am anderen Ende der Welt gegen die US-Truppen kämpften. Die Demonstranten hielten Schilder mit dem Foto des sozialistischen Revolutionärs Che Guevara in die Höhe.

In Frankreich solidarisierten sich Studenten mit Arbeitern. Gemeinsam forderten sie mehr Lohn, bessere Arbeitsbedingungen und mehr Freizeit. In Paris demonstrierten und streikten im Mai 1968 Studenten und Fabrikarbeiter. Es ging nicht nur um die große Politik, sondern auch um kleinere Dinge, die den Alltag prägten. Für die Schulen und Universitäten etwa forderten Demonstranten weniger strikte Hierarchien, weniger starre Lehrpläne und mehr Raum für Diskussionen. Die Gesellschaft sollte insgesamt offener und fröhlicher werden.

In Paris malten Leute Sprüche an Hauswände wie: »Alle Macht der Fantasie!«, »Es ist verboten zu verbieten!«, »Unter den Pflastersteinen liegt der Strand!« oder »Arbeitet niemals!« Sie kritisierten, dass die Mehrheit der Bevölkerung tagein, tagaus im Büro sitze, um Geld zu verdienen und Waren zu kaufen, wie es die Werbung befahl, ohne wirklich Spaß zu haben. Es war Konsumkritik; und es war natürlich oft sehr anmaßend, eingebildet und arrogant, wenn die jungen 68er einfach so behaupteten, sie wüssten, was schön und gut für andere Leute wäre.

Es herrschte ein großes Durcheinander in Paris, ein Ge-wimmel verschiedener Gruppen, darunter Kommunisten und Anarchisten. Der moderne Anarchismus wurde erstmals im 18. Jahrhundert beschrieben, zuerst von William Godwin, dem Mann von Mary Wollstonecraft, der Frauenrechtlerin, die wir bereits im Kapitel »Frauen in Männerkleidung« ken-nengelernt haben. Anarchie kommt vom griechischen Wort für Herrschaftslosigkeit. Damit ist grundsätzlich kein Chaos gemeint, sondern eine Gesellschaft mit möglichst flacher Hie-rarchie. Manche Anarchisten wollen den Staat ganz abschaffen und stattdessen einfach kleinere Gemeinschaften haben. Ihr Ziel sind beispielsweise Genossenschaften oder Kommunen, kleine Betriebe oder so etwas wie Dorfgemeinden, in denen die Menschen ohne einen Chef zusammenleben. Anarchis-ten wollen Entscheidungen gemeinsam treffen, indem sie dis-kutieren und zu einem Beschluss gelangen, hinter dem dann alle stehen können, zu einem Konsens. Es ist ein bisschen, wie wenn wir mit Freunden zusammen in den Urlaub fahren und dann gemeinsam den Tag oder das Abendessen organisieren.

Im Frühjahr 1968 schien es in Frankreich ernst mit dem Aufbruch in eine andere Gesellschaft zu werden. Im ganzen Land wurde gestreikt. Demonstranten warfen Autos um und errichteten Barrikaden wie in Zeiten früherer Revolutionen. Polizisten setzten Tränengas ein. Das öffentliche Leben stand still. Es kam zu einer Regierungskrise. Präsident Charles de Gaulle verschwand vorübergehend von der Bildfläche; er flog nach Deutschland. Doch dann kehrte er zurück und rief Neu-wahlen aus. Die Bürger sollten entscheiden, was sie eigentlich wollten.

Nun zeigte sich eine der Schwächen der 68er-Aktivisten: Die meisten gehörten gar keiner oder keiner großen Partei an. So gewann de Gaulle die Wahlen. Die Revolte der Studenten und Arbeiter brach in sich zusammen. Es änderte sich erst ein-mal nicht viel. Langfristig blieb so gut wie keiner der 68er Hippie, Kommunist oder Anarchist. Die meisten arbeiteten später ganz normal als Rechtsanwälte, Ärzte, Architekten, Lehrer, Professoren oder Angestellte. Die Mehrheit hatte das Ganze eher indirekt über die Medien, die Presse oder das Fernsehen mitgekriegt. Trotzdem hatten die Demonstrationen und Aktionen eine Wirkung. Viele behielten etwas von dem Wissen und dem Gefühl von 1968 in Erinnerung. Sie meinten, dass es in der Gesellschaft weniger streng zugehen und mehr Freiheit im Alltag möglich sein sollte.

In Deutschland wurde 1969 erstmals seit den 1920er-Jahren der Kandidat einer linken Partei zum Regierungschef gewählt. Es war Willy Brandt von der SPD. Er wollte den 68ern entgegenkommen. In seiner Antrittsrede als Kanzler vor dem Bundestag kündigte er an, dass in Zukunft mehr offene Diskussionen geführt werden sollten. Er wollte Kritik und Meinungen, die vom Mainstream abwichen, stärker berücksichtigen. Das wirkte sich auf viele Bereiche aus, auf die Politik ebenso wie auf den Alltag.

Eine der größten Alltagsrevolutionen hatte weder direkt mit Politik noch mit Pop oder Mode zu tun, sondern mit einer medizinischen Neuerung. Es war die Verbreitung der Antibabypille, der Pille zur Verhütung von Schwangerschaften. Sie wurde Anfang der 1960er-Jahre eingeführt. Zunächst durften Ärzte sie nur verheirateten Frauen verschreiben. Es galt lange als »unmoralisch«, die Pille oder andere Verhütungsmittel zu verwenden. Warum? Viele vor allem kirchlich geprägte Menschen meinten, Sex sei nur dafür gedacht, Kinder zu zeugen; und er sei nur innerhalb der Ehe sittlich. Nach und nach fand die Pille doch Verbreitung, und auch ältere Verhütungsmittel wie das Kondom wurden einfacher erhältlich. Frauen mussten keine Angst mehr vor ungewollten Schwangerschaften haben, wie dies in den Jahrzehnten und Jahrhunderten zuvor der Fall gewesen war.

Noch eine Erfindung erleichterte das Leben der Frauen

im Alltag ganz erheblich: die Waschmaschine. Die Erfindung selbst war zwar schon älter, aber erst in den 1960er- und 1970er-Jahren wurden die Geräte in höheren Stückzahlen verkauft. Dank der Waschmaschine sparten sich Frauen, die damals im Prinzip allein für den Haushalt zuständig waren, viel Zeit und Mühe.

Dass Waschmaschinen, die Pille, Popmusik und ein freierer Lebensstil Verbreitung fanden, war die kleine Revolution, die unsere Eltern oder Großeltern miterlebt haben. Sie mussten nicht annähernd solche Risiken eingehen wie die Leute in Südamerika, Afrika und Asien im Unabhängigkeitskampf gegen die Kolonialmächte. Trotzdem können wir unseren Eltern oder Großeltern dankbar sein. Sie haben dafür gesorgt, dass wir in einer recht freien Gesellschaft leben. Wir werden weder für unsere sexuellen Vorlieben noch unseren Musikgeschmack kritisiert oder gar bestraft. Junge Leute dürfen sich die Haare pink oder grün färben und sich als Punks austoben; sie können Hip-Hop, Techno, Drum & Bass oder Heavy Metal hören, ohne dafür ausgeschimpft zu werden. Man muss nicht mehr heiraten, um mit jemandem zusammenziehen zu dürfen.

All diese Freiheiten, die uns selbstverständlich erscheinen, gibt es noch gar nicht so lange. Und Millionen von Menschen in anderen Gegenden der Welt haben sie bis heute nicht. Das gilt vor allem für einige Länder in Lateinamerika, Afrika, Asien und im Nahen Osten.

KAPITEL NEUNUNDZWANZIG
Wiege der Weltreligionen und Zentrum des Terrors

Der Nahe Osten ist seit einem Jahrhundert durch unterdrückerische Regime, Terrorismus und blutige Konflikte geprägt. Die Wurzeln mancher Konflikte reichen weit in die Geschichte zurück.

Wenn heute Fernsehnachrichten, Zeitungen oder Internetseiten über Kriege, Terroranschläge oder verbrecherische Staatschefs berichten, ist der Ort des Geschehens sehr oft der Nahe Osten. Zu dieser Region gehören Länder wie Ägypten, Saudi-Arabien, Israel, Palästina, Libanon, Syrien, der Irak und der Iran. Sie wurde in den letzten Jahrzehnten immer wieder von Kriegen und Krisen gebeutelt. Millionen von Menschen starben einen gewaltsamen Tod. Im Nahen Osten gab und gibt es so viele Krisenherde dicht beieinander wie in keinem anderen Teil der Welt. Und diese Krisenherde strahlen oft stark auf den Rest der Welt ab.

Die Konflikte haben sehr unterschiedliche Gründe: Mal geht es um die Kontrolle über Erdöl, das Reichtum verspricht; dann wieder streiten sich die Anhänger verschiedener Religionen – Juden, Christen und Moslems – um Weltanschauungen und Lebensstile. Teils kommen ganz alte historische Erinnerungen und Geschichten zum Tragen, die bis zurück in die Zeiten der Kreuzzüge im Mittelalter und zu den alten Römern reichen. Sogar Bücher, die vor hundert oder vor 2000 Jahren verfasst wurden, hatten und haben einen Einfluss darauf, worum sich noch heute Millionen von Menschen im Nahen Osten streiten.

Diese Menge und Mischung an Gründen für Konflikte ist

weltweit einzigartig. Sie gilt besonders für den ältesten und wohl vertracktesten Konflikt im Nahen Osten, mit dem ich dieses Kapitel beginne. Es ist der Konflikt zwischen Israel, den Palästinensern und einigen arabischen Ländern und Organisationen. Er ist auch gemeint, wenn man von *dem* Nahostkonflikt spricht.

Der blutige Streit um das Heilige Land

Im Nahostkonflikt ging es von Anfang an um sehr grundsätzliche Fragen: Welche Gebiete in Palästina gehören den Israelis, und welche den Palästinensern? Und darf die Arabisch sprechende Bevölkerungsgruppe ihren eigenen Staat haben? Die Palästinenser lebten ursprünglich in verschiedenen Landstrichen des heutigen Israel und Jordanien, inzwischen aber vor allem im Westjordanland und im Gaza; und dort werden sie vom israelischen Militär überwacht. Es kommt immer wieder zu Schießereien und Gefechten zwischen Israelis und Palästinensern. Wie ist diese Situation entstanden? Um das verstehen zu können, müssen wir einen Blick zurück auf die Zeit um 1900 werfen. Und auf ein Buch, das ein wenig bekannter europäischer Autor damals verfasste, das aber immense Auswirkungen auf den Verlauf der Geschichte haben sollte.

Das Werk trägt den Titel *Der Judenstaat*. Es erschien 1896 in Leipzig und Wien. Der Autor Theodor Herzl war ein jüdischer Schriftsteller und Journalist aus Österreich-Ungarn. Ihn trieb die Frage um, was man dagegen tun könnte, dass die Juden seit Jahrhunderten unter Diskriminierung und Verfolgung zu leiden hatten. Zu Herzls Zeiten wurden sie in Russland von aufgehetzten Volksmengen ermordet. Grundsätzlich dienten die Juden als Sündenböcke. Sie wurden für alle möglichen Probleme, für wirtschaftliche oder politische Krisen verantwortlich gemacht, obwohl sie gar nichts dafürkonnten. Die Menschen reagierten ihre Wut an ihnen ab. Und die Juden konnten sich meist nicht wehren, weil sie in der Minderheit waren.

In seinem Buch *Der Judenstaat* schilderte Herzl, wie das Problem mit dem Antisemitismus seiner Meinung nach zu lösen wäre: Juden aus Russland und aus aller Welt sollten nach Argentinien oder in den Nahen Osten nach Palästina einwandern. Dort könnten sie ihren eigenen Staat gründen, um gemeinsam stark und gegen Übergriffe gefeit zu sein. Aus der Idee wurde eine Bewegung. Die Wahl fiel auf Palästina. Dort hatten Juden ja schon vor mehr als 2000 Jahren gelebt. Die alte jüdische Hauptstadt war Jerusalem, ihr religiöses Zentrum der Tempelberg. Er hat große symbolische Bedeutung, weil der Tempel vor 2000 Jahren von den römischen Legionären zerstört wurde. Der Berg heißt Zion. Deshalb nannte man die Bewegung der Juden, die in ihre alte Heimat zurückkehren und ihren Staat gründen wollten, Zionismus.

Ab den 1920er-Jahren wanderten Juden aus aller Welt nach Palästina ein, in das Gebiet am östlichen Mittelmeer, auf dem heute vor allem Israelis und Palästinenser leben. Besonders viele Emigranten trafen in den 1930er-Jahren ein, als die Juden während des »Dritten Reiches« von den Deutschen verfolgt und ermordet wurden. Am Ende des Zweiten Weltkriegs waren es einige Hunderttausend, die nach Palästina gekommen waren. Die Einwanderer bauten sich in diesem schönen Land zwischen Oliven- und Zitronenbäumen ihre Häuser, gründeten Siedlungen und betrieben Landwirtschaft.

Es gab allerdings noch keinen jüdischen Staat. Die Gebiete in Palästina waren lange vom Osmanischen Reich kontrolliert worden, dem alten muslimischen Reich, das sich seit dem Mittelalter über den Nahen Osten erstreckt hatte. Nach dem Ersten Weltkrieg wurde das Reich, weil es mit Deutschland verbündet gewesen war, von den siegreichen Alliierten Großbritannien und Frankreich radikal verkleinert. Die Briten verwalteten zunächst einige der ehemals osmanischen Gebiete, darunter Palästina.

Bald entbrannten blutige Kämpfe zwischen den muslimischen Arabern und den Juden, die in Palästina siedelten. Um diese Kämpfe zu stoppen, beschlossen die Vereinten Nationen (UNO) 1947, das Gebiet von Palästina in zwei Teile zu teilen. Jede der beiden Konfliktparteien sollte einen eigenen Staat erhalten. Der Teil im Westen war den Juden zugedacht, jener im Osten den Palästinensern. Diesen Plan lehnten die Palästinenser allerdings ab. Sie sahen nicht ein, dass sie Land an die Juden abgeben sollten, die neu angekommen waren und in ihren Augen gar nicht hierhergehörten. Die Juden stimmten dem Plan der UNO zu. Noch vor der offiziellen Teilung der Gebiete rief der Zionist David Ben-Gurion im Mai 1948 den Staat Israel aus.

Ben-Gurion, der aus Polen stammte, war der erste Premierminister des Staates Israel. Die Freude darüber, einen eigenen Staat zu haben, wurde allerdings bald getrübt. Denn schon im Jahr der Staatsgründung griffen Truppen Ägyptens, Jordaniens, Syriens und des Irak Israel an. Sie wurden geschlagen. Damit nicht genug: Während des Krieges eroberte Israel mehr Gebiete Palästinas, als ihnen die UNO zugesprochen hatte. Diese Gebiete der Araber behielt Israel auch nach Kriegsende. Palästinensern, die geflüchtet waren, wurde verboten, auf ihr Land zurückzukehren.

So war das Ergebnis des Krieges von 1948, dass rund 750 000 Palästinenser als Flüchtlinge auf anderen Gebieten Palästinas oder in benachbarten mehrheitlich muslimischen Ländern landeten. Diese Staaten erkannten das Existenzrecht Israels nicht an. Sie sagten ganz offen, dass sie den Judenstaat am liebsten vernichten würden. Es folgten mehrere Kriege zwischen den Israelis und ihren Nachbarn, in den Jahren 1956, 1967 und 1973. Jedes Mal konnte sich Israel im Wesentlichen behaupten. Die

Israelis legten großen Wert auf eine starke und moderne Armee. Eine besondere Motivation rührte natürlich daher, dass sie nie wieder so wehrlos sein wollten, wie es die europäischen Juden unter der Terrorherrschaft des nationalsozialistischen Deutschland gewesen waren.

Nach und nach änderten Ägypten und Jordanien ihre Haltung gegenüber Israel. Doch andere Staaten blieben hart. Und es kamen sogar neue Feinde dazu. Etwa der Iran, also Persien. Das Land hatte sich lange aus dem Nahostkonflikt herausgehalten. Denn dort regierte der Schah. Er war mithilfe des amerikanischen und des britischen Geheimdienstes an die Macht gekommen. Diese hatten den gewählten Präsidenten Mohammad Mossadegh gestürzt, weil er die Ölvorkommen des Landes verstaatlichen wollte. Die Briten und Amerikaner wollten verhindern, dass die Ölquellen der Kontrolle eines britischen Ölkonzerns entzogen wurden, dem Vorläufer der BP. Der Schah war prowestlich eingestellt. Er machte gerne Geschäfte mit den USA und den Ländern Westeuropas. Religiös motivierte Streitigkeiten interessierten ihn nicht. So ließ er Israel in Ruhe. Doch 1979 wurde er von Ayatollah Khomeini gestürzt, einem extremistischen Moslem. Seither war der Iran ein von Religionsführern regierter Staat und einer der größten Feinde Israels.

Neben den Staaten, die Israel bedrohten, gab es auch noch kleinere Organisationen, die Terroranschläge durchführten. Denn einige Palästinenser begannen einen Untergrundkampf gegen Israel. Sie bildeten Gruppen wie die Al Fatah und die PLO, die Palästinensische Befreiungsorganisation. Die PLO griff Einrichtungen in Israel und in westlichen Ländern an, die als dessen Verbündete galten. Sie entführte Flugzeuge und nahm Geiseln. Während der Olympischen Spiele von 1972 in München kidnappten PLO-Terroristen israelische Sportler und ermordeten sie. Später wurden israelische Geheimagenten beauftragt, die Athleten zu rächen. Sie spürten die Attentäter auf der ganzen Welt auf und töteten sie.

Insgesamt entwickelte sich eine immer verzwicktere Spirale aus Gewalt und Gegengewalt. Wie im Kalten Krieg gab es im Nahostkonflikt auch Phasen der Entspannung. In den 1970er-Jahren schien sich Frieden abzuzeichnen. Der ägyptische Präsident Anwar Sadat und der israelische Premierminister Menachem Begin machten einen sehr tapferen Schritt: Sie schlossen einen Friedensvertrag. Mutig war das, weil viele Muslime und Araber Sadats Vorgehen als einen Verrat an ihrer Sache und der der Palästinenser sahen. Und er sollte auf furchtbare Weise bezahlen. Es geschah im Oktober 1981, als er während einer Militärparade auf der Tribüne saß. Plötzlich sprangen seine eigenen Soldaten aus ihrem Lkw, liefen in Richtung Tribüne und eröffneten mit ihren Maschinengewehren das Feuer auf ihren Präsidenten. Sadat und einige andere Zuschauer starben im Kugelhagel.

Der Mord am ägyptischen Präsidenten ist, soweit ich mich erinnere, das erste wichtige historische Ereignis, das ich im Fernsehen gesehen habe. Die Szene lief in den Nachrichten und wurde mehrmals wiederholt. So musste man mit ansehen, wie die Mörder den Friedenspräsidenten Sadat töteten. In der iranischen Hauptstadt Teheran wurde das Attentat gefeiert. Und in den folgenden Jahren verschlimmerte sich die Situation in Palästina wieder. Palästinenser riefen die »Intifada« aus; Intifada ist ein arabisches Wort und bedeutet »sich erheben« und »etwas abschütteln«. Aus Sicht der Palästinenser galt es, die Herrschaft der Israelis über die besetzten Gebiete Palästinas abzuschütteln.

Immer wieder verübten Palästinenser Anschläge. In Jerusalem sprengten sich Selbstmordattentäter in Linienbussen in die Luft. Sie rissen Israelis, aber auch in Israel lebende Araber mit in den Tod. Die israelische Armee führte Vergeltungsangriffe gegen Palästinenser durch. So drehte sich die Gewaltspirale weiter.

1993 keimte wieder Hoffnung auf Frieden auf; eine Lösung

schien in greifbare Nähe zu rücken. Israel und die PLO führten Verhandlungen in der norwegischen Hauptstadt Oslo. Unter der Leitung von Yassir Arafat erkannten die Palästinenser zumindest das Existenzrecht Israels an. Im Gegenzug akzeptierte der israelische Premierminister Jitzchak Rabin, dass die Palästinenser sich selbst verwalten durften. Langfristig schien ein Palästinenserstaat möglich zu sein. Doch zwei Jahre später geschah wieder ein furchtbarer und folgenreicher Anschlag: Bei einer großen politischen Veranstaltung erschoss ein Israeli Jitzchak Rabin.

Weshalb tötete ein Israeli seinen Premierminister? Wie der ägyptische Präsident Sadat vierzehn Jahre zuvor wurde Rabin von einem Landsmann ermordet, der gegen den Friedensprozess war. Der Anschlag und der Schock, den er auslöste, zeigten, wie gespalten die israelische Bevölkerung in der Palästinenserfrage war. Der Friedensprozess geriet abermals ins Stocken.

Inzwischen ist zwar eine Art Staat Palästina gegründet und auch von vielen Ländern der UNO anerkannt worden; allerdings nicht von Israel und den USA. Es ist noch kein richtiger Staat, und er wird deshalb nach wie vor anders genannt, nämlich »Palästinensische Autonomiegebiete«. Sie umfassen zum einen das Westjordanland, also Gebiete in der Nähe der jordanischen Grenze, zum anderen den Gazastreifen, die Gegend an der Grenze zwischen Israel und Ägypten. »Autonomie« heißt ja Selbstständigkeit, aber das israelische Militär kontrolliert die Gebiete. Das bedeutet, israelische Soldaten und Panzer patrouillieren auf Territorien, die von den Palästinensern verwaltet werden.

Die Lage ist verworren, ständig drohen neue Konflikte. Israelis wollen ihre Siedlungen im Westjordanland, dem offiziell palästinensischen Gebiet, nicht aufgeben, obwohl sie gegen internationales Recht verstoßen. Sie bauen sogar neue. Die Armee schikaniert die palästinensische Bevölkerung mit Ausgangssperren und Straßenkontrollen. Es kommt zu Gewalt. Mal fangen Palästinenser an, mal Israelis. Diese waren immer wieder das Ziel von Terroristen der »Hamas«. Einige ihrer Mitglieder wurden wie solche der Fatah in die Regierung der Palästinensischen Autonomiegebiete gewählt. Die Fatah ist gemäßigt und grundsätzlich bereit, mit Israel zu verhandeln. Zur Hamas gehören sowohl Politiker als auch Terroristen.

Beide Seiten haben Verbrechen begangen. Ein wichtiger Grund für die vertrackte Lage ist, dass die Religion von Anfang an eine tragende Rolle spielte. Oft läuft es auf den alten Konflikt zwischen Juden und Moslems hinaus. Das Gebiet Palästina und insbesondere das Westjordanland gelten vielen Juden als »Gelobtes Land« und »Heiliges Land«. Warum? Weil es in einem 2000 Jahre alten Buch steht: dem Alten Testament, genauer gesagt, der Thora. Laut dieser Heiligen Schrift der Juden hat ihnen Gott das Gebiet zugeteilt. In der Genesis, einer der vielen biblischen Geschichten, verspricht Gott Abraham und seinen Nachkommen Boden, der im heutigen Westjordanland liegt, als Siedlungsgebiet. Aus diesen uralten Geschichten leiten manche strenggläubige, also orthodoxe Juden noch heute ein »Recht« ab, dieses Land den Juden vorzubehalten.

Das alles ist schräg und sehr traurig. Gerade wenn wir bedenken, dass im Nahen Osten vor Jahrtausenden die drei großen Weltreligionen Judentum, Christentum und Islam gegründet wurden. Ihr erklärtes Ziel bestand doch von Anfang an darin, die Menschen moralisch zu festigen und zu gutem Verhalten anzuspornen. Alle drei Religionen berufen sich auf Abraham als ihren Stammvater. Genau genommen sind Juden und Muslime also miteinander verwandt. In gewisser Weise handelt es sich bei den Konflikten zwischen Israelis und Palästinensern also um einen Familienstreit. Und die sind ja oft besonders verzwickt.

Konflikte zwischen Moslems und die Einmischung der USA: die drei Golfkriege

Als wären das nicht schon mehr als genug religiöse Konflikte, gibt es im Nahen Osten auch solche zwischen verfeindeten muslimischen Ländern und verschiedenen Strömungen innerhalb des Islam, etwa zwischen den Sunniten und den Schiiten. Diese Konflikte spielten beispielsweise eine Rolle im ersten von bislang insgesamt drei Golfkriegen. Sie heißen so, weil sie am Persischen Golf entbrannten, einem kleinen Meer zwischen arabischen Staaten und dem Iran. Bei all diesen Kriegen mischten allerdings auch westliche Länder mit, allen voran die USA.

Der Erste Golfkrieg brach 1980 zwischen dem sunnitisch geprägten Irak und dem schiitischen Iran aus. Die beiden muslimischen Länder stritten um die Vorherrschaft am Persischen Golf. Das Meer ist von großer strategischer Bedeutung, denn von dort aus transportieren Tanker Öl aus Ländern wie Saudi-Arabien und dem Irak in alle Welt. Erdöl war und ist wichtig als Energiequelle und Grundlage für die Herstellung von Benzin und Kunststoff. Es bildet also einen Grundpfeiler der gesamten Industrie und ist eine Voraussetzung für den Reichtum der westlichen Welt.

Wie kam es zum Ersten Golfkrieg? 1979 wurde im Irak mit Saddam Hussein ein grausamer und machtgieriger Diktator Präsident. Trotzdem unterstützten ihn die USA zunächst. Warum? Wegen des irakisches Öls. Außerdem war Hussein gegen den Iran. Dort hatte, wie erwähnt, der muslimische Religionsführer Ayatollah Khomeini die Macht. Aus Sicht des extremistischen Moslems waren die USA und die westliche Welt mit ihrem freien Lebensstil die schlimmsten Vertreter des Unglaubens, ja des Satans. Die USA wollten wiederum verhindern, dass der Iran an Einfluss gewann. Denn dann wären womöglich die irakischen Öllieferungen an die USA weggefallen.

So rüsteten sie den Irak mit Waffen aus, mit denen der dortige Diktator den Iran angriff. Der Erste Golfkrieg endete nach acht Jahren gewissermaßen unentschieden. Dafür dass machtpolitisch alles so wie vorher blieb, starben eine Million Menschen.

Bei den Golfkriegen zeigt sich einmal mehr, wie übel es laufen kann, wenn Großmächte wie die USA bestimmte Staaten unterstützen, obwohl es Diktaturen sind. Bündnisse nach dem Motto »Der Feind meines Feindes ist mein Freund« halten oft nicht lang.

Und tatsächlich: Schon zwei Jahre nach Ende des Ersten Golfkriegs brach der nächste Krieg aus. Im Zweiten Golfkrieg ab 1990 bekämpften nun allerdings die USA den Irak, den sie zuvor jahrelang unterstützt hatten. Warum diese Kehrtwende? Anlass für den Krieg war der Einmarsch von Saddam Husseins Armee in Kuwait. Die UNO organisierte Truppen, um den Irak aus Kuwait zu vertreiben. Am Ende griff ein Bündnis aus den USA, Großbritannien und anderen westlichen Staaten sowie Saudi-Arabien die Iraker mit Bomben, Raketen und Bodentruppen an. Sie besiegten den Irak. Die Hauptgründe für den Zweiten Golfkrieg waren der Ölreichtum Kuwaits und der Wille der westlichen Staaten, sich ihre Importe zu sichern.

Herrschte nun, nachdem der Irak in seine Schranken verwiesen war, endlich Ruhe am Persischen Golf? Keineswegs. Denn ab März 2003 führten die USA und Großbritannien wieder Krieg gegen den Irak. Sie eroberten schließlich sogar die Hauptstadt Bagdad und entmachteten Saddam Hussein. Er wurde für seine Verbrechen als Diktator verurteilt und hingerichtet. Diesen Dritten Golfkrieg brachen Großbritannien und die USA allerdings ohne einen Auftrag oder die Erlaubnis der UNO vom Zaun. Treibende Kraft war der damalige US-Präsident George W. Bush, Sohn von George Bush, der den Zweiten Golfkrieg begonnen hatte. Als Rechtfertigung für den weiteren Angriff führten die USA vor einer UNO-Versammlung an, Saddam Hussein habe Massenvernichtungswaffen, also Atom- oder Chemiewaffen. Sie seien, so erläuterte der amerikanische Außenminister, eine Bedrohung für die USA und den Rest der Welt. Außerdem hieß es, Hussein unterstütze den saudi-arabischen Terroristen Osama bin Laden.

Bin Laden war der Anführer der Terrororganisation al-Qaida, die am 11. September 2001 die Anschläge auf die zwei Türme des World Trade Centers in New York verübt hatte. Am sonnigen Vormittag des 11. September hatten islamistische Selbstmordattentäter insgesamt vier amerikanische Verkehrsflugzeuge auf Inlandflügen in ihre Gewalt gebracht und zwei davon mitten in Manhattan in das World Trade Center gesteuert. Die Wolkenkratzer stürzten ein. 3000 Menschen starben.

Was das für einen Schock in den USA auslöste, konnte ich, obgleich nicht direkt betroffen, selbst miterleben, weil ich am 11. September zufällig in New York war. Als ich an dem Morgen auf dem Weg zu einer öffentlichen Bibliothek in Manhattan war, fiel mir auf, dass überall Polizei und Feuerwehrwagen kreuz und quer fuhren, viel mehr als sonst bei Bränden oder Anschlägen. Es herrschte eine allgemeine Atmosphäre der Unsicherheit. Am Ziel angelangt, erhielt ich von einer Angestellten an der Tür des Gebäudes die Auskunft, dass die Bibliothek geschlossen sei, denn, so die Frau: »We're under attack!«, »Wir werden angegriffen!«.

Die Bibliotheksangestellte sprach so, als sei die ganze Stadt oder gar das Land im Kriegszustand. Zwar habe ich die Szenen mit den Flugzeugen, die in die Hochhäuser krachten, obwohl ich in Manhattan war, auch erst eine Stunde später im Fernsehen gesehen. Doch konnte ich, wie Millionen andere in der Stadt, an dem Tag zumindest andeutungsweise einen Eindruck davon bekommen, wie es sein muss, an einem Ort im Kriegszustand zu leben, so wie dies für viele Menschen gerade im Nahen Osten der Alltag war und ist: das Grundgefühl der unberechenbaren Bedrohung, der Unsicherheit. Diese Angst, es könnte jeden Moment noch etwas passieren, noch irgendwo etwas einschlagen und explodieren, noch ein Gebäude beschossen werden und einstürzen. Die Furcht, man könnte in der Stadt eingeschlossen sein.

Der Schock des 11. September saß und sitzt in den USA tief. Allerdings entpuppten sich die Vorwürfe der USA, der Irak habe Osama bin Laden, dem Drahtzieher der Anschläge, geholfen, als Lügen. Das Gleiche gilt für die Behauptung, dass Saddam Hussein Massenvernichtungswaffen besessen habe. Beides diente als Vorwand, um Hussein zu stürzen und die Kontrolle über das irakische Öl zu erhalten.

Und es war einmal mehr die Religion im Spiel, dieses Mal sogar von westlicher Seite. Denn der US-Präsident Bush, der die Bombardierungen und die Eroberung des Irak befahl, sah sich selbst als tiefgläubigen Christen. Er sprach sogar davon, einen »Kreuzzug« gegen muslimische Terroristen zu führen. Die Kreuzzüge, bei denen Christen vor tausend Jahren Gebiete im Nahen Osten angriffen, waren, wie wir gesehen haben, eine üble Sache; Christen metzelten Tausende Muslime nieder, darunter Frauen und Kinder. Deshalb sorgte Präsident Bush mit seiner Aussage bei vielen Moslems für Unverständnis und Wut, ganz gleich, ob es sich bei seinen Worten nun um eine bewusste Provokation oder lediglich um eine ungeschickte Formulierung handelte.

Im Dritten Golfkrieg und in den nachfolgenden Jahren der amerikanischen Besatzung im Irak wurden mehrere Hunderttausend Menschen getötet. Sie starben bei amerikanischen Angriffen und an den Folgen des Krieges. Sie wurden Opfer der schlechten Versorgung mit Lebensmitteln und Medikamenten. Dazu kamen in den folgenden Jahren die vielen Terroranschläge. Denn nachdem Hussein weg war und eine starke Zentralregierung fehlte, herrschte erst einmal Chaos im Irak. Einzelne Volksgruppen, Stämme und Clans bekämpften einander. Inoffizielle Truppen und Terrorzellen verübten Anschläge gegen US-Truppen wie auch die irakische Zivilbevölkerung. Die Regierung in Bagdad wird inzwischen immerhin demokratisch gewählt. Aber es gibt viel Gewalt und Korruption.

Der islamistische Terrorismus, der Arabische Frühling und Bürgerkriege

Der Terrorismus, dessen Zentrum heute im Nahen Osten liegt, ist keine neue Erfindung. Das Wort kommt vom lateinischen *terror*, also von »Furcht« und »Schrecken«. Als die ersten Terroristen könnte man Mitglieder von Banden bezeichnen, die im Mittelalter Furcht und Schrecken verbreiteten, indem sie überraschend oder aus dem Hinterhalt feindliche Anführer töteten. Die erste moderne Terrororganisation, die heute noch bekannt ist, war die IRA, die »Irish Republican Army«. Sie kämpfte seit 1919 für die Unabhängigkeit Irlands und Nordirlands von Großbritannien. Die IRA verübte Bombenanschläge gegen die britische Zivilbevölkerung.

Auch Deutschland wurde im 20. Jahrhundert vom Terrorismus heimgesucht. Dort erlangte ab 1970 die RAF, die »Rote Armee Fraktion«, traurige Berühmtheit. Die linksextremistische Gruppe behauptete, sie kämpfe gegen den imperialistischen deutschen Staat. Sie ermordete Politiker, Polizisten, Manager, deren Leibwächter und Chauffeure.

Der Terrorismus ist aus der Situation heraus entstanden, dass bestimmte Gruppen keine richtige Armee und große Waffen wie Geschütze, Panzer oder Kampfflugzeuge zur Verfügung hatten. So versuchten sie, mit relativ wenig Mitteln gegen militärisch übermächtige Gegner doch eine möglichst schreckliche Wirkung zu erzielen. Im 20. Jahrhundert verlegten sich Terrorgruppen darauf, wahllos Menschen an öffentlichen Plätzen zu töten, um die Allgemeinheit in Angst und Schrecken zu versetzen. So wollten und wollen sie ihre Gegner schwächen und zermürben und auf blutigste und grausamste Art Zeichen für ihre Sache setzen.

Zu Beginn des 21. Jahrhunderts bildeten sich weitere Terrorgruppen heraus, die man islamistisch nennt, weil sie den Islam als Motivation für ihre Taten anführen. Sie wollen Menschen im Westen bekämpfen, die aus ihrer Sicht Sünder sind und den Nahen Osten militärisch, wirtschaftlich und kulturell dominieren. Islamisten meinen, ihr Kampf gehöre zur Religion des Islam. Sie sprechen sogar vom Dschihad, worunter sie den »Heiligen Krieg gegen Ungläubige« verstehen.

Manchmal sind Islamisten auch eine Mischung aus Terrorgruppen und nichtstaatlichen kleineren Armeen, die mit Geschützen und Raketenwerfern kämpfen. Das gilt etwa für die Taliban in Afghanistan. Sie konnten zeitweise ihren eigenen Gottesstaat errichten. Wer gegen jahrtausendealte religiöse Regeln verstieß, musste mit brutalen Strafen rechnen. Frauen wurden unterdrückt. Ehebrecherinnen oder angebliche Ehebrecherinnen richteten die Taliban durch Steinigung hin. Seit 2003 bekämpften amerikanische und europäische Truppen einschließlich der deutschen Bundeswehr die islamistische Gruppe und entmachteten sie.

Trotz ihrer Schwächung konnten die Taliban allerdings mehrfach Terroranschläge verüben. Sie haben weiterhin Zulauf. Sie profitieren unter anderem davon, dass westliche Länder, vor allem die USA, mit ihren Militäreinsätzen immer wieder den Hass der einheimischen Bevölkerung auf sich ziehen. Etwa mit tödlichen Raketenangriffen, die von Drohnen aus erfolgen. Die unbemannten Fluggeräte nehmen islamistische Kämpfer in Afghanistan und Pakistan aus der Luft ins Visier. Ihre Raketen treffen allerdings auch unschuldige Zivilisten, die zufällig in der Nähe der Zielpersonen sind oder irrtümlich für islamistische Terroristen gehalten werden. Diejenigen, die die Drohnen lenken, sitzen Tausende von Kilometern entfernt in den USA, von wo aus sie ihre ferngesteuerten Waffen mithilfe von Monitoren und Steuerknüppeln bedienen, die an die Joysticks von Computerspielen erinnern.

Immer wieder sind neue islamistische Organisationen entstanden. Ab 2003 hat eine Verbreitung gefunden, die sich selbst »Islamischer Staat« nennt, abgekürzt IS. Sie breitete sich vor allem in Syrien und im Irak aus. Parallel haben in Afghanistan und Pakistan die alten Taliban auch wieder an Einfluss gewonnen.

In Pakistan beging ein Taliban im Jahr 2012 ein besonders niederträchtiges Verbrechen, das für weltweites Aufsehen sorgte. Am 9. Oktober hielt ein maskierter Islamist einen Schulbus voller Kinder an und schoss der fünfzehnjährigen Schülerin Malala Yousafzai aus nächster Nähe in den Kopf. Er verletzte sie lebensgefährlich. Wie durch ein Wunder überlebte sie jedoch.

Warum dieser grausame und feige Angriff gegen das Mädchen? Malala Yousafzai war Bloggerin. Sie schrieb darüber, dass die Taliban Mädchen in ihrer Region den Schulbesuch verboten, weil er im Islam angeblich nicht vorgesehen sei. Nach dem Mordanschlag erlangte die pakistanische Muslimin und Aktivistin für das Recht auf Bildung für Frauen weltweite Bekanntheit. Sie durfte eine Rede vor einer UNO-Versammlung halten. 2014 bekam sie für ihr mutiges Engagement als bislang jüngster Mensch überhaupt den Friedensnobelpreis verliehen.

Malala Yousafzai und ihre dramatische Geschichte stehen für die tragische Situation, aber auch für die Hoffnung auf mehr Freiheiten in einigen Ländern des Nahen Ostens. Ein Jahr vor dem Anschlag auf das Mädchen hatten sich in der Region ausgehend von Tunesien einige Freiheitsbewegungen entwickelt, die für mehr Menschenrechte, Demokratie und auch Gleichberechtigung für Frauen demonstrierten. Das Ganze begann 2011 und wurde »Arabischer Frühling« genannt. Es herrschte Aufbruchstimmung. In Ägypten erzwangen Demonstranten beispielsweise freie Wahlen.

Als die Bewegung zu stark zu werden drohte, wurde sie allerdings mit Gewalt zerschlagen. In Ägypten putschte die Armee und errichtete eine Militärdiktatur. In Libyen ließ der Diktator Muammar al-Gaddafi die Demokratiebewegung mit Waffengewalt unterdrücken. Es kam zum Bürgerkrieg zwischen den Aufständischen und der Armee. Westliche Länder wie die USA, Großbritannien und Frankreich griffen mit ihrer Luftwaffe ein, um die Rebellen gegen Gaddafi zu unterstützen. Zugleich machten sich islamistische Terrororganisationen die Wirren des Bürgerkriegs für ihre Zwecke zunutze. Am Ende wurde Gaddafi entmachtet und getötet. In Syrien ließ Präsident Baschar al-Assad massenweise Gegner seines Regimes foltern und ermorden. Das führte ebenfalls zu einem Bürgerkrieg, bei dem Hunderttausende von Syrern getötet wurden.

Mehrere Millionen Syrer flohen vor den Kämpfen, die meisten in Nachbarländer wie Jordanien, den Libanon und die Türkei. Einige kamen nach Europa, viele nach Deutschland. Dort sind sie zwar fern ihrer Heimat, aber wenigstens in Sicherheit.

KAPITEL DREISSIG
Was könnte der nächste große Schritt in der Geschichte der Menschheit sein?

Die Europäische Union und Hilfsorganisationen, der Klimawandel und Welthunger – und die Suche nach neuen Ideen und Lösungen.

Wir haben in 29 Kapiteln die Geschichte der Erde und der Menschheit betrachtet. Da gab es viel Positives zu berichten. Vor rund 5000 Jahren hat der Mensch die ersten Hochkulturen gegründet, Gemeinschaften und Staaten, zunächst in Ägypten und Mesopotamien, dann auf der ganzen Welt. Dabei wurden großartige Dinge entwickelt: die Schrift, prächtige und praktische Bauten, Technologien und Heilmethoden. Der Mensch hat wunderbare Kunstwerke geschaffen. Philosophen haben kluge Überlegungen zu Politik, Moral und Schönheit angestellt. Ab der Aufklärung im 18. Jahrhundert fanden die Menschenrechte langsam Verbreitung, dann auch die Demokratie. Dazu kamen soziale Sicherungssysteme, mit denen Menschen, die arm oder krank sind, geholfen werden kann.

Das ist die eine Seite. Aber es gibt die andere, dunkle Seite der Geschichte. Wenn wir Geschichtsbücher lesen, könnten wir zwischendurch den Eindruck bekommen, die Menschheit sei in einer einzigen verrückten Abfolge von Kriegen, Verbrechen und Grausamkeiten gefangen. Einige der schrecklichsten Gräueltaten begingen obendrein Könige, Kaiser, Päpste und Diktatoren, die dafür von vielen Menschen verehrt und bejubelt wurden.

Manchmal denken wir vielleicht: Das Schlimmste ist doch schon länger her, und das waren andere Zeiten. Früher gab es schließlich sogar die Sklaverei, aber inzwischen weiß man es besser. Doch leider ist es nicht so einfach. Es ist nicht so, dass mit der Zeit alles besser geworden wäre. Denn ein paar der größten Grausamkeiten, die jemals verübt wurden, gehören ins 20. Jahrhundert. Sie sind also erst ein paar Jahrzehnte her. Wir haben gesehen, dass Diktatoren wie Hitler, Stalin und Mao für den gewaltsamen Tod von zig Millionen Menschen verantwortlich waren. Auch im 21. Jahrhundert gab und gibt es noch üble Diktatoren.

Vielleicht haben wir etwas aus den Diktaturen und Verbrechen gelernt. Wir lassen uns nicht mehr so leicht hinters Licht führen. Es sind Fortschritte zu verzeichnen. Immerhin waren im Jahr 2016 rund zwei Drittel aller Länder Demokratien. Die Welt ist in mancher Hinsicht enger verbunden. Die UNO haben wir bereits kennengelernt. Sie versucht zu vermitteln, wenn Konflikte zwischen Staaten drohen oder Kriege ausbrechen. Weiterhin haben allerdings einige Länder Atomwaffen, die die gesamte Menschheit auslöschen und den ganzen Planeten zerstören können. Neben den älteren Atommächten USA, Großbritannien, Frankreich und Russland zählen dazu Israel, Indien, Pakistan und Nordkorea. Darunter sind Staaten, die wiederholt Streit mit anderen hatten. So muss die internationale Staatengemeinschaft ständig bemüht sein, Konflikte zu lösen.

Inzwischen ist eine historisch ganz neuartige internationale Gemeinschaft entstanden: die Europäische Union, kurz EU genannt. In den letzten Jahrzehnten sind die meisten Länder Europas Mitglied der EU geworden, die früher Europäische Gemeinschaft hieß. Es ist eine Partnerschaft von 28 gleichberechtigten Ländern. Die Grundlagen dafür wurden schon 1958 in Rom geschaffen. Damals schlossen sich Frankreich, Deutschland, Belgien, Italien, Niederlande und Luxemburg zusammen, um eine Europäische Wirtschaftsgemeinschaft zu bilden. Es ging darum, den Handel zu fördern, etwa durch einen Verzicht auf Zölle, die sonst auf importierte Waren anfallen. Aber es gab noch wichtigere Ziele: Es galt zu verhindern, dass wieder ein Krieg zwischen Staaten ausbrechen kann, die einander im Zweiten Weltkrieg bekämpft haben. Tatsächlich wurde zwischen EU-Staaten und somit in Westeuropa seit Jahrzehnten kein Krieg geführt. Das klingt für uns heute selbstverständlich, ist jedoch eine große, ja sogar historisch einzigartige Leistung. Wie brüchig der Frieden auch in Europa weiterhin ist, zeigt sich darin, dass im Jahr 2016 in der Ukraine, die an mehrere EU-Staaten grenzt, ein Bürgerkrieg ausbrach und darüber hinaus russische Truppen Gebiete des Landes besetzten.

Über die Jahre und Jahrzehnte traten der EU weitere Staaten bei. Die meisten haben inzwischen eine gemeinsame Währung, den Euro. Es tagen ein Europäischer Rat, ein Europäisches Parlament und eine Kommission, die sich aus Politikern aller Mitgliedsländer zusammensetzt. Sie treffen manchmal Entscheidungen für alle Mitgliedstaaten. Dem Rat gehören die Regierungschefs der EU-Länder an; sie verhandeln bei sogenannten EU-Gipfeln grundsätzliche politische Richtungsentscheidungen. Die Kommission ist eine Art Regierung; die Kommissare sind wie Minister für verschiedene Bereiche wie Wirtschaft, Landwirtschaft, Energie, Kultur oder Außenpolitik zuständig; sie kommen aus allen Mitgliedsländern. Die Kommission hat ihren Sitz in Brüssel in Belgien, das Parlament in Straßburg in Frankreich.

Die Bewohner der EU können frei zwischen den Mitgliedsländern reisen und sogar umziehen; sie müssen kein Visum beantragen. Die Solidarität zwischen den Staaten kann bei Wirtschafts- und Finanzkrisen wichtig werden. Denn wegen der Globalisierung wirken sich lokale Krisen oft stärker auf den Rest der Welt aus. Die EU unterstützt einzelne Mitgliedstaaten, die Probleme haben. Sie kann auch Menschen außerhalb der EU, aus anderen Teilen der Welt helfen, Flüchtlinge aufnehmen und Entwicklungshilfe für ärmere Länder leisten.

Natürlich ist die EU in vieler Hinsicht verbesserungsbedürftig. Zum Beispiel schadet sie indirekt armen Bauern in manchen afrikanischen Ländern. Denn europäische Landwirtschaftsbetriebe bekommen von der EU Subventionen, also finanzielle Unterstützung und können unter anderem deshalb etwa Tomaten, Fleisch oder Milchprodukte billiger in afrikanischen Ländern verkaufen als die dortigen Produzenten. Deshalb können die Afrikaner mit ihren Erzeugnissen oft nicht gegen die importierten europäischen Produkte konkurrieren.

Bei vielen Problemen sind alle Staaten der Welt gemeinsam gefordert. Etwa bei jenem der globalen Klimaerwärmung. Weltweit steigen die Temperaturen, da Gase wie Wasserdampf, Kohlendioxid und Methan den sogenannten Treibhauseffekt verursachen. Die Sonnenwärme, die auf die Erde trifft, kann nicht so gut in die Atmosphäre reflektiert werden, weil sie von einer Gasschicht daran gehindert wird. Treibhausgase entstehen unter anderem bei der Verbrennung von Kohle und Erdöl durch Kraftwerke, Autos und Flugzeuge. Wegen des Klimawandels schmilzt an den Polen immer mehr Eis. So kommt es in manchen Ländern zu Überschwemmungen. Andere werden wegen der erhöhten Temperaturen von Dürren und schlechten Ernten geplagt. Das betrifft Länder im Süden, die oft ohnehin schon Probleme mit der Wasser- und Nahrungsmittelversorgung haben. Es werden internationale Klimakonferenzen abgehalten. Möglichst viele Länder sollen sich dazu verpflichten, weniger Treibhausgase zu produzieren.

Die Hightech-Zukunft und ein sehr altes Problem der Menschheit

Die Bedrohung, die von einem von Menschen verursachten Klimawandel ausgeht, ist historisch relativ neu. Ähnliches gilt für ein Problem, auf das ein junger IT-Spezialist des US-Geheimdienstes NSA im Mai 2013 auf überraschende und spektakuläre Weise aufmerksam machte. Der Mann heißt Edward Snowden. Er veröffentlichte mithilfe großer Zeitungen wie dem britischen *Guardian* und der *New York Times* streng geheime Dokumente, die zeigen, wie intensiv amerikanische und britische Geheimdienste weltweit Regierungen und Privatpersonen ausspähen. Sie sammeln Unmengen von Daten über unsere Telefonate und unseren E-Mail-Verkehr. Die Aufdeckung führte zu einem Skandal – und brachte Snowden in Gefahr. Die Regierung und die Justiz der USA beschuldigten ihn, wichtige militärische Geheimnisse verraten und damit die Sicherheit seines Heimatlandes und seiner Landsleute gefährdet zu haben. Snowden drohte eine lebenslange Haftstrafe, und so floh er aus den USA zunächst nach Hongkong und landete dann in Moskau, wo er sich an einem geheimen Ort versteckte.

Snowden ist ein sogenannter Whistleblower; das bedeutet wörtlich »Pfeifenbläser«, im weiteren Sinn »Verpfeifer« oder »Enthüller«. Whistleblower machen laut vernehmbar auf Probleme oder Verbrechen aufmerksam, die mächtige Organisationen wie Konzerne oder Staaten begehen. Manche halten Snowden für einen Verräter, andere für einen Helden, weil er einen wichtigen Missstand aufgedeckt und angeprangert hat.

Doch ist die Überwachung und Aushorchung durch Geheimdienste überhaupt so ein großes Problem? Dient sie nicht unserer Sicherheit, weil sich so beispielsweise Terroristen überführen lassen? Die Gefahr bei der ständigen Überwachung besteht darin, dass Menschen schon aufgrund eines ungewöhnlichen, aber harmlosen Verhaltens als Kriminelle verdächtigt und vielleicht sogar festgenommen werden. Oder dass sie mit etwas erpresst werden, das sie heimlich gesagt oder getan haben und das zwar irgendwie peinlich, aber eben nicht kriminell ist. Außerdem kann allein schon das Gefühl, ständig beobachtet zu werden, dazu führen, dass Menschen insgesamt – manchmal, ohne es richtig zu merken – ihre Meinung nicht mehr frei äußern. So besteht die Gefahr, dass wir uns an die Meinung von Regierungen oder der Mehrheit anpassen, nur um nicht unangenehm aufzufallen. Das geschah schließlich im Lauf der Geschichte in vielen Diktaturen, die ihre Bürger überwachten, wenngleich mit anderen, weit weniger modernen Technologien als den heutigen.

Die Technik hatte im Lauf der Geschichte recht unterschiedliche Effekte. Seit der Industrialisierung trugen Neuerungen sehr zur Verbesserung der medizinischen Versorgung und der Ernährung bei. Die durchschnittliche Lebenserwartung der Menschen erhöhte sich von nur dreißig Jahren auf fast achtzig Jahre. Inzwischen lässt die moderne Medizin manche davon träumen, die Lebenserwartung etwa mithilfe von künstlichen Ersatzorganen auf 130 Jahre hochzuschrauben.

Auch was unsere Gedächtnisleistung und unsere Intelligenz betrifft, sehen viele ein ungeheures Potenzial. Schon heute ist unser Blick im Bus oder in der U-Bahn sehr oft auf unser Smartphone oder Tablet gerichtet, mit dem wir online Nachrichten und Informationen abrufen und mit anderen kommunizieren. Wie wäre es, wenn Geräte und Computerchips, unter unsere Haut implantiert, direkt mit unserem Nervensystem und unserem Gehirn gekoppelt würden? Wäre dann vieles einfacher, weil wir unendlich viel Wissen direkt im Gehirn abrufbar hätten und es uns nicht mehr mühsam einprägen müssten? Würden wir vielleicht sogar den *Homo sapiens*, den »klugen Menschen«, der sich vor rund 200 000 Jahren entwickelte, hinter uns lassen? Könnten wir uns in eine andere Art von Mensch verwandeln? In einen *Homo mega smart* oder eine *Homo app*?

All das sind Zukunftsvisionen. Unklar bleibt auch, ob etwaige gigaintelligente Menschen, die mithilfe riesiger Datenmengen alles supereffizient organisieren und berechnen könnten, glücklicher oder netter wären. Wir wissen nicht, bis zu welchem Grad mit künstlicher Intelligenz ausgestattete Geräte und Roboter, die uns eigentlich helfen sollen, immer mehr Entscheidungen für uns treffen und unsere Freiheit einschränken könnten.

Das sind Fragen, die sich vor allem Bewohner reicher Staaten stellen können, Leute mit genug Geld, um sich Hightech zu leisten. In vielen armen Ländern geht es um ganz andere Themen. Im Jahr 2016 hungerten fast eine Milliarde Menschen in Lateinamerika, Asien und vor allem in Afrika oder waren unterernährt. Also fast jeder siebte Bewohner der Erde. Jedes Jahr verhungern Millionen von Menschen!

Hunger und Armut sind uralte Probleme. Seit mindestens 5000 Jahren, seit den alten Ägyptern, gibt es eine extreme Ungleichheit zwischen sehr armen und sehr reichen Menschen. Das blieb im alten Rom so, im Mittelalter und in Zeiten der Renaissance. Erst Ende des 19. Jahrhunderts und vor allem im 20. Jahrhundert konnte die Kluft zwischen Arm und Reich verringert werden. Zumindest in wohlhabenden Ländern schützen Arbeitslosen- und Krankenversicherungen sowie Sozialhilfesysteme die Bürger zunehmend vor Hunger und Elend.

Seit einigen Jahrzehnten haben sich die Unterschiede allerdings selbst in Europa und in den USA wieder vergrößert. Bis zu einem gewissen Grad ist Ungleichheit unvermeidbar und gehört dazu. Es muss und will ja auch gar nicht jeder viel Geld und Eigentum haben, und es ist nicht nötig für ein glückliches Leben. Das betonten schon Leute wie Diogenes, Buddha und Jesus Christus. Doch die Ungleichheit darf nicht zu groß werden. Es ist furchtbar, wenn einige viel mehr haben, als sie brauchen, während andere hungern oder sich ständig Sorgen darum machen müssen, wie sie ihre Miete oder den Arzt bezahlen sollen.

Die extreme Ungleichheit und Armut sind neben dem Übel des Krieges und der Umweltverschmutzung die Probleme, die als Nächstes in der Geschichte der Menschheit gelöst werden müssen. Da es sie schon so lange gibt, erscheinen uns Armut und Hunger, sofern sie uns nicht selbst betreffen, manchmal leider fast als »normal«. So als gehörten sie einfach dazu. Doch das ist natürlich falsch. Vor 150 Jahren dachten die Menschen, die Sklaverei sei normal und »gehöre dazu«. Vor hundert Jahren galt es in den meisten Ländern als normal, dass Könige oder Diktatoren regierten oder dass selbst in demokratischen Ländern nur Männer wählen durften, keine Frauen. Das alles ist heute zum Glück anders. Und es sollte uns Hoffnung machen, dass sich noch einiges auf der Welt zum Besseren verändern lässt.

Es gibt schon viele Bemühungen, die genannten Probleme in den Griff zu bekommen. Zahlreiche Menschen engagieren sich in NGOs, also in nichtstaatlichen Organisationen wie Amnesty International, Brot für die Welt, Ärzte ohne Grenzen und Greenpeace sowie in kleineren Gruppen. Sie kämpfen gegen die Umweltverschmutzung, gegen Hunger und Unterernährung; dagegen, dass Menschenrechte verletzt werden, und dafür, dass arme Menschen und solche in Kriegsgebieten eine medizinische Versorgung erhalten.

Was den Umweltschutz betrifft, feilen Wissenschaftler an Techniken wie klimaneutralem Bauen und dem Elektroauto, an der Nutzung von Solar- und Windenergie und Erdwärme, die nicht so schädlich wie Kohle- und Atomkraft sind. Die neuen Technologien sind gut für die Umwelt und können armen Ländern wirtschaftlich helfen. Manche setzen ihre Hoffnungen verstärkt auf gentechnisch entwickelte neue Getreide-

oder Reissorten, von denen sie sich höhere Erträge erwarten. Andere auf nachhaltigen, ökologischen Anbau, etwa mithilfe von Permakultur, und den fairen Handel. Dabei bekommen Bauern in Ländern der Dritten Welt mehr vom Gewinn ab, den ansonsten oft Konzerne mit ihren Produkten einstreichen.

Es wird ein bisschen für die Hungernden gespendet und Entwicklungshilfe in der Dritten Welt geleistet. Das reicht aber nicht. Man bräuchte mehr Hilfe und Investitionen in sinnvolle Wirtschafts- und Bildungsprojekte in armen Ländern. Den Kampf gegen die Armut und Umweltverschmutzung zu gewinnen, ist eine Herausforderung. Daran werden noch diejenigen arbeiten, die jetzt Kinder oder Jugendliche sind. Vielleicht mit ganz neuen Ideen, Erfindungen und Lösungswegen, die wir uns heute noch nicht einmal vorstellen können. Eins aber ist sicher: Der Sieg über die Armut muss ein nächster großer Schritt in der Geschichte der Menschheit sein.

Das wäre eine große Leistung. Sie wäre vergleichbar mit der Abschaffung der Sklaverei und der Einführung von Demokratie und Menschenrechten. Diese Errungenschaften verdanken sich meist Leuten, die besonders fortschrittlich dachten und denen es wichtig war, ihr Leben und das ihrer Mitmenschen zu verbessern. Sie taten sich oft mit Gleichgesinnten zusammen und konnten die Mehrheit der Bevölkerung am Ende überzeugen. Das ist eigentlich ermutigend.

Dank

Herzlich danken möchte ich Arlette Böttger, Fabrice Braun, Hubertus Breuer, Antonia Brix, Mathanja Brix, Lhea Gasteiger, Tobias Lehmann, Carl Mirwald, Florin Preußler, Thomas Rathnow, Eva Schubert, Helen Schütz, Heiner Tent, Tobias Winstel und Tean Zwecker. Eine besondere Hilfe waren mir die jungen Leser Luzi Brix, Jakob Gasteiger, Johanna Mirwald und Malina Mirwald, meine Lektoren Hans Peter Buohler und Andreas Rode, Sebastian Lehmann und vor allem Suzette Capati Paguirigan.